王力全集　第十九卷

龍蟲並雕齋文集
（一）

王　力　著

中華書局

圖書在版編目(CIP)數據

龍蟲並雕齋文集/王力著. —北京:中華書局,2015.4
(王力全集;19)
ISBN 978-7-101-10831-6

Ⅰ.龍… Ⅱ.王… Ⅲ.漢語-語言學-文集 Ⅳ.H1-53

中國版本圖書館 CIP 數據核字(2015)第 057956 號

書　　名	龍蟲並雕齋文集(全三冊)
著　　者	王　力
叢書名	王力全集　第十九卷
出版發行	中華書局
	(北京市豐臺區太平橋西里 38 號　100073)
	http://www.zhbc.com.cn
	E-mail:zhbc@zhbc.com.cn
印　　刷	北京天來印務有限公司
版　　次	2015 年 4 月北京第 1 版
	2015 年 4 月北京第 1 次印刷
規　　格	開本/880×1230 毫米　1/32
	印張 $39\frac{1}{8}$　插頁 6　字數 1100 千字
印　　數	1-3000 冊
國際書號	ISBN 978-7-101-10831-6
定　　價	156.00 元

《王力全集》出版説明

王力(1900—1986),字了一,廣西壯族自治區博白縣人,我國著名語言學家、教育家、翻譯家、散文家和詩人。

王力先生畢生致力於語言學的教學、研究工作,爲發展中國語言學、培養語言學專門人才作出了重要貢獻。王力先生的著作涉及漢語研究的多個領域,在漢語發展史、漢語語法學、漢語音韻學、漢語詞彙學、古代漢語教學、文字改革、漢語規範化、推廣現代漢語普通話和漢語詩律學等領域取得了傑出的成就;在詩歌、散文創作和翻譯領域也卓有建樹。

要瞭解中國語言學的發展脉絡、發展趨勢,必須研究王力先生的學術思想,體會其作品的精華之處,從而給我們帶來新的領悟、新的收穫,因而,系統整理王力先生的著作,對總結和弘揚王力先生的學術成就,推動我國的語言學及其他相關學科的發展,具有重要的意義。

《王力全集》完整收録王力先生的各類著作三十餘種、論文二百餘篇、譯著二十餘種及其他詩文等各類文字。全集按内容分卷,各卷所收文稿在保持著作歷史面貌的基礎上,參考不同時期的版本精心編校,核訂引文。學術論著後附"主要術語、人名、論著索引",以便讀者使用。

《王力全集》的編輯出版工作,得到了王力先生家屬、學生及社會各界人士的幫助和支持,在此謹致以誠摯的謝意。

中華書局編輯部
2012 年 3 月

本卷出版説明

　　本卷收入王力先生的《龍蟲並雕齋文集》。

　　《龍蟲並雕齋文集》第一、二册，1980 年由中華書局出版；第三册由中華書局於 1982 年出版。上個世紀山東教育出版社出版的《王力文集》將論文按專題分別編入不同的卷册中。

　　此次出版《王力全集》，我們則尊重作者生前的意願，按照作者的編纂思路，仍以《龍蟲並雕齋文集》的形式出版，以中華書局本爲底本，並參考首次發表之作進行了整理和編輯。

　　本卷第三册的《同源字論》《漢語滋生詞的語法分析》二文，因全集第十三卷《同源字典》中已經收録，本卷不再收入。

中華書局編輯部

2013 年 12 月

目　　録

南北朝詩人用韻考

一、導　言

　　南北朝的韻書,有呂靜《韻集》、夏侯該《韻略》、陽休之《韻略》、周思言《音韻》、李季節《音譜》、杜臺卿《韻略》等,陸法言的《切韻·序》裏説它們各有乖互。這種乖互的情形可以有四個原因:(1)時代的不同;(2)方音的不同;(3)音韻知識深淺的差異;(4)歸類標準的差異。陸法言等人"因論南北是非,古今通塞,欲更掐選精切,除削疏緩",大約就是要把不同時代與不同地域的語音系統加以融會貫通,再憑着他們的音韻知識,去決定他們所認爲完善的歸類標準。假使我們的揣測不錯,《切韻》所定的語音系統竟近似於潘耒的《類音》①,並不是一時一地的語音實錄。呂靜諸人的韻書之所以滅亡,《切韻》之所以獨存,也許恰恰因爲《切韻》能投合從前的中國學者的復古思想,也許還因爲撰述《切韻》的八個人在當時的文學界有很大的權威,所以纔有"我輩數人,定則定矣"的話。總之,如果我們要求一部語音實錄的話,呂靜諸人的韻書的價值未必不在《切韻》的價值之上,而它們的喪佚也就是音韻學上的損失。

但是,我們還有別的史料,藉此可以審核《切韻》的歸類是否符合當時的語音系統。史料中最重要的就是南北朝的韻文,因爲這是與韻書有直接關係的;縱使《切韻》與《廣韻》也都喪佚了,我們還可以根據這些史料編成一部韻書。孔廣森既然能單憑《詩經》著成一部《詩聲類》,我們自然也能單憑南北朝的韻文著成一部《南北朝聲類》,而這《南北朝聲類》既可與《切韻》互相證明,也可以在某一些情形之下矯正《切韻》的錯誤。

研究南北朝詩人的用韻,對於音值的考定也有很大的幫助。我們不敢斷定凡相叶韻的字的主要元音必相同,但我們可以説,相叶韻的字比不相叶韻的字的主要元音一定近似些,例如支脂之三韻,依南北朝的韻文看來,脂之是一類,支獨成一類;當脂之同用的時候,支還是獨用的。因此,我們可斷定當時脂與之的元音必相同或甚相近,而支與之的距離必比脂與之的距離遠了許多;高本漢(Karlgren)把《切韻》的支定爲 ie,脂之定爲 i,是很近情理的。又如魚虞模三韻,依南北朝的韻文看來,虞模是一類,魚獨成一類;當虞模同用的時候,魚還是獨用的。因此,我們可斷定當時虞與模的元音必相同或甚相近,而魚與模的距離必比虞與模的距離遠了許多;高本漢把《切韻》的魚定爲 iwo,模定爲 uo,虞定爲 iu,倒反是魚與模

---

① 參看《清華學報》第 10 卷第 3 期第 647—690 頁,拙著《類音研究》。

近而虞與模遠，就很難令人相信了。與其根據宋人的韻圖去定《切韻》的音值，不如根據南北朝詩人用韻的遠近，因爲南北朝離《切韻》的時代很近，而且詩歌裏的韻類總比韻圖裏的系統更自然些①。此外，當時或唐代中外文字的對譯，自然也很能幫助音值的假定，但我們不能因此就拋棄了本國的史料。本篇對於南北朝的聲類將加以詳細的討論，但對於南北朝的音值則暫不考定，因爲音值的考定要比聲類的考定更難，須待把更多的史料研究過，然後敢下斷語。

　　本篇對於南北朝詩人生卒年及籍貫都特別注意，希望從此窺見語音的進化與方音的差異。本篇所用的材料，祇限於《漢魏六朝百三名家集》裏所有的，我想這已經很够用了，因爲南北朝著作豐富的詩人都在這裏頭，至於著作不多的詩人，他們的用韻頗不便於歸納研究，不援引他們也好。

　　茲先將《百三名家集》裏的南北朝詩人姓名及其生卒年列表如下：

何承天（370—447）　　傅　亮（？—425）　　顔延之（384—456）
謝靈運（385—433）　　高　允（390—484）　　謝惠連（394—430）
袁　淑（408—453）　　謝　莊（421—466）　　鮑　照（405—466）
張　融（？—497）　　沈　約（441—513）　　江　淹（444—505）
孔稚珪（447—501）　　陶弘景（452—536）　　王　儉（452—489）
蕭子良（459—494）　　任　昉（460—508）　　劉　峻（462—521）
謝　朓（464—499）　　邱　遲（464—508）　　梁武帝（464—549）
王僧孺（465—522）　　王　融（468—494）　　吳　均（469—520）
陸　倕（470—526）　　劉孝綽（481—539）　　王　筠（481—549）
劉孝威（？—548）　　劉　潛（484—550）　　温子昇（？）
邢　邵（？）　　　　昭明太子（501—531）沈　炯（501—560）

---

① 我不相信宋人的韻圖能完全符合實際的語音系統；《切韻指掌圖》也許就是與《類音》相似的作品。

簡文帝（503—551）　魏　收（506—572）　徐　陵（507—583）
梁元帝（508—554）　庾肩吾（？—550？）　何　遜（？）
庾　信（513—581）　王　褒（？）　江　總（519—594）
張正見（523—594）　李德林（531—591）　盧思道（？）
薛道衡（540—609）　牛　弘（545—610）　陳後主（553—604）
隋煬帝（568—618）

就用韻的變遷看來，南北朝可分爲三個時期。何承天、傅亮、顏延之、謝靈運、高允、謝惠連、袁淑、謝莊、鮑照、張融爲第一期，這一期的特色是：

1.歌戈麻混；2.魚虞模混；3.東冬鍾江混；4.先仙山混。

沈約、江淹、孔稚珪、陶弘景、王儉、蕭子良、任昉、劉峻、謝朓、邱遲、梁武帝、王僧孺、王融、吳均、陸倕、劉孝綽、王筠、劉孝威、劉潛、溫子昇、邢邵、庾肩吾、何遜、魏收、梁元帝爲第二期，其特色是：

1.歌戈不與麻混；2.虞模不與魚混①；3.東不與冬鍾混；4.肴豪各不與蕭宵混。

庾信、徐陵、王褒、江總、張正見、李德林、盧思道、薛道衡、牛弘、陳後主、隋煬帝爲第三期，他們又可分爲南北兩派，北派盧思道等用韻略如第二期，南派庾信、徐陵等用韻則有下列三特色：

1.江歸陽；2.欣歸真；3.青獨立。

這都是大概的説法，其詳見於下文。現在我們再看這些詩人的地域分配：

（1）山西系
　靈州（傅亮）；鶉觚（牛弘）；汾陰（薛道衡）；長安（隋煬帝）。
（2）河北系
　范陽（盧思道）；鄭（邢邵）；渤海（高允）；安平（李德林）；下曲陽（魏收）；平原（劉潛）；東武城（張正見）。

---

① 梁武帝父子是例外。

（3）山東系

博昌（任昉）；臨沂（顏延之、王儉，王融、王筠、王褒）；
郯（何承天、王僧孺、何遜、徐陵）；彭城（劉孝綽、劉孝威、劉
潛）；籍貫未詳者：鮑照（本傳云東海人，虞炎《鮑照集·序》
云"本上黨人"）。

（4）河南系

冤句（溫子昇）；孝城（江淹、江總）；陽夏（謝靈運、謝惠連、
袁淑、謝莊、謝朓）。

（5）南陽系

新野（庾肩吾，庾信）。

（6）江南系

建康（蕭子良、昭明太子、簡文帝、梁元帝、陳後主）；秣陵（陶
弘景）；蘭陵（梁武帝）；吳（陸倕）；烏程（邱遲）；故鄣（吳
均）；武康（沈約、沈炯）；山陰（孔稚珪）；籍貫未詳者：張融。

南北朝雖有陽休之《韻略》諸韻書，然而它們在文學界大約沒
有什麼權威，所以易於喪佚。它們既不像《唐韻》《廣韻》藉政府的
力量勉強要一般人遵守，那麼，當時諸詩人當然可以順着自然的語
音去押韻了。因此，方音的差異自然會在韻文裏留下痕迹，例如徐
陵、庾信是南朝的人（庾後仕北朝），所以他們的青獨立，江歸陽；隋
煬帝、盧思道是北朝的人，所以他們的青與庚耕清混，江不歸陽。
不過，各詩人的方音是否足以代表他的籍貫，還是一個疑問。有兩
種情形可以使他們的籍貫與他們用韻不發生關係：第一，如果他們
以祖父的籍貫爲籍貫，這種籍貫在方音關係上就會失掉一半或全
部的價值。我在北京常常遇着些不懂福建話的福建籍學生，因而
料想南北朝也會有這種名不副實的籍貫。溫子昇本傳載溫"自云
太原人"，就是籍貫名不副實的證據。第二，諸詩人除陶弘景外，都
是作官的人（或皇帝），做官的人就是喜歡打官腔，也許還喜歡依照
官音押韻。雖然有時候在藍青官話裏可以留些土音的痕迹，但已

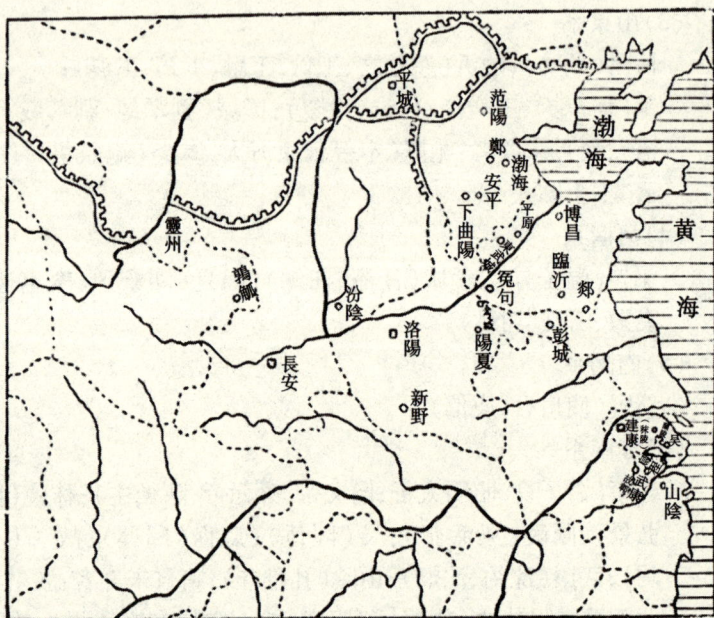

經很難代表一地的方音了。因此,我們發現時代對於用韻的影響大,而地域對於用韻的影響小。然有些詩人的時代相同,而用韻不同,在許多情形之下我們仍可以認爲方言的差異的。

在敍述諸詩人用韻之前,我先立下了六個條例:

1.敍述之先後,大致以時代爲次。

2.凡欲證某人的某韻與某韻合用者,僅舉合用之例。

3.凡欲證某人某韻獨用者,僅以用此韻字甚多之詩或賦爲例;但遇窄韻則不在此限。

4.除廢霽祭泰四韻外,僅舉平聲以包括上去聲,入聲另列;但遇必要時,亦取及上去聲。

5.以個人爲研究的單位,例如謝靈運的真文同用,我們並不因此就説鮑照的真文同用;依鮑照的詩賦看來,他的真文却是分用的。

6.在大部分的情形之下，某人對於某韻顯然獨用，則其他少數的例外只可認爲偶然的"合韻"，或認爲僞品，或傳寫之訛①。

2、3、4條衹是爲了省篇幅；如果把《百三名家集》裏的韻字完全抄下來做一個全譜，自然更好。但是，現在這種辦法，除了省篇幅之外還有一個好處，就是諸韻分合的情形更顯明些。

二、支佳歌戈麻魚虞模

（甲）支佳

段玉裁根據先秦古韻，把支脂之分爲三部；今依南北朝詩人的用韻看來，脂之爲一類，支則獨自爲一類。脂之二韻，有些詩人是分用的，有些詩人却把它們合用；至於支韻，却是很嚴格地與脂之隔離。段玉裁又把支佳合爲一部，認爲與歌戈麻相近；在南北朝的韻文裏，這一點仍與先秦相近似。我們試看任昉《王貴嬪哀策文》以"家虵紗佳"爲韻；《侍釋奠宴》以"多家華"爲韻，就可見南北朝還有歌麻與佳通用的痕迹，同時也可猜想它們的韻值相近。至於

---

① 本文所根據者爲張溥原輯，彭懋謙重編的《漢魏六朝百三名家集》，書中錯字很多。單就韻字（韻脚）而言，如鮑照《掘黃精》"石"誤"日"，《夢歸鄉》"闡"誤"門"；沈約《和劉雍州》"充"誤"克"，《會圃臨東風》"帗"誤"幣"，陶弘景《尋山志》"山"誤"出"；王僧孺《永寧令誄》"搏"誤"搏"；梁元帝《游後園》"春"誤"春"；何遜《七召》"敵"誤"敵"，"舍"誤"含"；吳均《入蘭臺》"社"誤"祠"，《酬別江主簿》"騫"當作"騫"；庾信《馬射賦》"宮"誤"官"，《陸逞神道碑》"摧"誤"推"，《辛威神道碑》"柱"誤"樹"，《鄭常神道碑》"部"誤"郡"，《詠畫屏風》"鄰"誤"憐"；李德林《朝日夕月歌》"芬"誤"芳"，這都是傳寫之訛的例子。我們不敢斷説此外沒有更多的錯字。再説整篇的僞品恐怕還不少：這未必是後人有心作僞，而是把某甲的作品誤抄入某乙的集子裏，例如謝莊的《悦曲池賦》就是從江淹的《悦曲池》裏抄來的兩個片段。江淹的原文是"北山兮黛柏，南江兮頳石；頳峰兮若虹，黛樹兮如畫；暮雲兮千里，朝霞兮千尺……步東池兮夜未艾，臥西窗兮月向山；引一息於魂内，擾百緒於眼前"。謝莊集中"江"作"谿"，"峰"作"岸"，"艾"作"久"，其餘都與江集相同，顯然是後人誤編入謝集的。這種僞品恐怕也不少。

支佳同用者,則有:

顏延之《赭白馬賦》:儀<u>街</u>螭奇羈馳枝離;《皇太子釋奠》:儀<u>街</u>馳猗。鮑照《園葵賦》:委灑靡解。江淹《空青賦》:施娃離儀虧。王僧孺《詠寵姬》:罷屣解買①。

佳韻的字太少,又有幾個常用的字像"涯崖差"是同時屬於支韻的,令我們分不清支佳的界限。如果我們把"涯崖差"也認爲佳韻字,那麼,支佳同用的例子就更多了。

支獨用者:

謝靈運《山居賦》:猗知枝疵,披施崖宜斯池,規奇崖迤②;《遊南亭》:馳規岐池移垂斯崖知。王融《一志努力篇頌》:移爲離垂危馳窺;《阻雪連句》:池枝離漸馳垂知池虧岐儀移厄疲差。謝朓《將游湘水》:螭垂漪岐離移支縻斯。梁武帝《長安有狹斜行》:知離皮垂厄儀觿池差;《古意》:離池枝兒知移,枝陲池移知。昭明太子《相逢狹路間》:知離移枝觜兒儀羈卑差池疲奇紕垂吹;《和武帝遊鍾山》:池岐爲垂羈知羲儀奇虧池枝吹麾垂斯隨施窺移。簡文帝《晚春賦》:陂枝移池垂雌披危;《和武帝宴詩》:支碑池漪兒驪儀。梁元帝《玄覽賦》:皮陂池,羈罷奇離支離疲,巘虧。沈約《三月三日》:斯枝兒陂垂離池厄萎炊儀爲;《上巳華光殿》:嫣斯池枝離厄螭漪移曦;《悲落桐》:儀施知陲枝離斯;《聞夜鶴》:池儀,離垂池宜疲。何遜《哭吳興柳惲》:儀"期"③規奇爲池知麾移厄危垂"坻"披岐摛。吳均《贈柳真陽》:池枝璃螭厄驪知。王筠《奉酬從兄》:儀垂吹枝池施知。庾肩吾《詠美人》:施儀肢池吹垂移知。江總《三日侍宴》:離麾池漪枝危移。邢邵《新宮賦》:奇離差垂施披螭曦疲只宜施支危;《三日華林園》:池儀移枝虧厄離。庾信《楊柳歌》:枝垂危吹兒離池隨枝皮陂馳支騎螭碑吹窺

璃披爲儀池羅移知垂吹;《北園新齋成》:枝窺垂池移吹皮兒扈
知。牛弘《大饗歌》:儀馳披規移離危虧。

此外支韻獨用者尚有謝惠連、謝莊、王儉、陶弘景、邱遲、任昉、
劉孝綽、劉孝威、劉潛、陳後主、徐陵、沈炯、張正見、王褒、盧思道、
李德林諸人。其中偶有雜脂之微灰韻字者,如:

> 謝惠連《鞠歌行》:"姿"知觜離疲吹危差垂。王融《桐樹
> 賦》:"隈"枝。簡文帝《宣武王碑銘》:迤披"輝"池斯;《春日想上
> 林》:奇宜"衣"移池窺羈。沈約《明之君》:"兹"岐斯爲,移垂爲;
> 《洛陽道》:"比"靡綺倚;《出重圍》:奇"維"扈。劉孝威《望棲
> 烏》:差雌垂枝疲兒"絲"危知。

在將近二百篇的詩賦當中,祇有這八篇與上面何遜一篇是出
韻的。我們當然可以把它們認爲例外,也許其中有些還是傳寫之
訛,或僞品。最可疑的是沈約的《明之君》。就沈約的全集看來:魚
虞顯然是分用的,而《明之君》第一首以"初居"與"愉"爲韻;支之
顯然是分用的,而《明之君》第二首以"岐斯爲"與"兹"爲韻。如果
我們在別的方面能證明《明之君》非沈約所作,則用韻方面也可以
做一個有力的旁證。

此外,傅亮的《征思賦》以"垂"與"暉闈思"爲韻,是支微之相
混;薛道衡《從駕天池》以"陲池蠵"與"旗"爲韻,《和許給事》以"戲
騎跂"與"鼻至翠"爲韻,是支之脂相混;隋煬帝《贈張麗華》以"知"
與"時"爲韻,是支之相混。《百三名家集》在隋煬帝此詩後注云
"此或僞筆";至於傅亮與薛道衡,或因他們的方音如此,或因偶然
合韻,未便武斷,祇好存疑而已。

總之,大致看起來南北朝的支韻是獨立的。不過,這裏所謂支
韻,其所包括的字,等於《切韻》裏的支韻的字,而不等於段玉裁支
部的字。除了邱遲《送張徐州》以"積"字與"吹騎戲寄被義"爲韻
之外,更無與昔錫通用的痕迹;又如"皮爲離施儀宜猗靡羅吹差池
馳陂羆"等字,也不歸歌而應該依《切韻》歸支。

(乙) 歌戈麻

歌戈麻同用者：

何承天《上白鳩頌》：華嘉柯；《朱路篇》：華霞車歌箍和波阿遐家。謝靈運《撰征賦》：波過沙；《長谿賦》：華羅紗。《感時賦》：賒河跎過何科。顏延之《秋胡行》：河華過柯阿。鮑照《舞鶴賦》：多華媌霞；《河清頌》：河多歌，和波柯羅遐牙家；《代堂上歌行》：歌河何華霞葩梭娥羅和多過；《代白紵曲》：多和芽華；《擬行路難》：花家花華多；《梅花落》：多嗟；《還都至三山》：波阿羅河華芽霞家歌多何；《歎年傷老》：多歌華；《詠老》：華何。謝惠連《雪賦》：沙霞多；《詠螺蚌》：羅加沙和。蕭子良《賓僚七要》：華河沙多波。任昉《侍釋奠宴》：多家華。

歌戈同用者：

謝朓《和王長史》：河多歌沱和波蘿跎荷阿過莎。簡文帝《西齋行馬》：珂跎河靴多，波莎過。梁元帝《屋名詩》：和過歌蘿多波。沈約《昭君辭》：河娥波多蘿峨歌過；《從軍行》：多河波莎蘿阿戈歌和何。江淹《水上神女賦》：波阿罼多歌何；《秋夕納涼》：歌阿波多過河；《效阮公詩》：河多"華"過何阿。庾信《哀江南賦》：河波多歌。薛道衡《臨渭源》：羅多波河過歌和戈。

同此派者：高允、謝莊、王融、梁武帝、昭明太子、陶弘景、邱遲、劉孝綽、王筠、何遜、吳均、陳後主、盧思道。

麻獨用者：

王融《檢覆三業篇頌》：加瑕華奢邪置。昭明太子《七契》：家華車邪，華邪花。簡文帝《七勵》：嘉華葩花，家華花霞；《茱萸女》：斜花華斜家車。《孌童》：瑕賒牙霞花斜花車嗟。江淹《蕭太傅東耕祝文》：華霞"波"；《當春四韻》：花霞斜華。沈約《冠子祝文》：加化賒華車家。何遜《南還道中》：華家霞花楂瓜斜麻譁奢車沙嗟。庾信《枯樹賦》：加牙花霞，槎花。盧思道《美女篇》：華花車斜紗家。

同此派者:高允、謝莊、梁武帝、邱遲、王僧孺、王筠、劉孝威、庾肩吾、陳後主、徐陵、張正見。

由上所述,可知南北朝第一期歌戈與麻還是混用的,至第二期以後,麻韻方纔獨立。高允是第一期的人,集中歌麻分用,也許因爲集中韻文太少,看不出合用的例子。蕭子良與任昉是第二期的人,他們的歌麻同用,大約祇是仿古。江淹更奇怪了,依大部分的情形看來,該説他的歌麻是分用的;然而在他的《效阮公詩》與《蕭太傅東耕祝文》裏,却是歌麻合用。江淹是第二期的人,但他的用韻却有好些地方與第一期相似,非但對於歌麻是如此;這也許因爲江淹是早熟的詩人,他用的韻還是第一期的風氣。

(丙) 魚虞模

魚虞模同用者:

傅亮《喜雨賦》:娛余濡巫雩孚隅區塗蔬衢漁虞疏。謝靈運《山居賦》:湖區餘徂塗娛敷如,榆樗殊如虛疏衢敷腴初,徒模無書諸渝;《撰征賦》:隅殊書誅奴,餘除余樞,居墟娛餘,都圖謨徂且愚,徒腴都孚,徐珠隅書,"臺"(?)隅渠;《會吟行》:初敷。高允《羅敷行》:敷虞珠梳裾跗。顏延之《行殯賦》:隅衢儲;《秋胡行》:徂除枯隅蕪。鮑照《凌煙樓銘》:隅區除塗吳居扶;《石帆銘》:趨驅虛岨驅途;《代白紵歌》:居疏渠舒竽除須;《從過舊宮》:塗榆圖湖初衢漁荼腴居敷渝徒芻;《擬古》:都儒書壺隅廬初疏。謝莊《舞馬賦》:攄餘都吏。昭明太子《殿賦》:隅廡書;《七契》:吾模圖驅途,驅娛,虛渠書,隅驅慮。簡文帝《七勵》:疏衢珠居;《吳郡石像碑》:書銖驅駒劬祛吳;《宣武王碑銘》:符圖虞初徒;《怨歌行》:餘初居驅除舒魚疏祛輿;《有所思》:輿疏虛蕪;《望同泰寺》:圖珠吾殊雛梟趨銖驅踰居。梁元帝《玄覽賦》:愚衢墟書,魚鬐軀珠書,娛渝書;《戲作艷詩》:夫躕珠餘。任昉《知己賦》:車餘娛輿。江淹《思北歸賦》:墟蕪梧徂夫;《娼婦自悲賦》:蕪虛居餘;《丹砂可學賦》:居虛餘,都無裾圖摹;《横吹賦》:都吳儲;《齊太祖誄》:虞都虛居;《郊外望秋》:蕪踟踰都濡初居書;《悼室人》:無都興隅居。沈炯《陳武帝哀策文》:墟虞符樞珠,書虞圖符虞。

同此派者:何承天。

魚獨用者:

沈約《郊居賦》:儲書虛餘廬渠蔬余初,墟舒。王僧孺《永寧令誄》:書徐虛舒疏廬車餘諸儲居渠櫨書嶼。陸倕《以詩代書》:疏車書旟車虛祛魚。劉孝綽《三日侍華光殿》:初渠居舒疏餘魚;《歸沐》:廬居渠裾疎虛書如噓廬璵魚。張正見《帝王所居篇》:居渠廬虛疏書胥興車除。庾信《窮秋》:沮鋤書魚渠疎廬;《和宇文內史》:疎渠書渠居舒妤;《寒園即目》:居墟書舒餘魚疏;《言志》:譽鋤蘧舒,如裾璩興,虛墟居初,除閭妤車,餘疏雎書,初畲渠於,沮祛菹諸,噓廬徐魚,"桴"漁挐書,蔬蛆疏璵。盧思道《遊梁城》:墟餘裾書初疎如虛。

同此派者:王融、謝朓、劉孝威、庾肩吾、何遜、吳均、陳後主、江總、邢邵、王褒、隋煬帝。

虞模同用者:

王融《在家懷善篇頌》:珠芻渝拘途芙;《遊仙詩》:隅區壺珠俱。謝朓《詠蒲》:蒲珠雛塗驅。劉孝綽《還渡浙江》:殊襦隅烏蕪徂梟衢。劉孝威《青牛畫贊》:區都隅芻模圖;《結客少年場行》:都蘇弧烏衢枯途都壺弧驅;《烏生八九子》:烏雛枯呼;《郱縣遇見人織》:蘇珠轤渝踟。徐陵《驄馬驅》:駒衢敷屠"書"踴;《長安道》:都圖珠吾。江總《辭行李賦》:奧紆區衢樞愚竽汙;《入棲霞寺》:榆拘枯衢俱無塗紆符渝芻夫;《新入姬人》:蘇姝奧珠;《內殿賦新詩》:鋪壺圖芙。張正見《石賦》:都吾湖珠;《置酒高殿上》:塗鑪梧趨珠姝竽雛壺枯都。庾信《哀江南賦》:吳徒渝巫誅弧都;《紇于弘神道碑》:"謀"圖"虛"狐;《宮調曲》:樞都圖烏租梧符;《擬詠懷》:株無跗奴愚;《預麟趾殿校書》:謨圖都夫"疎"狐烏蒲

湖;《有喜致醉》:珠弧夫廚須株雛;《別庾七》:烏都圖枯株;《畫
屏風》:壺廚孤壚。王褒《出塞》:驅榆蒲圖;《日出東南隅行》:隅
鋪無圖襦雛衢趨模顱株吾蘇褕。

同此派者:庾肩吾、陳後主。

虞獨用者:

沈約《郊居賦》:區株娱朱隅衢跗,虞梟軀珠,武主宇縷臕竪;
《高士贊》:無軀夫愉迂拘衢;《少年新婚》:紆嫗朱軀珠梟膚敷隅
駒趨夫。何遜《秋夕歎白髮》:扶殊隅珠軀須廡隅愉樞株梟隅;
《答邱長史》:"路"霧趣句喻鶩樹赴賦務驅務屢。

同此派者:吳均、牛弘、王僧孺、陸倕。

模獨用者:

沈約《郊居賦》:菰蒲湖都,堵户杜覩"下",步顧路訴;《賢首
山》:徒狐都胡塗烏逋酺吳;《宿東園》:路步互故露顧兔素暮度。
王僧孺《永寧令誄》:爐塗吾都烏呱"墟"。吳均《城上烏》:烏逋
呼麀吾;《行路難》:烏轤蘇胡矑;《酬蕭新浦》:壺浦塗吾烏。何遜
《宿南洲浦》:苦浦五鼓莽土。

同此派者:隋煬帝、牛弘、盧思道。

魚虞模的變遷,不像歌戈麻那樣有系統;祇有第一期的魚虞模
通用與第三期的魚不與虞模通用是顯然的。至於第二期的詩人,
有兩種極端相反的情形:昭明太子、江淹、沈炯一派仍依第一期的
規矩,以三韻同用;沈約、何遜、吳均、王僧孺一派却似乎走到第三
期的前頭,非但魚獨用,連虞模也分用起來。依籍貫看來,沈炯與
沈約是同鄉,然而他們却代表着極端相異的兩派。沈炯比沈約小
六十歲,我們似乎可説時代形成他們語音的差異;但這個推論是不
對的,因爲我們不該假定武康的方音在一二百年内走循環路徑:先
是魚虞模不分,後來是魚虞模三分,再後又是魚虞模不分。祇有一
個猜想是比較近理的,就是沈約、何遜諸人的審音程度比沈炯他們
的程度高些。

三、之脂微齊皆灰咍

之脂微齊皆灰咍同用者[1]：

謝靈運《山居賦》：限回肥歸，資衣頹違歸懷揮推，芊(？)詞噫墀遺；《撰征賦》：遺私菱遙期熙，悲思詩時期湄辭乖階霏哀懷頹，基期機歸暉稀，基維湄夷，疑持悲詞；《宋武帝誄》：哀徊徽，哀縗雷基期悲茲；《慧遠法師誄》：資師疑怡，淒骸懷淒棲蹊，依違微希；《君子有所思行》：畿歸闈遂詩徽飛歸饑譏；《石壁精舍》：暉歸微霏依扉違推；《登石門》：棲溪基迷蹊蹄攜薆排梯。謝惠連《雪賦》：思辭之，懷暉衣飛薇違歸；《口箴》：機追微肥；《祭古冢文》：司基茲輀摧低醨犀，齊迴頹哀；《秋胡行》：遲萋黃蹊諧；《却出東西門行》：思徽機祈之；《擣衣》：催槐啼闈攜階哀題歸衣開非。

（甲）之脂微

脂微同用者：

何承天《木瓜賦》：姿輝葳；《思悲公篇》：衣悲歸；《巫山高篇》：微威機師；《君馬篇》：姿飛暉旂畿機悲稀師私肥歸。顏延之《陽給事誄》：哀威肇畿圍悲；《秋胡行》：違畿依遲歸。高允《答宗欽》：微機墀暉；《徵士頌》：遺遲推饑。鮑照《觀漏賦》：歸飛暉微哀違；《傷逝賦》：哀違暉非歸；《河清頌》：徽微歸推輝機衣；《代白紵舞歌》：褘衣晞飛"回"歸輝；《代北風涼行》：歸悲"哀"追；《吳興黃浦亭》：輝依歸違揮衣追飛韋；《夢歸鄉》：遙畿歸闈暉葳徽違飛巍哀誰；《秋夕》：機暉稀霏微違帷；《詠雙燕》：歸飛衣哀威機。

之獨用者：

顏延之《秋胡行》：辭基之時持，起始已齒汜。鮑照《傷逝賦》：時茲疑基絲辭期；《松柏篇》：時期治醫辭；《擬行路難》：期

詞基時怡;《答客》:詞思疑之基持期詩滋絲時嗤;《送從弟道秀別》:"悲"時怡旗思滋辭持期;《紹古辭》:時絲治緇旗欺;《舞鶴賦》:恥止擬市里;《代門有車馬客行》:士里俚喜已止始起耳李;《登廬山》:士趾里氾耳祀裏起似子市;《贈傅都曹別》:汜已里耳起裏。王融《禮舍利寶塔篇頌》:思"悲"滋基之時疑。謝朓《在郡臥病》:兹時葘辭颾持絲期晜嗤;《懷故人》:期思之兹時詩。沈約《郊居賦》:期時辭基司持,怡基芝梸持嬉兹時,熾記餌戠值;《貞女引》:疑"悲"詞;《去東陽》:期兹淇晜旗思;《和竟陵王抄書》:期兹詩疑滋詞輜芝嗤;《春思》:絲持時淇姬思;《高士贊》:志事餌戠"織"異緇記;《滌雅》:熾置忌事志"洎"嗣;《豫章行》:駛思異嗣嘔志熾事餌"寄"。任昉《贈郭桐廬》:思"坻"持兹"悲"期辭;《答何徵君》:裏市士"軌"喜止。

同此派者:何承天、高允、王儉、謝莊、孔稚珪。

脂獨用者:

謝朓《詠邯鄲才人》:墀眉悲姿私;《三日侍華光殿》:帷墀姿跜,位懿巇肆。沈約《三婦艷》:墀帷眉私;《九日侍宴》:墀姿蕤湄;《六憶》:墀"思"飢;《郊居賦》:地嗜肆庀,璲器肆崈地至淚;《麗人賦》:位至媚翠膩;《彌勒贊》:二地巇器位墜至貳媚祕邃備懿;《金庭館碑》:位器祕簀;《陸昭王碑》:遂簀巇瘁;《梁宗廟登歌》:備位致遂地;《忱威》:水雉指矢軌。任昉《答劉居士》:四類肆至。

脂之同用者:

江淹《別賦》:期辭滋悲時湄;《去故鄉賦》:持期滋悲;《空青賦》:"微"之;《齊太祖誄》:墀期辭,師詩疑辭,熙夔詩;《劉僕射東山集》:滋思湄遲時詩;《吳中禮石佛》:疑時湄滋坻私遲淄期;《王微養疾》:滋悲墀帷淄期詩;《悼室人》:兹"微"滋時持。梁武帝《淨業賦》:怡眉肌脂欺;《代蘇屬國婦》:期時基帷湄辭思持絲詩。昭明太子《七契》:遲滋熙,"黎"鷗滋。簡文帝《悔賦》:怡遺,期欺蚩基之師;《箏賦》:飢治絲時,私嗤帷遲;《梅花賦》:堰姿帷眉時;《七勵》:淇悲眉,"離"遺"飛";《妾薄命》:姿期眉絲疑遲帷時期嗤。梁元帝《玄覽賦》:基治師疑辭,辭嬉眉絲思貔時颸颸鏖;《登顏園故閣》:堰姿眉遲悲帷時。邱遲《還林賦》:"吹"湄堰辭絲蓍悲。陳後主《巫山高》:期思眉絲時,期思時遲疑。沈炯《陳武帝哀策文》:時熙芝欺醫,欺悲遲之帷。庾信《小園賦》:飢遲茨眉颸時絲悲;《遊仙》:師期颸芝棋絲祠。隋煬帝《秦孝王誄》:旗湄禠持台屍茲師。

同此派者:陶弘景、王僧孺、劉孝綽、陸倕、王筠、劉孝威、劉潛、何遜、吳均、徐陵、江總、張正見、王褒、盧思道、牛弘。

微獨用者:

謝朓《酬德賦》:闈扉輝違依歸晞;《擬風賦》:飛暉霏威,歸微徽飛;《休沐重還》:歸非違依飛微衣菲徽闈扉;《詠落梅》:菲歸威輝"追"。梁武帝《白紵辭》:衣"誰"歸飛。簡文帝《圍城賦》:肥扉威"綏""誰";《南郊頌》:衣"蕤""誰"飛;《詠晚閨》:"追"飛衣;《春情》:"追"飛衣歸扉。梁元帝《秋興賦》:歸"衰"衣;《鴛鴦賦》:依"衰"機;《船名詩》:飛"追"歸磯暉衣;《池中燭影》:輝扉微飛稀"追";《祀伍相廟》:"追"圍非衣;《宴清言殿》:璣非"追"。江淹《扇上彩畫賦》:徽衣飛"衰"歸;《效阮公詩》:衣"誰"晞歸"疑"。沈約《晨征》:飛衣歸"衰"違依。劉孝綽《對雲詠懷》:霏飛衣闈歸違扉圍暉非機;《擬劉公幹》:歸飛"追"霏。劉孝威《擬古》:"追""誰"。庾肩吾《遊甄山》:"追"歸稀飛衣。何遜《行經孫氏陵》:依機畿威泜扉違歸微非暉飛衣。陳後主《紫騮馬》:歸飛輝衣"追"。徐陵《侯安都德政碑》:歸暉飛威"綏"。江總《勞酒賦》:菲"推"沂。魏收《美女篇》:歸騑沂妃飛非衣微稀威依機違。庾信《哀江南賦》:"綏"闈飛,威微歸飛;《傷心賦》:"哀"依歸譏;《枯樹賦》:歸薇扉"衰";《鶴贊》:歸飛羈衣;《司馬裔墓銘》:輝機飛圍,微稀衣"衰";《吳明徹墓銘》:"衰"飛

“追”歸；《謹贈司寇》：機旟歸衣飛稀依圍肥微妃“吹”威磯扉闈微非“衰”“追”；《入彭城館》：威圍“衰”飛稀衣歸；《和何儀同》：機衣歸稀輝飛“衰”機微；《擬詠懷》：非薇違“衰”。王褒《日出東南隅行》：歸輝飛“追”。

同此派者：王融、邢邵、昭明太子、任昉、謝莊、王僧孺、陸倕、王筠、張正見、温子昇、隋煬帝、盧思道、薛道衡。

在段氏十七部裏，脂微是同部的；南北朝第一期，脂微也是通用的。到了第二期，微韻獨立了，脂之却又混了，祇有沈約、謝朓幾個人是脂之微三分的。

有些字是浮動於二韻之間的，例如“軌”字依先秦古韻該歸幽（近之），依《切韻》該歸脂；任昉在《答何徵君》裏把它押入之韻，沈約在《忱威》裏却把它押入脂韻。又有些字是容易因傳抄而致誤的，例如“旗”與“旗”、“饑”與“飢”、“幃”與“帷”，意義都差不多（“饑”訓穀不熟，“飢”訓飢餓，但也因聲近而易混），然而它們却是不同韻的。所以我們遇着這些字的時候該加一點兒判斷力，例如江淹《齊太祖誄》以“旗”與“輝微”爲韻，邢邵《古露詩》以“旗”與“霏機”爲韻，“旗”當爲“旗”之誤；吳均《贈杜容成》以“帷”與“衣飛”爲韻，“帷”當爲“幃”之誤；餘如“飢饑”相混之例甚多，當視其韻類而加以校正。

本篇在整理材料的時候，曾用陳蘭甫系聯的歸納法。系聯的結果，對於其他諸韻仍逃不出《切韻》的系統（祇在分合上稍有異同），但對於脂微兩部則有意外的發現。脂韻一部分的字是該歸微的；自從第二期脂微分用以後，這一部分的字就專與微韻同押，而與另一部分的字絶不相通。這一部分的字是：追綏推衰誰蕤。

我們再看這六個字同屬於舌音與齒音的合口呼，可見它們在同一條件之下歸微，並不是零亂的，也不是偶然的。把這六個字認爲微韻字，則見南北朝第二期以後微韻絶對不再與脂韻相通，換句話說，就是不再與“悲眉師姿遲龜”等字通押。南北朝聲類與《切韻》系統的異同如下表：

《切韻》系統	脂韻			微韻	
等呼	開口	合口		開口	合口
發音部位	喉牙脣舌齒	喉牙脣	舌齒	喉牙	喉牙脣
南北朝聲類	脂韻			微韻	
例字	伊墀師尼黎夷遲胝坻飢私屍資脂尸肌湄	惟悲惟龜湄逵遺夔丕	追衰綏誰推蕤	衣旂譏依沂幾希饑磯	圍歸飛非微違暉徽肥威

　　由表看來，《切韻》的微韻沒有舌音與齒音，而南北朝的聲類却以舌齒的合口歸微。對於這種現象，我們可以在現代的北京話裏得到一個解釋。現代北京對於脂微是沒有分別的，然而對於脂微的合口字却有兩種韻母：第一種是"龜歸逵威違"等喉牙音字，它們的韻母是 uei；第二種是"追綏推蕤"等舌齒音字，它們的韻母是 ui。等韻家却把這些字都併成一類，認爲一個韻母，因此我想從前北京也許曾經把"追綏推蕤"念入 uei 韻過。從這一事實可以揣測南北朝脂微韻的進化情形："追綏推蕤"等字大約先念的是 uei，所以入微，因爲微韻的開口呼是 ei，後來它們的韻母轉變爲 ui，如今北京音，所以入脂，因爲脂韻的開口呼是 i。這是暫時的一種假定。

　　微韻去聲字少，故常與脂韻去聲通押，如庾信《哀江南賦》以"沸尉"與"帥"爲韻，"氣"與"泗至魅冀器地悴"爲韻，"攢沸"與"地帥淚"爲韻，"氣"與"位棄醉"爲韻，《徵調曲》以"氣緯"與"位類"爲韻等等。所以南北朝第二期的"醉萃翠邃遂帥類"等舌齒音字雖該認爲微韻去聲，仍可與脂韻去聲"冀季器棄地至鼻寐次自四視懿位利二"等字通押的。

　　（乙）齊皆灰咍

齊皆灰咍同用者：

何承天《芳樹篇》：徊開諧階棲懷絓乖。鮑照《野鵝賦》：排哀臺摧隈乖懷；《代放歌行》："非"懷開來埃"歸"才猜萊臺迴；《代淮南王》：閨懷；《三日》：懷臺開苔栽梅杯摧。高允《詠貞婦》：笄諧乖懷；《徵士頌》：偕諧懷摧哀。江淹《別賦》：珪來徊；《步桐臺》：哉埃臺來懷，徊階；《渡泉橋》：哉來鰓迴開苔懷來；《休上人怨別》：哉來徊開臺埃懷；《冬盡難離》：閨題懷西啼乖睽蹊。

齊皆同用者：

顏延之《和謝靈運》：迷棲閨睽霾乖蹊黧稽泥淮黎畦偕淒珪懷。王儉《褚彥回碑文》：階懷諧黎。

皆灰咍同用者：

謝朓《擬風賦》：才徠臺懷；《奉和隨王殿下》：隈來回臺杯，開來懷徊，來開臺枚。張融《海賦》：排開隤。陶弘景《水仙賦》：開淮臺來；《尋山志》：萊臺懷諧埃。陸倕《思田賦》：懷萊隈迴。邢邵《冬日傷志篇》：栽杯臺來開哀枚萊懷。

齊獨用者：

謝朓《遊敬亭山》：齊棲谿低啼淒蹊迷梯睽。沈約《和陸慧曉》：稽齊黎圭犀攜泥畦西迷。王融《戒法攝心篇頌》：萋棲倪齊蹊迷。王僧孺《朱鷺》：堤鷺雞珪棲。王筠《春日》：齊泥棲閨萋。梁元帝《晚棲鳥》：棲迷齊閨萋。吳均《渡易水歌》：齊舣西嘶齊；《與柳惲贈答》：淒珪齊泥西。江總《紫騮馬》：淒閨嘶堤啼；《雨雪曲》：溪西蹄低迷。張正見《從軍行》：西齊梯迷泥；《神仙篇》：蜺溪迷泥雞。庾信《小園賦》：閨攜萋畦低嘶；《將命至鄴》：隄黎珪迷低蹊；《至老子廟》：蜺谿圭泥低啼迷西；《初晴》：隄低泥溪齊。王褒《山家》：攜霓"埤"迷啼棲蹊齊。盧思道《神仙篇》：攜梯雞溪霓泥西迷；《贈李若》：淒蹊西迷珪蹄；《贈劉儀同》：攜黎西雞蹊齏低嘶泥萋。薛道衡《昔昔鹽》：堤齊蹊萋閨啼低雞泥西蹄。

同此派者：謝莊（？）、簡文帝、任昉、何遜、庾肩吾、陳後主、徐陵、沈炯。

皆獨用者：

　　江總《靜臥棲霞寺房》：齋霾階懷乖儕。庾信《陸逞神道碑》：乖埋皆懷；《商調曲》："開"乖懷"哉"；《山齋》：齋階埋槐乖；《晚秋》：階槐霾排；《畫屏風》：齊埋懷偕。

　　同此派者：沈約、吳均。

灰咍同用者：

　　顏延之《陽給事誄》：恢萊埃骸才臺。沈約《飲馬長城窟》：堆迴臺埃；《三日侍鳳光殿》：臺哉迴。梁元帝《詠石榴》：催梅來栽開；《早發龍巢》：隈開來臺。徐陵《梅花落》：梅栽臺徊裁；《鬪鷄》：才媒臺來。庾信《高鳳好書》：迴臺來開；《陸逞神道碑》：摧迴哀雷；《長孫儉神道碑》：雷開臺才；《步陸孤氏墓銘》：迴灰臺徊；《周宗廟歌》：徊疊來；《步虛詞》：開來臺迴萊災；《遊田》：開來臺回枚杯；《闡弘三教》：開來臺才迴灰；《喜雨》：回媒雷臺開來胎才偲；《蒲州刺史》：迴開催來；《奉和趙王》：臺雷杯采臺莓。盧思道《盧記室誄》：杯埃迴臺開來。薛道衡《遊昆明池》：徊材來灰開杯；《和許給事》：灰梅徊來杯哉；《梅夏》：梅來開才。

　　同此派者：謝莊、王融、邱遲、王僧孺、劉孝綽、劉孝威、庾肩吾、何遜、吳均、陳後主、王褒、隋煬帝。

　　當齊皆灰咍同用的時候，它們的音值未必完全相同。齊與皆近，皆與灰咍近，齊與灰咍則較遠；所以齊皆同用與皆灰咍同用的例子都很多，齊灰咍同用的例子就非常少見。

四、蕭宵肴豪尤侯幽

（甲）蕭宵肴豪

蕭宵肴豪同用者：

　　何承天《采進酒篇》：朝肴交僚鑣濠勞遨醪妖謠咬；《上邪篇》：矯表草道；《木瓜賦》：劭耀撓效操好報。傅亮《登陵囂館賦》：皋騷飂勞忉遼。謝靈運《山居賦》：椒摽絢荍，沼表道，抱表草矯道窕兆早;《緣覺聲聞合贊》:少寶老道;《宋武帝誄》:昭韜郊朝,道趙造表,沼早昊;《相逢行》:道草抱保槁早老好鳥造燥繞曉了縞;《平原侯植》:沼草討好道裊抱早藻昊飽老;《從遊京口》:高超鑣椒潮皋桃昭苗巢謠;《石室山》:郊高椒朝霄喬交條;《酬從弟惠連》:交遨苞陶勞;《入東道路詩》:朝飆韶桃苗遼高朝謠。顏延之《範連珠》:交昭潮;《皇太子釋奠》:照奧教劭。高允《答宗欽》:寶矯表縞;《鹿苑賦》:教蹈奧號躁誥照廟導妙;《詠貞婦》:好到醮劭;《徵士頌》:到誥操孝教。鮑照《傷逝賦》:夭少抱保草藻老討道;《擬行路難》:朝銷“頭”。張融《海賦》:艘高飆。陶弘景《水仙賦》:璈韶桃霄。王儉《高帝哀策文》:孝炤教。邢邵《文宣帝哀策文》:寶草皓擾矯。

蕭宵同用者:

謝惠連《泛湖歸》:橈潮要椒飆條囂朝。梁武帝《玄覽賦》:霄譙橋朝韜貂超條標寮遠霄朝;《鳥名詩》:要橈蕭腰潮。王融《劭請增進篇頌》:朝遙翹遼超橋鑣;《清楚引》:岧宵遼飆苗妖;《遊仙詩》:鑣潮飆霄寥。謝朓《遊後園賦》:迢寥飆遙;《擬風賦》:椒朝遙寥超。昭明太子《芙蓉賦》:“號”曜調;《七契》:曜照召笑耀妙“樂”。簡文帝《三日侍皇太子》:嶤寮搖條;《三月三日》:遙朝夭條朝妖翹腰嬌潮椒。沈約《華陽先生》:霄譙朝鑣凋;《傷庚杲之》:僚條飆昭。江淹《水上神女賦》:鑣條要嬌嬌寥;《檀超墓銘》:鑣條要嬌椒寥。劉孝威《三日侍皇太子》:朝謠橋鑣蕭椒潮;《奉和六月壬午應令》:瑤潮遙橋霄跳橈苗樵瓢朝遙綃;《奉和晚日》:綃搖潮飆僑簫。江總《營涅槃懺》:條要遙椒銷飆朝。陳後主《獨酌謠》:謠謠飆聊調超霄飄遙喬,謠宵朝,謠消調朝譙嬌遙。沈炯《獨酌謠》:謠謠要招飆超喬霄韶朝遙囂;《八音詩》:嬌迢橋飄朝韶囂飆瑤。庾信《連珠》:標“巢”;《司馬裔神道碑》:遙橋遼姚;《夢入堂內》:椒條撩腰搖調朝;《畫屏風》:鑣條飄驕橋,飄腰調姚。盧思道《納涼賦》:條簫鑣嶤霄寮;《盧記寶誄》:朝翹招條鑣僚。牛弘《方邱歌》:昭“郊”;《食舉歌》:昭饒調曉朝。

同此派者:謝莊、王僧孺、庾肩吾、何遜、吳均、徐陵、王褒、隋煬帝。

看獨用者:

沈約《郊居賦》:郊茅交巢坳。江淹《齊太祖誄》:孝貌教效。梁武帝《孝思賦》:孝撓教。江總《陸君誄》:教撓孝。庾信《小園賦》:湇交坳巢匏;《周祀方澤歌》:郊庖茅匏;《擬詠懷》:哮交茅巢膠弰崤包;《園庭》:郊爻茆巢苞膠嘲殽庖交。隋煬帝《秦孝王誄》:胞郊巢。

豪獨用者:

謝莊《和元日雪花應詔》:道寶造藻杲掃。王融《善友獎効篇頌》:草皓藻道保造;《奉養僧田篇頌》:掃寶道老藻草皓。江淹《謝惠連贈別》:勞遨皋陶“瑤”;《栟櫚》:草道寶“巧”;《陰長生》:寶道草“鳥”;《孫綽雜述》:老道皓草“巧鳥”;《效阮公詩》:好道寶草抱。謝朓《奉和竟陵王》:寶道抱早草老;《忝役湘州》:奧好暴冒竈導號操報勞蹈。梁武帝《淨業賦》:道草老惱。昭明太子《擬古》:草皓掃老。簡文帝《大同九年七月》:“橈”好。王僧孺《古意》:刀袍毫遭毛蒿;《至半渚》:掃島鴇潦好。何遜《聊作百一體》:螬毫勞袍敖曹褒蒿糟滔毛。江總《贈賀蕭舍人》:道老抱藻草保。陳後主《立春日泛舟》:桃滔袍刀高濠。沈炯《離合詩》:桃高蒿陶騷毫曹勞。庾信《步虛詞》:高敖桃刀逃;《侍從徐國公》:韜旄皋醪高刀毛勞;《和裴儀同》:皋騷毛勞高袍。

同此派者:沈約、劉孝綽、王筠、吳均、王褒、薛道衡。

蕭宵肴豪袛在第一期是同用的;第二期以後就分爲三部,蕭宵爲一部,肴爲一部,豪爲一部。陶弘景、江淹、王儉還算是第一期的派頭;邢邵《文宣帝哀策文》也許是轉韻。此四韻不與尤侯幽通,鮑照《擬行路難》是例外。

(乙)尤侯幽

尤侯幽同用者:

　　傅亮《傅府君銘》：修求周幽；《奉迎大駕》：舟球尤收軸留修
謀酬浮繇謳。謝靈運《登臨海嶠》：舟流游樓留；《山居賦》：口首
皁藪後右。顏延之《車駕幸京口》：遊州流舟浮斿謳洲疇邱柔。
鮑照《園葵賦》：抽油疇投憂羞；《代結客少年場行》：頭鈎讎遊邱。
簡文帝《悔賦》：富宙構授守獸寇；《大同哀辭》：候漏岫就；《餞劉
孝儀》：候守鬭溜舊；《和蕭東陽》：構守候富。徐陵《出自薊北門
行》：愁樓流秋州候。庾信《哀江南賦》：舟游流樓邱舟侯洲牛，胄
漏寇獸宿鬭；《擬詠懷》：謀侯頭留秋；《徵調曲》：首后負；《司馬
裔神道碑》：構候鬭宿；《步陸孤氏墓銘》：守鏤鬭。王褒《牆上難
爲趨》：邱酬由求鈎侯州投浮鈎。盧思道《日出東南隅行》：鈎樓
羞眸愁留頭；《河曲游》：流游洲稠樓猶謳溝憂；《聽鳴蟬篇》：州求
樓遊候憂牛。薛道衡《豫章行》：甌游流洲樓；《入郴江》：流牛洲
浮鈎頭；《渡北河》：洲流樓浮侯愁；《苔紙》：流鈎。

　　同此派者：全南北朝詩人。

　　關於尤侯幽三韻，全南北朝詩人是一致的；三韻完全沒有分用
的痕迹。尤侯大約祇是開合口的分別；尤與幽恐怕就完全無別了。

五、蒸登東冬鍾江陽唐庚耕清青

（甲）蒸登

蒸獨用者：

　　傅亮《感物賦》：蠅陵懲承膺。顏延之《宋文帝元后哀策文》：
昇憑凝膺蠅。鮑照《代白頭吟》：繩冰仍興勝蠅陵升稱憑膺；《與
謝莊三連句》：澄勝凝興。謝惠連《雪賦》："窮"升凝冰興繒；《代
古》：綾繩興凌升繩。梁武帝《采菱曲》：繩興菱。簡文帝《賦得
橋》：陵冰繩鷹；《吳郡石像碑》：勝證孕乘應。沈約《介雅》：升仍
應。江淹《恨賦》：陵興乘膺勝；《橫吹賦》：磳澄鷹；《齊太祖誄》：
繩興澄。陶弘景《水仙賦》：磳繩陵；《尋山志》：陵矜承。王筠
《俠客篇》：矜膺陵興。何遜《七召》：懲繩冰。徐陵《陳文帝哀策

文》：稱憑繩升。庾信《連珠》：膺勝；《鄭常墓銘》：憑陵凝承；《周祀圜丘歌》：憑升繩。盧思道《從駕》：陵繩承憑冰凝蒸徵陵勝。牛弘《方邱歌》：承膺。

登獨用者：

謝靈運《宋武帝誄》：弘登翻滕。顏延之《赭白馬賦》：登稜層騰。簡文帝《詠煙》：藤登層燈。梁元帝《幽逼詩》：恒鵬。劉孝綽《酬陸倕》：僧燈弘能曾。何遜《渡連沂》：恒騰嶒崩藤登朋。庾信《北園射堂新成》：登塀能藤朋。

蒸登在南北朝沒有合用的痕迹，同時，與它們相配的職德也很少有合用的情形。依謝惠連《雪賦》看來，蒸可與東通用（實際上與上古冬部通用），同時，職德與“竹曲”爲韻。由此看來，蒸登與東冬鍾相近，而它們距離庚耕清青甚遠。

（乙）東冬鍾江陽唐

東冬鍾江同用者：

何承天《社頌》：工龍雍江邦庸。傅亮《感物賦》：中櫳墉東充終融蹤封宋隆躬工通蒙。謝靈運《山居賦》：峰縱江紅風；《田南樹園》：同中風江墉窗峰功蹤同；《於南山往北山》：峰松瓏淙蹤容葺風重同通。顏延之《陶徵士誄》：風邦恭農；《直東宮》：工風墉中宮窮衷松充桐；《除弟服》：冬窮容躬。高允《答宗欽》：通封從同；《徵士頌》：躬功崇隆，通胸龍邦。鮑照《野鵝賦》：崇潼蓬空雙胸；《代陳思王京洛篇》：窗龍風容中鴻蓬空縫濃縱；《代陳思王白馬篇》：弓風中冬縫封松墉戎功鍾雄；《縱拜陵登京峴》：終松重通峰容窮中邦空；《贈馬子喬》：中風容鴻雙；《與荀中書別》：風躬終容江從空；《還都口號》：宮通風冬空容江邦逢功；《數詩》：東宮邦鴻豐風鍾重容通；《玩月》：總同中風。袁淑《大蘭王九錫》：雄東風攻峰。謝惠連《豫章行》：江從峰鍾蹤茸龍胸封容；《猛虎行》：峰容蹤恭縱；又：風“傷”；《前緩聲歌》：胸峰公，“楊”同豐；《七月七日》：櫳風窮從容蹤雙悰空龍重。王儉《贈徐孝嗣》：龍東蹤雍從。謝朓《移病還園》:蓬鴻空重容冲從。

東獨用者:

梁武帝《淨業賦》:童躬窮風雄;《靈空》:同風中冲空。王融《十種慚愧篇頌》:隆中崇通風忡;《法樂辭》:窮風中蔥宮;《春遊迴文》:東叢風紅中。昭明太子《七契》:桐蔥嵩東風中。簡文帝《梅花賦》:宮中叢通箭風;《七勵》:宮風虹瓏東,中紅風,"容"童風翁,空通;《上之回》:中宮風瞳戎窮;《艷歌篇》:中空紅終宮通驄駿銅弓螉豐櫳風筒桐東窮;《行幸甘泉宮》:通宮空風虹終中鴻;《奉和登北顧樓》:宮澧峒童虹中。沈約《瑞石像銘》:功空濛融通蔥風東衷宮工隆嵩;《前緩聲歌》:東風宮鴻空虹童空中嵩;《遊沈道士館》:功充中宮窮豐躬"籠"風"蹤"鴻通嵩同;《和劉雍州》:工銅瓏窮鴻窮叢風雄桐充嵩;《望秋月》:叢風紅濛空通瓏鴻宮東。江淹《泣賦》:紅窮東風;《哀千里賦》:窮紅東空;《知己賦》:"容"同終;《麗色賦》:中風桐東空;《靈邱竹賦》:宮空風濛東通;《山桃》:叢風虹"宗";《齊太祖誄》:工空"庸"冲功風,同功東崇,公終"邦"風;《赤亭渚》:楓紅窮中空風鴻。任昉《王貴嬪哀策文》:宮風中冲窮終;《侍釋奠宴》:冲風蒙"鎔"。徐陵《傅大士碑》:雄空通叢風;《徐則法師碑》:童中"鎔"蒙;《紫騮馬》:"鬃"巆空鴻東。沈炯《長安少年行》:翁蓬雄功宮中通空東終同聾翁蒙。魏收《後園宴樂》:中風穹功通叢。庾信《馬射賦》:風宮紅弓熊空;《鄭偉墓銘》:公通雄"封";《蕭太墓銘》:宮戎中東窮風;《祀方澤歌》:宮中風,同宮中馮風蔥;《上益州》:窮同蓬風紅空;《和樂儀同》:通風宮豐筒東;《和王內史》:宮功弓熊"重"。盧思道《孤鴻賦》:鴻蟲東風空濛弓;《祭濣湖文》:東濛同風通戎;《後園宴》:叢櫳紅窮中。薛道衡《隋高祖頌》:蒙同功風。

同此派者:謝莊(?)、梁元帝、陶弘景、劉孝綽、劉孝威、劉潛、庾肩吾、何遜、吳均、張正見、牛弘。

冬鍾江同用者:

　　江淹《哀千里賦》:峰江;《麗色賦》:雙容龍邦;《赤虹賦》:逢
容峰龍"紅";《江上之山賦》:江峰重;《鏡論語》:縱重峰窗;《陸
東海譙山集》:濃"紅"松峰重從容。昭明太子《七契》:邦封從;
冬從。

　　冬鍾同用者:

　　沈約《俊雅》:重容從雍恭;《於穆》:鐘鏞容龍蹤。簡文帝《劉
顯墓銘》:羣重冢壟拱濉湧踵;《被幽連珠》:鐘宗;《王規墓銘》:鋒
鐘冬;《雁門太守行》:濃重墉逢封蹤。梁元帝《玄覽賦》:墉封衝蹤
松鐘。庾肩吾《奉使北徐州》:恭從蹤封墉雍重龍容鐘松鋒濃茸
"蕣"峰鏞喁峰庸逢。江總《入龍邱巖精舍》:龍峰松鐘重容從。張
正見《和諸葛覽》:封重鋒蹤"戎";《題新雲》:松峰重龍。庾信《陪
駕》:龍峰衝松蓉鐘重峰容封;《任洛州》:蹤龍重鋒從庸峰松龔封;
《送靈法師葬》:封鋒松重鐘濃從。王褒《山家》:冬峰蹤松鐘逢龍。
盧思道《春夕》:松封峰濃容重春從。牛弘《太廟樂歌》:宗雍重恭
容從。薛道衡《展敬上鳳林寺》:峰龍重濃鐘松蓉從。

　　同此派者:魏收、邢邵。

　　江獨用者:

　　簡文帝《秋晚》:江窗缸。

　　陽唐同用者:

　　顏延之《赭白馬賦》:王方裝光章"衡"防;《陽給事誄》:陽昌
皇良霜"衡"①。謝靈運《山居賦》:忘常堂陽,櫹章梁涼,堂房芳
長傍場,芳薑霜陽,芳狂;《宋武帝誄》:茫傷皇忘。鮑照《喜雨》:
陽光鄉潢莊堂芳箱皇。梁武帝《孝思賦》:傷望裳方蒼茫腸央徨
狂陽芳傷。沈約《郊居賦》:忘場翔昌堂方藏莊茫攘。昭明太子
《七契》:光芳黃堂羊瀼桑唐康。簡文帝《大法頌》:長王璜皇梁廊

---

① 　顏延之的"衡"字兩次與陽唐同用,而不見與庚韻字同用,令人推想顏氏方言裏祇把
這一個字讀入陽唐,並不是把庚與陽唐合韻。這是該辨別清楚的。江淹的"瓏"字
也是如此(見下文)。

裳張鏘庠揚<u>藏</u>章彰<u>黄</u>王<u>狼荒</u>鄉<u>桑湯</u>良鏜祥芳<u>光</u>凰翔王<u>唐</u>梁常莊
驤<u>行狼</u>暘<u>煌</u>香墙涼量王<u>芒</u>霜揚張<u>光</u>房方<u>航</u>疆。王褒《陌上桑》：
<u>桑光</u>芳筐徨。李德林《夏日》：涼塘黄漿<u>光</u>妝央。薛道衡《隋高祖
頌》：方强王康；《月夜聽軍樂》：<u>煌</u>霜<u>光</u>陽章强；《和許給事》：<u>行</u>
場房妝鴦香。

　　同此派者：全南北朝詩人（惟孔稚珪、徐陵、庾信又以陽唐與
江同用）。

　　江陽唐同用者：

　　孔稚珪《旦發青林》：<u>江</u>長央霜忘。徐陵《鴛鴦賦》：雙鴦。庾
信《鴛鴦賦》：王梁<u>桑</u>琳；《柳霞墓銘》：陽張章<u>江</u>；《配帝舞》：<u>藏</u>堂
<u>湯</u>香疆康；《昭夏》：長昌陽<u>煌唐</u>翔方；《王昭君》：陽梁<u>行</u>霜張；
《從駕》：楊場張傷<u>狼</u>驤裝<u>行</u>方長昌；《夏日應令》：陽長<u>黄</u>香涼房
簧；《送衛王》：<u>降江</u>；《代人傷往》：鴦雙。

　　在南北朝第一期，東冬鍾江是同用的，王儉、謝朓還有第一期
的遺風。江淹可以代表第一期與第二期之間的過渡人物，所以他
的東韻與鍾韻雖在大部分的情形之下是分開的，却仍有些混用的
地方。第二期除江、王、謝三人以外，東鍾的界限就很顯明；冬江字
少，不常見，偶見時，則歸鍾而不歸東。第二期以後的東鍾合用時，
僅能認爲例外，因這種情形太少了。陽唐之不可分，也像尤侯幽之
不可分。江韻獨用，僅有簡文帝的一個例子，似乎是孤證；但與江
相配的入聲覺韻也有獨用的。覺韻獨用者有簡文帝、沈約、陶弘
景、王僧孺、王褒、盧思道諸人，例子很多，顯然可信①；那麼沈、陶、
王、王、盧的江韻大約也是獨用的，不過沒有史料可憑罷了。孔稚
珪的江陽同用，覺鐸也同用，大約是方音使然，因爲南北朝第一、二
兩期的江陽韻是顯然劃分的。到了第三期，江陽在更大的地域裏
實際混合了：徐陵與庾信都屬於這一派，尤其是庾信，他的江與陽

_____

①　參看下文覺韻條。

唐,覺與藥鐸,都有許多同用的例子,絕對不會是偶然的合韻。江韻之離東鍾而入陽唐,是在頗短的時間內發生的變遷;簡文帝諸人的江韻獨用(同時覺也藥用),正是已離東鍾而未入陽唐的一個過渡時期。由此看來,江之歸陽,並非在唐宋以後,而是在隋代以前;《切韻》以江次於東冬鍾之後顯然是志在存古,戴東原的話有了佐證了①。

(丙) 庚耕清青

庚耕清青同用者:

何承天《雍離篇》:情兵庭旌英鳴傾清鯨城平誠。謝靈運《山居賦》:汀傾縈平,平明菁靈縈,經并秔成,猻麖硎鳴,經腥傾成,征行停星,靈生迎形驚情縲彭;《撰征賦》:平寧京扃塋明,情刑舲靈,輕爭明生庭刑,舲城,經荊庚彭兵,驚萌城蘋;《宋武帝誄》:行并營明,齡明萌經。顏延之《陽給事誄》:蘋爭亭城扃生。高允《王子喬》:卿庭星冥。謝惠連《塘上行》:營庭甍馨明。鮑照《野鵝賦》:縈行城庭扃驚寧;《代升天行》:城情平榮生靈經行庭齡聲腥;《擬行路難》:庭莖罌爭;《從臨海王》:行冥荊旌鳴京情零盈。孔稚珪《白馬篇》:鳴平庭征星城驚聲兵清青亭傾成英。梁武帝《孝思賦》:成榮溟形靈猩停零;《圍棋賦》:形榮平名爭;《會三教》:經青生名清齡星明生驚英萌榮形情。昭明太子《七契》:榮形聲英情名營;《同泰僧正講》:城名冥驚形英情成盈明更生清輕。沈約《郊居賦》:掌星平形經成垌縈青。江淹《丹砂可學賦》:"瓏"屏冥鯨名;《燈賦》:檠形靈庭箜平營;《蓮華賦》:名英名莖清英靈冥馨;《靈邱竹賦》:"瓏"青汀坰;《構象臺》:精名生青溟生扃汀檻形;《登香爐峰》:經靈青冥星驚生情名旌;《渡西塞》:榮鳴橫英情生莖經;《王粲懷德》:京情橫清莖零平縲成萍領名;《傷

---

① 戴氏《聲韻考》云:"江韻不附東冬鍾韻內者,今音顯然不同,不可沒今音,且不可使今音相雜成一韻也;不次陽唐後者,撰韻時以可通用字附近,不可以今音之近似而淆紊古音也。"

内弟》:名聲榮輕情鳴生庭坰。簡文帝《馬寶頌》:明聲經平英,清
"興"①;《秋閨夜思》:征生屏鳴螢成聲。梁元帝《玄覽賦》:誠明
京精庭經。陸倕《和昭明太子》:京城楹溟征靈英坰旌瓊榮。庾
肩吾《經陳思王墓》:生名寧明成鳴驚城京情。江總《雲堂賦》:清
營靈名楹英生。盧思道《櫂歌行》:清城名纓輕情汀;《贈別司馬
幼之》:盟行亭旌清生纓名。李德林《相逢狹路間》:經橫名城明
營生輕兄情明籝星靈筝纓。牛弘《大射登歌》:明成行正庭名英
平橫清。薛道衡《出塞》:驚兵星城生聲庭營纓溟京;《昭君辭》:
庭情形輕城征平聲屏明縈名傾生星;《從駕》:經營旌清亭。

同此派者:傅亮、袁淑、王融、張融、謝朓、陶弘景、任昉、吳
均、陳後主、沈炯、魏收、溫子昇、隋煬帝。

庚耕清同用者:

何遜《與崔録事別》:行城盈平并明清驚迎征清兄京生。徐
陵《陳文帝哀策文》:城明清精平,禎征鳴荆傾。庾信《哀江南
賦》:城營兵行鳴聲;《象戲賦》:枰"靈"生行明;《燈賦》:清聲鳴
榮明情;《段永神道碑》:生"星"鳴"坰"聲;《周祀圜丘歌》:誠請
傾情明,清"甯"成;《商調曲》:明行成衡"刑"情"甯"平,聲"形"
平,平成旌盟;《角調曲》:征兵生聲"并"盈成"刑";《徵調曲》:生
清明傾平"庭銘";《出自薊北門行》:情城鳴兵營名;《奉報趙
王》:平兵鳴名征明行營城迎聲衡;《伏聞遊獵》:晴橫行聲鳴驚平
城;《同泰寺》:清京城驚生聲輕明城笙情;《夜聽搗衣》:聲城明成
聲鳴;《宮調曲》:平"靈庭"衡庚。

同此派者:謝莊、王儉、張正見、王褒。

青獨用者:

---

① 簡文帝以"興"韻"清",謝惠連以"傷揚"韻"風同豐"(見上文),這是以頗遠的韻合
用的,我們祇能認爲偶然合韻,不能把蒸與清或陽與東之間的畛域泯滅。由韻文裏
研究韻部,該下些判斷的工夫;否則《詩經》的韻部必不滿十部,而不能分爲二十二
或二十三部了。

謝莊《月賦》：經靈冥庭；《宋孝威帝哀策文》：亭星庭冥；《宋明堂歌》：庭靈，庭靈，甯靈；《江都平解嚴》：靈甯馨；《懷園引》：庭青。王儉《高帝哀策文》：經坰利庭；《明德凱容樂》：靈庭形甯。劉孝威《妾薄命篇》：庭陘屏坰亭冥形。何遜《七召》：庭"聲"；《和蕭諮議》：庭螢屏青星。徐陵《太極殿銘》：屏櫺銘經廷。庾信《哀江南賦》：涇陘亭螢青；《卬竹杖賦》：銘庭；《齊王憲神道碑》：經靈寧庭；《長孫儉神道碑》：靈星經庭；《辛威神道碑》：靈星庭經；《豆盧公神道碑》：涇星靈亭銘；《柳霞墓銘》：星經螢；《鄭常墓銘》：靈經亭星；《趙廣墓銘》：經庭銘星；《青帝雲門舞》：星靈。王褒《從軍行》：經亭陘涇形星青刑銘庭屏。

　　《廣韻》以庚耕清同用，青獨用；劉淵平水韻直以庚耕清併爲一韻，青仍獨立。凡《廣韻》同用、獨用之例，並不僅是因爲韻窄而歸併的，而是依聲音的遠近：支韻已够大了，還要與脂之同用；微韻雖窄，仍該獨用。可見窄不窄並不是同用、獨用的主要原因。青既獨用，可見它的音距離庚耕清頗遠，而這種現象在南北朝已經看得出了。庾信有十篇詩賦是專用青韻的。其餘雖也有庚青同用的地方，但都是些祭歌、神道碑、賦；詩裏則絕對沒有青與庚耕清混用的例子（詩的用韻比較嚴格，非但庾信如此）。除何遜、徐陵、庾信等人外，南北朝大部分的詩人似乎以四韻同用；然如江淹《知己賦》以"經靈形"爲韻、《靈邱竹賦》以"青汀坰"爲韻、《石劫賦》以"溟靈寧形"爲韻，沈約《彌陀佛銘》以"形靈冥齡"爲韻、《金庭館碑》以"庭星櫺青"爲韻，謝朓《酬德賦》以"迴艇溟鼎並婷"爲韻，簡文帝《七夕》以"靈軿星停"爲韻，似乎都不是偶然的；尤其是青韻上聲字那麽少，而謝朓用了六個上聲字還不至於出韻，更顯出青韻的獨立性來了。

六、真諄臻欣文元魂痕先仙山刪寒桓

（甲）真諄臻欣文

真諄臻欣文同用者：

何承天《社頌》：民"行"人鈞泯；《天贊》：人辰分；《戰城南篇》：塵震殷雲；《有所思篇》：閔辛因墳；《遠期篇》：辰親賓人文塵神均身春。謝靈運《山居賦》：文神陳倫；《撰征賦》：辰人綸分民，君焚勳仁；《宋廬陵王誄》：淪春雲申；《鞠歌行》：鄰因雲陳淪真親斤人辰；《述祖德詩》：雲氛人軍分人塵綸"屯"民；《魏太子》：辰津民臻仁新陳人茵塵珍；《答惠連》：旬蓁；《登臨海嶠》：近畛忍隱；《臨終詩》：盡殞菌愍泯忍"朕"。梁武帝《淨業賦》：人塵嗔筠春真芬新鄰因神。陶弘景《雲上之仙風賦》：文雲辰；《瘞鶴銘》："禽"真，辰辛"門"；《許長史舊館壇碑》：芬文巾薰；《告逝篇》：因欣身賓津。

真諄臻同用者：

顏延之《迎送神歌》：親春禋陳民晨淪神輪振。謝惠連《雪賦》：陳親紳因春；《仙人草贊》：人臻春"林"；《夜集作離合》：賓臻遵。鮑照《代蒿里行》：伸晨親巾陳淪人塵；《送盛侍郎》：闉津塵人身春；《學古》：巾親人身神脣珍塵申晨陳春。謝朓《齊雩祭歌》：巡賓臻。昭明太子《宴闌思舊》：淳鄰新仁濱塵巾；《東齋聽講》：珍仁均真塵津陳新蘋伸。簡文帝《長安有狹斜行》："尋"銀臣塵陳新巾顰脣；《傷離新體》：申"襟"滑塵輪人。何遜《贈族人》：紳薪姻陳綸巾淳身民人仁貧珍倫神淪濱真陳親鄰塵秦辰。徐陵《歐陽頠德政碑》：陳臣因新申鎮鄰賓塵仁春；《王勱德政碑》：臣濱因神恂珍倫臻椿陳春。江總《梁故度支陸君誄》：仁真神"禽"辰身貧姻人。盧思道《城南隅讌》：新人春濱塵輪旬秦；《上巳禊飲》：塵春蘋人；《珠簾》：晨人塵春。薛道衡《豫章行》：嚬春新人塵。

同此派者：蕭子良、王融、庾肩吾、吳均、王褒。

真諄臻欣同用者：

謝莊《孝武宣貴妃誄》：姻臻；輴身旻闈；《宋明堂歌》：晨春，新垠。沈約《郊居賦》：津秦闉珍春人；《需雅》：珍薪陳神垠；《大

壯舞歌》:人倫薪晨旻津震人輪新陳寅;《新安江》:珍春鱗津磷巾
塵。梁元帝《玄覽賦》:真珍欣陳麟。徐陵《走筆戲書》:勤春人塵
新巾身。庾信《哀江南賦》:人民輪筠臣濱麟人,綸勤臣真人;《吹
臺微銘》:筠真晨人秦春新塵;《皇夏》:辰人馴隣塵輪臣麟賓;《羽
調曲》:辰臣麟輪巡銀賓人。牛弘《蜡祭歌》:民垠;《方邱歌》:神
辰純陳臻人。

文欣同用者:

顏延之《夏夜呈從兄》:紛分雲聞芬殷文;《還至梁城作》:勤
軍群分雲文墳君聞殷。鮑照《蕪城賦》:殷勤墳雲文君分;《野鵝
賦》:殷"鶉"文雲群;《還都道中》:勤分群紜聞。盧思道《升天
行》:群君文雲垠氲聞紛。

文獨用者:

謝莊《侍宴蒜山》:雲氲分雲;《侍東耕》:聞雲熏汾。王融
《出三界外樂篇頌》:氛雲墳群薰君。沈約《秋夜》:分氲雲裙聞。
昭明太子《七契》:雲文分芬聞。簡文帝《七勵》:聞君分勤文雲。
何遜《九日侍宴》:勛君分氛氲群雲曛紋芬雲聞汾。庾信《豆盧公
神道碑》:君雲分勤文;《段永神道碑》:聞君紛雲軍;《同盧記室從
軍》:文軍群汾分聞雲君;《西京路春旦》:分雲汾群氛君文薰軍;
《紇豆陵氏墓銘》:問慍訓"舜"。

同此派者:蕭子良、袁淑、謝朓、王僧孺、庾肩吾、吳均、江總、
王褒。

真諄臻之不可分,全南北朝是一致的。欣韻或歸文,或歸真,
大致可説第一期的欣歸文,第二期以後的欣歸真。"垠"字本有"語
巾、語斤"二切,故上面所舉謝莊以"垠"韻"新",仍不當認爲欣真
同用;反過來説,盧思道以"垠"與"群君"等字爲韻,也不能認爲欣
文同用。《切韻》是志在存古的,隋時江已入陽却仍把它放在東冬
鍾之後;同理,隋時欣已入真却仍把它放在文之後,因此就與實際
語音系統衝突。顧亭林注意到杜甫以欣真合用,亦可爲唐時欣已

人真之證。就真諄臻三韻看來，收 n 的韻尾很有些地方是與收 ng 或收 m 的韻尾混用的，例如何承天以"行"與"民人鈞泯"爲韻，是韻尾 ng、n 相混；陶弘景以"禽"與"真"爲韻，謝惠連以"林"與"人臻春"爲韻，簡文帝以"尋"與"銀臣"等字爲韻，"襟"與"申滑"等字爲韻，江總以"禽"與"人真"等字爲韻，是韻尾 m、n 相混。我們再看庾信《夜聽擣衣》以"纂"與"暗摻"爲韻，也是 m、n 相混。乍看起來，真侵相混與桓覃相混都很像今北音與吳音，真庚相混也像今北音；但我們決不能如此判斷。在南北朝的韻文裏，韻尾 m、n、ng 三系的界限是很顯明的，我們不能因爲有了六七個例外而把三系的界限完全泯滅。同時，我們也祇能認爲例外，不能認爲傳寫之訛，因爲這些例外也有它們的條理：真祇與庚混而不與陽唐或蒸登混，又祇與侵混而不與覃談或鹽添混。由此看來，一定是以爲真庚侵的主要元音相同，所以詩人們可以偶然忽略了它們的韻尾而以真庚合韻，或真侵合韻。由此類推，桓覃的主要元音也該相同，或被認爲相同。

（乙）元魂痕先仙山刪寒桓

元魂痕先仙山刪寒桓同用者：

何承天《上白鳩頌》：<u>乾</u>山<u>淵宣言</u>；《上陵者篇》：攀<u>紈</u>蠻桓端軒蘭原山歎<u>遷</u>班乾酸歎。謝靈運《山居賦》：<u>山</u>川<u>員</u>端觀盤，便閒研旋川川阡漣，園存"西"<u>山</u>然源田阡，蒸蓮鮮翻闌殘歡<u>還</u>，繁源川敦鯿鱣鮮淵旋泉，<u>山</u>園存肩餐溫，湍<u>還</u>蠻單軒前椽牽剽，<u>山</u>卷員淵綿<u>然</u>，轅門蒸泉，觀歡難闌端<u>還</u>攀，篇<u>鬩</u>游賢<u>山</u>；《撰征賦》：<u>山</u>淵虔，寒安端藩難言歎，難<u>鬩</u>便川<u>魂</u>，塵難川賢游顛，天恩藩<u>門</u>，遷<u>根</u>淵宣元恩言，端冠湍<u>圜</u>難歎，瀾<u>顏</u>端旋年川漣旋挺圓田痊焉。張融《海賦》：天川<u>門</u>，奔魂<u>前</u>天。陶弘景《水仙賦》：<u>山</u>言川轅，翻<u>門</u>前<u>淵</u>田連年仙；《尋山志》：<u>山鬩</u>根存彎原山門源天蟬田。

元魂痕同用者：

顏延之《宋文帝元后哀策文》:門園轅軒原"讙"援;《挽歌》:昏門園根。鮑照《代東武吟》:誼言恩源垣奔溫存論門豚猿怨軒魂;《代東門行》:遠晚飯"斷";《擬行路難》:門園蹲"鵑"魂髡尊言。謝莊《懷園引》:蔫樊園喧門;《孝武宣貴妃誄》:怨萬,"媛"憲遜怨。梁武帝《方丈曲》:門"遵"。沈約《銷聲贊》:魂樊存"騫"言;《酬謝宣城》:門誼翻園尊蔫存昆繙源;《奉和竟陵王》:魂存門園樽論。江淹《恨賦》:原魂論,宛魂門恩言;《遂古篇》:門存沅,元魂尊原論言渾悟,孫繁奔;左思《詠史》:門魂源恩尊軒言門園。任昉《苦熱》:軒恒根溫奔。簡文帝《蒙預懺悔》:昏門園怨猿喧軒翻門樊;《山齋》:藩門猿"鵉"。劉孝威《思歸引》:恩燔奔魂屯鞔論。吳均《酬別江主簿》:源根門樽恩"騫"原翻萱。徐陵《剎下銘》:垣鵑翻怨閽論昏孫。王褒《送觀寧侯葬》:源蕃溫昆喧魂垣孫轅樽存園門根村昏喧原。

同此派者:謝惠連、高允、謝脁、王僧孺、劉潛、庾肩吾。

先仙山同用者:

顏延之《陽給事誄》:甄賢閭先傳;《赤槿頌》:宣玄天閭;《從軍行》:閭山天川涓燕弦邊前懸煙憐;《觀北湖田收》:川仙塵山"環"天先煙芊年筵妍牽;《北使洛》:艱山閭川賢橡煙年"言""繁"謇然。高允《鹿苑賦》:簡踐典宴遺顯。鮑照《蕪城賦》:肩天田山妍;《舞鶴賦》:年天泉山;《河清頌》:"溱"川年山涓淵鮮;《代別鶴操》:閭懸山煙;《代朗月行》:山前妍絃先篇宣閭;《代白紵舞歌》:揖天"恩"筵山年"言";《和王承》:年綿賢山煙牽傳閭;《擬古》:泉堅年山川煙填賢;《擬青青陵上柏》:泉煙年絃川山蓮前賢;《學劉公幹體》:山前天妍;《白雲》:天仙淵山煙泉閭絃傳旋。謝惠連《雪賦》:鮮山;《甘賦》:圓山。袁淑《效子建白馬篇》:翩閭賢年權鄽"言"泫"西"揖泉前然。謝莊《月賦》:涓閴燕玄傳;《宋孝武帝哀策文》:搴冕"纛""剪";《舞馬賦》:薦盼箭練衒。王融《贈族叔衛軍》:宣山。沈約《栖禪精舍銘》:禪煙天田筌年旃橡山玄泉蓮遷懸筵蟬傳緣;《君子有所思行》:川"軒"仙絃年蟬玄;《早發定山》:山間圓瀲然荃仙;《悲落桐》:山天懸。江淹《泣賦》:山泉煙連;《去故鄉賦》:淵山天;《哀千里賦》:憐"難"遷山;《赤虹賦》:山"軒"蓮年;《江上之山賦》:旋遷天山堅;《空青賦》:僊山泉煙;《翡翠賦》:山泉天泉;《薯蕷》:憐仙年山;《白雲》:捐山前天;《劉喬墓銘》:賢傳宣年"關"堅甄玄山煙鐫;《遂古篇》:然邊天山淵川先聞然傳仙緣宣顛"論"旋"言""亶"偏聞千篇堅"言"懸煙天先,然傳山邊緣前田千年全堅然間連鮮前先聞山"淪"圓邊船;《訪道經》:傳然山;《悅曲池》:綿旋天泉山,湲蓮閑山前邊;《愛遠山》:山天田泉;《遊黃檗山》:邊仙天泉煙間年山前然;《歷山集》:年山田天然連間;《貽袁常侍》:天泉"姻"山蓮前堅年。《寄丘三公》:川"西"堅天山;《袁淑從駕》:玄年川懸山淵鄶絃天筵前宣;《學魏文帝》:山"寒"燕賢。謝朓《思歸賦》:盼絢變電眩見。梁武帝《遊鍾山》:纏眠權遷年然然煎先緣川懸山綿圓娟瀲牽泉"姻"襌虔田天邊前賢;《春歌》:眼"恨"。吳均《吳城賦》:煙年遷壖山;《八公山賦》:山僊燕,天山鮮僊山翩天。溫子昇《常山公主碑》:山泉田傳。邢邵《文襄金像銘》:詮焉纏緣鐫宣邊千天山年玄傳;《廣平王碑》:山編玄。

寒桓刪同用者:

鮑照《觀漏賦》:難丸瀾歡歎;《蕪城賦》:寒殘"言";《石帆銘》:難安"言"還"煙";《代東門行》:酸寒顏端;《擬行路難》:寬難"言"還關寒顏難歎,寒安看冠;《贈王子喬》:丹難顏還蘭;《和王護軍》:寒還彈酸單殘難紈餐;《苦雨》:灌亂旦晏岸館漫彈;《冬至》:歎換雁岸晏散彈。謝惠連《秋懷》:患晏爛雁慢半算慢宦玩翰亂旦煥歎"串"。謝莊《孝武宣貴妃誄》:紈闌寒欒攀;《懷園引》:關寒還。江淹《丹砂可學賦》:觀瀾紈安顏;《橫吹賦》:冠寒還;《王太子》:丹岏蘭還;《蕭太傅東耕祝文》:壇"年"巒;《山中楚辭》:巒團寒難還蘭;《贈煉丹法》:還顏攀丹歡簞寒鸞;《采石上菖蒲》：看<u>端</u>瀾丹<u>歡</u><u>寬顏</u>還；《古離別》：<u>關還團寒</u>；《征怨》："<u>閒</u>"<u>顏還</u>；《學梁王兔園賦》：<u>雁</u>漢散，<u>亂歡半</u>。吳均《贈王桂陽別》：<u>歡</u><u>干關湍還</u>；《古意》：干<u>紈團</u>"言"；《閨怨》：<u>還安難紈</u>。

先仙同用者：

梁元帝《玄覽賦》：<u>阡田連田然，然</u>天<u>蓮連廛遄</u>。何遜《學古》：<u>年翩鞭圓連前天</u>。張正見《御赤樂遊宴》：<u>埏宣編畋邊川煙僊斿鞭弦筵絃天鮮蟬飴涓泉年</u>；《重陽殿》：<u>泉連泉廛懸煙僊椽蓮年鮮廛天弦前翩</u>。隋煬帝《步虛詞》：<u>然</u>天<u>蓮</u>煙篇<u>連泉田玄年</u>。盧思道《盧記室誄》：<u>聯年天賢前田</u>；《從軍行》：<u>泉連年賢天</u>；《後園宴》：<u>仙年田連然</u>。李德林《從駕》：<u>宣年川煙連天旋篇</u>。薛道衡《老氏碑》：<u>先天川然</u>；《隋高祖頌》：<u>然仙玄年</u>；《和許給事》：<u>年圓懸前連川絃</u>。

同此派者：傅亮（？）、簡文帝、庾肩吾、吳均、陳後主、徐陵、沈炯。

寒桓同用者：

沈約《日出東南隅行》：<u>鄲端紈瀾欒官鞍鸞冠</u>；《白馬篇》：<u>鞍蘭難盤寒飡蘭安官單完</u>；《登高望春》：<u>安桓紈翰丹鞍蘭難歡歎</u>。王僧孺《永寧令誄》：<u>湍干漫瀾翰端殘棺寒摶攢安瀾</u>。劉孝綽《櫟口守風》：<u>歡瀾難巒寒安蘭鸞</u>；《愛姬贈主人》：<u>看殘紈歡冠</u>。邢邵《冬夜》：<u>安寒酸端殘闌冠寬蘭官韓干摶難桓</u>。薛道衡《出塞》：<u>團安寒端乾難官鞍韓刊蘭</u>；《山亭》：<u>蘭端寒</u>；《和許給事》：<u>蘭難鞍丸</u>。

同此派者：顏延之、袁淑、蕭子良、昭明太子、簡文帝。

寒桓先仙同用者：

劉孝威《采蓮曲》：<u>船蓮鮮盤鈿</u>；《龍沙宵明月》：<u>圓殘瀾寒單難歡丸</u>。

寒桓山同用者：

庾肩吾《奉和賽漢高廟》：<u>壇安殘寒難</u>；《和竹齋》：<u>竿巒欄乾</u>

齾;《從駕》:蘭壇寒官安;《奉和武帝》:攢寒餐蘭蠻蟠瀾;《歲盡》:彈安盤丸看。庾信《哀江南賦》:難端安殘難丸寒山;《傷心賦》:閒安棺巒寒;《柳霞墓銘》:觀寒寬棺;《雍夏》:闌"關";《舞媚娘》:看安"還"殘;《正旦上司憲府》:闌端官盤殫寒欄搏欄難冠丹竿;《奉和賜曹美人》:寒蘭看;《問疾示封中錄》:閒寒"還"紈。

　删獨用者:

　　梁元帝《春別》:攀關還。劉孝綽《遥見鄰舟》:關還顏管班環攀。庾肩吾《南苑看人還》:顏攀鬟關還。徐陵《和王舍人》:顏鬟關還。江總《別永新侯》:關還。庾信《連珠》:關還;《反命河朔》:班還顏關;《應令》:灣還關;《看舞》:關鬟;《望渭水》:灣還;《詠雁》:關還;《步陸孤氏墓銘》:"官"雁澗"贊"。李德林《入山》:關環攀還顏。

　山獨用者:

　　簡文帝《遊人》:間山。梁元帝《玄覽賦》:殷山閒;《秋興賦》:間"蘭"。

　删山同用者:

　　盧思道《從重行》:攀還間。

　大致看來,元魂痕是一類,先仙山是一類,删寒桓是一類。元魂痕與先仙山相近,先仙山又與删寒桓相近。山删必不可混,否則先仙山删寒桓六韻就衹好併成一類了;因爲在南北朝大部分的韻文看來,山是與先仙混的,删是與寒桓混的,至於山删混用的例子則很少。删雖與寒桓相混,它的主要元音未必與寒桓完全相同:非但梁元帝、庾肩吾、庾信、江總、李德林的删韻獨用是顯然的,鮑照的《蕭史曲》以"顏攀關還"爲韻、《幽蘭》以"顏還"爲韻,謝莊《山夜憂》以"還顏關"爲韻,江淹《古意》以"關環蠻還"爲韻,都能顯出删的獨立性。山韻字比删韻字更少,所以很少獨用的例子,但它的主要元音是否與先仙完全相同,也還是個疑問。删山完全相混,恐怕是第三期以後的事。其次，我們注意到元魂痕在南北朝沒有分用的痕迹，先仙也是完全相混的。

"西"字很奇怪：謝靈運、袁淑都把它讀入先仙韻，這與先秦古音相符；但江淹在《寄丘三公》裏雖把它讀入先仙韻，在《冬盡難離》裏又把它讀入齊韻，同是一個人而有兩種讀法，便不容易索解。我們可以這樣猜測：南北朝第一期的"西"字歸先仙，第二期歸齊；江淹在《寄丘三公》裏用古音，在《冬盡難離》裏用今音。

七、侵覃銜談鹽添咸嚴凡

侵獨用者：

謝靈運《傷己賦》：心臨陰音；《曇隆法師誄》：深臨林嶔。高允《答宗欽》：深心尋箴。鮑照《日落望江》：深陰林尋音心金沈；《和傅大農》：音心林陰深禽沈岑尋。謝莊《孝武宣貴妃誄》：祲滲衽禁。沈約《侍宴樂遊苑》：臨心沈陰林禽襟潯簪；《郊居賦》：甚稟稔墋枕。簡文帝《金錞賦》：深金陰欽心音尋琳。庾信《小園賦》：林簪沈尋林心琴；《夜聽搗衣》：陰林砧琴針心；《幽居值春》：沈臨林侵琴深金；《臥疾窮愁》：侵心林尋琴吟。盧思道《盧紀室誄》：深金沈簪臨陰吟箴尋任音心；《有所思》：任深金林心。薛道衡《老氏碑》：林心琛琴。

同此派者：全南北朝詩人。

覃銜同用者：

謝靈運《山居賦》：南潭參耽。鮑照《采菱歌》：潭南。沈約《江南曲》：潭南諳簪嵌。江淹《麗色賦》：南驂衫。謝朓《臨楚江賦》：南潭嵐"嚴"。昭明太子《七契》：耽南。簡文帝《正智寂師墓銘》：潭堪；《采菱曲》：含蠶南。梁元帝《玄覽賦》：參暗。吳均《古意》：堪南參潭蠶。庾信《傷心賦》：參男含；《筇竹杖賦》：南潭；《枯樹賦》：南潭堪；《紇豆陵氏墓銘》：南驂覃蠶；《鄭氏墓銘》：南覃參蠶；《和侃法師》：潭南；《贈別》：含涵；《夜聽搗衣》：

暗"纂"摻。隋煬帝《錦石擣流黃》:暗慘。

談獨用者:

簡文帝《七勵》:三甘談慚。

鹽添凡同用者:

謝莊《宋明堂歌》:簾檐。顏延之《陶徵士誄》:占瞻歛窆。高允《答宗欽》:兼謙潛閻。沈約《八關齋》:染掩險漸。江淹《齊太祖誄》:掩險儉漸,壓念劍。昭明太子《七契》:瞻簷潛沾淹。簡文帝《七勵》:添甜鹽,劍壓;《春閨情》:纖縑簾簷嫌;《詠雪》:匳鹽。劉孝綽《望月有所思》:纖簷簾。魏收《永世樂》:添沾嫌。何遜《雜花》:染點歛。江總《東飛伯勞歌》:臉歛。庾信《連珠》:染險;《元氏墓銘》:冉驗掩。徐陵《鴛鴦賦》:念厭。

　　侵韻之獨用,是全南北朝一致的。覃談鹽添咸銜嚴凡八個韻很少見,尤其是嚴韻,祇有"嚴"字見一次,咸韻則完全不見。這樣,我們頗難斷定它們的音值的異同或遠近。依我們所有的史料看來,覃銜的音值該很相近,或相同;談不與覃混,則它們的音值也許相差較遠。"嚴"字似乎就是銜韻中字,否則祇能說它是偶然與覃合韻,嚴的入聲業韻却是與凡的入聲乏韻同用,例如沈約《釋迦文佛像銘》以"業脇劫"與"法"爲韻,可見《廣韻》的嚴凡同用不是没有理由的。咸韻字雖未見,但與它相當的洽韻是與葉帖同用的,可見《廣韻》把咸放在鹽添的後面也是有緣故的。

八、職德屋沃燭覺藥鐸陌麥昔錫

（甲）職德

職獨用者:

顏延之《宋文帝元后哀策文》:飾測側極。高允《徵士頌》:直識翼食式色。鮑照《遊思賦》:抑蝕逼息織力棘;《擬行路難》:食息翼息側識直;《代雉朝飛》:翼力逼直臆色;《行京口至竹里》:仄色翼逼食力息。謝惠連《鸂鶒賦》:鶒色息側;《順東南門行》:力

息直識惻。王儉《高帝哀策文》:職式極戻。謝朓《酬德賦》:息翼
惻慝植救臆;《答張齊興》:極色“昔”職側直翼飾力陟。沈約《郊
居賦》:棘即息翼力植直;《相逢狹路間》:憶側食直翼色織即翼;
《赤松澗》:測息陟翼食側;《夢見美人》:息憶色食側憶。江淹
《江上之山賦》:色逼息仄力極。劉楨《感遇》:色直翼職飾側測。
梁武帝《登北顧樓》:識陟逼域側測織。邢邵《七夕》:側息測色軾
織翼。江總《辭行李賦》:力棘息直翼飾極。王僧孺《中寺碑》:測
極息“赫”力;《中川長望》:即極息戻識直色憶。劉峻《登都洲
山》:峋翼測息色;《始營山居》:息織峋植翼極側色食臆。劉孝綽
《餞庚於陵》:側色飾翼戻力息。何遜《擬輕薄篇》:憶飾植息直側
食類色織匿極。庾信《豆盧公神道碑》:嶷直色殖棘軾;《步陸孤
氏墓銘》:域色直植。盧思道《聽鳴蟬篇》:極側食。

同此派者:何承天、梁武帝、昭明太子、簡文帝、梁元帝、吳
均、陳後主、溫子昇、任昉、劉潛。

德獨用者:

謝靈運《山居賦》:默勒國得;《陳琳》:慝北勒國賦則德刻黑
默惑。顏延之《宋文帝元后哀策文》:則德塞國。高允《徵士頌》:
惑國墨忒;《北伐頌》:德國塞則。鮑照《河清頌》:國北黑棘德。
袁淑《驪九錫文》:默刻忒德。謝惠連《雪賦》:國“域竹曲”德;
《秋胡行》:得惑。王儉《諸彥回碑文》:默國則德。謝朓《敬皇后
哀策文》:忒則國德;《海陵王昭文墓銘》:則默克德;《三日侍華光
殿》:“式”德默國。沈約《需雅》:國德則忒塞。任昉《知己賦》:
惑“渴”默;《泛長谿》:勒國“域”惑繹黑。江淹《齊太祖誄》:德國
克黑則默,國德塞則;《薦豆呈毛血歌辭》:則德塞默黑國。王僧
孺《白馬篇》:北勒得國“棘”惑黑墨特塞德。梁元帝《玄覽賦》:
則國,則國德墨“極”。吳均《送歸曲》:默塞國北;《贈任黃門》:
德勒北黑默;《古意》:塞德勒北。江總《瑪瑙盤賦》:特國刻勒;
《陳宣帝哀策文》:“業”默德塞。庾信《慕容甯神道碑》:北國則

德;《趙廣墓銘》:塞德國勒;《宇文顯和墓銘》:德則北勒。王褒
《于謹墓碑》:塞德北國。

同此派者:謝莊、王融、梁武帝、沈炯、邢邵、牛弘。

職德同用者:

隋煬帝《秦孝王誄》:則國德克,翼國塞,直側。薛道衡《隋高
祖頌》:愿國德塞則植息極;《豫章行》:極憶息;《山亭》:息側色。

職德與蒸登相配;蒸登既分用,職德也跟着分用。這種整齊的
情形,非但蒸登職德如此,其餘平入相配的韻也都如此。不過,職
德合韻的例子比蒸登合韻的例子多些;隋煬帝與薛道衡竟似以職
德相混。也許職德在南北朝第一、第二兩期中,它們的主要元音是
不相同的;後來在北方漸漸混同,只剩下洪細音的分別了。

(乙) 屋沃燭覺藥鐸

屋沃燭覺同用者:

顏延之《赭白馬賦》:屬束足縠丁岳躅。謝靈運《山居賦》:谷
竹麓瀆,陸菽熟牧腹,牧逐竹谷蓿蔌福熟,木瀆濁谷竹綠;《撰征
賦》:目曲旭濯啄邀學躅屬"愿"足;《歸塗賦》:渥局邀谷樂;《宋
廬陵誄》:酷毒辱瀆;《慧海法師誄》:覺學"澤"琢;《過白岸亭》:
屋木曲屬鹿樂慼朴;《東陽溪中》:足"得"。謝惠連《雪賦》:服
曲,幄綷爥曲;《祭古冢文》:渥曲卜麓木。高允《北征賦》:育
"域"福服。鮑照《觀漏賦》:仆覺促玉屬木哭續;《芙蓉賦》:渥曲
綠玉爥木;《河凌頌》:竹邀;《石帆銘》:陸服木斸谷;《紹古辭》:
木促"鶴"錄玉曲。

屋沃燭同用者:

袁淑《啄木詩》:木宿欲辱。謝朓《酬德賦》:六淑複穆菊服
勗;《冬日晚郡事隙》:木竹蕭陸目馥軸菊;《和王著作》:澳服陸竹
複目穀牧曝倏淑軸谷沐築;《治宅》:曲足旭菉粟;《詠竹火籠》:玉
褥曲綠旭。孔稚珪《北山移文》:覆哭髑,續獄錄牧。

屋獨用者:

沈約《循役》:穆服陸複木伏牧竹復。江淹《靈邱山賦》:馥木
蠹蕭陸。梁武帝《凡百箴》:肉築禄;《東飛伯勞歌》:六"玉"。昭
明太子《講席將訖》:竹宿菊築軸蓄伏目郁蠻馥熟縠腹郁谷覆惡
屋族獨縮木宿撲菽澳械逐縠。簡文帝《登城》:軸竹陸谷木復目
縠。吴均《春怨》:復煜竹宿目谷屋逐複獨。徐陵《陳文帝哀策
文》:畜築熟蕭;《詠柑》:淑竹"國"郁育。庾信《哀江南賦》:覆鹿
贖"酷"睦軸熟屋哭;《角調曲》:谷竹牧縠叔漉屋。盧思道《盧記
室誄》:福陸淑目。牛弘《圜丘歌》:穆蕭服祝福。

　同此派者:王融、王筠、劉孝威、何遜、江總。

　燭覺同用者:

　謝莊《舞馬賦》:躅燭足駁。王融《和南海王》:欲矚濁曲。江
淹《學梁王兔園賦》:確駁褥續;《燈賦》:縟樸。任昉《答陸倕知
己賦》:朴學幄曲樂幄褥。

　燭獨用者:

　簡文帝《書案銘》:足玉緑曲褥束俗燭昴。沈約《郊居賦》:項
燭俗玉;《傷美人賦》:玉曲躅燭褥;《遊鍾山》:足曲欲足;《傷
春》:緑曲續玉;《愍衰草》:燭續曲緑。邱遲《何府君誄》:"墅"俗
玉辱。王僧孺《擣衣》:促緑旭燭曲續足;《在王晉安酒席》:曲矚
玉醁。王筠《三婦艷》:褥燭曲續。何遜《七召》:欲足俗躅玉。梁
元帝《玄覽賦》:旭促燭玉;《烏棲曲》:玉曲"逐";《示吏民》:足欲
緑俗。徐陵《傅大士碑》:足"蔔"促獄燭。江總《真女峽賦》:矚
曲燭玉。庾信《長孫儉神道碑》:局玉燭粟;《徵調曲》:欲俗粟觸
足。陳後主《朱鷺》:緑曲續矚。隋煬帝《秦孝王誄》:促"谷"曲;
《東宫春》:緑促玉曲。牛弘《和許給事》:燭續曲玉。盧思道《孤
鴻賦》:緑浴旭粟續玉。

　同此派者:梁武帝、張正見。

　覺獨用者:

　沈約《僧敬法師碑》:覺學邈。陶弘景《許長史舊餘壇碑》:學

濁朴覺。簡文帝《箏賦》：角學樂；《七勵》：覺朴學；《劉顯墓銘》：握學岳。王僧孺《雲碑法師》：樸"測"邈學覺握岳。王褒《陸騰勒功碑》：岳璞。盧思道《盧記室誄》：朔樂學握。

藥鐸同用者：

謝靈運《山居賦》：薄壑若，托籥作；《撰征賦》：托絡諾弱鑊；《宋武帝誄》：薄弱錯躍；《善哉行》：落薄索却謔萼鑠瘼樂。鮑照《遊思賦》：壑絡灼鶴泊樂；《舞鶴賦》：廓落漠灼閣躍。沈約《愍衰草》：薄灼閣鶴。何遜《七召》：惡樂作穫壑"鵠"。

同此派者：全南北朝詩人（惟孔稚珪、庾信又以藥鐸與覺同用）。

覺藥鐸同用者：

孔稚珪《北山移文》：郭岳壑爵。庾信《哀江南賦》：樂學落角樂略索鶴濁；《和張侍中述懷》：剝角落壑鶴渥寞鑊殼籜洛索藥繳諾托毫郭藿薄穫樂涸朔雹濁鵲橐數廓。

屋沃燭覺藥鐸與東冬鍾江陽唐爲並行式的進化：東冬鍾江先合後分，屋沃燭覺亦先合後分；孔稚珪、庾信的江入陽唐，他們的覺也入藥鐸；陽唐始終不分用。這種並行式的進化情形足以證明《切韻》平入相配的系統是按照南北朝的實際語音系統而定的。

（丙）陌麥昔錫

陌麥昔錫同用者：

謝靈運《山居賦》：石𡾺適激，適𡾺石斁"借霓"；《撰征賦》：狄析格厄宅逆，策迹滌役；《嶺表賦》：𡾺迹翮；《曇隆法師誄》：蹟析襞夕。鮑照《遊思賦》：役客白石夕陌翮感；《石帆銘》：惕鷁壁歷；《遇銅山掘黃精》：策歷迹日滴壁積白客惜；《和王義興》：白客夕𡾺。謝惠連《雪賦》："錯"索奕積隙席白。沈約《會圃臨東風》：碧石帟摘襞射隙席役惜。江淹《知己賦》：藉"密"歷；《學梁王兔園賦》：石璧尺；《空青賦》：壁磧；《齊太祖誄》：迹敵冊，益亦射石夕液；《構象臺》：寂迹石惜；《鏡論語》：冊寂革；《悅曲池》：

柏石<u>畫</u>尺。庾肩吾《暮遊山水》:歷<u>鸝磧璧</u>。

同此派者:何承天、王融、簡文帝、徐陵、薛道衡。

陌麥昔同用者:

劉孝威《臥疾》:<u>璧席</u>益<u>客</u>。何遜《七召》:<u>赫</u>迹<u>譯帛</u>;《別沈助教》:<u>鳥隻昔石</u>益;《和劉諮議》:<u>陌驛石白</u>積夕<u>璧澤</u>。徐陵《陳文帝哀策文》:<u>腊懌</u>益<u>鳥擗</u>。庾信《連珠》:<u>格客石</u>;《崔訛神道碑》:<u>策客石璧</u>;《祀圜丘歌》:<u>格澤</u>尺,<u>澤帛</u>迹<u>百</u>;《羽調曲》:尺石<u>璧</u>"<u>錫</u>"<u>脊策</u>藉。

錫獨用者:

何遜《閨怨》:<u>壁</u>滴。

依平聲韻看來,謝莊、王儉、劉孝威、何遜、徐陵、庾信、王褒的錫韻都該獨用;因爲他們的青韻是獨用的,與青相配的錫也該獨用纔對。但是錫韻頗窄,他們不大用它,我們祇須看他們用陌麥昔韻時不雜錫字就可證明錫是獨立的了。庾信在《羽調曲》中雜用一個"錫"字,因爲是一種宗廟歌,用韻可以較寬,自當認爲偶然的合韻。

九、質術櫛迄物月没廢霽祭屑薛
點鎋曷末泰

(甲)質術櫛迄物

質術櫛同用者:

顏延之《赭白馬賦》:日<u>質出律蹕秩</u>。謝靈運《山居賦》:一悉實<u>出</u>,一律栗悉,質衰七<u>術</u>;《撰征賦》:日"<u>益</u>";《羅浮山賦》:悉"<u>憍</u>"七日室<u>術</u>;《登綠嶂山》:室畢質密日悉吉匹一<u>出</u>;《徐幹》:瑟密畢慄質室一日匹失。鮑照《河清頌》:密疾一<u>術</u>室日;《從庾中郎遊》:室密疾日質溢慄<u>述</u>畢;《登九里埭》:疾一瑟日。高允《鹿苑賦》:<u>出</u>吉<u>術</u>室溢畢。沈約《郊居賦》:崒日,溢失蓽瑟日<u>述</u>筆一;《繡像題贊》:壹質律<u>術</u>溢實"<u>測</u>"室日。江淹《知己賦》:"<u>策</u>"實<u>術</u>;《麗色賦》:日密溢瑟,<u>瑟出</u>;《水山神女賦》:實質,質瑟疋悉日術;《橫吹賦》:日一出瑟;《齊太祖誄》:膝日"匵"逸匹,秩日律謐實,一密橘,日謐躓;《潘岳述哀》:日畢瑟一失質"瘵";《盧諶感交》:匹一恤失謐出質瑟逸實。王融《生老病死篇頌》:實日術瑟質汨;《皇太子哀策文》:日吉"側"瑟;《寒晚》:律日蓽瑟疾逸"孿"。昭明太子《七契》:日密出溢悉實栗橘。簡文帝《奉答南平王》:實失橘日密筆。王筠《昭明太子哀策文》:"位"恤溢畢。何遜《登石頭城》:一室出恤悉日術出疾室;《劉博士江丞同顧不值》:室出疾帙膝日匹筆實蓽逸術。吳均《贈朱從事》:漆出日一"泣"。江總《衡州》:瑟疾實日。庾信《長孫儉神道碑》:密失膝出;《昭夏》:日瑟質。盧思道《駕出圜丘》:日吉出。薛道衡《隋高祖頌》:日瑟一秩。

質術櫛物同用者:

梁武帝《孝思賦》:室瑟匹;《效柏梁體》:紱術弼物密汨秩實質匹一"匵"。

物獨用者:

顏延之《應詔讌曲水》:物黻屈拂。謝惠連《隴西行》:屈黻。江淹《悼室人》:鬱拂物忽"慰"。徐陵《宋司徒寺碑》:佛物。

關於這五個韻,我們注意到幾件事:第一,迄韻太窄,故完全未見。第二,質術櫛之不可分,適如真諄臻之不可分。第三,質術櫛之偶然與陌麥昔錫或緝合韻,適如真諄臻之偶然與庚耕清青或侵合韻(祇有王融以職質合韻,是頗難索解的)。第四,脂韻去聲"匵孿位瘵"等字,與質術櫛爲韻,微韻去聲"慰"字與物爲韻。第四件事是最有趣的,我們從此可斷定脂與真質的主要元音相同,微與文物的主要元音也相同。但是如果質物的韻尾是 t,脂微沒有韻尾 t,那麼,質與脂或物與微押起韻來就不諧和;除非脂微的去聲字在南北朝屬於入聲與質物纔能押韻,但這種假定尚待多方面的證明,現在未便下斷語。

(乙)月沒廢霽祭屑薛黠鎋曷末泰

月沒廢霽祭屑薛黠鎋曷末同用者:

謝靈運《撰征賦》：節屑結月越説没雪堲，"代"濟瀣閟；《怨曉月賦》：悦月缺潔澈；《辭禄賦》：窟絶；《聚沫泡合》：沬"墍"奪怛；《曇隆法師誄》：察月越發，絶涅拔節；《折楊柳行》：雪潔節滅拔哲；《鄰里相送》：越發月歇闕別蔑；《登廬山》：閟轍雪。

月没霽薛曷末泰同用者：

張融《海賦》：薈翳"界"，裂"勢""浩"外，鮨"鰭"月發，月忽逮外，外帶瀨闕月，月"界"滅雪，外末太泰會達大。

月没同用者：

顏延之《赭白馬賦》：骨髮月没闕越；《爲織女贈牽牛》：月闕髮越發没歇。鮑照《觀漏賦》：月越"髴"歇闕没；《芙蓉賦》：發越月髮没歇；《代陸平原》：闕髮月渤越發歇骨没"晰"；《岐陽守風》：没月發歇越髮。沈約《郊居賦》：窟越闕"及"；《任昉墓銘》：闕"滅絶"；《却出東西門行》：闕没發謁月歇髮越渤窟；《和竟陵王》：闕月没歇髮。謝朓《冬緒羈懷》：闕髮月"對蔆續"没越"渴昧"歇。梁武帝《朝雲曲》：謁"曖"没；《遊女曲》："滑"月闕。昭明太子《殿賦》："昊"發。江淹《水山神女賦》：月發没；《石劫賦》：髮没發闕；《齊太祖誄》：發"内"闕鉞月，"義愛"爵，"節"闕月。江總《陸君誄》："勿"謁忽闕月。隋煬帝《飲馬長城窟行》：没忽卒窟月發謁闕。盧思道《從軍行》：越月骨歇没；《彭城王挽歌》：發没卒月；《聽鳴蟬篇》：没月越髮。

同此派者：謝惠連、王融、高允、温子昇、薛道衡。

霽祭屑薛同用者：

蕭子良《登山望雷居山精舍》：缺絶哲滅裔逝。王儉《褚彦回碑文》：缺遞列竭；《侍太子》：潔衛轍。王融《皇覺辨德篇頌》：哲枻缺滅徹轍；《皇太子哀策文》：轍説世棣；《法樂辭》：結滅缺世；《遊仙詩》：節雪碣説礪。江淹《傷友人賦》：潔徹絶"闕"，絶結逝折烈；《齊太祖誄》：製絶瀣結礪衛綴，筮撤結絶；《祭石頭戰亡文》：節烈折轍鋭雪"欱"世"邁"。謝靈運《遊山》：缺設絶徹晰沉蔽汭逝雪穴滅濊説。謝惠連《贈別》:汭別袂雪;《四時賦》:"思"
滯;《丹砂可學賦》:"怪佩"屬;《孫緬墓銘》:衛世烈節藝轍缺喆
結閉歲。謝朓《芳樹》:枻結折絶。陶弘景《雲上之仙風賦》:裔際
雪。邱遲《思賢賦》:世悦弊傑藝別閉袂際喆惠結。任昉《王貴嬪
哀策文》:撤裔,哲"殺"缺瘞。庾肩吾《聯句》:折穴節缺,囓訣熱
設,劣設截結,暍湟別滅。沈炯《歸魂賦》:繼轍雪折袂咽裂;《昭
烈王碑》:裔系汭計。

實祭同用者:

　　高允《鹿苑賦》:裔世被制税叡義寄;《答宗欽》:逝滯敝賜。

霽祭同用者:

　　傅亮《登陵囂館賦》:逝憩屬濊蕙脆。顔延之《宋文帝元后哀
策文》:晰診世衛;《陶徵士誄》:斃逝世惠。袁淑《詠冬至》:歲滯
惠誓。謝莊《宋孝武帝哀策文》:筮衛裔世斃帶。簡文帝《采桑》:
閉袂繫壻。沈約《梁宗廟登歌》:帝祭衛際裔。劉孝威《公無渡
河》:厲枻祭袂逝娣。何遜《七召》:世細麗。徐陵《塵尾銘》:制
勢細。庾信《慕容寧神道碑》:筮世閉衛逝;《柳霞墓銘》:惠衛世
隸繼;《周祀方澤歌》:荔衛齊祭。王褒《于謹墓碑》:世濟契厲。
隋煬帝《秦孝王誄》:斃替世,弟替歲閉滯筮睿藝惠世。薛道衡
《隋高祖頌》:世帝替弊;《豫章行》:滯遞壻。

　　同此派者:謝惠連(?)、牛弘。

泰獨用者:

　　謝靈運《撰征賦》:旆滯沛外泰;《慧遠法師誄》:泰"昧"大
害。袁淑《弔古文》:艾蔡。蕭子良《遊後園》:外藹會;《行宅》:
外艾;《高德宣列樂》:大外靄泰。謝朓《齊雩祭歌》:蓋外;《答王
世子》:外籟會帶艾;《後齋回望》:帶外蓋旆。簡文帝《招真館
碑》:會外大兑泰蓋最。梁元帝《玄覽賦》:蓋會靄帶,會帶軑,蓋
旆蓋。沈約《侍林光殿》:蓋旆薈瀨泰會;《餞謝文學》:帶瀩瀨會
外。陶弘景《水仙賦》:沫瀨外。王僧孺《豫州墓銘》:藹旆帶會最

大。江淹《齊太祖高皇帝誄》：藹蓋旆外，沛藹旆蓋帶；《蕭大傅東耕祝文》：蓋沫；《山中楚辭》：藹大蓋帶。王筠《苦暑》：瀨蓋帶；《望夕霽》：籟靄汰會。吳均《食移》：膾艾。徐陵《陳文帝哀策文》：大外帶泰。沈炯《歸魂賦》：泰會旆害帶。江總《真女峽賦》：外旆。庾信《鄭偉墓銘》：外蓋“拜”。王褒《關山篇》：藹外帶。隋煬帝《秦孝王誄》：會外蓋大帶旆最賴界。盧思道《祭灄湖文》：大外泰薈旆蓋。牛弘《圜丘歌》：泰大會賴；《方邱歌》：會蓋；《武舞歌》：大外賴。

屑薛同用者：

顏延之《赭白馬賦》：設折埒絕節裂血洩悅；《祭屈原文》：折潔缺節；《贈王太常》：折徹穴哲列臬閉轍雪節闋“扎”。鮑照《芙蓉賦》：絕潔悅埒；《代悲哉行》：節轍結悅別列絕，《發後渚》：雪別“發樾”滅結節絕。謝惠連《代悲歌行》：節轍結悅別列絕；《詠冬》：滅切雪潔轍。梁武帝《孝思賦》：結折雪颲絕切；《春歌》：雪“月”舌絕。沈約《黑帝》：節“闋”；《羽引》：“拆”悅絕；《長歌行》：雪結節缺滅臬絕別裂設。何遜《詠春雪》：雪滅屑結節。徐陵《長相思》：節洩結雪。盧思道《盧記室誄》：滅折絕烈。

曷末泰同用者：

顏延之《陽給事誄》：闊秣褐達渴奪括；《吳歌》：闊達；《紹古辭》：達靄拌闊闥葛。謝莊《月賦》：末脫瀨藹；《宋明堂歌》：達沫。孔稚珪《北山移文》：外脫瀨。

曷末同用者：

沈約《郊居賦》：闊沫達豁末栝渴。王筠《行路難》：襪褫達。

月沒屑薛同用者：

庾信《馬射賦》：節穴埒絕月；《枯樹賦》：絕別血節折裂穴孼；《鶴贊》：折閉絕別；《鉏麑見趙盾》：笏發闋絕；《吳明徹墓銘》：沒骨月；《紇豆陵氏墓銘》：絕月發雪；《擬詠懷》：闋滅絕雪別。

由本節的許多例子看來，去聲實至志未霽祭泰怪隊代都有與

入聲相通的痕迹；廢韻字很罕見，但謝靈運《撰征賦》以“廢”與“内
對碎”爲韻，而謝朓又以“對”與“闋髮月”爲韻，可見廢也可與入聲
相通。歸納起來可以説：以今音讀之，凡全韻爲 i 或韻尾爲 i 者，其
去聲皆可與入聲相通（卦夬兩韻未見，恐因韻窄之故）。泰韻在南
北朝第一期是與曷末同用的，到了第二期以後纔變爲獨用。霽祭
則在第一、二兩期都與屑薛同用，偶然也有不與屑薛同用的，但我
們可斷定霽祭與屑薛的音值極相近，因爲依王融、江淹諸人的用韻
看來，這四韻簡直是併爲一韻了。此外如月没不分，屑薛不分，曷
末不分，都與平聲的系統相符。鎋韻常用字少，未見。黠韻“察”字
與月韻字同用，“拔”字與屑薛韻字同用，見於謝靈運文；“扎”字與
屑薛韻字同用，見於顔延之詩；“滑”字與月韻字同用，見於梁武帝
詩；而何遜《答江革聯句不成》以“扎、拔”爲韻，似乎黠也能獨立。
今姑認“察、滑”爲歸月没之字，“扎、拔”爲歸屑薛之字。

十、緝合狎盍葉帖洽業乏

緝獨用者：

　顔延之《陶徵士誄》：立及集級；《祭弟文》：邑立集泣及。謝
靈運《慧遠法師誄》：集立習輯。鮑照《代白紵舞歌》：濕入急泣戢
立集；《學劉公幹體》：“柏”集急立澀。王融《訶詰四大篇頌》：入
習給集及泣。謝朓《秋夜》：急立入濕及；《夏始》：隰邑襲戢入及
楫立汲粒集。昭明太子《玄圃講》：及急岌入濕吸立給邑十。簡
文帝《舞賦》：集急入及立；《隴西行》：入急及汲澀邑立；《雪朝》：
隰襲及濕。陸倕《新漏刻銘》：襲級噏入。梁元帝《夜宿柏齋》：入
急泣立。吳均《贈王桂陽別》：急濕邑泣；《酬聞人侍郎別》：邑急
泣立。盧思道《盧記室誄》：立執習集。牛弘《述天下太平》：戢立
緝集。

同此派者：全南北朝詩人。

合獨用者：

謝靈運《山居賦》：納沓“浥”合。謝朓《落日》：雜合沓颯。
沈約《聽猿》：合沓答。江淹《麗色賦》：匝合沓闔；《江上之山
賦》：納沓匝合；《悦曲池》：合沓颯。江總《修心賦》：雜沓匝颯
合。陳後主《畫堂良夜》：颯欱沓答合納閤匝雜拉。

　葉帖洽同用者：

　　顏延之《赭白馬賦》：葉洽接牒。謝靈運《登石鼓山》：接涉躡
協狹疊葉燮悏。高允《北伐頌》：捷浹協牒葉。張融《海賦》：洽
幸。梁武帝《芳樹》：葉接疊悏。江淹《愛遠山》：葉疊接涉悏。簡
文帝《菩提樹頌》：莢浹疊葉牒攝叶；《采桑》：妾蝶攝鑷葉；《北
渚》：葉堞妾棭。梁元帝《蕭琛墓銘》：篋牒；《烏棲曲》：棭葉。吳
均《吳城賦》：葉蝶。張正見《衰桃賦》：葉妾。庾信《司馬裔神道
碑》：接挾燮。薛道衡《山齋獨坐》：疊接葉。

　業乏同用者：

　　沈約《釋迦文佛像銘》：業法脅劫。

　侵獨用，緝亦獨用。覃銜同用，合狎也該同用，但狎韻字未見，
故合成爲獨用。談獨用，盍也該獨用；但盍韻字亦未見。鹽添凡同
用，葉帖乏也該同用；但實際上乏韻“法”字歸業，這恐怕祇有“法”
一個字如此，“乏泛”二字也許是歸業帖的。咸韻字雖未見，但由其
入聲洽韻與葉帖同用的例字看來，咸韻該是與鹽添同用的。

十一、結　論

　南北朝諸韻書既“各有乖互”，陸法言的《切韻》與其他韻書比
較起來，也該有許多“乖互”的地方。《切韻》在後人看來，似乎是
“定於一”了，然而這是所謂“成者爲王，敗者爲寇”；如果其他韻書
至今未佚，也許會比《切韻》更合於南北朝的語音系統。不過，現在
我們仍可不受《切韻》的束縛，而以南北朝的韻文爲根據，歸納成爲
一部韻書或韻譜。這種韻書或韻譜的價值，未必不在私人所著的
韻書的價值之上；因爲前者完全是客觀的，後者則不免摻雜主觀。

陸法言所謂"南北是非，古今通塞"都是主觀的東西，如果我們依南北朝的韻文歸納出一個韻譜，其中便無"是非通塞"之可言，較易接近於語音實錄。

大致看來，南北朝第一期的韻部較寬，以後的韻部較嚴。第一期分用而第二、三期合用的僅有脂之兩韻；第一期合用而第二、三期分用的却有歌麻、魚虞、齊皆灰、蕭肴豪、東鍾江、庚青、真文、屋燭覺、陌錫、質物等。這種寬嚴的分別，有些當然是實際語音的變遷，例如歌與麻、魚與虞、東與鍾江、屋與燭覺等；有些祇能認爲詩人用韻的方式的異同，例如謝靈運以元魂痕寒桓删山先仙同用，我們決不能説當時謝靈運的方言裏這九個韻的韻值完全相同。謝惠連、袁淑與他同時，而且同鄉，但他們的元魂痕爲一類，寒桓删爲一類，山先仙爲一類，是絶不相混的。可見當時陽夏的方言對於這九韻是可以分爲三類的，不過謝靈運喜歡把韻用得寬些罷了。用韻的寬嚴似乎是一時的風尚：《詩經》時代用韻嚴，漢魏晉宋用韻寬，齊梁陳隋用韻嚴，初唐用韻寬（尤其是對於入聲）。因爲齊梁陳隋的用韻嚴，所以南北朝韻譜容易做。

齊梁陳隋的用韻雖嚴，其韻部仍不能如《切韻》之繁多。下列諸韻部，皆《切韻》所能分而南北朝韻文中所不能分者：

歌戈；灰咍；蕭宵；尤侯幽；冬鍾；陽唐；庚耕清；真諄臻；元魂痕；先仙；寒桓；鹽添；沃燭；藥鐸；陌麥昔；質術櫛；月没；屑薛；曷末；葉帖。

在《切韻》裏，歌戈灰咍寒桓曷末由開口合口而分，尤侯陽唐藥鐸由有無韻頭 i 而分，冬鍾沃燭由合口撮口而分，耕清麥昔由開口齊齒而分，元魂痕由撮口合口開口而分；雖與全書的體例不符，還可以説得過去。至於蕭與宵、尤與幽、庚與耕清、真與臻、先與仙、鹽與添、陌與麥昔、質與櫛、屑與薛、葉與帖，這種分法，恐怕是陸法言"論古今通塞"的結果；如果祇論"南北是非"，大約不會這樣分析的，因爲無論南朝或北朝的詩人都不曾這樣分析過。

　　凡是南北朝詩人所未嘗分析的韻（例如歌戈），儘管在韻頭有分別，它們的韻腹與韻尾該是完全相同的。如果歌是 a，戈該是 ua，不會是 uo；如果寒是 ân，桓該是 uân，不會是 uon；如果先是 ien，仙也該是 ien，甚或可以是 en，却不會是 iän，等等。因爲如果主要元音不相同，必有分用的痕迹，例如脂與之、佳與皆、删與山、蒸與登、覃與談，《廣韻》注云同用者，在南北朝韻文裹也有分用的痕迹了。歸納起來，南北朝的韻類如下表：

　　1.支（第一期包括《切韻》的支佳，後來佳似乎獨成一韻，但未能斷定）；

　　2.歌（包括《切韻》的歌戈）；

　　3.麻（第一期與虞同用）；

　　4.魚（第一期與虞模同用）；

　　5.虞（沈約等少數人的虞與模似有別，餘人皆混用）；

　　6.模；

　　7.之（第一期之脂有別，其後混用）；

　　8.脂（包括《切韻》中的脂韻一部分的字）；

　　9.微（包括《切韻》中的微韻全部及脂韻一部分，第一期與脂同用）；

　　10.齊（第一期與皆同用，後乃獨立）；

　　11.泰；

　　12.皆；

　　13.灰（包括《切韻》的灰咍）；

　　14.蕭（包括《切韻》的蕭宵）；

　　15.肴（第一期與蕭豪同用，後乃獨立）；

　　16.豪；

　　17.尤（包括《切韻》的尤侯幽）；

　　18.蒸（偶然與東鍾通押）；

　　19.登；

20.東（第一期與鍾江同用,後乃獨立）;

21.鍾（包括《切韻》的冬鍾）;

22.江（庾信等少數人的江與陽同用）;

23.陽（包括《切韻》的陽唐）;

24.庚（包括《切韻》的庚耕清）;

25.青（庾信等少數人庚青有別）;

26.真（包括《切韻》的真諄臻,第二、三期又包括《切韻》的欣）;

27.文（第一期包括《切韻》的文欣,其後祇包括《切韻》的文韻字）;

28.元（包括《切韻》的元魂痕,往往與先仙通押）;

29.先（第一期包括《切韻》的先仙山,第二期沈約、江淹、謝朓諸人猶如此,其後山似歸删）;

30.删（第一、二期與寒同用,其後似獨立）;

31.寒（包括《切韻》的寒桓）;

32.侵;

33.覃（包括《切韻》的覃銜）;

34.談;

35.鹽（包括《切韻》的鹽添凡,也許咸也在内）;

36.嚴（由入聲推想,嚴似可獨立;惟因韻太窄,未嘗獨用）。

以上係舉平聲以包括上去（惟泰爲去聲韻）,至於入聲則如下表:

1.職（偶然與屋燭同押）;

2.德（偶然與屋燭同押）;

3.屋（第一期與燭覺同用,後乃獨立）;

4.燭（包括《切韻》的沃燭）;

5.覺（庾信等的覺與藥同用）;

6.藥（包括《切韻》的藥鐸）;

7.陌（包括《切韻》的陌麥昔）;

8.錫(由平聲推想其可獨用);

9.質(包括《切韻》的質術櫛);

10.物;

11.月(包括《切韻》的月沒,及黠韻"察滑"等字,往往與屑薛通押);

12.屑(包括《切韻》的屑薛,及黠韻"扎拔"等字);

13.曷(包括《切韻》的曷末);

14.緝;

15.合(包括《切韻》的合;由平聲推想,大約還包括《切韻》的狎);

16.盍(由平聲推想,盍可獨立);

17.葉(包括《切韻》的葉帖,及乏韻的"乏泛"等字);

18.業(包括《切韻》的業,及乏韻的"法"字)。

這是由南北朝韻文裏歸納出來的實際韻部,雖比《切韻》的韻部較少,如果拿來與現代中國各地方言裏的韻部比較已經覺得很豐富了。

末了,依南北朝的韻文觀察,我們可以看得出陸法言的《切韻》有兩個特色:

(1)除脂韻一部分字該歸微,又先仙、蕭宵、陽唐等韻不必細分之外,《切韻》每韻所包括的字,適與南北朝韻文所表現的系統相當。可見《切韻》大致仍以南北朝的實際語音爲標準。

(2)《切韻》陽聲韻與入聲韻相配,是以南北朝的實際語音爲標準的。故某人以某陽聲韻與另一陽聲韻同用時,則與此兩陽聲韻相配的兩入聲韻亦必同用;若分用,則相配的入聲韻也分用。

由此可見《切韻》根據"古今通塞"的地方頗少,而所謂"南北是非",恐怕也不過是儘量依照能分析者而分析①,再加上著者認爲

---

① 例如謝朓脂之能分而江淹脂之不分,則從謝朓;鮑照的脂微不分而沈約的脂微能分,則從沈約。

該分析者再分析①,如此而已。

原載《清華學報》11 卷 3 期,1936 年 7 月

[後記]本文所謂《切韻》,實際上就是《廣韻》,因而所論及的《切韻》分韻的寬嚴就和原來的《切韻》有些出入。例如歌戈、寒桓、真諄、曷末、質術等,《廣韻》各分爲兩部,《切韻》實是不分的。

1962.9.20.

---

① 例如寒桓以開口合口分爲二韻。

古韻分部異同考

諸家古韻分部,各不相同;大抵愈分愈密。鄙意當以王念孫爲宗;然顧炎武、江永、戴震、段玉裁、孔廣森、嚴可均、江有誥、朱駿聲、章炳麟、黄侃亦皆有獨到處。顧、段、孔、王、嚴、朱、章爲一派,純以先秦古籍爲依歸;江永、戴、黄爲一派,皆以等韻條理助成其説;江有誥則折中於二派者也。

清儒考求古韻,往往歷數十年而後成書,或併或分,皆有其當併當分之理。苟細審其異同之所在,則其所以啟示吾輩者實多,如顧氏以侯歸魚,江氏永以侯歸幽,段氏侯部獨立,則知侯音介乎魚幽之間也。顧氏以冬歸東,孔氏冬部獨立,嚴氏復併冬於侵,則知冬音介乎東侵之間也。段氏併祭於脂,戴氏祭部獨立,則知祭音本近於脂也。段氏併至於真,王氏至部獨立,江氏有誥併至於脂,則知真至脂音皆相近也。甚至一字之爭,所關亦大。故比較諸家之異同,非特爲博覽也;新知之啟發,或將導源於是。

夏炘始作《詩古韻表二十二部集説》,考顧、江、段、王、江五家同異,以著於篇。然其病在僅舉《廣韻》韻目,無以悉見分合之迹。蓋諸家稱名或殊,而其實從同,例如夏君云:"段氏以藥鐸配魚,江君(指有誥)以陌,並分麥昔配之。"其實入聲偏旁如從"翟"、從

“各”、從“蒦”、從“屰”等，段、江皆以配魚，固無一字不相同也。故欲考求諸家分部之異同，宜捨併合韻目之舊法，但以諧聲偏旁區分。然除《詩經》入韻之字而外，諸家或有缺而不論者；故兹篇所述，略依孔廣森《詩聲類》，祇取諧聲偏旁之見於《詩》者，其餘從缺。

顧、江、戴、段、孔、嚴、江、朱，各有專書可據。章氏偏旁歸部，但能於《文始》中覓之。至於王氏之説，則暫據靜安先生《補高郵王氏説文諧聲譜》；黄氏之説，暫據其弟子劉賾教授所述（見其所著《聲韻學表解》）。王氏晚年似亦從東冬分部之説，章氏晚年併冬於侵；然表中於王氏但依《經義述聞》，於章氏但依《文始》。附記於此，則二公壯年與晚年之異同，亦可概見。

本篇共分三表：第一表細析諧聲偏旁爲三十二類，復以《詩經》入韻之字系於諧聲偏旁之下，命曰“《詩經》入韻字分類表”。第二表曰“諸家韻部表”，大抵不外以此三十二類分别歸併。第三表曰“諸家分部異同表”。三表相參，則諸家異同自明矣。

一、《詩經》入韻字分類表

(1) 凡諸家未盡從同者，規識其外。

(2) 諧聲偏旁不入詩韻者，以△識之。

(3) 所從得聲之字有問題者，以○識之。

(4) 或謂非最初聲符者，以⊙識之。

(5) 或謂不入韻者，以＊識之。

基類第一

㞢蚩寺時詩恃特㠯以苡似已耜改能矣俟涘台治始貽飴殆絲其基期騏淇祺箕僛𦣞姬熙里狸裏鯉霾才鼒哉載在兹來萊麥思偲不紑駓否秠龜某謀媒腜母畝梅鋂悔敏海痗誨晦尤訧郵丘牛止祉趾沚齒喜饎己杞屺紀芑忌起配巳祀汜史使耳恥子秄李士仕宰梓采咅倍又右友有侑洧鮪囿舊久玖疚婦負司嗣事佩而臺疑薿嶷裘

【附注】"來",孔入棘類。"配",江、黃入飢類。"音"聲"部剖涪培"等字,嚴入鉤類。顧以"菩踣趌"入谷類。

棘類第二

戠識熾織弋忒蟘(螣)式試亟極塞葡備北背畐富福輻葍蔔直德力食飾飭敕息則側賊測奰稷色棘襋穡或國緎域蜮或鹹爽寽得匿克黑革伏服牧戒異翼意億

飢類第三

二資茨佽匕旨脂耆指泥比妣紕妣脆夷姨黃桋弟涕韋違圍煒葦韠几飢氐坻底鴟祇砥尾屖遲犀稽尸屎厶私尒祁視矢醫皋米迷麋微薇非霏悲騑腓斐飛幾畿希晞衣依哀齊蠐躋憒隮薺穧濟妻萋淒棲西洒利黎美帛沘姊秭死履水豈豐體禮鱧㸚爾邇灟襧瀾毀燬火妥綏枚皆階偕喈眉郿湄癸骙葵闋伊威委萎師

【附注】"西"聲,顧、江(永)入堅類。孔兼入堅類。"妥",王入嘉類。"綏威委",章似入歸類。"委"聲,顧入嘉類,王入圭類。"尒"聲,黃入季類。"瀾",孔兼入圭類。

歸類第四

自追歸佳崔維推鵻惟攜隹晶疊絫藟纇貴隤潰匱遺繢虫虺回鬼巍愧畏襄懷壞

【附注】"回",章兼入飢類。

季類第五

四駟由㽔兕對懟未寐妹先壼溉愛優季悖氣懯忔隶逮肆棄退內胃謂渭惠穗豙遂檖檖隧庆肆位洎甴屆類尉蔚

【附注】"對"聲,章入介類。"胃"聲、"惠"聲、"豙"聲、"庆"聲、"位"聲、"甴"聲、"尉"聲及"肆""類",黃入飢類。"未"聲,章入飢類。

骨類第六

卒醉萃瘁聿律尗述出茁弗茀拂鬱㕚沒勿忽孛悖

吉類第七

一七至室耋垤窒挃必瑟咇密毖怭壹噎日乙秩𩫖疾實桼漆匹吉秸襭結噎拮栗慄血恤穴鴪徹設逸卪節即櫛抑畢䄪

【附注】“徹設”,江有誥入介類。

介類第八

兑脱帨駾説閲世泄勩彗嘒雪丯害萬厲邁蠆匃揭愒(憩)渴偈竭葛褐曷乂刈艾大達闥帶外會噲薈介祭瘵拜貝敗吠喙最撮衛

【附注】“彗”聲,戴、王、章皆入季類。“萬”,王兼入季類。嚴以“萬”入干類,從“萬”得聲之字仍入介類。

括類第九

欮蹶蕨闕戉歲噦濊滅威折逝哲晰列栵烈冽舌昏闊活佸伐茷幭市肺芾旆月戊越鉞犮旆茇髮軷癶發撥末秣寽捋叕掇惙桀截桀傑埶設奪肖蘖

【附注】“戉癶”,王入季類;戉聲之“歲”,癶聲之“發”,王入括類。

圭類第十

支枝伎斯圭巂觿攜卑粺虒篪氏祇疧是提此雌泚只帝揥適讁蹢

【附注】“此”聲,段、嚴、朱入飢類。

隔類第十一

益易鬄錫惕蜴剔厄析晳狊鶪狄辟璧甓幦脊蹐鬲鷊解朿刺簀績

嘉類第十二

可歌河何阿荷猗錡椅掎左佐差磋嗟瘥傞瑳我儀莪議俄犧沙娑鯊麻磨靡加伽嘉駕賀皮陂破爲吹离離羅罷那多哆侈宜禾和它紽蛇沱佗也施他池馳地拖瓦咼過薖禍化訛吪罷羆

家類第十三

魚蘇魯余荼餘塗稌除舍舒予紓野豫与與旟譽舉鱮萸旅者瘏諸都闍著屠渚暑堵緒書古居据琚胡辜椐罟祜苦盬怙酤故岵固車疋胥湑楚巨渠秬且砠罝苴租菹沮徂阻組祖助亐吁樗盱宇咢芋訏華虍虛蘆膚廬處虎虜虡據𦢊去祛父痡鋪蒲釜輔甫圃黼

脯補浦薄瓜狐呱乎呼壺無幠舞圖土徒杜吐女帑怒茹迦㪍烏㞕葭瑕騢暇嘏家

稼巴妑牙邪五語圉宁紵羜卸禦御鼠黍雨午許滸戶顧所戾呂営鼓瞽股殺馬

禡寡下夏吳虞娛虖嘑武賦羽栩禹舜莫兔素亞惡罪睸瞿懼

【附注】"㪍"，江永與孔皆入交類。

格類第十四

罜斁攘澤繹懌各路露鷺落駱客閣格維佫蔓濩獲穫𦬆懟咢逆昔錯踖籍舄寫夕石

柘橐墼若諾霍藿郭鞹廓百貊白伯柏谷峪毛宅尺亦夜弈赤赫炙戟庶度席蓆

乍作酢柞射

鉤類第十五

侯餱鍭區驅樞醹餫句駒笱枸考婁數禺隅愚芻趨需濡臑孺俞渝榆㼶㾆愈叟

朱姝株咮取諏趣豆口后逅後厚斗主奧椳侮奏菁媾覯扁漏具付附舜壴

躅橱

【附注】"句"，嚴謂有"瞿、鉤"兩音。"㼶"，孔入鳩類。

谷類第十六

谷裕欲屋渥蜀屬獨濁賣讀𧶛續設穀穀束檄鹿彔禄綠族業僕卜木霂沐玉獄

嶽辱曲足粟角豕稼局

【附注】"賣"聲字如"讟櫝瀆瀆"等，嚴氏皆入菊類；"𧶛犢讀竇續"則入谷類。"局"，孔入菊類，江永入隔類。

交類第十七

小消悄削朝廟嚚麃鑣儦灑苗要藇嘌票漂嘌飄標交殽教寮寮潦僚勞營蕘翹

曉堯巢盌瑤遙謠搖夭笑沃飲交徼皎駮高蒿嚻熇膏喬驕鷮敖嗸毛旄氂髦刀刕苕

昭沼炤兆桃挑旐枭藻到盜号號弔焦譙少

【附注】"朝"聲，王入鳩類。孔以"朝"入交類，以"廟"入鳩類。"焦"聲，段、孔、王、嚴皆入鳩類。"飲"，孔入谷類。

激類第十八

卓罩荦鑿勺的龠籥弱溺虐謔爵樂藥櫟翟濯躍暴㬥㒸貌

【附注】“荦”，王、嚴入谷類，但“荦”聲之“鑿”入激類。

鳩類第十九

幺幽求逑救絿觩球觓俅九鳩仇軌馗（逵）丣劉懰罶柳茆卯昴聊酉猶道醜酒槱酋
流旒秋旄遊游攸悠滺脩條滫由軸抽妯迪收莜州洲周裯綢舟輈舀滔慆稻蹈孚
浮罦牟憂優囚休叟搜矛茅柔蹂務讎雔壽翻醻覹禱擣咎橐鼛舅叉騷慅蚤缶
寶楸曹漕牢包袍炮匏苞飽陶綯哀丑杻万考拷朽孝韭首道手阜卣受秀誘鳥
昊早草阜棗呆保㠯鴇帚埽牡戊茂好簋守狩臭褒售報丩糾

【附注】“丩”聲，孔、王入交類。“務”，嚴、江（有誥）入鉤類。

菊類第二十

未淑椒菽俶戚蹙祝六陸复復覆腹宿夗肅歗潚畜慉目冒學覺毒竹篤鞠逐遂
匊肉育穆廖膠瘳蓼告皓造就奧燠粤

經類第二十一

丁成城賏嬰爭生星㞸甥姓牲青清箐倩贏盈楹熒縈營瑩赹（罬）貞楨壬庭聽醒程
霆殸聲馨正征政定名頃傾潁驛㞢經涇幵屏刑咖靈甯寧冥平萍敬驚鳴粤
聘騁

【附注】“幵”，王、嚴入干類，但嚴以從“幵”得聲之“刑邢”入經類。

京類第二十二

易傷湯揚蕩楊腸錫陽羊詳姜翔祥癢養洋亡荒忘㡛芒良狼粮喪長張粻量糧罿疆
昌方雰防房旁魴傍彷章璋商香襄瀼讓囊襄相霜箱爿將臧藏墻牂斨莊牀鬺鬻亦
梁粱向尚堂鐺裳嘗掌常上倉蹌蒼瑲鶬王皇煌遑蝗圭往匡狂央英桑爽网岡岡
剛綱㒺兩印仰光觥洸黃簧亢頏抗优庚唐康螳京涼景羹明盟彭亨享兵兄
既行衡珩皀鄉卿饗慶丙炳梗永泳競

弓類第二十三

丞蒸承徵懲㚖陵應廥朋棚崩众冰馮黽蠅升朕勝滕騰兙興登登曾憎增乚

肱弘雄弓瞢夢薨亙恒乘陝

【附注】"應"，嚴入今類，但"膺"入弓類。"黽"，江有誥入經類，但"蠅"入弓類。"陝"，段入基類。

公類第二十四

東揀童僮動煇重鍾罿衝同丰邦逢豐縫蓬奉唪充公松訟工功攻空釭鴻控邛冢蒙濛幪囱聰總從樅樅龍容用庸墉鏞備誦封對凶訩邕雖癰賽共恭巷送雙厖龐

宮類第二十五

冬終螽衆漴宗崇中仲冲仲蟲融戎宮躬窮農濃禮（穠）夆降宋

今類第二十六

尋綅駸浸寢先霧譖僭林品臨罙探深甚葚湛諶煁黮壬任心今衿芩念諗琴衾陰金欽飲錦音歆彡參駿三南男尢耽枕髧凹涵冂讒凡風汛臽舀占玷覃簟乏貶

【附注】"凹"聲，江永入甘類。"马"聲、"冂"聲、"臽"聲、"占"聲，江有誥，朱、黃入甘類。"乏貶"，黃入甲類。江有誥以"乏"入甲類，以"貶"入甘類，謂《説文》從貝從乏，不云乏聲"。

給類第二十七

合弇洽軜咠輯楫溉坴淫陸執摯立泣及急邑集入

【附注】"入"，嚴入棘類。"軜"，段入季類。

甘類第二十八

炎談惔燄炎甘監藍檻濫詹瞻襜敢巖嚴儼斬

甲類第二十九

業枼葉韘疌捷涉甲

干類第三十

泉原願嫄袁圜還環儇遠亙垣狟宣咺爰諼援媛釆番幡燔蕃藩卷綣鬈樊繁半袢泮言干軒罕岸衍乾翰乾吅單癉嘽憚塻辦歎熯漢安晏奴餐粲旦亶檀妲莧寬戔殘

踐元完莞冠丸專溥博轉屮關厂彥顏雁反阪板官萱管痯館山汕閒莆潤佣簡閑
謇僆遷犬然延棳丹旃廛連漣員捐朙虔衍愆焉肩膚巘獻夗怨婉展巽選憲
柬爛諫夅煥毋貫亂段鍛曼慢弁羑散見燕鮮（南）璠（典）（亞）裡

【附注】“鮮”，顧、江（永）、孔入圭類。“南”聲，孔、嚴入堅類。“典”聲、“亞”聲，孔、嚴入斤類。“難”聲，章入斤類。“但”，孔入括類。

斤類第三十一

胤辰晨振湑震巾困鹵分芬雾盼殷慇屯純春辠錞焞鶉哼（敦）先詵門聞問云
雲秐員隕焚尹（君）群熏斤欣芹旂（祈）（頎）近堇勤饉墐昆孫飧存軍煇（暈）俞渝
輪川順訓罜鯀文関刃忍允狁畾惲豚遯壼免（浼）卉濆奔甍（昏）緡瘝

【附注】“敦暈顧浼”，孔入飢類。“君近”，孔兼入飢類。“祈頎”，嚴入飢類。“昏”，孔認爲從“民”得聲，當入堅類。

堅類第三十二

玄（參）畛珍因朙姻（恩）辛親新薪莘臣堅賢人仁信申神陳電頻蘋濱賓舜鄰粦麟
真填闐顛巔瑱塵民泯身旬詢洵勻均鈞秦臻蓁溱榛（命）千季（年）田甸臦淵天
扁（彴）夷盡爐引刊（訊）（替）（令）夆領零

【附注】“參”聲，王入斤類。“珍”，孔兼入飢類。“恩”，夏炘入斤類，或有所本。“命令”，江兼入經類。“替”，江、黄入季類。“訊”，孔兼入飢類。

二、諸家韻部表

（諸家之特色，加點以表之）

顧炎武古韻十部

第一部包括公類、宫類。第二部包括基類、飢類、歸類、季類、骨類、吉類、介類、括類、圭類、隔類。第三部包括家類、格類、鈞類、谷類。第四部包括干類、斤類、堅類。第五部包括交類、激類、鳩類、菊類。第六部即嘉類。第七部即京類。第八部即經類。第九部即弓類。第十部包括今類、給類、甘類、甲類。

江永古韻十三部

第一部包括公類、宮類。第二部包括基類、飢類、歸類、季類、介類、圭類，及棘類之平上去聲字，骨類、吉類、隔類之去聲字。第三部包括家類，及格類之去聲字。第四部包括斤類、堅類。第五部即干類。第六部包括交類，及激類之去聲字。第七部即嘉類。第八部即京類。第九部即經類。第十部即弓類。第十一部包括鳩類、鈎類及菊類之平上去聲字、谷類之去聲字。第十二部即今類。第十三部即甘類。入聲第一部包括菊類、谷類，及鳩類之入聲字。第二部包括棘類、骨類、吉類，及基類、飢類、季類之入聲字。第三部包括括類，及介類之入聲字。第四部包括激類、格類，及交類家類之入聲字。第五部即隔類。第六部即棘類。第七部包括給類及今類之入聲字。第八部包括甲類，及甘類之入聲字。

戴震古韻二十五部

（一）阿部，即嘉類。（二）烏部，包括家類，及格類之去聲字。（三）堊部，包括格類，及家類之入聲字。（四）膺部，即弓類。（五）噫部，包括基類，及棘類之平上去聲字。（六）億部，包括棘類，及基類之入聲字。（七）翁部，包括公類、宮類。（八）謳部，包括鳩類、鈎類，及菊類之平上去聲字。（九）屋部，包括菊類、谷類，及鳩類之入聲字。（十）央部，即京類。（十一）夭部，包括交類，及激類之去聲字。（十二）約部，包括激類，及交類之入聲字。（十三）嬰部，即經類。（十四）娃部，包括圭類，及隔類之去聲字。（十五）戹厄部，即隔類。（十六）殷部，包括斤類、堅類。（十七）衣部，包括飢類、歸類、季類，及骨類吉類之去聲字。（十八）乙部，包括骨類、吉類，及飢類季類之入聲字。（十九）安部，即干類。（二十）靄部，包括介類，及括類之去聲字。（二十一）遏部，包括括類，及介類之入聲字。（二十二）音部，即今類。（二十三）

邑部,包括給類,及今類之入聲字。(二十四)醃部,即甘類。(二十五)諜部,包括甲類,及甘類之入聲字。

段玉裁古韻十七部

第一部包括基類、棘類。第二部包括交類、激類。第三部包括鳩類、菊類、谷類。第四部包括鉤類。第五部包括家類、格類。第六部即弓類。第七部包括今類、給類。第八部包括甘類、甲類。第九部包括公類、宮類。第十部即京類。第十一部即經類。第十二部包括堅類、吉類。第十三部即斤類。第十四部即干類。第十五部包括飢類、歸類、季類、骨類、介類、括類。第十六部包括圭類、隔類。第十七部即嘉類。

孔廣森古韻十八部

陽聲九部:

(一)原類,即干類。(二)丁類,即經類。(三)辰類,包括斤類、堅類。(四)陽類,即京類。(五)東類,即公類。(六)冬類,即宮類。(七)侵類,即今類。(八)蒸類,即弓類。(九)談類,即甘類。

陰聲九部:

(一)歌類,即嘉類。(二)支類,包括圭類、隔類。(三)脂類,包括飢類、歸類、季類、骨類、吉類、介類、括類。(四)魚類,包括家類、格類。(五)侯類,包括鉤類、谷類。(六)幽類,包括鳩類、菊類。(七)宵類,包括交類、激類。(八)之類,包括基類、棘類。(九)合類,包括給類、甲類。

王念孫古韻二十一部

(一)東部,包括公類、宮類。(二)蒸部,即弓類。(三)侵部,即今類。(四)談部,即甘類。(五)陽部,即京類。(六)耕部,即經類。(七)真部,即堅類。(八)諄部,即斤類。(九)元部,即干類。(十)歌部,即嘉類。(十一)支部,包括圭類、隔類。(十二)至部,即吉類。(十三)脂部,包括飢類、歸類、季類、骨類。(十四)祭部,包括介類、括類。(十五)盍部,即甲類。(十六)緝部,即給類。(十七)之部,包括基類、棘類。(十八)魚部,包括家類、格類。(十九)侯部,包括鉤類、谷類。(二十)幽部,包括鳩類、菊類。(二十一)宵部,包括交類、激類。

嚴可均古韻十六部

陰聲八部:

(一)之類,包括基類,棘類。(二)支類,包括圭類、隔類。(三)脂類,包括飢類、歸類、季類、骨類、吉類、介類、括類。(四)歌類,即嘉類。(五)魚類,包括家類、格類。(六)侯類,包括鉤類、谷類。(七)幽類,包括鳩類、菊類。(八)宵類,包括交類、激類。

陽聲八部:

(一)蒸類,即弓類。(二)耕類,即經類。(三)真類,包括斤類,堅類。(四)元類,即干類。(五)陽類,即京類。(六)東類,即公類。(七)侵類,包括今類、宮類。(八)談類,包括甘類、給類、甲類。

江有誥古韻二十一部

(一)之部,包括基類、棘類。(二)幽部,包括鳩類、菊類。(三)宵部,包括交類、激類。(四)侯部,包括鉤類、谷類。(五)魚部,包括家類、格類。(六)歌部,即嘉類。(七)支部,包括圭類、隔類。(八)脂部,包括飢類、歸類、季類、骨類、吉類。(九)祭部,包括介類、括類。(十)元部,即干類。(十一)文部,即斤類。(十二)真部,即堅類。(十三)耕部,即經類。(十四)陽部,即京類。(十五)東部,即公類。(十六)中部,即宮類。(十七)蒸部,即弓類。(十八)侵部,即今類。(十九)談部,即甘類。(二十)葉部,即甲類。(二十一)緝部,即給類。

朱駿聲古韻十八部

(一)豐部,包括公類、宮類。(二)升部,即弓類。(三)臨部,包括今類、給類。（四）謙部，包括甘類、甲類。（五）頤部，包括基類、棘類。（六）孚部，包括鳩類、菊類。（七）小部，包括交類、激類。（八）需部，包括鉤類、谷類。（九）豫部，包括家類、格類。（十）隨部，即嘉類。（十一）解部，包括圭類、隔類。（十二）履部，包括飢類、歸類、季類、骨類、吉類。（十三）泰部，包括介類、括類。（十四）乾部，即干類。（十五）屯部，即斤類。（十六）坤部，即堅類。（十七）鼎部，即經類。（十八）壯部，即京類。

章炳麟古韻二十三部

陰聲十一部：

（一）歌部，即嘉類。（二）泰部，包括介類、括類。（三）隊部，包括歸類、季類、骨類。（四）脂部，即飢類。（五）至部，即吉類。（六）支部，包括圭類、隔類。（七）魚部，包括家類、格類。（八）侯部，包括鉤類、谷類。（九）幽部，包括鳩類、菊類。（十）之部，包括基類、棘類。（十一）宵部，包括交類、激類。

陽聲十二部：

（一）寒部，即干類。（二）諄部，即斤類。（三）真部，即堅類。（四）青部，即經類。（五）陽部，即京類。（六）東部，即公類。（七）侵部，即今類。（八）冬部，即宮類。（九）緝部，即給類。（十）蒸部，即弓類。（十一）談部，即甘類。（十二）盍部，即甲類。

黃侃古韻二十八部

陰聲八部：

（一）灰部，包括飢類、歸類。（二）歌戈部，即嘉類。（三）齊部，即圭類。（四）模部，即家類。（五）侯部，即鉤類。（六）蕭部，包括鳩類、菊類。（七）豪部，即交類。（八）哈部，即基類。

陽聲十部：

（一）先部，即堅類。（二）痕魂部，即斤類。（三）寒桓部，即干類。（四）青部，即經類。（五）唐部，即京類。（六）東部，即公類。（七）冬部，即宮類。（八）登部，即弓類。（九）覃部，即今類。（十）添部，即甘類。

入聲十部：

（一）屑部，即吉類。（二）没部，包括季類、骨類。（三）曷末部，包括介類、括類。（四）錫部，即隔類。（五）鐸部，即格類。（六）屋部，即谷類。（七）沃部，即激類。（八）德部，即棘部。（九）合部，即給類。（十）帖部，即甲類。

三、諸家分部異同表

1.表中朱氏下之江氏爲江有誥，戴氏下爲江永。

2.表中聲調一欄，大致指《廣韻》聲調而言，然亦隨各家所考定而異。如江永以“厭”字爲有平上去入四聲，則宜兼入其所考定之古韻第十三部與入聲八部，餘仿此。又段氏謂古無去聲，孔氏謂古無入聲，黄氏謂古無上去聲，各從其説觀之可耳。

聲類	臺類	棘類	飢類	歸類	季類	骨類	胄類	介類	括類	圭類	隔類
聲調	平上去	入	平上去 入	平上去入	去入	入	去 入	去 入	入	平上去	入 去
黃	咍部	德部	灰部			沒部		曷末部		齊部	錫部
章	之部	頤部	脂部		隊部		至部		泰部		支部
朱	之部	頤部	脂部		履部				泰部		解部
江	之部				脂部	脂類			祭部		支部
嚴	之類					脂類	至部				支類
王		之部		脂部			至部		祭部		支部
孔		之類				脂類					支類
段		第一部		第十五部			（十二）		（十五）		第十六部
戴	噫部	億部（噫）人聲六部	衣部（乙）				乙部（衣）		靄部（藹部）人聲三部	娃部	厄部（娃）
江	第二部	第二部（二）人聲六部		第二部			第二部（八二）人聲二部		遏部（二）人聲三部	第二部	屑部（二）人聲五部
顧											

第　二　部

聲類	嘉類	家類	格類	鉤類	谷類	交類	激類	鳩類	菊類
聲調	平上去	平上去／入	去／入	平上去	去／入	平上去／入	去／入	平上去／入	平上去／入
黃	歌戈部	模部	鐸部	侯部	屋部	豪部	沃部		蕭部
章	歌部	魚部		侯部			宵部		幽部
朱	隨部	豫部		需部			小部		孚部
江	歌部	魚部		侯部			宵部		幽部
嚴	歌類	魚類		侯類			宵類		幽類
王	歌部	魚部		侯部			宵部		幽部
孔	歌類	魚類		侯類			宵類		幽類
段	第十七部	第五部		第四部	（第三）		第二部		第三部
戴	阿部（烏）	烏部（三）	堊部（入聲四部）	謳部（三）	屋部（一一）	天部（六）	約部（天）	謳部（謳）	屋部（十一）
江	第七部	第三部	入聲四部	第十一部	（八一）	第六部	入聲四部	第十部（入聲一部）	第十一部（入聲一部）
顧	第六部	第五部	第三部	第三部	第三部	第二部	第二部	第五部	第三部

聲類	堅類	斤類	干類	甲類	甘類	給類	今類	宮類	公類	弓類	京類	經類
聲調	平上去	平上去	平上去	入	平上去	入	平上去	平上去	平上去	平上去	平上去	平上去
黃	先部	痕魂部	寒桓部	帖部	添部	合部	覃部	冬部	東部	登部	唐部	青部
章	真部	諄部	寒部	盍部	談部	緝部	侵部	冬部	東部	蒸部	陽部	青部
朱	坤部	屯部	乾部		謙部		臨部	豐部		升部	壯部	鼎部
江	真部	文部	元部	葉部	談部	緝部	侵部	中部	東部	蒸部	陽部	耕部
嚴	真類	真類	元類	談類	談類	侵類	侵類	冬類	東類	蒸類	陽類	耕類
王	真部	諄部	元部	盍部	談部	緝部	侵部		東部	蒸部	陽部	耕部
孔	辰類	辰類	原類	合類	談類	合類	侵類	冬類	東類	蒸類	陽類	丁類
段	第十二部	第十三部	第十四部	第八部	第八部	第七部	第七部	第九部	第九部	第六部	第十部	第十一部
戴		殷部	安部	諜部	醃部	邑部	音部		翁部	膺部	央部	嬰部
江	第四部	第四部	第五部	入聲八部	第十三部	入聲七部	第十二部	第一部	第一部	第九部	第七部	第八部
顧	第四部	第四部	第四部		第十部		第十部	第一部	第一部	第九部	第七部	第八部

原載《語言與文學》1937 年 第 1 期

上古韻母系統研究

一、關於上古韻母諸問題

(一)韻部多少問題

上古韻部的研究,到了王念孫、江有誥以後,似乎没有許多話可説了。上古的史料有限,我們從同樣的史料去尋求韻部,其結論必不會大相違异。但是,有時因爲離析唐韻的方法未能儘量運用,有時又因爲一二字發生轇轕而没有把兩部分開,以致後人仍有商量的餘地。像章炳麟之别隊於脂,實足以補王、江之所不及。所以我們雖承認王、江的造就已很可觀,但仍不能像夏炘那樣排斥顧、江、段、王、江以外的古韻學説爲异説。

近代古韻學家,大致可分爲考古、審音兩派。考古派有顧炎武、段玉裁、孔廣森、王念孫、嚴可均、江有誥、章炳麟等,審音派有江永、戴震、劉逢禄、黄侃等。所謂考古派，並非完全不知道審音；尤其是江有誥與章炳麟，他們的審音能力並不弱。不過，他們着重在對上古史料作客觀的歸納，音理僅僅是幫助他們作解釋的。所謂審音派，也並非不知道考古；不過，他們以等韻爲出發點，往往靠等韻的理論來證明古音。戴氏説：“僕謂審音本一類，而古人之文偶有相涉，有不相涉，不得捨其相涉者，而以不相涉者爲斷。審音非一類，而古人之文偶有相涉，始可以五方之音不同，斷爲合韻。”這可算是審音派的宣言。

　　審音派的最大特色就是入聲完全獨立，换句話説，就是陰陽入三分。因此，審音派所分的古韻部數常比考古派爲多。普通我們説江永分古韻爲十三部，段玉裁分爲十七部，其實江永還有入聲八部，總數是二十一部[1]。戴氏分部，若不是入聲獨立，還比段氏少一部，但他加上了入聲九部，才成爲廿五部。黄侃的廿八部祇是把章炳麟的廿三部再加入聲五部。黄氏所謂“余復益以戴君所論，成爲廿八部”[2]，就是承受戴氏入聲獨立的學説。祇有蕭部入聲未獨立，稍與戴氏乖違罷了[3]。

　　要知道入聲應否完全獨立，須先知道《切韻》所有一切入聲字的韻尾是否都與平聲的韻尾迥異。假使我們相信章太炎的話，以爲之部的韻母是-ai，“待”是 d‘ai，“特”也是 d‘ai，“臺”也是 d‘ai，那麽，我們絕對没有理由把之部分爲咍德兩部，以“待特”歸德，以“臺”歸之。又假使我們相信高本漢的話，“待臺”是 d‘əg（祇有聲調的殊異），“特”是 d‘ək，我們也不能把之部析爲兩類。除非我們把之部平聲的韻尾假定爲某種元音（例如-i），同時却把入聲的韻尾假定爲某種破裂音（例如-k），然後可分爲咍德兩部。但是，就《詩經》押韻而論，絕對不容我們這樣設想，《静女》的“異貽”，《大東》

---

[1]　段氏雖也有異平同入之説，却没有像江氏把入聲分爲第一部、第二部等名目。

[2]　見黄氏《音略》。

[3]　聞黄氏晚年頗主廿九部之説，那麽他的理論更顯得一貫了。

的“裘試”,《采芑》一章的“芑畝試”,三章的“止試”,《小宛》的“克富又”,《大田》的“戒事耜畝”,《賓之初筵》的“識又”,《緜蠻》的“食誨載”,《生民》的“字翼”,《蕩》的“式止晦”,《崧高》的“事式”,《瞻卬》的“富忌”,《潛》的“鮪鯉祀福”,《柏舟》的“側特忒”,《黄鳥》的“棘息息特”,《出車》的“牧來載棘”,《我行其野》的“葍特富異”,《正月》七章的“特克則得力”,九章的“輻載意”,《大東》三章的“載息”,四章的“來服”,《楚茨》一章的“棘稷翼億食祀侑福”,四章的“祀食福式稷敄極億”,《大田》的“祀黑稷祀福”,《緜》的“直載翼”,《旱麓》的“載備祀福”,《靈臺》的“虡來囿伏”,《生民》的“匐嶷食”,《假樂》的“子德”,《常武》的“塞來”,都是哈德通押的例子[1]。總之單就上古史料歸納,我們看不出哈德當分的痕迹來。此外如支之與錫、模之與鐸、侯之與屋、豪之與沃、幽之與覺,都可以拿同樣的理由證明其不能分立。

　　根據上述的理由,我大致贊成章氏的廿二部[2]。但是,我近來因爲:在研究南北朝詩人用韻的時候,有了新的發現;看見章氏《文始》以“歸藟追”等字入隊部,得了些暗示;仔細尋求《詩經》的用韻,也與我的假設相符,於是我考定脂微當分爲兩部。一切證據及理論,都待下文第十二節再説。現在先説我對於古韻分部的結論:如果依審音派的説法,陰陽入三分,古韻應得廿九部,即陰聲之幽宵侯魚歌支脂微,陽聲蒸東陽寒清真諄侵談,入聲德覺沃屋鐸曷錫質術緝盍;如果依考古派的説法,古韻應得廿三部,即之蒸幽宵侯東魚陽歌曷寒支清脂質真微術諄侵緝談盍。上面説過,德覺沃屋鐸錫都不能獨立成部。所以我采取後一説,定古韻爲廿三部。

────────

① 舉例根據段氏《六書音均表》。
② 章氏本分古韻爲廿三部,但他晚年發表《音論》(見於光華大學《中國語文學研究》),主張併冬於侵。我覺得他的理由很充足。下文第十三節裏當再論及。

(二) 諧聲問題

自從顧炎武以來,大家都知道諧聲偏旁對於古韻歸部的重要。段玉裁説得最明白:"一聲可諧萬字,萬字亦必同部。"[①]這一個學説是一般古韻學者所恪守不違的。依原則上説,這話自然是真理;但是,關於聲符的認定,有時還成爲問題。在最迷信"許學"的人看來,《説文》所認定的聲符是不容否認的,這一派可以嚴可均爲代表。但《説文》所認爲聲符,而與古音學大相衝突的地方,實在不少,如"妃"從己聲、"必"從弋聲、"存"從才聲、"杏"從可省聲之類,都是很難説得通的[②]。反過來説,有許多未被許慎認爲聲符的,依音理看來,却該認爲聲符,如"義"從我聲、"陸"從坴聲之類,都該補正[③]。

此外還有個更重要的問題,就是諧聲時代與《詩經》時代不可混爲一談。諧聲時代至少比《詩經》時代更早數百年。"凡同聲符者必同部"的原則,在諧聲時代是沒有例外的,在《詩經》時代就不免有些出入了。依《詩經》韻部看來,"求"入幽而"裘"入之,"夭"入宵而"飫"入侯,"奴"入魚而"呶"入宵,"芹"入諄而"頎"入微,"錞"入諄而"敦"入微。諸如此類,不在少數。假使我們拘泥於段氏學説,我們衹能説是"合韻"。但是,如果我們把諧聲時代認爲在《詩經》時代之前,則此種聲音的演化並不足怪,我們盡可以把同聲符的兩個字歸入兩個韻部,認爲極和諧的押韻,例如我們索性把"裘"認爲之部字,把"飫"認爲侯部字,把"呶"認爲宵部字,把"頎""敦"認爲微部字,也未嘗不可。顧炎武以"裘"入之第二部,孔廣森以"呶"入宵,以"飫"入侯,都是很好的見解;衹可惜他們不能充其量。孔廣森從顧氏以"裘"入之,却又以爲"寒者求衣,故其字從衣

---

① 《六書音均表》第 22 頁。

② 此種情形,皆爲朱駿聲所駁改,見《説文通訓定聲》。

③ 這類地方,朱氏也補正了不少。

從求，似會意，非諧聲"[1]，想藉此衛護"凡同聲符者必同部"之説，其實可以不必。

自然《詩經》裏也有真的"合韻"，如"母"字常與之部字押韻，衹在《蝃蝀》韻"雨"，與魚部通；"集"字既在《大明》韻"合"，又在《小旻》韻"猶咎道"。我們可以認爲"母"當屬之，"集"當屬緝，其他情形衹能認爲時間或空間之差異所致。但如"頎"字在《詩經》裏衹押韻一次，却在微部，我們盡可説"頎"字當入微部，而不必認爲合韻了。此外如"儺"當入歌、"怛"當入曷之類，皆同此理。在後面各節中，遇着這種情形的時候，當再討論。

(三)陰陽對轉問題

陰陽對轉，是清代古韻學家的大發明。我們衹要拿《切韻》系統與現代各地方音相比較，就可以發現許多陰陽對轉的實例。但是，我們首先要明白的，就是對轉衹能解釋語音變遷的規律，而不能做押韻的理由。換句話説，我們衹能拿對轉的道理去解釋甲時代的 ta 變了乙時代的 tan，却不能拿它去證明同一時代的 ta 與 tan 可以互相押韻。即就現代中國民歌看來，也没有陰陽通押的例子。譬如"頎"字既然能與"衣"字押韻，它們的韻尾一定相同或相似，假定"衣"音是 i，"頎"該是 g'i。我們没法子假定"頎"音爲 g'in，因爲 g'in 與 i 押韻是不近情理的。《廣韻》頎，渠希切，如果我們説"頎"字在《詩經》裏已經是渠希切，並不是不可能的事。即使我們假定造字之初，從"斤"得聲的字的韻尾本來就有陰陽兩種，也比陰陽通押的説法更合理些。

不過，陰陽通押的説法雖則不通，陰陽對轉的道理却可以幫助我們擬測上古的韻值。譬如"頎、欣"同從斤聲，而一個入微，一個入諄(《廣韻》"頎"入微，"欣"入殷)，我們非但可以相信微諄對轉，而且可以假定微諄的主要元音是相同的。

---

[1]《詩聲類》十一。

　　然而對轉的條理也成問題。自從戴、孔發明陰陽之説,大家都喜歡造成極整齊的局面。戴氏的收脣韻没有陰聲相配,趕快找一個解釋,於是有"以其爲閉口音,配之者更微不成聲"的謬論①。孔氏更進一步,以宵配緝,以合配談,於是他的古音十八部就成了一陰配一陽的呆板局面。嚴可均的十六部,也是一陰配一陽。關於這一點,章氏就高明多了。他説:"對轉之理,有二陰聲同對一陽聲者,有三陽聲同對一陰聲者,復有假道旁轉以得對轉者;非若人之處室,妃匹相當而已。"②但是,章氏祇知道不必妃匹相當,却不知道有些韻部簡直可以不必有配偶。試以現代方音爲例,北京有[o]而無[ong]或[on],上海有[e]而無[eng]或[en],有[ö]而無[öng]或[ön],廣州有[öng]而無[ö],有[ɐŋ]而無[ɐ],都是没法子匹配成對的。

　　對轉最明顯者,有微與諄、脂與真、魚與陽、侯與東、之與蒸、歌與寒;至於支與清,已經不很能確定了。章氏以宵配談,以幽配冬侵,更是十分勉強③;倒不如讓它們獨立無配,以順"物之不齊"的道理。

(四) 聲調問題

　　一般古音家,對於古韻部是走增的路,對於古聲紐與古聲調是走減的路。古韻部從顧氏的十部增至黄氏的廿八部,古聲紐却從章氏的廿一紐減至黄氏的十九紐。至於聲調,顧氏雖主張四聲一貫,並未否認四聲的存在;後來段氏減了去聲,孔氏減了入聲,都祇剩下三聲,黄侃更進一步,以爲上古祇有平入兩聲。這顯然與古韻學説是矛盾的。研究古韻的人都知道,偶然通押並不足以證明韻部相同,否則祇好走上苗夔七部的路。同理,研究上古聲調的人也該知道,不同的聲調而偶然通押,也不足以證明調類相同,否則平

---

①　《答段若膺論韻》。
②　《國故論衡》上,第8頁。
③　理由散見下文。

入通押的例子也不少,何難併四聲爲一聲?

在未研究得確切的結論以前,我們不妨略依《切韻》的聲調系統,暫時假定古有四聲。陰聲有兩個聲調,即後世的平上,入聲也有兩個聲調,即後世的去入。陰聲也有轉爲後世去聲的,例如之部的"忌瞢",歌部的"賀貨",脂部的"涕穧"等。陽聲的聲調數目較難決定,現在衹好暫時依照《切韻》的平上去三聲。關於這個問題,我暫時不想詳論。

(五)開合問題

稍爲研究漢語音韻的人,都知道漢語上古音開合兩呼的界限頗嚴。諧聲偏旁屬於開口呼者,其所諧的字也常常屬於開口呼;諧聲偏旁屬於合口呼者,其所諧的字也常常屬於合口呼。其在例外者,有"每"之於"海"、"景"之於"憬"、"支"之於"頍"、"玄"之於"牽"等。這種少數的例外,如果拿來與現代方言相比較,真是少得出乎意料之外①。在最初諧聲的時候,大約連這些例外也沒有。例如《釋名》"海,晦也",也許"海"字古讀合口②。

有些字,似乎是以開諧合,或以合諧開,其實我們如果仔細尋求古音系統,就知道諧聲偏旁與所諧的字原是同呼,例如"有"之於"賄郁"、"者"之於"諸暑"、"土"之於"社",在今音爲不同呼,在上古則"有賄郁"皆屬於合口,"者諸暑土社"皆屬於開口,正是同呼。我們不該設想上古等呼與中古等呼系統完全相同;其中也有上古屬開而中古屬合的,也有上古屬合而中古屬開的③。

關於脣音的開合問題,更易引起爭論。《廣韻》脣音字的反切,常游移於開合之間,例如"拜",博怪切,"誠",古拜切。如果說

---

① 例如上海"陳""存"無別,北京"劇""句"無別,廣州"危"開而"津"合,客家於合口三等字多念齊齒。

② 《釋名》的聲訓,也是以開訓開,以合訓合,例外很少。

③ 江有誥認虞之通侯者爲古開,麻之通模者爲古合,又於屋沃燭覺皆認爲古開,其所歸開合雖與本文恰恰相反,然而其不拘泥於中古開合系統,則與本文理論相同。

“拜”字屬合口，就不該拿來切開口的“誡”；如果説它本屬開口，又不該拿合口的“怪”來切它。高本漢（Karlgren）解釋這種現象，以爲中古的 p 該是撮脣的 p，發音時兩脣同時向前伸出，這種撮脣的 p 可寫作pʷ。這樣，開口的pʷai 與合口的 pʷuai 在實際上雖有分別，而在聽覺上却十分近似。因此，《廣韻》有脣音開口字切合口字的現象（如以開口的“拜”切合口的“怪”）。《切韻指掌圖》更進一步，索性把一切脣音字都歸入合口圖內①。高氏於此一説，自信甚深②；我們也承認他的推測確有理由。

　　高氏因此斷定《切韻》時代有兩種“合口”的［w］：一種是原有的，上古的，拼在一切聲紐之後；一種是附屬的，後起的，只拼在脣音之後。單説脣音的合口三等也有兩種：一種是後代變爲輕脣的，如“方分非”等字，它們自古就屬合口；另一種是後代未變輕脣的，如“丙平明”等字，它們在上古原屬開口，後來由於雙脣調節作用的擴大，其韻頭才産生一個輕微的［w］③。

　　我大致贊成高氏的斷案，但我比他更進一步，不僅拿《廣韻》系統爲根據，而且還拿諧聲偏旁爲根據。凡諧聲偏旁，或其所諧之字，後世有變入輕脣音者，在上古即屬合口呼；凡諧聲偏旁，或其所諧之字，完全與後世輕脣絶緣者④，在上古即屬開口呼，例如“板”字在上古當屬合口呼，因爲它的諧聲偏旁是“反”，“反”字在後世變入輕脣⑤；“翩”字在上古當屬開口呼，因爲從“扁”得聲的字在後世沒有一個變入輕脣的。這是與高氏所定上古開合系統相符的。然而像“蟒”字，高氏假定上古音值爲 mǎng，“波”字，高氏假定上古音值

---

① 效流深咸四攝衹是獨圖，故脣音字衹好與其他開口共爲一圖。
② 參看 Karlgren，Etudes sur la Phonologie Chinoise，pp.57–66。
③ 參看 Karlgren，Word Families in Chinese。
④ 所謂絶緣，除諧聲不相通之外，在六書中的假借上也不相通。
⑤ “板、反”同屬合口，爲什麽一個未變輕脣，另一個却變了輕脣呢？ 這因爲“板”的韻頭是 w-，“反”的韻頭是“ịw-”。

爲 puâ①，就與我的意見相反了。我以爲上古讀"嫣"當如 muang，讀
"波"當如 pâ②，此外如"浮缶"之類皆當屬上古合口，"婆波"之類皆
當屬上古開口，這是可以犧牲《廣韻》系統而遷就諧聲系統的。

（六）洪細問題

這裏所謂洪細，是指有無韻頭[i-]或[iw-]而言。没有韻頭
[i-]或[iw-]的，叫做洪，有韻頭[i-]或[iw-]的，叫做細。從前中國
音韻學家，往往以爲上古每一個韻部當中，有了洪音就没有細音，
有了細音就没有洪音，例如顧亭林以爲"離"古音"羅"，"爲"古音
"譌"，就是不知"羅譌"是洪音，"離爲"是細音。假定上古的"離"
是 lia，"羅"是 la，"爲"是 ɡiwa，"譌"是 iua，一樣地可以互相押韻，
正不必把細類併入洪類。然而這種毛病直至清末還未能避免：段
玉裁以"丕"爲鋪怡切，江有誥《諧聲表》以"離"爲吕歌切，"爲"爲
遠歌切，《詩經韻讀》謂"友"音以，依舊是顧亭林的派頭。黄侃更進
一步，索性以灰没痕歌曷寒模鐸唐侯屋東豪沃冬咍德登合覃二十
部爲洪音，屑先齊錫青蕭帖添八部爲細音③，於是灰等二十部没有
細音，屑等八部没有洪音，未免把古音看得太簡單了。若如黄氏所
論，"來"與"釐"、"離"與"羅"等，在上古都是同音字，那麼，它們憑
什麼條件能變爲後代的不同音呢？固然，同音字也有變爲不同音
的可能，例如方音的影響、僻字與口語字的分歧，都足以把它們拆
散；但這祇是極少數的例外，我們決不能把上古同部的洪細音完全
相混，以致在音理上説不通。

（七）選字問題

研究上古的音，必須以上古的字爲根據。這裏所謂上古的字，
並非指上古的字體而言，而是上古漢語裏所有的詞（words）。這是

---

① 見 Word Families in Chinese。
② 此處着重在韻頭性質之斷定，其主要元音尚待再加研究。
③ 見黄氏《與友人論小學書》。這種説法完全以他所認定的古本韻爲標準。

很容易瞭解的；上古口語裏既然没有這字，我們還研究它的上古音值或是音系，豈非無的放矢？例如江有誥《入聲表》裏有"套"字，這是先秦史料所未載的一個字，它盡可以是中古以後纔產生的，與上古漢語不發生關係。我們對於這類後起的字，爲慎重起見，自然應該削而不載。

除了江有誥之外，普通古音學家的選字，往往以《説文》所有的字爲標準。這自然比根據《廣韻》或《集韻》好些，因爲某一字既爲《説文》所載，它的時代至少是在東漢以前。不過，這種辦法還不能没有毛病；《説文》裏也有許多字是先秦書籍所未載的，甚至有些字祇見於《説文》，連漢魏以後的書籍中也不曾發現過。這些字，雖不能説先秦絕對没有，但是不該斷定先秦一定有。爲慎重起見，我們該取寧缺毋濫主義，把先秦史料所未載的字一律削去。

然而先秦史料的本身也成問題。我們在未能鑒定先秦一切史料以前，最好先拿一兩部可靠的古書做根據。本篇暫以《詩經》所有的字爲研究的對象。這有三個理由：第一，《詩經》是最古而且最可靠的書之一；第二，《詩經》的字頗多（約有 2850 字），足以表示很豐富的思想及描寫很複雜的事實；第三，普通研究上古韻部就等於研究《詩經》韻部，如果我們把《詩經》所有的字作爲研究上古韻母系統的根據，也很相宜。

有些字，在先秦頗爲常見，而在《詩經》却是没有，例如"欺"字見於《莊子》《荀子》《論語》《戰國策》《韓非子》《吕氏春秋》諸書①，而爲《詩經》所不載。這有兩種可能性：或者因爲《詩經》時代没有這字，直至戰國時代它纔產生；或者《詩經》時代已有這字，而偶然用不着它。爲了慎重起見，我們寧信其無。

若用這種選字的方法，對於上古音系的研究頗多便利之處，例

---

① 　例子見於《説文通訓定聲》頤部"欺"字下。

如"疑"聲有"礙",屬於洪音,又有"嶷嶷",屬於細音,然而《詩經》有"嶷嶷"而無"礙",可見從"疑"得聲的字最初本屬細音,洪音乃是後起的現象。這麼一來,許多複雜的問題都變爲簡單了。

(八)語音與字義的關係

章太炎先生的《文始》、高本漢的《漢語詞族》(Word Families in Chinese),都從語音去研究字義的關係。他們對於字義的解釋,儘多可議之處,然而他們的原則是可以成立的。語音相近者,其字義往往相近;字義相近者,其語音亦往往相近。由語音系統去尋求詞族,不受字形的束縛,這是語史學的坦途。

同時,我們也可以把這個原則反過來應用,就是從字義的關連去證明古音的部居,如"改"之與"革"、"晦"之與"黑"、"子"之與"息",都是之咍職德同部的證據。我們雖不能單憑這個去證明古音,但若有了別的重要證據之後,再加上這個做旁證,原有的理論就可以藉此增加不少的力量。

此外,意義相反的字,有時也可以證明語音之相近,如"否"之與"福"、"禮"之與"戾"、"氐"之與"顚"、"明"之與"暮"等,都是同部或對轉的字。但這一類的例字比前一類的例字少些。

本文談到字義的地方,衹是舉例的性質;因爲如上文所論,字義方面衹能作爲旁證,不求詳備也沒有什麼妨礙的。

二、圖表凡例

1.本文的圖表專爲上古韻母系統而作,故特別着重在韻母方面。至於聲母的系統,暫時略依陳澧所分《切韻》四十聲類,復從黃侃把明微分立。端系與知系,在《切韻》裏不會同在一韻[①],故表中依《韻鏡》以端知兩系同列。于喻兩類,應分屬喉舌兩音。現在把匣于排在一欄,因爲匣母沒有三等,于母衹有三等,恰相補充;把喻

---

① 僻字不算。

母排在定澄的前一欄,因爲我暫依高本漢的説法,認喻母的上古音是不吐氣的[d-]①。總之,關於聲母的一切,都是暫時的性質,我願意保留到將來再研究。

2.此表除瑣碎的修改不計外,自起稿至今,共有兩次大變更。最初是略依江有誥的《入聲表》,再加擴充,使陰陽入相配,如下圖:

該攝開口呼

影于	曉	匣	見	溪	群	疑	
○	哈	孩	該	毅		○	哈德登類（一等）
欸	海	亥	改	欬		○	
○	儗	劾	○	欬		礙	
餃	黑	劾	祴	克		○	
○	○	恒	挴	○	肯	○	
○	○	○	亘	○		○	
揆	○	○	荄	○		○	皆麥類（二等）
挨	○	駭	○	○		駭	
噎	欯	械	戒	炫		譺	
○	○	核	革	緙			
噫	熙		基	欺	其	疑	之職蒸類（一三三等）
譩	喜		己	起	○	擬	
意	憙		記	亟	忌	儗	
億	婡		亟	輙	極	嶷	
膺	興		兢	殛	殑	凝	
○	○		○	○	殑	○	
應	興		○	○	殑	凝	

這種做法有三種毛病:第一,許多後代的僻字都摻在裏頭,徒

---

① 補注:實際上高本漢把喻母四等的上古音分爲d、z、g三類。

然把上古的音系弄亂了①。第二，拘泥於等韻門法，把不該細分的音也細分了，例如之部實際上祇該分爲洪細兩類就够了，《切韻》的皆麥兩韻所含少數之部字，都可以認爲從哈德類變來，是不規則的演變。其見於《詩經》者僅有"戒革犱馘"四字，如果用等韻的説法，可以説它們原屬一等，後來才流入二等。"改"與"革"音義並通，"改"既在一等，"革"亦可在一等。第三，每音祇限定舉一字爲代表，以致相配的字不能盡現於表中，例如平聲"基姬"與入聲"亟棘"相配，今若僅載"基亟"相配，則"基"與"棘"、"姬"與"亟"、"姬"與"棘"、"基"與"姬"、"亟"與"棘"的關係都無從表示。

　　因此，我另製一種圖表，大致定下了三個條例：(1)凡《詩經》所有的字，一概列入表中；如係《詩經》所無之字，即不列入。(2)《詩經》非但没有此字，並且没有此音，而先秦書籍中却有此音者，則舉一字爲代表，加圈於外以爲分別。(3)《詩經》雖有此字，然《廣韻》中共有兩種以上的讀法，則假定一種爲最古的讀法，其餘的讀法索性不載。但如果此音無他字可表，則仍載此字，加圈於外。今以之職蒸類喉牙音舉例如下表：

影	曉	見	溪	群	疑
噫	熙嘻	基箕姬	僛	其綦淇祺期騏	疑
○	喜	紀	起芑屺杞	○	嶷
意	○	記	○	忌	○
億	○	亟棘襋	○	極	嶷
膺鷹	興	兢	○	○	凝
○	○	○	○	○	○
應	興	○	○	○	○

---

① 理由見上文。

　　這次的辦法，我認爲進步了；但還有最後的修訂如下：（1）洪細音當共列一欄，一則可省篇幅，二則諧聲的系統更爲明顯，如"改"與"紀"、"台"與"治"，都可一目了然。（2）《詩經》所無之字，索性完全不錄；加圈於外的辦法還不好，因爲此字既爲《詩經》所無，我們憑什麽把它列入而不列另一個字？（3）一字有兩音以上，則在重見之音加圈，惟宜加小圈於字旁，以便印刷。（4）無字處不加圈，更覺清楚①。

　　3.開口呼與合口呼不同圖。大約每圖各分爲洪細兩類。同屬一個聲母的洪細音，則以虛綫爲界。亦有一圖分爲三類者，則因洪音有二類或細音有二類之故；又有一圖分爲四類者，則因洪細各有二類之故。

　　4.一字分屬兩個以上的聲母或調類的時候，以重見爲原則。亦有不重見者，或因一時失察，尚待補載，或因我確認古無此音。此等情形未能一一注明。

　　5.洪細共列一欄，好處既如上文所述，而其缺點則在語音系統不如分欄之清楚。爲補救這缺點起見，每圖之前先列一表，表中依洪細分類，與圖互相闡明。

　　6.每圖之後，附有：諧聲對轉證、訓詁對轉證、同部聲訓證、歸字雜論。所謂對轉，非僅指陰陽對轉，而是兼指陰與入對轉或陽與入對轉而言，例如"旦"在寒部，"怛"在曷部②，我們即可從這諧聲的事實去證明寒與曷是陽入對轉。又如"何"在歌部，"曷"在曷部，我們又可從這訓詁的事實去證明歌與曷是陰入對轉。至於同部聲訓，其例更多，現在擇其不同聲符者爲例，以見一斑。末了說到歸字雜論，這是討論某字應歸某部的。大部分的字，其所應歸的韻部都已不成問題，但還有少數的字引起爭執。本文既有圖表，對於每

---

① 這裏敘述製表的經過，目的在乎解釋我爲什麽不依等韻的成規。

② "怛"在《詩經》一見，與"發愒"爲韻，當入曷部，不當拘泥舊説以入寒部。理由已見上2。

字應歸何部，都該認定，所以對於引起爭執的字，也不能不加論斷。凡此四事，或係前賢的意見，或係我個人的私見，也不能分別注明。反正這都是圖表的附屬品，而且是舉例性質，不求詳備，不過藉此略爲證明音系之分排不是隨意亂做而已。

　　7.有些字，依《詩經》用韻當屬此部，而依諧聲偏旁當屬彼部者，則以《詩經》爲準；然其諧聲偏旁所屬之部中，此字亦重見，加一括弧以示分別，例如“怛”字，見於曷部，無括弧；又見於寒部，加括弧。亦有不敢完全以《詩經》用韻爲準者，則一律加括弧，例如“臐”字，見於之、魚兩部，皆有括弧。另有些字，在《詩經》裏不入韻，依諧聲偏旁當屬此部，而依《廣韻》當屬彼部者，則以諧聲偏旁爲準，例如“瞳”字從“重”得聲，故列入東部，無括弧；然《廣韻》“瞳”，吐緩切，故又列入寒部，加括弧。《詩經》一字分入兩部叶韻，則認其中一部爲方音，亦加括弧。

　　8.本文的圖表僅爲擬測上古音值的準備，故於韻母系統雖力求其有條理，却暫時不願意談及音值。

三、之蒸系

（一）開口呼

咍登類：海醢；改戒革，克；德得，邠忒慝，台臺迨怠殆代特；乃迺鼐能；來萊騋齎；犳，栽災哉宰載則，偲采菜，才在賊，塞；霾麥。

恒；肯；登，騰螣滕；增憎，曾贈。

之蒸類：噫意億；熙嘻喜；基箕姬紀亟棘襋，儗起杞屺芑，其綦淇祺期騏忌極；疑嶷嶷；置稙陟，恥敕飭，飴詒貽以苢矣異翼弋；治峙峙值直；暆，而耳；釐狸里理裏李力；之止沚祉趾職織，蚩齒糖饎熾，食，詩始試式識飾奭，時塒恃市殖；緇菑裁側，測，士仕俟事，史使色嗇穡；蕭茲子仔籽梓枲稷，字，思司絲息，詞辭似姒耜祀汜嗣寺。

膺鷹應；興；兢；蠅懲；陾仍；陵淩；烝蒸，稱，乘繩，升勝，承。

影	曉	匣	見	溪	群	疑
噫	熙 嘻		基箕 姬	僛	其淇期 綦祺騏	疑
	海醯 喜		改 紀	起芑 屺杞		巋
意			戒	亟。	忌	
億			革 棘襋 亟 克		極	嶷
膺鷹應	興	恒	兢			
				肯		
應。	興。					

端	知	透	徹	喻	定	澄	泥	娘	日	來	
		邰		詒飴 貽台。	台臺	治	能。		而陾。	來萊 駼	釐貍
			恥	以苢 矣	迨怠 殆	峙庤	乃鼐 迺		耳	里裏	理李
	置			異	代	值治。	能			賚	
德得	稙陟	忒慝	敕飭	翼弋	特	直		暱		力	
登		螣			縢騰 縢	懲	能。		仍陾	陵淩	

照	穿	神	審	禪	莊	初	牀	山
之	蚩		詩	時塒	緇菑		豺	
止祉沚趾	齒		始	恃市			士俟仕	史使
	饎熾糦		試		戠		事	使。
職織		食	式飾識襫	殖	側	測		色穡嗇
烝蒸	稱	繩乘	勝升	承				
	稱。	乘。	勝。					

精	清	從	心		邪	幫	明
哉災栽	齹茲	偲	才	思司絲	詞辭		霾
載宰	子秄仔梓	采	在		似耔汜如祀		
載。		菜	字		寺嗣		
則	奘稷	賊	塞	息			麥
曾。憎增		曾				(冰)	
		贈					

諧聲對轉證:疑凝①,乃仍,寺等,能態,而陾(如之切,又音仍)。

訓詁對轉證:正義:陟登,蠲螣,熙興,貽贈。

---

① 凡《詩經》所未載之字,加橫畫於其下,以示分別。

反義:革恒。

同部聲訓證:改革,子息,才偲。

歸字雜論:

"海"從"每"聲,"醢"從"盍"聲,實從"右"聲("右"在上古屬合口,説見下文),疑此兩字在上古皆屬合口呼。《釋名》"海,晦也",又"醢,晦也","海醢晦"音並相近。今暫依舊説,以"海醢"爲開口呼,同時重見於合口呼,加括弧以示未定。

(二)合口呼

灰[登]類①:賄晦誨悔黑,或;國馘;背北,掊倍佩邶;梅鋂媒敏。薨,弘軞;肱;崩,朋;夢。

尤[東]類:尤訧郵友有又右宥侑囿或緎域蟈罭棫減;龜久玖,丘,裘俅舊;牛;秠駓伾,否備萯;謀母畝牧;不富福菖幅輻榧,紑副,芣婦負伏服。

雄;弓,穹;掤冰,馮。

影	曉	匣	于	見	溪	群	疑
			尤郵訧		龜	丘	裘俅	牛
	賄(海)(醢)		友有	久玖			
	晦誨悔		又宥囿右侑			舊	
或	黑	緎。減。	或	域緎罭囿。蟈棫減	國馘		
	薨		弘軞	雄	肱	弓	穹

---

① 凡韻目加括弧者,表示其本身不屬此呼,甚至不屬此系。

幫	滂	並		明		非	敷	奉
	秠伾駓	掊		梅媒鋂	謀	不	紑	茮(臕)
		倍	否。	敏	母畝	否		婦負
背		佩邶	備			富輻。	副	伏。
北	福			萄	牧	福幅楅。菖輻	副。	伏服
崩	掤冰	朋	馮	夢				
				夢。				

訓詁對轉證：恢宏，晦夢。

同部聲訓證：正義：晦黑，婦伏，久舊，背負。

　　　　　　反義：否福。

歸字雜論：

　　尤侯韻字之在之部者，當屬合口呼。若以諧聲爲證，"某"聲有"媒"，"不"聲有"坏"，又有"丕"；"有"聲有"賄"，又有"郁"，"尤"聲有"蚘"（亦做"蛕蜖"）。若以反切爲證，則"囿"于救切，又于六切；"副"敷救切，又芳福切；"覆"敷救切，又敷六切；"菖"方副切，又芳福切；"復伏"皆扶富切，又音"服"。若以假借字爲證，則"有"借爲"或"，"負"借爲"倍"。若以聲訓爲證，則《廣雅·釋親》"母，牧也"；《白虎通》"婦者，服也"；《釋名》"負，背也"；《國語·楚語》"王在靈囿"注"囿，域也"。諸如此類，都可以證明尤侯韻字入之部者在上古當屬合口。

　　"龜"字有居求、居追兩切①,當以居求切爲較近上古音;若完全依上古音,當改爲居丘切。今世僅於"龜兹"讀居丘切,實則上古"龜"字皆讀此切。後來變爲居追切,雖則失了上古的韻部,倒反因此保留下了合口呼的痕迹。

　　"黑北"兩字皆當入合口呼。陳澧與高本漢皆誤以此類字入開口呼。今按《廣韻》"黑",呼北切;"北";博墨切;"墨",莫北切;"菔",蒲北切;"覆",匹北切,凡以"北"字爲切者,皆屬合口,與開口字之反切絕對不混。宋代以後,"黑"字轉入開口呼,世人因此誤以"北墨菔覆"皆隨"黑"字轉入開口。若以反切爲證,則"仆",芳遇切,又蒲北切;"菩",蒲北切,又音"蒲";"僰",符逼切,又蒲北切;"苟",房六切,又蒲北切;"覆",芳福切,又匹北切,皆與合口呼相通。若以諧聲爲證,則"菔覆仆"等字皆與輕脣字相通,應入合口(理由見上文);況"北"聲有"背邶",更顯示"北"屬合口呼。若以聲訓爲證,《白虎通》"北方者,伏方也";《廣雅》"北,伏也";《釋名》"黑,晦也";又"墨,晦也",亦皆以合口字釋合口字。顧亭林《唐韻正》云:"黑,呼北切,上聲則呼每反。""黑"字是否應認爲有上入兩聲,姑置勿論,但"呼每反"爲合口呼,可見顧氏亦能審音。

四、幽　系

(一)開口呼

[豪]類:薅好,昊;考栲;翱;禱擣,透,陶綯翿稻道蹈;老;遭早蚤棗爪,草,曹皁漕,騷慅搔埽;褒哀保鴇報,袍。

[肴]類:孝,巧;包苞飽,匏炮烓庖。

[尤]類:麀;朽;輮俆,猷酉卣櫾誘牖,裯綢;劉瀏懰;周舟洲,醜臭,收手首守獸狩,讎醻魗受授售壽;遒酒,秋鶖,酋蝤,秀琇,囚。

---

① 《廣韻》尤韻"龜"字下注云"又居危切",微誤。當依脂韻注爲居追切。

［蕭］類：呦幽窈；糾赳叫，茇；鳥蔦，調蜩；澄。

同部聲訓證：考老，狩獸，麀呦。

歸字雜論：

　　幽部的開合兩呼，甚難分別。最初我把幽部字一律認爲合口呼，後來我覺得不對，因爲豪韻字之屬於幽部者，大多數沒有與合口相通的痕迹。現在改爲開合兩呼；分呼的標準是：（1）諧聲偏旁有沒有屬合口呼的？（2）假借、聲訓、讔語三方面，是否與合口呼相通？這種標準祇是一種嘗試，其準確的程度尚待將來多方面的證明。

影	曉	匣	見	溪	群	疑	端	知	透	喻
瘳（幽麀呦）					茇	翱	輖侜			獸
好（窈）		朽	昊	糾赳叫	考栲	巧	禱擣	鳥蔦		酉櫾牖卣誘
好。	孝		糾叫						透	

定	定	澄	澄	來	照	穿	審	禪	精	精	莊
陶翱綯	翿褵綯	調	蜩		周洲舟		收	鑄鯦醻	遭		道
稻道				老	醜	手守首	受		早棗蚤	爪	酒
蹈			調。		臭	獸狩		授壽售			

清	從		心	山邪	幫		並		
秋鶖	曹	酉蝤	騷搔慅	囚	褒袤	包苞	袍	匏炰炮庖	滮
草	皁		埽		保鴇	飽			
	漕			秀琇	報				

(二)合口呼

皓類:皓浩鵠;礜櫱告;篤,毒;猱猇;牢;造,搜叟瞍溲;寶,牟矛蝥牡戊茂。

[肴]類:虓烋,學;膠攪覺。

[尤]類:攸悠滺憂優憂奧薁燠;休旭勖慉;鳩穋穆九韭玖救究氽,軌汃,仇厹厺求述球捄捄斀舅咎鞠,逑;竹築,抽瘳畜蓄,遊游由蝣育,冑軸妯蓫;杻狃,柔揉蹂;旒流留駠劉瀏翏柳雷六陸蓼;祝鷲,俶柷,叔菽,淑熟;蹙,就,脩修繡夙宿蕭,褎;卯茆昴貿穆目;缶腹,孚罩覆,浮蜉阜復。

蕭類:條鰷鰷滌迪;怒;聊;椒,戚,蕭瀟蠨脩嘯歊。

影	曉		匣		見		
攸滺優 悠憂慢	虓然	休烋。			礜櫱	膠	鳩穋穆
			皓浩		攪	九玖韭	軌汃
奧。					告。	覺	救究
奧薁燠	旭慉勖		鵠	學	告	覺	氽鞠。

群		端	知	徹	喻	定		澄
仇尤述錄觥厹求球捄	逑			抽瘳	遊由游蝣			條鰷鰷鰷
舅咎								
					裒。		胄	
鞫		篤	竹築	畜蓄	育鬻。	毒	軸蓫妯	滌迪

泥	娘		日		來		照	穿	審	禪
猱猺		柔揉	牢	旒留劉瀏流駵懰		聊				
	杻狃	蹂擾		柳罶		蓼。				
							祝。			
	愗		六穋。陸蓼				祝鬻	俶柷	叔菽	淑熟

精		清	從		心	山	邪
	椒			搜	修脩	蕭蠨瀟(翛)	
				叟溲瞍			
		造	就		繡	嘯歊	裒
蹙		戚			夙肅宿		

幫	滂	明		非	敷	奉	微
		牟矛 蟊			孚罦	浮蜉	
寶		牡	卯昴 茆	缶		阜	
		戊茂	貿			覆°	復°
	覆°		目 穆	腹	覆	復	

同部聲訓證：正義：目睜，鞠告，戚憂，造就。

　　　　　反義：休戚。

歸字雜論：

　　"告"聲有"鵠"，"九"聲有"軌"，"由"聲有"軸"，"攸"聲有"儵"，"丑"聲有"䏶"，"翏"聲有"戮"，"就"聲有"蹴"；"攪"從覺聲，"椒"從叔聲，"蕭"從肅聲，故凡告聲、九聲、由聲、攸聲、丑聲、翏聲、就聲、覺聲、叔聲、肅聲的字，都應該歸入合口呼。

　　《釋名》：柳，聚也。鵂鶹，《説文》作"舊留"。《釋名》：霤，流也。劉，《説文》作"鎦"；《漢書・匈奴傳》注：游猶流也；又"蜉蝣"謰語。故凡休聲、丣聲、流聲、劉聲、游聲的字也應該歸入合口呼。

五、宵　系

　　宵部祇有開口呼。

豪類：沃鋈；蒿耗熇，鎬號鶴；高膏羔縞杲；敖謷；刀㓞倒到，桃逃洮靴盜悼；呶怓；勞潦樂；藻璪；襮，暴；毛氂旄芼。

肴類：殽傚；交郊狡佼教較；樂；罩倬，濯；㧟；巢；豹駁駮。

宵類：妖要腰葽夭約；囂鴞梟譹；驕鷮矯，喬蹻；虐；朝，遙謠搖瑤燿曜躍篇䇂，朝旐肇趙召；蕘；僚寮；昭招沼照炤勺灼，弨綽，少，紹；焦噍雀，悄，樵譙，宵消逍蛸俏小笑削；麃儦瀌鑣，飄嘌漂，摽驃；

苗藐廟。

[蕭]類:杳;曉;皎皦,翹;釣弔的,挑桃趒,迢佻苕窕翟蕃;溺;脊櫟。

影		曉			匣		見			群	
要喓萋妖		蒿	嚻梟鴞	曉	號	殽	高膏羔	交郊	驕鷸	喬	翹
夭(飫)	杳				鎬		縞杲	狡佼	矯		皎皦
要。		耗			號。	傚	膏。	教較			翹。
沃鋈	約	熇	謔		鶴			較	躟。	蹻	蹻

疑		端	知	透	喻		定		澄
敫嚼		刀刌	朝	挑恌	遥摇謠瑤	挑佻逃洮		朝	迢苕佻
		倒						旐肇趙	窕
		到	罩	釣弔	燿曜	盗悼		召	
樂	虐	倬	的	趒	躍籥籲		濯		翟籊

泥	娘	日	來			照	穿	審	禪	精	清
㑆恢		蕘	勞	僚寮	脊	昭招	弨			焦	
			潦			沼		少	紹	藻	悄
溺。			勞。			照炤		少。			
溺			樂犖		櫟	勺灼	綽			鑿。	爵雀

從	牀	心	山	幫		滂	並	明	
巢	樵譙	蛸°	宵道翛消蛸		庼瀌僄鑣	飄漂嘌		毛髦㲝	苗
		小					摽		藐
鑿°	譙°	笑		豹			暴° 驃鑣	芼	廟
鑿		削	襮 駮駁				暴		

同部聲訓證：正義：要約，嚻號，嶅嶢，矯翹，敖樂，弔悼，迢遙，爥爍，趬跳，呦鬧，照灼，卓趠，驃鑣，豹暴。

反義：勞樂，朝召，悄笑。

歸字雜論：

　　"焦"聲的字，段玉裁、孔廣森諸人皆以入幽部，獨江有誥、夏炘以入宵部，今依江、夏。按"焦灼燥"音義並近，"僬僥"則爲謰語，又"嘺"或作"嚼"，"譙"或作"誚"，"焦"聲的字與宵部的關係似較深。若以《詩經》用韻爲證，《鳲鳩》四章"譙"字押"翛翹搖曉"，"翛"，《正義》引定本作"消"，則亦在宵部。

六、侯東系

　　侯東系祇有合口呼。

侯東類：漚屋；侯喉餱厚後后候鍭詬；鉤句苟笱耇枸垢鞲篝媾構覯雊彀谷穀，口寇；斗，投豆讀獨；婁鏤漏祿鹿簏；驟聚走奏，藪速藪楸；卜，僕樸；木沐霂。

烘，洪鴻虹谼；公工功攻，空孔控；東楝，恫睡，同桐童僮動；弄；緫總，蔥聰，送；琫篷摓；蒙濛饛幪矇。

[覺]江類：渥握；角桷；嶽；味畫琢椓啄斲，濁；剝，璞。

項巷；江講；雙；邦，龐；龙庞。

遇鍾類：饇飫；駒屨，驅曲，劬窶具局；愚隅遇玉獄；株，瘉踰愉偷渝榆庾揄愈裕欲；蹰蠋；濡醹孺辱；蔞縷屢綠；朱主注舞，姝樞，贖，輸戍束，殊殳樹屬；縐芻數；諏足，趨取趣，須粟，續藚；枓，附；毋悔務槑。

雍饗雝廱；恭，恐，邛共；顒；冢，庸廊傭墉鏞容勇踴用，重；龍；鍾鐘種，衝置充，舂，尰；縱樅縱，從，崧竦，松訟；唪菶，蜂豐捧，逢縫奉。

影	曉	匣	見		溪	群	疑
		餱喉侯	鉤句	駒	驅	劬	愚隅
饇(飫)		厚后後	苟耇垢笱枸鞏	屨	口	窶	
漚		候近鏃	冓構雊。媾覯		寇	具	遇
屋 渥握			穀谷縠	角桷	曲	局	獄玉
雍饗雝廱	烘	鴻訌虹洪	公功工攻	江 恭	空	邛	顒
		項		講	孔 恐	(羣)	
雍。		巷			控	共	

端	知		透	喻	定	澄	日	來	
	咮	株	瘉渝	瑜揄愉榆	投		濡	婁	蔓
斗			庚梗				醹		縷
	晝			愈裕	豆		孺	漏鏤	屢
	琢柼	椓斲		欲	讀獨	濁	蜀辱	鹿麓 禄	绿
東蝀			恫瞳	庸郺 備塘 鏞容	同桐 童僮		重		龍
			冢	踴勇	動		重。		
				用				弄	

照	穿	神	審	禪	莊	初	山	精	清	從
朱	姝樞		輸	殊殳	騶棸		緅	諏	趨	
主						數		走	取	
注畀		戍	樹		緅		數。	奏	足。	趣
		贖	束	屬		數。		足	趣。	族
鍾鐘	衝充	春			雙			騣樅	聰葱	從
種			尰					總		
種。								縱		從。

心	邪	幫	滂	並	明	非	敷	奉	微
	須								毋
藪							柎		侮
								附	務
速欶蕨	粟　續蕡	卜	剝	璞	僕樸　木霂沐				槑
	崧　鬆	邦		蓬　龐	蒙饛幪　蒙朦　厖尨	葑	蜂豐	逢縫	
	竦	琫		菶		唪	捧	奉	
送	訟					葑。			

諧聲對轉證：冓講，愚顒，束竦。

訓詁對轉證：正義：餔饗，口孔，寇恐，叢聚，充足，童禿①。

　　　　　　　反義：同獨。

同部聲訓證：偏跛，近覯，隅角，咮啄，趣促。

歸字雜論：

　　"孜"聲的字，當依王念孫、江有誥歸入侯部。

　　"鞏"字在《詩經》祇見一次，與"後"字押韻，當入侯部。按"講顒竦"皆由侯入東，則"鞏"未嘗不可以由東入侯；甚至最初諧聲的時候就以東部的"巩"去諧侯部的"鞏"，也不是絕對不可能的事。

_____

① 《釋名·釋長幼》："山無草木曰童，人無髮曰禿。"

　　“衝”與“充”，“蜂”與“豐”，在《廣韻》分屬鍾、東兩韻。現在認爲同屬東部細音，不再分別。“充豐”似乎是由鍾入東，係不規則的演變。

七、魚陽系

（一）開口呼

模唐類：烏戲惡；呼虎篪潎壑；乎胡户扈祜岵怙楛貉；姑辜酤古賈鼓瞽罟股羖鹽顧固故各閣，苦恪；吾梧五午晤寤咢鄂；都闍堵，土吐兔蓏橐，瘏屠荼塗稌徒圖杜度；帑怒諾；盧廬魯虜路賂露鷺洛落雒駱；租祖組作柞酢，錯，俎祚，蘇素遡愬索；謨暮墓莫瘼。

杭頏；岡剛綱，康抗伉；卬；湯，堂棠鏜唐螗蕩；囊；狼稂朗浪；臧牂，倉瑲蒼鶬，藏，桑喪。

馬庚類：亞；赫，迓訝瑕下夏暇；家葭假椵罜稼嫁格；牙雅；野夜亦奕懌斁驛繹，宅；者赭柘炙，車尺赤，射，舍釋螫，闍社石碩；借踖，且，藉，寫舄昔，邪謝夕席蓆；杷百伯栢，白；馬禡羆。

亨，行珩衡荇；庚羹梗；彭孟。

魚陽類：於；虛許；居椐琚据車舉笘據戟，袪祛，渠蘧秬距虛膢劇；魚語圄御禦逆；著，余餘輿譽鸒旟畬予與豫，除篨紓紵苧；女，如洳汝茹若；蘆旅慮略；諸渚，處杵，書舒紓鼠癙暑庶；菹阻俎詛，初楚，助，疏所；罝苴沮，砠鵙，胥湑，徐序鱮藇緒。

央鴦泱鞅；香鄉享饗向；姜疆京景竟，羌卿慶，競；迎仰；張粻長，悵暢輬；羊洋痒陽錫楊揚養，長萇場腸；穰攘瀼讓；梁粱良涼糧兩諒；章璋掌，昌倡，傷商，常裳嘗鱨上尚；莊壯，牀，霜爽；將漿，鏘蹌蹡，牆戕斯，相箱湘襄禳，祥詳翔象；兵秉怲柄；明。

影			曉		匣		疑		
烏		於	呼戲	虛	乎胡	遐瑕	吾梧	牙	魚
			虎滸簏	許	户祜怙扈岵楛	下夏	五午	雅	語圉
惡		亞	呼。	赫。		暇	晤寤		御禦
惡。			墼	赫	貉		咢鄂		逆
	英	央泱鴦	亨	香鄉	杭頏行。	行衡珩	印		迎
		軮		享饗		荇			仰
				向		行。			迎。

見			溪		群
姑酤辜	家葭	居琚車椐据		袪祛	渠蘧
古鼓罟殺賈瞽股鹽	假賈。斝椵	舉筥	苦		柜虛距
顧固故	稼嫁	據			臄劇
各閣	格	戟	恪	客	
剛岡綱	庚羹	姜疆京	康	卿羌慶	
	梗	景			
		竟	抗伉	慶。	兢

端	知	透	徹	喻	定	澄
都 闍		樗		余畬與騕 餘予礜旟	瘏稌荼圖 屠塗徒	除 篨
堵	土 吐		野	與予。	杜	紵紵 佇
	著	兔	夜	豫	度。	
	著。	擇橐	亦懌斁 奕繹驛		度	宅
	張 粻	湯	鬯 暢 韔	羊痒楊錫 洋陽揚	堂棠螳 鏜唐	長場 萇腸
	長			養	蕩	

泥	娘	日	來			照		穿		神
帑	如	茹 洳	盧	廬	蘆	諸		車。		
	女	汝	魯	虜	旅	者 赭	渚	處		杼
怒	女。	茹。	路 賂	鷺 露	慮	柘。		處。	射	
諾	若		洛 落	駱 雒	略	炙 柘		尺 赤	射。	
囊	穰 攘	壤	狼 稂	梁良糧 梁涼		章 璋		昌		
			朗		兩	掌				
	讓		浪		諒			倡		

審	審	禪	禪	莊	初	牀	山	精	精	精	精
	舒紓	書	闍。	葅	初		疏	租			置
舍	署癙鼠	社		阻俎	楚		所	祖組			苴
舍。	庶			詛		助	疏。	作。		借	沮
釋	螫	石碩						作柞	酢	踖	
	傷商	常裳	嘗鱨	莊		牀	霜	臧牂			將漿
		上					爽				
		尚	上。								

清	清	從	從	心	心	邪	邪
		砠	徂	蘇	胥湑	邪	徐
	且			寫			緒藇序鱮
錯。		祚	藉。	素愬遬		謝	
錯		鵲	藉	索	舄昔	席蓆夕	
倉蒼瑲鶬		鏘	藏	墻斨戕	桑喪	相湘纕箱襄	祥翔詳
							象
蹌蹡			藏。	喪。		相。	

幫		並	明		
豝			謨		
				馬	
			暮 墓	禡	
伯 栢 百		白	莫 瘼	霢	
	兵	彭			明
	怲 秉				
	柄			孟	

訓詁對轉證:正義:逆迎,吾卬,格梗,舍釋,罟綱,瘼病。

反義:苦康,豫痒,暮明。

同部聲訓證:竟疆,瘖愕,明柄,迓逆,假格,渠壑,舍處,梧屰,射斁,赭赤。

歸字雜論:

魚模兩韻字,在上古當入開口呼。就諧聲而論,魚模是一個系統,虞是另一個系統[①]。這因爲魚模在上古屬開口呼,虞在上古屬合口呼,故能截然不紊。若以諧聲爲證,則魚模兩韻的聲符與麻鐸藥陌昔諸韻開口呼相通的痕迹非常明顯,如庶聲有"席"、豦聲有"劇"、固聲有"涸"、"惡"從亞聲、"路"從各聲、"醋"從昔聲、"舒"從舍聲,"惡且賈度著作朔"皆有開合兩讀。就諧聲的常例看來,開合互諧是不會有的;於是我們推測庶聲、豦聲(實爲虍聲)、固聲(實爲古聲)、亞聲、各聲、舍聲、且聲、賈聲、者聲、乍聲、屰聲等類的字在上古漢語,若非全屬開口,就是全屬合口。但虞韻顯然是合口,

① 魚、虞的諧聲偏旁不相通。像"矩"字有俱雨、其吕兩切,是極少數的例外。即如"矩"字,當以其吕切爲古本音,俱雨切爲偶然的現象。

不能與魚模相混，故魚模當是開口①。

　　"京"與"疆"、"卿"與"羌"同屬三等，在《廣韻》雖有庚、陽之別，在表中未便分爲兩類，因爲庚韻三等祇有"京卿英"三個字見於《詩經》，似乎不會獨成一類。現在把"英"字認爲古二等，"京卿"則暫時認爲與"疆羌"同音，以待再考。

　　（二）合口呼

［模］［唐］類：汙；憮嫵藿，瓠狐壺濩穫樗；眔，廓鞹；吳；補布博搏鎛，痛鋪圃浦，蒲葡步薄。

　　荒，黃簧皇遑喤凰煌；光洸廣，曠；雩滂，旁傍；芒。

［馬］［庚］類：華獲；瓜呱寡，夸。兄，觥；祊；甍氓。

虞［陽］類：訏盱吁昍栩于宇禹楀雨羽芋；踽，懼；虞娛麌嫮俁；夫膚甫脯黼斧傅賦，敷，扶鳧釜父輔；無舞武膴。

　　覎況，永泳王迁；憬，匡筐，狂；方，訪，房魴防；忘亡望罔網。

影	曉		匣	于	
汙	憮 嫵	訏 盱 吁	瓠 狐 壺	華	于
		昍 栩		宇 禹 羽 / 雨 楀	
			華。	芋	
	藿		濩 穫(擭)	獲	
	荒	兄	黃皇喤煌 / 簧遑凰		王
				永	
		覎 況		泳	迁

見			溪		群	疑	
罜	瓜呱		夸			吴	虞娛
	寡			踽			虞嘑俁
					懼		
		廓鞹					
光洸	觥			匡筐	狂		
廣		憬					
			曠				

幫		滂	並		明	
		痡鋪	蒲匍			
補		圃浦				
布			步			
博鎛搏			薄			
	祊	雱滂	旁傍		芒	莣岷
			傍。			

非		敷	奉		微	
夫	膚	敷	扶	鳧	無	
甫脯黼	斧		釜父	輔	舞武（膴）	
傅	賦					
方			房魴	防	亡忘望	
					罔網	
		訪	防。		望。	

訓詁對轉證：皇華，夸狂，無亡，憮荒，旁溥。

同部聲訓證：煌光，瓠壺，永廣，虞懼，憮冔。

歸字雜論：

　　"樗"從雩聲，實從于聲，當入合口呼；《説文》"樗"下云"讀若華"，又重出文"䅸"字，下注云"或從蔓"，據此，亦當入合口呼[1]。但《廣韻》作"樽"，却又當入開口呼。今暫兩歸，以待再考。

　　"憬"從景聲，似屬開口；然《廣韻》音俱永切，則屬合口。

　　今按《詩經·泮水》"憬彼淮夷"，《韓詩》作"獷"，然則"憬"爲"獷"之假借，自當屬合口呼。

八、歌曷寒系

（一）開口呼

歌曷寒類：阿；何河荷賀；歌柯哿，可；莪俄蛾我；多，佗他，鼉紽沱杝驒；那儺；羅蘿；左佐，磋瑳瘥，傞娑；波簸，破，婆；磨。

　　藹遏；害曷褐；蓋葛，愒渴；艾；帶怛，泰太闥撻，大達；貝，敗。

　　安按；罕漢熯嘆，韓寒翰旱；干竿稈，衎；岸；丹單癉亶旦誕，嘽歎嘆，檀壇禪憚；難戁；蘭爛；餐粲，殘，散。

麻鎋山類：加珈嘉駕，差哆，沙鯊莎灑；麻。

　　介界价；齾；蠆；察，殺。

　　閑閒僴；間蕳菅簡澗諫；顏雁；棧，山潺汕。

支薛仙類：猗椅倚；犧戲，畸掎，錡；儀宜義議；蛇也，池馳；離罹縭纚驪詈；侈，施，釃，差；彼，皮羆；靡。

　　孑揭，憩朅，偈桀傑；藒刈；哲，曳勩，滯；熱；厲礪烈栵洌；制折旿晢，舌，世，逝誓筮噬；祭，泄絏摯；蔽繁鼈，敝；威滅。

　　焉鄢偃；軒獻憲，衍；建，愆褰騫遣譴，乾虔；言唁彥；鱣邅展輾，

----

① 段氏以爲"樗""樽"二篆互譌，恐未必是。

筵;然;連漣;旃膳戰,煽,善;翦,遷淺,錢踐倦餞,僜,羨。

[齊][屑]霰類:髻杕地;蠡麗。

契;蜇(蠆);截,瞥,鼈。

禋闉宴燕;顯,睍睍;肩豜見,牽;典,硯;薦前,霰;遷,駢。

諧聲對轉證:奈捺,大駄,折(杜奚切)哲,旦怛,賴嬾,獻讞,難儺,單驒黽。

影			曉		匣		于	
阿		猗椅		曦	何	荷°		
					河			
		倚			荷			
				戲	賀			
藹					害			
遏				歇	曷	害°		
					褐			
安	焉	禋闉		軒	韓	寒	閑	閒
					翰			
	鼹偃	宴	罕	顯	旱	個	睍	睍
按	晏	燕	漢熯暵	獻憲	翰°		衍	

見				溪			群	疑	
歌柯	加珈	嘉	畸				錡	莪蛾俄	儀宜
舸			掎	可			我		
	駕								義議
蓋	介价	界		愒	憩	契	偈	艾	藙刈
葛		揭孑		渴	愒		桀傑		齾
干竿	菅間	萠	肩豜		愆騫褰	牽	乾虔		顔 言
	簡			遣					
幹	澗諫	諫	建見	衍	譴		岸	雁	彦喭

端	知	透	徹	喻	定	澄	泥娘	日
多		佗他		蛇	鼉紽驒沱柂	池馳	折°	那(難)儺	
				也				
帶	蛬	太泰	蠆	髢	曳勩	大	滯	杕髢°地
怛	哲	闥撻			達			熱
單丹癉	鱣邅	嘽		筵	檀墠		難	然
宣	展輾	典		靦	禮		戁	
旦(怛)誕		歎嘆			憚嚲°		難°	

來			照	穿	神	審	禪
羅蘿	離縭驪羅纚				蛇°	施	
		蠡		侈			
	詈	麗				施°	
	厲礪		制			世	逝筮誓噬
	烈栵洌		折晰哲		舌		折°
蘭	連漣		㫃				
			膳				善
爛			戰			煽	

莊	初	牀	山	精	清	從
	差		沙莎鯊	礤瑳	差	瘥
	哆		灑釃	左佐	瑳°	
瘥				祭		
			殺			截
			山		餐遷	殘錢前
			潸	翦	淺	踐餞俴
		棧	汕	薦	粲	

心	邪	幫	滂	並	明
傞娑		波		婆　皮罷	磨　麻
		籤　彼			靡
			破		磨。
		貝　蔽		敗　敝	
泄暬緤		鼈虌	暬	蟞	威滅
僛鮮。			邊	(駢)	
散	(鮮)				
散。	霰　羨				

訓詁對轉證：正義：何曷，破敗敝，磨滅，揭褰，大誕，烈爛，熱然，祭薦，緤緣，鵝雁，義彥，議言，蛇誕，地墠。

　　　　　　反義：離連，多單。

同部聲訓證：義宜，離麗，熱烈，筮蔡，閑限，菅藺，顏眼，壇禪，月憚，膳餐，殘殫。

歸字雜論：

　　"也"字本屬歌部而轉入《切韻》的馬韻，這是不規則的演變。現在我把它歸入歌部細音，認爲支韻"蛇"字(弋支切)的上聲。

　　典聲、亝聲的字，段玉裁以入諄部，江有誥以入寒部，今暫從江氏，以待再考。翼聲的字，段、江皆入寒部，而朱駿聲入屯部，今從段、江。

　　"莎"從"沙"得聲，當依《集韻》師加切，讀入開口呼。

　　(二)合口呼

戈末桓類：貨，和禍；戈過果裹蜾，蓏；吪訛；妥，墮；羸蠃；坐，瑣；播。

薈濊,噦翽,會活;檜髀膾括,闊;外;祋掇,駾脫,兑奪;捋;撮;撥,沛旆,軷跋茇魃;韎秣。

奐渙,丸芄完桓萑澣;冠莞觀倌管筦雚鸛貫痯館灌祼;鍛碫,湍彖,慱漙斷;鸞欒亂;纘贊,爨,瓚;判泮,槃伴畔。

[麻]夬[山]類:騧;瓦。

話;噲;拜,拔;邁。

還環睆患;關丱串;版板,阪昄;蠻慢。

[支]月元類:麾,爲;虧;惢;惴,吹,垂;隨。

衛越鉞;厥蕨蹶,闕;月;綴惙啜,閱說;贅,喙,帨説;絶,歲雪;芾廢髮發,肺,茷吠伐。

鴛宛婉菀苑怨;諼狟儇嬛咺,園爰援媛垣遠;卷眷,綣,權拳踡鬈;元原源嫄騵阮願;轉,鳶;變;穿川,遄;泉,宣選,旋;孌,弁拚;綿面湎;番反販,幡,蕃燔藩樊繁蘩袢;萬曼蔓。

[屑][霰]類:彗;決,缺。

駽,縣;蜎鞙畎,犬。

影		曉			匣			
			麾		和		爲	
					禍			
		貨			和°		爲°	
薈 濊		噦 翽	喙°	嘒	會	話	衛	
	噦°	濊°		決°	活		越 鉞	
	鴛		諼儇 狟嬛	駽	丸完萑 芄桓	還 環	園援垣 爰媛	縣
	宛菀 苑婉		咺		澣	睆	遠	
	怨	奐 渙		駽°		患	援°	縣°

	見		溪			群	疑	
戈過	騧		邁	虧			吡訛	(原)
果裹蜾							瓦	
檜儈獪			噲				外	
括	厥蹶蕨		決	闋	闕缺			月
冠觀莞倌	關		鞚蜎	寬		權踡拳鬈		元原源嫄騵
管筦	卷	畎		犬				阮
雚灌痯裸鸛貫館	卝串	眷		綣				願

端	知	透	徹	喻	定	澄	日
		妥			墮		蕊
役	綴	駾	惙。		兌		
掇	啜惙	脫		閱說	奪		
		湍		鳶	傳薄		
	轉	(腄)			斷		
鍛斷。碫		象					

來	照	穿	神	審	禪
贏		吹			垂
贏					
	惴	吹。			
	贅	喙		悦	
捋				説	
鷥欒　孌		穿川			遄
亂					

精	清	從	心	邪	幫	滂
		莎		隨		
	坐	瑣				
					播	
			歲		拜	沛 㳄
	撮	絶	雪		撥	
		泉	宣	旋		番。
儹		瓚	選		版板	
贊	爨				變	判 泮

並		明		非	敷	奉	微
載		靺	邁	廢	茀	肺	茷吠
茇魃跋	拔	秣	蔑巁	髮發			伐
槃		曼。	蠻緐	番		幡	蕃藩繁袢燔樊蘩
伴	阪販			反			
畔伴	弁拚	慢	面洫	販			曼萬蔓

諧聲對轉證：番播，岜惴，果裸，宛涴（烏臥於阮兩切）；萬邁。

訓詁對轉證：正義：虧缺，呙刮；寬闊，揎抉；婆娑。

　　　　　　反義：纘絕；穢瀸。

同部聲訓證：正義：裸灌，環垣，綿曼；喙啜，拜拔。

　　　　　　反義：懱說。

歸字雜論：

　　"妥"字，依朱駿聲歸入歌部。

　　贊聲的字，在《廣韻》屬開合兩呼。開口呼有"贊讚瓚"等，合口呼有"纘欑鑽"等。"鄭"字共有"在丸、作管、則旰"三個切音，是一個字可以分屬開合。上古音系不會像這樣紊亂。今按《釋名》"讚，纂也"，《說文》"瓚"下注云"讀若纂"，又"鄭"下注云"鄭，聚也"，由此看來，"贊"聲在上古似宜屬合口呼。

九、支耕系

（一）開口呼

佳耕類：瘥隘；解邂；讁；簣，柴；派，牌稗；霾。嚶鶯；耕；爭；生甥笙牲省。

支清類：益，溢；跂，岐祇伎；知，易場蜴，屣踦；兒；支枝只伎，適，是氏湜寔；訾積蹟脊踖，雌此玼泚佌刺，斯；鞞俾璧辟，臂，埤脾。

嬰；嬴盈；驚荆敬；禎楨，樫，醒鄭，征鉦整正政，聲聖，成城誠盛，菁旌，清倩，情靜靖，性姓；并，聘，平苹；鳴名命。

［齊］青類：閱，兮盻；笄擊；鸝；帝蹢，擿遆剔惕，狄；績，鮮錫裼析皙；甓。

馨，刑；經涇，磬罄；丁鼎，聽町，廷庭定；寧；靈苓零鈴蛉領令；青，星；屏絣並；冥螟。

影	曉	匣	于	見	溪	群	疑
			兮盻	笄			岐祇
		解		解°			伎
瘥隘°		邂			跂		
隘°	益	閱	溢		擊		鸝
嚶鶯	嬰	馨	嬴盈	刑　耕　驚荆　經涇			
				敬	磬　罄		

端	知	透	徹	喻	定	澄	泥	娘	日	來
	知				踟 簾	題 提		兒		
	知° 帝		掃	易°						
謫	蹢 謫°		遏剔 惕	易場蝪			狄			
禎 槙	丁	樫	聽		醒	廷 庭	寧			苓鈴靈 零蛉
		鼎	町							領
			聽°		(鄭)	定				令

照	審	禪	莊	牀	山	精		
支 枝				柴		訨		
只		是 氏						
忮						積°		
	適	湜 寔	簀			積 脊	蹟 踖	績
征 鉦	聲	成 誠 城	爭		生 笙 甥 牲	菁	旌	
整					省			
正 政	聖	盛						

清	從	心	幫	滂	並		明	
雌		斯			牌	埤脾		
此泚玼佌		鮮	俾鞞					
刺			派	霹	粺			
刺°		錫析 裼皙	辟璧			甓	霹	
清	青 情	星	并		平苹	屏餅	鳴 名	冥螟
	靜 靖	省°	鞞°			並		
倩		性 姓		聘			命	

諧聲對轉證：卑鞞（并頂、并弭兩切）。

訓詁對轉證：諟聽，泮瀌，溢盈。

同部互訓證：嚶鶯，盈贏，裼裎。

歸字雜論：

　　"笄"字，嚴可均、朱駿聲以入脂部，黃侃以入支部，從黃氏，以待再考。

　　"鮮"字，《詩經》祇見一次，與"泚瀰"爲韻，當入支部。《説文》："霹，從雨，鮮聲，讀若斯。"《史記·五帝紀》"鮮支渠廋"，《索隱》："鮮析聲相近。"皆可爲證。

　　（二）合口呼

［支］［清］類：鵙，跬頍。

　　縈鶯，熒營潁；蠲；傾頃，瓊嬛悍；駍。

［齊］迴類：攜觿；圭，奎。

　　泂；駉坰，耿褧。

影	匣	于	見	見	溪	群	心
		攜觿	圭		奎		
				跬頍			
			鶏(鸛)				
縈鶯	瑩營		鸛	駉坰	傾	瓊惸睘	駍
	穎	泂		頃	褧耿		

諧聲對轉證：圭跬(口迥、烏圭兩切)。

訓詁對轉證：跬頃。

同部聲訓證：耿炯，鶯熒，瓊瑩，睘惸。

歸字雜論：

　　"鶯"字從熒省聲，當入合口呼；但《廣韻》"鶯"，烏莖切，又當入開口呼。按《詩經·桑扈》"有鶯其羽"傳："鶯然有文章。""鶯熒瑩"音義並近，皆當屬合口呼；黃鶯之鶯當作"鸎"，因爲其鳴嚶嚶，則當屬開口呼。疑"有鶯其羽"的"鶯"與黃鶯的"鶯"本是不相干的兩個字。今以"有鶯其羽"的"鶯"歸入合口圖內。

　　"耿"與"炯"音義並近，當同屬合口呼。《集韻》："耿，俱永切，光也，本作炅。""炯"下又云"或作耿"；《說文》"耿"從耳，炯省聲。《楚辭·遠遊》"夜耿耿而不寐兮"注引《詩經》作"炯"。今以"耿"字歸入合口圖內。"瓊"字當入青部。《說文》"敻"從夐省聲，未必可靠。

十、脂質真系

(一)開口呼

皆[怪][痕]類：皆湝階喈偕屆；恩。

脂質真類：伊懿；飢几，耆祁；夷桋姨彝，遲雉穉；爾邇二貳；履利；脂祇旨指砥實,鴟,示視,尸鳲薯屎矢豕,嗜;師;咨資姊沸秭,伙,茨自,司私死四駟泗肆,兕;匕比姚孌閟,配,妣妣貔脾妣;眉湄郿罙彌弭瀰媚。

一壹抑;咥;吉姞,佶;室致輕窒挃銍,徹,肆逸,秩;日;泣栗溧慄;至摯質,實,失室設;櫛,瑟;即,七漆,疾,悉蟋;佖泌必珌畢韠觱,匹,苾馝飶怭;密。

因茵駰姻;矜;懋;引靷;陳塵;人仁;鄰粼麟;鬒,身申矧,臣慎;臻蓁溱榛,莘;進,親,秦蓁盡爐盞,辛新薪信訊;賓儐濱,頻蘋嬪牝;民黽。

齊屑[先]類:鷖翳;奚;鷄稽繼,啟;秪底坁軝氏痕,體替涕,荑鵜弟娣棣逮;瀰禰泥;黎禮醴鱧;隮懠躋濟,妻淒萋,齊蠐薺穧,棲犀;脈;迷。

瞖瞖噎咽;結拮禊袺頡,棄;嚏,齂,戾;節,切,屑;屛閉,湃,鼻。

腎;堅,牽;顛巔瘨,天,田闐瑱填電甸奠;年;骶,千;扁褊徧,翩;泫。

	影		曉	匣	見			溪	群	疑
	伊		鷖	奚	皆階偕湝喈	飢	雞稽			耆祁
						几		啟		
	懿		翳				繼			
			瞖瞖	咥	屆			棄		
	一壹	抑	噎咽		吉姞		結禊頡袺拮			佶
恩	因茵姻	駰		賢	矜	堅		牽		
										懋

端	知	透	徹	喻	定	澄	泥	日	來	
	羝氏。			夷栜姨彝	遲	黃鵜	泥			黎
	底觝疷坻氐		體		雉	弟娣	瀰禰	爾邇	履	禮鱧醴
			替涕		稺	逮棣	泥。	二貳	利	
致疐輊	嚏			肆					泣	戾
挃窒銍		徹	驖	逸	秩			日	栗慄溧	戾。
	顛瘨巔		天			陳塵	填闐瑱田	年	人仁	鄰麟隣
				引						
				靷	陳。	電奠甸				

照	穿	神	審	禪	莊	山	精		清	
脂祗	鷗	尸蓍鳲				師	咨資	隋恞躋		妻萋淒
旨砥指	示視	屎矢	豕	視。		姊秭沝	濟			
實				嗜				濟。	伙	妻。
至摯										
質		實	失室	設	櫛	瑟	即	節	七漆	切千
		神	身申	臣	溱臻蓁榛	莘		親		千
鬢		矧						戩		
				慎			進			

從	心	邪	幫	滂	並	明
茨　齊嫉	司私　棲犀（西）				毗魏　膍	眉郿湄罙彌　迷
薺	死　（洒）	兕	匕妣 比		仳	弭瀰
自　穧	四泗駟肆		彎閟	配		媚
			毖（閟）泌　畀閉	淠	鼻	
疾	悉蟋　屑		必韠珌霈畢	閉° 匹	苾飶駜佖	密
秦螓	辛薪 新		賓濱儐	翩	頻嬪蘋	民
盡燼			扁編		牝	黽　沔
盡	信訊		儐°	編		

諧聲對轉證：矢疾；因咽，壹懿①；匕牝，真實。

訓詁對轉證：正義：係結，茨蒺，細屑，洎屆，配匹；盡悉，臻至；底顛，
　　　　　示神，隮進，妻親，配嬪。

　　　　　反義：禮戾②。

同部聲訓證：正義：雞喈，禮履，涕洟，美媚；韠膝，閉閟；盡戬，濱瀕。

　　　　　反義：比仳，新陳。

歸字雜論：

　　　"塵"字，段玉裁、朱駿聲歸入真部，江有誥歸入諄部。按江氏

---

① 懿，《説文》云"恣省聲"，疑誤。"懿"與"恣"聲母相差太遠；恐係"壹"聲。

② 《左傳·文四》："其敢干大禮，以自取戾。"

所以把它歸入諄部者,因爲他認《詩經·無將大車》的"痕"字爲
"痕"字之誤,於是以爲"塵""痕"叶韻,兩字都在諄部。其實脂真
可以對轉,《詩經》時代的"塵"字也許是與"遲"同音,正不必改
"痕"爲"痕"。今從段氏把它歸入真部。

　　"弭"字依《説文》是從耳得聲,當入之部;但或從兒聲作"兜",
則又當入支部。今按"弭""敉"常相通假,則"弭"當入脂。《楚
辭·遠遊》以"弭"韻"涕",可以爲證。

　　奚聲的字,段玉裁、江有誥以入支部,朱駿聲以入履部(即脂
部),今依朱氏。雞鳴喈喈,故謂之"雞";"雞""喈"音當同部。又
"係"與"結"音義並相近,亦當係脂質對轉。

　　(二)合口呼

[齊][屑][先]類:騤葵揆。

　　洫血,惠穴鴥;季,鬩;恤,穗。

　　淵;玄昀;均鈞;筍,旬詢洵郇。

諧聲對轉證:葵鬩。

訓詁對轉證:淵穴。

影	曉	匣	于	見	溪	群	心	邪
						騤葵		
						揆		
	洫	惠		季				穗
	血	穴	鴥		鬩		恤	
淵		玄	昀	均鈞				旬詢洵郇
							筍	

十一、微術諄系

(一)開口呼

[咍][代]痕類:哀愛;漑,開凱嘅。
　艱。
[微]迄殷類:衣依;唏;饑幾,豈,畿祈頎近;絺。
　墍愾迄汔;既;仡。
　殷慇隱;欣;斤巾謹堇,勤旂芹饉墐覲;疢,胤,珍殿;振畛震,辰
晨;忍靷;詵駪,先西洗洒。

影		曉	見		溪		群	疑
哀	衣依	唏	饑		開		畿祈旂°頎	
			幾		凱	豈	近	
	衣°							
愛		墍愾	漑	既	嘅			
		迄汔						仡
	殷慇	欣	艱	斤　巾			芹勤旂	
	隱		堇謹				近°	
							饉墐覲	

徹	喻	定	照	神	日	山	心
絺							
							（洗）
			振	辰 晨		詵駪	先　西
疢		珍	畛	忍		洗	洒
	胤	殿	震 振。		軔		

諧聲對轉證：希誒（音迄），乞汔（音祈），辰軙（丑飢、敕辰、抽敏三切），斤祈。

訓詁對轉證：正義：覬欥；饑饉，衣隱，沂垠。

　　　　　反義：欫欣，恨愛。

同部聲訓證：正義：闛開，剴鑯，幾近；仡暨①。

　　　　　反義：愷哀。

歸字雜論：

　　兮聲的字，段玉裁、江有誥以入諄部，朱駿聲以入坤部（即真部），

---

① 《博雅》："仡仡暨暨，武也。"

今按當以段、江爲是。《詩經·載芟》叶"耘畛",《楚辭·惜誦》叶"忍軫",可證。

斤聲的字,在《詩經》時代已分屬微諄兩部。其屬微部者,有"近"(《杕杜》叶"偕近邇",脂微合韻),有"頎"(《碩人》叶"頎衣");其屬諄部者,有"斤"(《釋名》"斤,謹也"),有"芹",有"旂"(《采菽》叶"芹旂",《庭燎》叶"晨煇旂",《左傳·僖五》叶"辰晨振旂賁軍奔")。

"西"字,依《説文》是與"棲"同爲一字,古文字學家釋甲骨文仍用其説;按《詩經》"妻"聲的字入脂部,"西"聲的字入諄部,界限非常明顯。現在把"棲"字歸入脂部,"西"字歸入諄部;但於脂部仍録"西"字,加括弧以示分別。

(二) 合口呼

[灰] 没魂類:虺火,回洄洧懷壞;瑰;嵬;敦,推菆,隤頽,雷罍櫑,崔淮,摧罪;枚。

忽,潰;抌;對懟,退;内;類;毳;悖;妹寐沫昧。

温;昏惛;混昆袞緄;錞頓,焞,盾遁遯;論;尊噂,忖,存蹲鱒,孫飧;奔本,濆;門璊虋麋(虋)滭。

微物諄類:威倭萎委畏;暈徽卉諱睢毁,韋圍違遺帷惟維唯;歸鬼詭塊愧,歸;追;綏;蘽蕾;雖隼鵻,誰;衰,雖綏;悲;美;非飛匪,菲霏騑斐,肥腓;微薇尾。

蔚慰;渭謂聿驕遹曰;橘鱊,屈,掘;芮;律;出;苗,率蟀;醉卒,毳,萃瘁,誶,遂隧璲穟檖;沸弗紼,茀拂;未物勿。

煴蘊慍;熏薰煇壎訓,云雲芸耘員隕;君窘,困,群;尹允狁;倫淪輪綸;諄,春蠢,湣順,舜,純鶉焞惇;遵浚,隼;囷,霣,賁;旻緡痻閔勉;餴奮,芬,賁墳幩濆蕡汾頒粉雰;文汶聞晚問。

影	影	影	曉	曉	曉	匣	匣	于	于	見	見
	威	倭萎	虺	輝°徽罿	睢	回洄	懷淮	韋圍違	遺帷維唯惟	瑰	歸
		委	火	卉	毀				唯°	鬼	詭塊
	畏			諱			壞		遺°	愧	
	蔚慰						潰	渭謂	位	貴喟	
			忽					曰驕聿遹		橘	鱖
溫	煴		昏惛	熏煇薰	壎			云云蔶耘	員	昆混	君
	蘊		惛°				混°		隕	袞緄	窘
	愠		惛°	訓							

溪	群	疑	端	知	透	喻	定	泥	日	來	來
歸		嵬	敦	追	推蓷		隤頹		綏	雷罍靁	縲
											蘽縲°
	匱饋		對懟		退			內	芮		類
屈	掘	扤									律
困	群		(敦)錞		啍				犉	論	倫淪輪綸
						尹狁允	盾				
			頓			遁遯					

照	穿	神	審	禪	莊	山
雛 雛 隼	推°			誰		蓑
			水			
	出°					
	出				苗	率蟀
諄	春	漘		鶉焞純犉		
	蠢					
		順	舜			

精	清	從	心	邪
	崔	摧	雖 綏	
	漼	罪		
醉	毳	萃 瘁	誶	遂隧璲檖檖
卒°	卒			
尊	遵	存 蹲	孫 殯	
噂	忖	鱒	(隼)	
	浚			

幫	滂	並		明			
	悲			枚			
				浼。	美		
賁。	賁。						
				妹 寐	沫 昧		
		悖					
奔	圕	濆	貧	門 鼟	璊 糜	旻 緡 瘽	
本				浼		閔	勉
奔。							

非		敷		奉	微		
非	飛	菲 霏	騑	肥 腓	微 薇		
匪		斐			尾	亹。	
沸					未		
弗 紼		拂 茀	沸。	佛	勿	物	
餴		芬		賁 幩 蕡 頒 雰 墳 濆 汾 粉	文	汶	聞
					晚		
奮					問	聞。	

諧聲對轉證:貴隤;鶉敦（都回、都昆兩切），雖凖，卉賁（詖、肥、墳、奔四音）①，軍翬。

訓詁對轉證:正義:壞潰;曰云,鬱熅,憒慁,飛奮。

反義:遁追。

同部聲訓證:威畏,蔚鬱,謂曰,未勿,邠豳。

歸字雜論:

"璊"字,段玉裁以入諄部,江有誥、朱駿聲以入寒部。按《詩經·大車》"啍璊奔"叶韻,自當以段説爲是。

享聲的字,在《詩經》時代已分屬微諄兩部。其屬於微部者,有"敦",都回切（《北門》叶"敦遺"）;其屬於諄部者,有"啍"（《大車》叶"啍璊奔"）,有"鶉"（《伐檀》叶"輪漘淪囷鶉飧"）,有"錞"（《小戎》叶"群錞"）。

軍聲的字,在《詩經》時代已分屬微諄兩部。其屬於微部者,有"翬"②;其屬於諄部者,有"輝"（《庭燎》叶"晨輝旂"）。

"隼"字在《沔水》與"水弟"叶韻,當入微部。"隼"與"雖"通,上古當爲職追切,屬微部合口細音。

十二、脂微分部的理由

（一）脂微分部的緣起

章太炎在《文始》裏,以"鬼隗鬼夔畏傀旭隤卉衰"諸字都歸入隊部;至於自聲、佳聲、畾聲的字,他雖承認"《詩》或與脂同用",同時他却肯定地説"今定爲隊部音"③。

黃侃的没部,表面上是等於章氏的隊部,實際上不很相同,就因爲黃氏的没部裏不收畏聲、鬼聲、虫聲、貴聲、卉聲、衰聲、自聲、

① "賁"依《説文》係從奔得聲,朱駿聲以爲從奔省聲。
② "翬"字在《詩經》不入韻,故其當屬於微部者,僅係一種猜想。
③ 《文始》所定隊部字,與《國故論衡》所定略有不同;但《文始》成書似在《國故論衡》之後,今依《文始》。

佳聲、畾聲的字,而把它們歸入灰部(即脂部)裏。這自然因爲黃氏
認没部爲古入聲,不肯收容他所認爲古平聲的字了。然而章氏把
這些平上去聲的字歸入隊部,也該是經過長時間的考慮,值得我們
重視的。

　　我們首先應該注意的,就是這些字都是屬於合口呼的字。去
年七月,我發表《南北朝詩人用韻考》,其中論及南北朝的脂微韻與
《切韻》脂微韻的異同,我考定《切韻》的脂韻舌齒音合口呼在南北
朝該歸微韻,換句話説,就是"追綏推衰誰蕤"等字該入微韻①。這
裏頭的"追推誰衰"等字,恰恰就是章氏歸入隊部的字。

　　因爲受了《文始》與《南北朝詩人用韻考》的啓示,我就試把脂
微分部。先是把章氏歸隊而黃氏歸脂的字,如"追歸推誰雷衰隤
尵"等,都認爲當另立一部,然後仔細考慮,更從《詩經》《楚辭》裏
探討,定下了脂微分部的標準。

(二)脂微分部的標準

　　中古音系雖不就是上古音系,然而中古音系裏頭能有上古音
系的痕迹。譬如上古甲韻一部分的字在中古變入乙韻,但它們是
"全族遷徙",到了乙韻仍舊"聚族而居"。因此,關於脂微分部,我
們用不着每字估價,衹須依《廣韻》的系統細加分析,考定某系的字
在上古當屬某部就行了。今考定脂微分部的標準如下:

　　(1)《廣韻》的齊韻字,屬於江有誥的脂部者,今仍認爲脂部。

　　(2)《廣韻》的微灰咍三韻字,屬於江有誥的脂部者,今改稱微部。

　　(3)《廣韻》的脂皆兩韻是上古脂微兩部雜居之地;脂皆的開口
呼在上古屬脂部,脂皆的合口呼在上古屬微部②。

　　上古脂微兩部與《廣韻》系統的異同如下③:

---

① 見本書。

② 衹有癸聲的字當屬上古脂部,因爲癸聲的字有"睽暌"等字入《廣韻》齊韻。又季聲
　的字也當屬上古脂部。

③ 表中之韻,皆擧平聲以包括上去聲。

廣韻系統	齊韻	脂皆韻		微韻	灰韻	咍韻
等呼	開合口	開口	合口	開合口	合口	開口
上古韻部	脂部			微部		
例字	鷖秕黎迷 奚體濟(膌) 稽替妻 繼弟犀 啟棣瞇	皆夔鴟司 喈遲示私 伊二尸比 飢利師眉 夷脂資	淮惟巋 懷遺毀 壞蘬唯 追悲雖 衰睢	衣祈韋肥 依顔歸微 晞威鬼尾 幾畾非 豈徽飛	虺摧 回薲 嵬雷 傀隤 敦	哀 開 凱

(三)脂微分部的證據

脂微分部起初衹是一個假設，等到拿《詩經》來比對，然後得到確實的證明。今以段氏《六書音均表》爲根據，而加以分析評論如下：

(1)段氏表已顯示脂微分部者：

A.脂部獨用。《碩人》一章：荑脂蠐犀眉。《風雨》一章：淒喈夷。《衡門》一章：遲飢。《候人》四章：隮飢。《下泉》三章：蓍師。《大田》三章：淒祈私。《瞻彼洛矣》一章：茨師。《卷阿》九章：萋喈。《板》五章：懠毗迷尸屎葵資師。《瞻卬》三章：鴟階。《谷風》二章：薺弟。《泉水》二章：泲禰弟姊。《蝃蝀》一章：指弟。《相鼠》三章：體禮禮死。《載馳》三章：濟閟。《載驅》二章：濟瀰弟。《陟岵》三章：弟偕死。《魚麗》二章：鱧旨。五章：旨偕。《吉日》四章：矢兕醴。《大東》：匕砥矢履視涕。《大田》二章：穉穧。《賓之初筵》一章：旨偕。《旱麓》一章：濟弟。《行葦》二章：弟爾幾。《豐年》：秭醴妣禮皆。《載芟》：濟(積)秭醴妣禮。

B.微部獨用。《卷耳》二章：鬼隤罍懷。《樛木》一章：纍綏。《柏舟》五章：微衣飛。《終風》四章：靁懷。《式微》一二章：微歸微歸。《北門》三章：敦遺摧。《揚之水》：懷歸懷歸懷歸。《將仲子》一二三章：懷畏懷畏懷畏。《丰》四章：衣歸。《東方未明》二章：晞衣。《南山》一章：崔綏歸歸懷。《素冠》二章：衣悲歸。《東山》一章:歸悲衣枚。二章:畏懷。三章:飛歸。《九罭》四章:衣歸悲。
《四牡》二章:騑歸。《常棣》二章:威懷。《采薇》一二三章:薇歸。
《南有嘉魚》三章:縶綏。《湛露》一章:晞歸。《采芑》四章:(焞)靁
威。《十月之交》一章:微微哀。《巧言》一章:威罪。《谷風》二章:
頽懷遺。三章:嵬萎(怨)。《鴛鴦》四章:摧綏。《車舝》三章:幾
幾。《旱麓》六章:枚回。《泂酌》二章:罍歸。《板》七章:懷畏。
《雲漢》三章:推靁遺遺畏摧。《常武》六章:回歸。《瞻卬》六章:幾
悲。《有駜》二章:飛歸。《靜女》三章:煒美。《敝笱》三章:唯水。
《七月》一章:火衣。二章:火葦。《魚藻》二章:尾豈。《瞻卬》二
章:罪罪。

　　(2)依段氏表雖當認爲脂微合韻,實際上仍可認爲分用者。此
類又可細別爲轉韻與不入韻兩種。

　　A. 可認爲轉韻者:《碩人》一章:顧衣,妻姨私(由微轉脂)。
《七月》二章:遲祁,悲歸(由脂轉微)。《采薇》六章:依霏,遲飢,悲
哀(由微轉脂復轉微)。《鼓鐘》二章:喈湝,悲回(由脂轉微)。

　　B. 可認爲不入韻者:《葛覃》一章"葛之覃兮,施於中谷,維葉
萋萋,黃鳥于飛,集于灌木,其鳴喈喈"("谷木"侯部叶韻,"萋喈"
脂部叶韻,"飛"字不入韻,按此章顯然分爲兩段,每段首句無韻)。
《葛覃》三章:"言告師氏,言告言歸;薄汙我私,薄澣我衣"("衣歸"
微部叶韻,"私"字不入韻,江有誥亦認爲非韻,按奇句不一定入
韻)。《谷風》二章"行道遲遲,中心有違;不遠伊邇,薄送我畿"
("違畿"微部叶韻,"遲"字非韻,又可認"遲邇"爲叶韻)。《北風》
二章"北風其喈,雨雪其霏;惠而好我,攜手同歸"("霏歸"微部叶
韻,"喈"字不入韻)。《巧言》六章"彼何人斯,居河之麋;無拳無
勇,職爲亂階;既微且尰,爾勇伊何;爲猶將多,爾居徒幾何"("麋
階"脂部叶韻,"何多何"歌部叶韻,"伊幾"非韻,段氏誤)。《四月》
二章"秋日淒淒,百卉具腓;亂離瘼矣,爰其適歸"("腓歸"微部叶
韻,"淒"字不入韻)。《桑柔》二章"四牡騤騤,旟旐有翩;亂生不

夷,靡國有泯;民靡有黎,具禍以燼;於乎有哀,國步斯頻("翩泯燼頻"真部叶韻,奇句"驥夷黎哀"不必認爲入韻)。《桑柔》三章"國步滅資,綏不我將;靡所止疑,云徂何往;君子實維,秉心無競;誰生厲階,至今爲梗"("將往競梗"陽部叶韻,奇句"資疑維階"不必認爲入韻)。《匏有苦葉》二章:"有瀰濟盈,有鷺雉鳴"("盈鳴"耕部叶韻,"瀰鷺"在句中,不必認爲入韻)。《谷風》一章"采葑采菲,無以下體;德音莫違,及爾同死"("體死"脂部叶韻,奇句則"菲違"微部叶韻,段氏以"菲體死"叶韻,非是)。《葛藟》一章"緜緜葛藟,在河之滸;終遠兄弟,謂他人父"("滸父"魚部叶韻,奇句"藟弟"不必認爲入韻)。

(3)確宜認爲脂微合韻者①:

《汝墳》一章:枚飢。《采蘩》三章:祁歸。《草蟲》三章:微悲夷。《蒹葭》二章:萋晞湄躋坻。《出車》六章:遲萋喈祁歸夷。《杕杜》二章:萋悲萋悲歸。《斯干》四章:飛躋。《節南山》三章:師氏維毗迷師。五章:夷違。《小旻》二章:(訛)哀違依底。《四月》六章:薇棲哀。《楚茨》五章:尸歸遲私。《采菽》五章:維葵膍戾。《生民》七章:惟脂。《崧高》六章:郿歸。《烝民》八章:騤喈齊歸。《有客》:追綏威夷。《閟宮》一章:枚回依遲。《長發》三章:違齊遲躋遲祗圍。《汝墳》三章:尾毀邇。《狼跋》一章:尾幾。《常棣》一章:韡弟。《蓼蕭》三章:泥弟弟豈。《大田》二章:穉火。《公劉》四章:依濟幾依。《行葦》一章:葦履體泥。

以上共一百一十個例子,可認爲脂微分用者八十四個,約佔全數四分之三,可認爲脂微合韻者二十六個,不及全數四分之一。

若更以段氏《群經韻分十七部表》爲證,在三十四個例子當中,可認爲脂微分用者二十七個,約佔全數五分之四,可認爲脂微合韻者僅有七個,約佔全數五分之一。

---

① 所謂合韻,是依段氏的説法,凡不同部而偶然叶韻者,叫做合韻。

最可注意的,是長篇用韻不雜的例子,例如《板》五章叶"憎毗迷尸屎葵師資",共八韻。《大東》一章叶"匕砥矢履視涕",共六韻。《載芟》叶"濟積秭醴妣禮"("積"係支部字),共六韻,《碩人》二章叶"荑脂蠐犀眉",共五韻。《豐年》叶"秭醴妣禮皆",共五韻。都不雜微部一字。又如《晉語》國人誦改葬共世子叶"懷歸違哀微依妃",共七韻。《詩經·雲漢》叶"推雷遺遺畏摧",共六韻,《南山》一章叶"崔綏歸歸懷",共五韻,都不雜脂部一字。這些都不能認爲偶然的現象。

(四)脂微分部的解釋

由上面的證據看來,脂微固然有分用的痕迹,然而合韻的例子也不少,我們該怎樣解釋呢? 我想,最合理的解答乃是:脂微兩部的主要元音在上古時代並非完全相同,所以能有分用的痕迹;然而它們的音值一定非常相近,所以脂微合韻比其他各部合韻的情形更爲常見。

本來,談古韻的人沒有法子不談合韻。假使看見兩韻稍有牽連,就把它們歸併,勢非歸併到苗夔七部不止。就把顧、江、段、王、江五君的古韻分部來相比較,要算顧氏的合韻最少,正因他的分部最少。江永把真寒分開,於是《生民》的"民嫄"、《烈文》的"人訓刑"、《小戎》的"群錞苑"、《楚茨》的"燿愻孫",就不能不認爲合韻。段氏把真諄分開,於是《正月》的"鄰云慇",亦不能不認爲合韻。王氏把脂至分開,於是《載馳》三章的"濟閟"、《皇矣》八章的"類致"、《抑》首章的"疾戾"、《終風》三章之"曀寐嚏",亦不能不認爲合韻[1]。其合韻情形最多者,要算幽部與宵部、曷部與術質兩部。依段氏《六書音均表》,幽宵合韻共十二處;依王念孫致江有誥書,曷術合韻共六處[2];依江有誥復王念孫書,質曷合韻共四處,質術合韻

---

[1] 參看江有誥《音學十書》卷首王氏來書。然"濟閟、類致、疾戾"今皆認爲叶韻,非合韻。

[2] 按江、王辯論時,江稱曷爲祭,王稱曷爲月。

共七處。由此看來,研究古韻,確要加些判斷;戴東原所謂:"審音非一類,而古人之文偶有相涉,始可以五方之音不同,斷爲合韻。"在某一些情形之下,是合理的。但審音非一類而古人之文偶有相涉時,也未必是五方之音不同,而是雖非一類,却甚相近,即章太炎所謂"同門而异户"。

然而我們不能不承認脂微合韻的情形比其他合韻的情形多些,如果談古音者主張遵用王氏或章氏的古韻學説,不把脂微分開,我並不反對。我所堅持的一點,乃在乎上古脂微兩部的韻母並不相同。假使説完全相同的話,那麼,"饑"之與"機"、"几"之與"幾"、"祁"之與"祈"、"伊"之與"衣",其音將完全相等,我們對於後世的脂微分韻就没法子解釋。

嚴格地説,上古韻部與上古韻母系統不能混爲一談。凡韻母相近者,就能押韻;然而我們不能説,凡押韻的字,其韻母必完全相同,或其主要元音相同。因此,我們可以斷定,脂微在上古,雖也可認爲同韻部,却絶對不能認爲韻母系統相同。

十三、侵緝系

(一)開口呼

覃合類:咸銜;感,堪;耽湛;醃嗿,覃譚黮髧;南男;驂慘憯,蠶,三。
合洽;鈫,恰;荅;軜;雜。

侵緝類:音陰飲;欽;金今衿錦,欽衾,琴芩;棋,琛,淫,沈朕,簟驔;念,壬任荏;林臨廪;緘枕,甚,參深諗,諶煁忱甚;譖浸僭,侵綅駸寢,潛,心。

邑浥揖;翕潝,袷;急,及;繋,熠,蟄;入;立笠;執,濕隰,十拾;戢,緝,集輯楫,習。

影	曉	匣	見	溪	群
音　陰	歆	咸衔	今衿　金	堪　欽衾	琴芩
飲			感　錦		
邑浥　揖	翕潝	合洽　袷　鮚	急　恰		及

端	知	透	徹	喻	定	澄	泥	娘	日	來	照	神
耽湛	椹		琛	淫	覃譚	沈	南	男	壬任	林臨	鍼	
		醓唅			黮黕	朕　簟窞			荏	廩懍	枕	甚
								念	任°	臨°	枕°	
苔	縶		熠		蟄		軜		入	立笠	執	

審	禪	精	莊	清	從	心		邪
參深	諶忱煁			參°驂　侵駸綅	蠶	潛	三	心
諗	甚			慘　寢憯				
深°	甚°	譖　浸	僭			潛°	三°	
濕隰	十拾	戢		緝	雜	集楫輯		習

諧聲對轉證:念㲋(奴協切),合頷(胡感切),執墊(都念、徒協兩切),甚戡(昌汁切),音湆(去急切),今盍(烏合切)。

訓詁對轉證:正義:飲吸①,林立②,沈蟄,潘汁。

　　　　　　反義:愖恓③,暗熠。

同部聲訓證:含銜,耽湛,忱諶,沈潛,入納。

歸字雜論:

　　兼聲、閃聲、丙聲、甛聲、彐聲、弇聲、猒聲的字,段玉裁以入侵部,江有誥以入談部。聶聲、彎聲、劦聲的字,段氏亦以入侵部,江氏則以入葉部。今皆從江氏。

　　疌聲的字,江有誥以入葉部,朱駿聲以入臨部,今亦從江氏。

　　(二)合口呼

冬類:降,絳;冬,彤;農;宗,崇;宋;芃。

[東]類:宮躬,窮;中,仲,融,蟲冲仲;濃襛,戎,隆;終螽衆瀜;娀;貶;風,汎,凡鳳。

匣	見	群	端	知	徹	喻	定	澄
降	宮躬	窮	冬	中	仲	融	彤	蟲冲
勝絳。								仲

---

① 《廣雅‧釋詁四》:"吸,飲也。"
② 《釋名‧釋姿容》:"立,林也。"
③ 《左傳》"祈招之愖愖"注:"安和貌。"《說文》:"愖,不安也。"

泥	娘	日	來	照	牀	精	從	心
農	濃穠穋	戎	隆	終㳂蟲衆	崇	宗	㳂。	娀
				衆。			宋	

幫	並	非	敷	奉
	芃	風		凡
貶				
			汎	鳳

同部訓詁證：宗衆①，終窮，蟲衆，蟲蟲。

歸字雜論：

　　章太炎晚年以冬部併入侵部，我覺得很有理由。今認冬部爲侵部的合口呼。侵部雖係閉口韻，並不一定不能有合口呼。假設侵部的上古音是-əm、-iəm，那麼，冬部就是-uəm、iwəm。後來冬部起了異化作用（dissimilation），洪音變入冬江韻，細音變入東韻，仍舊保存它的合口呼②。

　　孔廣森以幽與冬對轉，嚴可均併冬於侵，以幽與侵對轉，章太炎以幽與侵冬緝對轉（晚年才併冬於侵），黃侃以豪與冬對轉，其實冬部與幽部宵部（即黃氏的豪）關係都非常之淺。黃氏豪冬對轉之說更不可從。今以幽侵分爲兩系，不認爲對轉。

---

① 《廣雅·釋詁三》："宗，衆也。"
② 王靜如先生在他的《論冬蒸兩部》（《史語所集刊》第一本第三分）裏，假定冬蒸全是合口呼。這裏我贊成他的一半意見：我把蒸部認爲有開合兩呼，把冬部認爲侵部的合口呼。

十四、談盍系

談盍系祇有開口呼。

談盍類：闞，函涵菡；甘敢監鑑檻，坎；焱，談惔餤莟；藍濫；斬，巉讒，建。
夾甲；沓。

鹽葉類：險獫玁；兼；霑，玷，忝；薟斂；詹瞻占，陝；殲，漸。
脅，謙曄，挾；業；葉，疊；獵；攝輒，涉；捷，燮。

曉	曉	匣	匣	匣	見	見	溪	疑
		函涵			甘	監	兼	
闞	險獫玁	菡			敢		坎	
	脅°					鑑檻		
	脅	謙曄	挾		夾	甲		業

端	知	透	徹	喻	定澄	來	來
霑				餤°	談惔餤	藍	薟
		焱	忝		莟 餤°		斂
	玷					濫	
			葉	沓	疊		獵

照	審	禪	莊	牀	精	從	心
詹瞻占				毚讒	殲		
	陝		斬		寁		漸
占。							
	攝	韘涉				捷	燮

諧聲對轉證：寁捷，盍豔，占帖，奄淹（於輒切），厭壓，協脅（許欠、虛業兩切）。

訓詁對轉證：正義：慊愜，恬惉①，銛錪②，炎曄。
　　　　　　反義：淹曄。

同部聲訓證：歉欠，瞻覘，沾染；劫脅③。

歸字雜論：

　　毚聲、占聲、欠聲的字，嚴可均均歸侵類。占聲的字，段玉裁歸侵部；今依江有誥都歸入談部。

十五、結　論

　　當我們研究上古語音的時候，韻部的多少並不是最重要的問題。清儒研究古韻已經卓有成績，現在我們所應努力者，不在乎探求韻部的多少，而在乎更進一步，去考定上古韻母的系統，及假定其音值。本文暫不談及音值，所以它的着重點在乎：（1）考定上古韻母的主要元音的類別；（2）考定韻母的開合與洪細。

---

① 《說文》："恬，安也。"《廣雅‧釋詁一》："惉，安也。"字亦作"恬、帖"。
② 《說文》："銛，錪屬。"
③ 《說文》："人欲去以力脅止曰劫。"

關於主要元音的類別，我雖不願在此時談及音值，但我可以先說出一個主張，就是凡同系者其主要元音即相同。假設歌部是-a，曷部就是-at，寒部就是-an。

關於開合與洪細，以洪細爲較易考定，因爲上古的洪細系統與中古的洪細大致相同。開合較難考定，因爲有上古屬開而中古屬合者，有上古屬合而中古屬開者。兹將上文研究所得，歸納如下：

(1)自上古至中古，開合系統未變者[1]：

東至微，虞，齊至仙，宵，歌，麻，陽至登，幽，侵至凡。祭泰夬廢。屋至昔，職至乏。蕭韻的"調"類與"迢"類，戈韻的"和"類，肴韻的"孝"類，豪韻的"考"類與"高"類。尤韻的"朽"類。錫韻的"狄"類與"翟"類。

(2)上古屬開而中古屬合者：

魚韻，模韻。戈韻的"婆"類。

(3)上古屬合而中古屬開者：

蕭韻的"椒"類，肴韻的"膠"類，豪韻的"晧"類。尤韻的"鳩"類與"久"類。侯韻。錫韻的"愁"類。

這是大致的說法，至於詳細的系統，仍須在圖表上尋求。表中雖然分析得很細，却不願意流於呆板；換句話說，我雖然極端注意語音演變的條件，同時也留些餘地給方言的影響，以及種種不規則的變遷（由於特殊原因，而不是我們所能考知者）。我希望將來研究上古音值的時候，這一篇文章可以作爲研究的基礎。

原載《清華學報》12 卷 3 期，1937 年 7 月

[後記]這是二十多年前的舊稿。今天我的意見（在《漢語史稿》中）已經是稍有出入了。舉例來說，我在這篇文章裏說："如果

---

① 中古的江韻與覺韻，當依《切韻指掌圖》認爲合口呼。此類字在上古也是合口呼，故可認爲未變。

依審音派的説法,陰陽入三分,古韻應得廿九部……如果依照考古派的説法,古韻應得廿三部。……我采取後一説,定古韻爲廿三部。"我在《漢語史稿》中,則定爲十一類廿九部。歸字也有出入。關於這些,我還不敢説今是昨非。因爲《漢語史稿》已經三易其稿,將來也不能説不再改動。但是,有一點是可以肯定了的,就是脂微分部。

上古漢語入聲和
陰聲的分野及其收音

一

中國傳統音韻學,自戴震以後,即將上古漢語的韻部明確地分爲陰陽入三聲。陰聲指以元音收尾的韻母,陽聲指以鼻音(-m、-n、-ng)收尾的韻母,入聲指以清塞音(-p、-t、-k)收尾的韻母①。若依西洋的説法,陰聲韻就是所謂開口音節,陽聲韻和入聲韻就是所謂閉口音節。但是,就漢語的情況來説,陽聲韻也可以認爲半閉口音節,因爲鼻音近似元音,聲調的尾巴可以落在鼻音韻尾上面,它和清塞音的性質大不相同。

依照《切韻》系統,入聲是配陽聲的;顧炎武以入聲配陰聲,受

---

① 戴震的理論有一些缺點,後來經過孔廣森、黃侃、錢玄同等人的修訂而更加合理。這
  裏不細談。

到了王念孫、章炳麟等人的擁護①。但是，江永主張"數韻共一入"，
段玉裁主張"異平而同入"②，戴震以陰陽入相配，他們都認爲入聲
兼配陰陽。後來黃侃和錢玄同實際上也采用了異平同入的説法。
我們是贊成後一説的，因爲（舉例來説）以 ak 配 a 固然説得通，以
ak 配 ang 也未嘗不可。

　　這裏我想談一談中國傳統音韻學對入聲和陰聲的看法，因爲
這篇文章是同入聲、陰聲都有關係的。

　　清儒對於上古漢語入聲字的收音，大約有四種不同的看法：第
一種看法是根本否認上古漢語有入聲，孔廣森主張這一説，他認爲
"入聲創自江左，非中原舊韻"。固然，孔廣森也不能不承認緝合諸
韻是收音於-p 的③，但是，在他看來，上古漢語裏並沒有韻尾-k、-t
的存在，更談不上-g、-d 了。第二種看法是承認上古有入聲，但是他
們祇把入聲看做是陰聲的變相，換句話説，他們把入聲韻看做是一
種開口音節，不過這種開口音節比較短些罷了。顧炎武"四聲一
貫"的學説，實際上是把入聲和陰聲"一貫"起來，他認爲"四聲之別
不過發言輕重之間，非有疆界之分"④。他甚至令人得到這樣一個
感覺，就是他把所有的入聲字都派作平聲、上聲或去聲，所以江永
批評他説："顧氏於入聲皆轉爲平、爲上、爲去，大謬。"⑤的確，他説
"没者妹也，見於子產之書；燭音主也，著於孝武之紀。"⑥這樣就是
把許多入聲字都改讀爲別的聲調，照我們的説法就是改讀爲陰聲。
第三種看法是承認上古有入聲，這些入聲一律讀喉塞音收尾，像現

---

① 　王引之《經義述聞》三十一。章炳麟《國故論衡》"二十三部音準"。
② 　江永《四聲切韻表》"例言"。段玉裁《六書音均表》"古異平同入説"。
③ 　孔廣森《詩聲類》卷十二："緝合諸韻爲談鹽成嚴之陰聲，皆閉口急讀之，故不能備三
　　聲。唐韻所配入聲，惟此部爲近古。"
④ 　顧炎武《音論》："先儒兩聲各義之説不盡然。"
⑤ 　江永《古韻標準》"入聲第一部總論"。
⑥ 　江永《音論》"近代入聲之誤"。按"没"見於《左傳·襄公二十四年》。"一夜三燭"
　　見於《漢書·武帝本紀》。注云："服虔曰，燭音炷，師古讀如字。"

代吳方言一樣。這一派的代表人物很難確定是誰，估計某些吳方言區的古音學家（如段玉裁）可能有這種看法。第四種看法是不但承認上古有入聲，而且認爲上古入聲字收音於-p、-t、-k，這一派以戴震爲代表，因爲他以爲職屋藥陌都收鼻音①，質月都收舌齒音，緝合都收脣音。黃侃顯然也屬於這一派；錢玄同更明確地用-p、-t、-k標出②。我們贊同第四種看法。

　　由於黃侃的學說影響很大，大家以爲這第四種看法是沒有爭論的了，其實不然。凡是主張上古漢語祇有二十一個、二十二個或二十三個韻部的音韻學家，大概都接近第二或第三種看法，章炳麟説得很明白："古之泰部，如今中原呼麻。……古之言蘗，正如今之呼芽也；古之言迤，正如今之呼遮也；古之言泄，正如今之呼寫也；古之言説駕，説正如今呼卸也；古之言召伯所説，説正如今呼舍也；古之言句（丏），正如今呼叚（假）也；古之言逝，正如今呼謝也（謝者辭去也）；古之言歇、言愒（《説文》皆訓息），正如今呼暇也；古之言肆，正如今呼奢也。皆去入聲讀之耳。"③對於其他各部，章炳麟也有類似的説法。

　　問題很明顯：如果不像戴震那樣，把職覺藥屋鐸錫從之幽宵侯魚支諸部中分析出來④，勢不能不承認這些入聲韻是陰聲韻的變相。章炳麟説："古音本無藥覺職德沃屋燭鐸陌錫諸部，是皆宵之幽侯魚支之變聲也。"⑤在他的《成均圖》中，這些入聲韻部沒有標出，因爲它們都屬於陰聲一類。他説："入聲收喉者，麗陰聲。"⑥充

---

①　他所謂收鼻音實際上是收與鼻音-ng部位相同的-k。其實鐸部也收"鼻音"，戴震以爲收喉，誤。

②　錢玄同《文字學音篇》第11頁。

③　章炳麟《國故論衡》"二十三部音準"。

④　黃侃沒有分出覺部，這是他拘泥於他所幻想的古本韻的結果。據説他晚年對此有所修正。

⑤　章炳麟《國故論衡》"二十三部音準"。

⑥　章炳麟《國故論衡》"二十三部音準"。

其量,他衹能承認這些入聲韻是以喉塞音收尾的,但是,他既然說
"平上韻無去入,去入韻亦無平上",又似乎他衹承認泰隊至等部有
喉塞音收尾,而不承認之幽宵侯魚支諸部有入聲。這樣,對於之幽
宵侯魚支諸部來說,他基本上是走孔廣森的老路,否認入聲的存
在,也就等於否認-k 尾的存在。

　　當然,在不承認職覺藥屋鐸錫和之幽宵侯魚支分立的情況下,
對上古漢語這些韻母實際音值的擬測還可以走相反的一條路,那
就是取消之幽宵侯魚支,建立職覺藥屋鐸錫,而以原來的之幽宵侯
魚支分別隸屬於職覺藥屋鐸錫,這樣等於否認這些韻部作爲開口
音節而存在,不管平上去入,一律加上-g 尾、-k 尾或其他輔音韻尾
(塞音或擦音)。換句話說,這個理論等於承認這些平聲韻部(包括
上去聲)衹是入聲韻的變相,因爲它們也都被擬測爲閉口音節。高
本漢、西門走的正是這條路,我們在下文還要詳細討論。

　　二十年前,我對於上古漢語的韻母主張二十三部的說法[1],那
就是大致依照章炳麟的二十三部,從他的脂部分出一個微部[2],再
合併他晚年所主張合併的冬侵兩部[3]。前年我講授漢語史,在擬測
上古韻母音值的時候遭到了困難。我不願意把之幽宵侯魚支等部
一律擬成閉口音節,那樣是違反中國傳統音韻學,而且是不合理的
(見下文);同時我又不能像章炳麟想得那樣簡單,一律擬成開口音
節;假使上古的藥覺職德沃屋燭鐸陌錫諸韻不收-k 尾,它們在中古
的-k 尾是怎樣產生出來的呢? 講語音發展不能不講分化條件,否
則就違反了歷史語言學的根本原則。在這時候我纔覺悟到戴震陰

① 王力《上古韻母系統研究》。見本書。

② 章炳麟對脂隊兩部字的隸屬問題,舉棋不定。在《文始》裏,他以"雖椎雷藟傀鬼鬼
　　夒虺"等字歸入隊部;在《國故論衡》裏,他又以這些字歸入脂部。這裏根據他的"去
　　入韻無平上"的理論,把這些字歸入脂部,而這些字也正是我所分出的微部字(當然
　　還有其他的字)。

③ 章氏晚年,在光華大學《中國語文學研究》發表《音論》,主張冬侵部併入侵部。按冬併
　　入侵本來是嚴可均的主張。

陽入三分的學説的合理,於是我采取了戴震和黄侃的學説的合理部分,定爲十一類二十九部,比黄侃多了一個微部和一個覺部,少了一個冬部(併入侵)。這樣,入聲韻的職覺藥屋鐸錫收音於-k,和開口音節的陰聲韻並行不悖,各得其所,而分化條件也非常明顯了。

　　在入聲和陰聲關係的問題上,段玉裁和戴震形成兩大派別,可以稱爲考古派和審音派。王念孫、江有誥、章炳麟是繼承段玉裁的,劉逢禄、錢玄同、黄侃是繼承戴震的①。入聲是否獨立成部,是兩派的分野。但是,也有一些音韻學家雖然没有明顯地把入聲韻部獨立起來,他們隱約地承認入聲韻有相當獨立的資格。江永的入聲八部,姚文田的入聲九部②,都是有一定的獨立性的;朱駿聲的《説文通訓定聲》雖然基本上依照段玉裁把古韻分爲十八部(即加入戴震的泰部),但是書中有"臨之習分部、謙之嗑分部、頤之革分部、孚之復分部、小之舉分部、需之剥分部、豫之澤分部、解之益分部"等③,這就是説緝(習)盍(嗑)職(革)覺(復)藥(舉)屋(剥)鐸(澤)錫(益)這八個入聲韻部具有一定的獨立性,它們能在之(頤)幽(孚)宵(小)侯(需)魚(豫)支(解)諸韻中成爲分部。像朱駿聲這種辦法,倒不如索性把入聲韻部獨立起來,特別是上古語音重建以後,入聲獨立顯得系統性較强。

　　入聲獨立成部以後,音韻學家們要處理一個很複雜的問題,就是陰聲和入聲的分野問題,換句話説就是每一個具體的字的歸類問題。哪些字歸入陰聲韻部,哪些字歸入入聲韻部呢?

① 巧得很,戴震和段玉裁是師生關係,章炳麟和黄侃、錢玄同也是師生關係,他們師生在這一個問題上分道揚鑣。
② 江永《古韻標準》。姚文田《古音諧》。
③ 朱駿聲的古韻十八部以卦取名,即豐、升、臨、謙、頤、孚、小、需、豫、隨、解、履、泰、乾、屯、坤、鼎、壯(孚、小、壯是中孚、小畜或小過、大壯的省略)。分部的革、復、剥、益也是卦名,習是習坎的省略(習坎即坎卦),嗑是噬嗑的省略,舉是坎卦的別名,澤是兑卦的代表物。

　　就收-p 的字來説，問題很簡單。即以考古派而論，從孔廣森起，已經把緝盍從侵談中分析出來。《詩·秦風·小戎》叶"中驂合軜邑"，段玉裁把它分爲兩韻，江有誥也没有異議。在諧聲方面雖然有一些葛藤，如今聲有"笈"（奴協切）、執聲有"墊"、占聲有"帖"、厭聲有"壓"、盍聲有"饁"、乏聲有"貶"、有"泛"，等等，但是除"貶"字見於《詩·大雅·召旻》與"玷"相押，應歸談部以外，這些字都不見於《詩》韻，我們可以拿陽入通轉來解釋諧聲現象。

　　就收-t 的字來説，問題也比較簡單。自從戴震立了一個泰部，王念孫立了一個至部，章炳麟立了一個隊部，所有收-t 的字都從陰聲韻裏分出來了。根據段玉裁古無去聲的學説，可以認爲泰至隊這三部的去聲字在上古都屬入聲。但是必須承認上古的入聲有兩類（收-t 的字有兩類），否則没有分化的條件。這樣區分以後，脂微兩部就衹有平上而没有去入，被認爲和泰相對應的歌部一向就是有平上而没有去入。當然，就《詩經》的用韻看來，還不能完全没有問題。泰部獨立最可靠，它不但和歌部完全没有葛藤，和脂微兩部也完全没有葛藤。衹有一個小問題：《詩·大雅·生民》叶"肺秠"，是泰隊合韻，《桑柔》叶"愻恤熱"是泰至合韻，假使隊至不能離開微脂而獨立，泰部將受牽連。脂至分家的困難比較大一些。王念孫自己承認《詩經》中以質（至）術（脂微入聲）同用者有《載馳》三章的"濟閟"①，《皇矣》八章的"類致"，《抑》首章的"疾戾"，江有誥説還有《終風》三章的"曀寐"②。但是，從入聲獨立這一點説，質術都是入聲，合用也是可以理解的。

　　是不是所有的去聲字在上古都隸屬於入聲呢？不是的。有一小部分去聲字本來屬於平聲或去聲。平去兩讀的字，如"過、爲、衣、遲、泥"等，在上古衹有平聲；上去兩讀的字，如"左、被、弟、比"等，在上古衹有上聲。讀破衹是中古經生的習慣。此外還有一些

---

① "濟"是脂部字，王念孫可能把它看做古入聲字。
② 參看王念孫給江有誥的信，見江有誥《音學十書》卷首。

去聲字經段玉裁根據《詩經》《楚辭》證明它們在上古是平聲，如歌部"駕破"叶"猗馳"，"詈"叶"歌"，"化"叶"他"，叶"離"，叶"爲"，叶"施"，"地"叶"過"，等等①。總之，章炳麟所謂平上韻無去入的話在一定程度上是對的。歌脂微三部和其他各陰聲韻部一樣，和陽聲韻部也一樣②，都衹有平上聲，没有去入聲。平上聲向去入的轉化有一些明顯的證據，例如"慶"字在《詩經》中凡六見都讀平聲，"濟"字在南北朝詩人用韻中一律作上聲。

　　入聲獨立以後，必須承認一些陰聲和入聲互叶的情形。《詩經·鄘風·干旄》叶"紕四畀"，"紕"屬脂部，"四畀"屬至部；《大雅·皇矣》叶"類比"，"比"屬脂部，"類"屬隊部。它們的主要元音相同（如-ei：-et），互叶完全是可能的，這樣就構成了所謂"協押"（assonance）。

　　若就收-k 的入聲來説，問題更加複雜；這些入聲韻部獨立以後，陰聲和入聲互押的情形更多了。考古派之所以不敢把收-k 的韻部獨立起來，就是由於考慮到這種交叉的情形。依照段玉裁的《六書音均表》，陰聲和入聲（如果分立的話）互叶的情形如下（入聲韻字加·爲記）：

　　（1）之部

　　　　異貽　裘試　富時疚兹　背痗　芑畝試　止試　克富又
　　　　戒事秠畝　識又　食海載　字翼　式止晦事式　富忌
　　　　鮪鯉祀福　收來載棘　輻載意　載息　棘稷翼億食祀侑
　　　　福　祀食福式稷救極億　祀黑　稷祀福　直載翼　載備
　　　　祀福　亟來疘伏　子德　塞來

---

① 段玉裁《六書音均表》。

② 依照《六書音均表》，陽聲韻一律衹有平聲，因此王國維作出"五聲説"的結論（陰聲韻四聲加陽聲韻一聲）。但是，在《六書音均表》中，宵歌兩部也衹有平聲。我看有些字可以認爲上聲，如陽部的"仰掌"、耕部的"領聘"、真部的"盡引"、寒部的"轉卷選"、宵部的"倒召"、歌部的"左我"，等等。

（2）宵部

　　芼樂　暴笑敖悼　勞朝暴笑悼　膏曜悼　沼樂炤虐殽盜
　　暴　濯翯沼躍　虐謔蹻芼謔熇藥　昭樂懆　貌教虐芼到
　　樂藻蹻蹻昭笑教

（3）幽部

　　脩歗歗淑　瀟膠瘳　罶造憂覺　晧繡鵠憂　欲孝　祝究

（4）侯部

　　裕瘉　附後奏侮　驅續轂瞀玉曲　木附獄屬　谷穀垢

（5）魚部

　　故露　路袪惡故　著素華　圃瞿夜莫　迦莫度度路　莫
　　除居瞿　夜居　固除庶　作莫家故居故　夫夜夕惡　據
　　柘路固　去呱訏路　呼夜　度虞　去故莫虞怒　惡斁夜
　　譽　茹據懟怒　射御　茹穫　除莫庶暇顧怒　譽射
　　若賦

（6）支部

　　提辟揥刺　解易辟　解帝　辟績辟適解

　　首先，我們要排除一些可疑的例子。《鄭風·風雨》本來是叶
"瀟膠瘳"，段氏硬改爲"瀟"（江有誥没有改），自然不能算數。《大
雅·文王有聲》叶"欲孝"，"欲"《禮記》作"猶"，也在可疑之列
（"欲"屬侯部入聲）。其次，有些字可能並不算韻脚，又有些字可能
是轉韻，例如《大田》四章：

　　曾孫來止，以其婦子，饁彼南畝，田畯至喜。來方禋祀，以其
　騂黑，與其黍稷，以享以祀，以介景福。

　　兩個"祀"字可以不算韻脚，前半章用陰聲韻，後半章改用入聲
韻。又如《楚茨》首章和四章：

　　楚楚者茨，言抽其棘。自昔何爲？我蓺黍稷。我黍與與，我
　稷翼翼。我倉既盈，我庾維億。以爲酒食。以享以祀，以妥以

侑。以介景福。

　　我孔熯矣，式禮莫愆。工祝致告，徂賚孝孫。苾芬孝祀，神嗜飲食。介爾百福，如幾如式。既齊既稷，既匡既敕，永錫爾極，時萬時億。

兩個"祀"字也可以不算韻脚。

　　但是，無論如何我們得承認陰聲韻和入聲韻有時互叶這一個事實。這種互叶，從某種意義上説也是一種合韻，但是它和一般所謂合韻不同。一般所謂合韻是指鄰韻相通，如 au 和 əu、an 和 ən，這裏的互叶是指主要元音相同，收音不同，如 ə 和 ək、a 和 ak。

　　任何漢語音韻學家都不能不談合韻（包括互叶）。江永別侯於魚，別幽於蕭，別真於寒，別侵於談，對顧炎武的古韻分部有所發展，後人稱贊他的功勞。但是，這樣一來，《賓之初筵》叶"楚奏祖"，《常武》叶"瞽虡羽鼓奏舉"，《載驅》叶"滔儦敖"，《七月》叶"葽蜩"，《思齊》叶"廟保"，《公劉》叶"舟瑤刀"，《生民》叶"民嫄"，《小戎》叶"群錞苑"，《楚茨》叶"熯愆孫"①，《氓》叶"葚耽"，就不能不認爲合韻。王念孫把至部從脂部分了出來，章炳麟再分出隊部，多數音韻學家認爲他們有很大的貢獻，但是他們也造成了合韻，也就是陰聲和入聲互叶（見上文）。那麽，爲什麽不可以承認收-k 的韻部和陰聲韻部互叶呢？

　　關於入聲韻部的收字，最普通的標準是根據諧聲偏旁，即聲符。段玉裁説過："同諧聲者必同部。"②就一般説，我們的確可以根據這個原則，把聲符相同的字歸屬到同一韻部裏，例如"視、致"在中古同屬去聲，但是"視"在上古應屬陰聲韻，"致"在上古應屬入聲韻。我們往往可以這樣檢查：凡同聲符的字有在平上聲的，就算陰聲韻（如果不屬陽聲韻的話），例如"視"從示聲，而示聲中有"祁"

―――――――――――

① 江永未分真文爲兩部。
② 段玉裁《六書音均表》"古十七部諧聲表序"。

（平聲），可見"視"屬陰聲韻；又如"致"從至聲，而至聲有"室"（入聲），可見"致"屬入聲韻。祭泰夬廢四韻之所以被認爲上古的入聲韻，就因爲這四個韻中的字的聲符幾乎全部不和平聲相通[①]，相反地，幾乎每一個字的聲符都和入聲相通，如大聲有"泰"有"達"，兌聲有"銳"有"脫"，帶聲有"滯"有"撥"（徒結切，撮取也），最聲有"撮"，害聲有"割"，韧（契）聲有"齧"，夬聲有"快"有"決"，曷聲有"愒"有"竭"，世聲有"勤"有"泄"，埶（藝）聲有"熱"，戌聲有"歲"有"滅"，折聲有"逝"有"哲"，叕聲有"綴"有"輟"，列聲有"例"有"烈"，寽聲有"酹"有"捋"，發聲有"廢"有"撥"，李聲有"誖"有"勃"，昏聲有"話"有"活"，刺聲有"賴"有"癩"，賴聲有"瀨"有"獺"。

當然這並不是唯一的標準。假使從聲符上看不出它和入聲相通或和平上聲相通，那就要從《詩經》的用韻或其他先秦的韻文，或聲訓、假借等證據來加以斷定，例如"吠"字，它根本沒有聲符，但是《詩經·召南·野有死麕》以"吠"叶"脫帨"，"吠"顯然是入聲字。

"同諧聲者必同部"這一原則也不能機械地拘守。當先秦韻文（特別是《詩經》）和聲符發生矛盾的時候，應該以韻文爲標準，不應該以聲符爲標準，因爲造字時代比《詩經》時代至少要早一千年，語音不可能沒有變化。在這個問題上，不但段玉裁失之拘泥，後代許多著名的音韻學家也都想不通。如果想通了，就免去了許多葛藤。試舉鐸部爲例，"博"從尃聲（從朱駿聲説），"薄"從溥聲，"膊"從虜聲，依聲符本該屬陰聲魚部，但是這些字在先秦時代已經像中古一樣讀作入聲，所以《周頌·泮水》叶"博歂逆獲"，《齊風·載驅》叶"薄鞹夕"，《大雅·行葦》叶"炙膊號"，都自然諧和，而不是陰聲和入聲互叶。特別對於之幽宵三部和職覺藥三部，更應該這樣看待。職部"特"字雖從寺聲，但在先秦早已讀作入聲（故字亦作"犆"），

---

① 例外有祭韻的一個"穧"字，而"穧"是兼屬霽韻的。

所以《鄘風·柏舟》叶"側特忒",《魏風·伐檀》叶"輻側直億特食",《小雅·我行其野》叶"葍特富異";幽部"蕭"字和"椒"字雖從蕭聲和叔聲,但在先秦早已讀作平聲,所以《王風·采葛》叶"蕭秋",《曹風·下泉》叶"蕭周",《陳風·東門之枌》叶"荍椒";覺部"軸"字和"迪"字雖從由聲,但在先秦早已讀作入聲,所以《衛風·考槃》叶"陸軸宿告",《大雅·桑柔》叶"迪復毒";藥部"較"字和"蹻"字雖從交聲(爻聲)和喬聲,但在先秦早已讀作入聲(較,音覺;蹻,其虐切),所以《衛風·淇奧》叶"綽較謔虐",《大雅·板》叶"虐謔蹻芼謔熇藥"。

還有一點:即使向遠古時代追溯,我們也祇能説有些和入聲有諧聲關係的字在遠古時代是屬於閉口音節的,並不能説所有同韻部的字在遠古時代一律屬於閉口音節,例如"蕭"從肅聲,"蕭"在遠古時代應屬閉口音節,這並不牽連整個幽部。高本漢在他的《藏語與漢語》裏批評西門時説過這類話,在這一點上高本漢是對的。

朱駿聲、黃侃等人抓住一個最初的聲符作爲出發點,然後把從此得聲的字一律歸入同部,這種簡單的辦法,在入聲不獨立成部的時候,毛病還不算大(段玉裁《六書音均表》中祇有"顛儺"等少數字是歸得不妥的);至於入聲獨立成部以後,毛病就大了。朱駿聲鬧了一個笑話:他把宵部入聲稱爲"小之犖分部",而"犖"字本身由於從勞省聲,祇好放在"勞"字底下,没法子放進"小之犖分部"裏去。"犖"字屬入聲,宵部入聲稱爲"犖分部"是對的;他把"犖"字本身排斥在入聲韻部之外,則是錯誤的。

如果單憑聲符,聲符本身還可能引起爭論。依照《説文》,彝從彑聲(彑,居例切),彑在泰部,彝在脂部;"觿"從巂聲(巂,女滑切),巂在隊部,觿在支部。這種複雜情況,章炳麟已經指出來了[1]。朱駿聲《説文通訓定聲》以"彑"歸泰部,"彝"字跟着歸泰部,本屬

―――――――――

[1]　章炳麟《文始》略例。

至部的"肆"，跟着也歸泰部；另一方面，他雖承認"禼"從卤聲，他並沒有把"禼攜觿"等字歸入隊部，而仍歸入支部，這是自亂其例。又試拿"季"字爲例，《說文》以爲"季"從稺省聲，此說本來可疑①，若依《詩經》用韻，"季"在入聲（《陟岵》叶"季寐棄"，《皇矣》叶"對季"），穉（稺）在陰聲（《大田》叶"穉火"，又叶"穉穧"），就十分明顯了。

總起來説，中國傳統音韻學對待陰聲和入聲的關係有兩種不同的看法：在考古派看來，陰聲和入聲的分野並不十分清楚，特別是對於之幽宵侯魚支六部，入聲只當作一種聲調看待，不作爲帶有-k尾看待，因此，在他們的眼光中，這六部都是陰聲，其中的入聲字衹是讀得比較短一點，並不構成閉口音節；在審音派看來，陰聲和入聲的分野特別清楚，因爲在他們眼光中，陰聲是開口音節，入聲是閉口音節。二十年前我傾向於考古派，目前我傾向於審音派。

錢玄同是黃侃的朋友，同時也是黃侃的音韻學説的信奉者。在他的《古韻二十八部音讀的假定》中，陰陽入是三分的，因而陰聲和入聲的分野是非常清楚的②：

歌 a ua	月 at uat	元 an uan
微 è uè	物 èt uèt	文 èn uèn
	質 ät	真 än
佳 à	錫 àk	耕 àng
魚 ò	鐸 òk	陽 òng
侯 u	燭 uk	鍾 ung
幽 o	覺 ok	冬 ong
宵 âu		

①　孔廣居的《說文疑疑》以爲"季"從禾會意，其説近是。
②　錢氏此文發表於1934年12月，表面上好像完全接受黃侃的學説，實際上已經不像他在《文字學音篇》中那樣地述而不作。他添上了一個覺部，減去了一個沃部。依我看來，添上一個覺部是對的，減去一個沃部是不對的。

咍 ė	德 ėk	登 ėng
緝 op	侵 om	
盍 âp	談 âm	

我在我的《漢語史稿》中，定上古韻母爲十一類二十九部，若按照錢氏的名稱和次序，則如下表（表下僅標出主要元音及韻尾）：

歌 a	月 at	元 an
微 əi	物 ət	文 ən
脂 ei	質 et	真 en
佳 e	錫 ek	耕 eng
魚 a	鐸 ak	陽 ang
侯 o	燭 ok	鍾 ong
幽 əu	覺 əuk	
宵 au	沃 auk	
咍 ə	德 ək	登 əng[①]
緝 əp	侵(冬) əm	
盍 ap	談 am	

儘管我所擬測的主要元音和錢氏頗有出入，但在陰聲擬測爲開口音節、入聲擬測爲閉口音節這一觀點上，我和錢氏是完全一致的。

二

西歐某些漢學家，特別是高本漢和西門，對於上古漢語陰聲韻部和入聲韻部的研究，所得的結論和上述中國傳統的音韻學完全相反。他們把上古的陰聲韻部幾乎完全取消，換句話説就是把上古的開口音節幾乎完全取消，把清儒一向認爲開口音節的字，大部分改爲閉口音節。爲敘述和評論的便利起見，我們先在這裏着重介紹高本漢有關這一方面的學説。

①　錢氏所擬的ė、ėk、ėng也就是ə、ək、əng。

　在上古韻部的區分問題上，高本漢和章炳麟、黃侃的差別並不太大。在他的 Grammata Serica 中，他把上古漢語的韻母分爲二十六部，按照我們的術語來說，可以列成下表：

1.歌部	2.魚部	3.侯部	4.寒部	5.月部
6.鼃部	7.真部	8.至部	9.文部	10.隊部
11.脂部	12.談部	13.盍部	14.侵部	15.緝部
16.陽部	17.鐸部	18.耕部	19.支部	20.蒸部
21.之部	22.冬部	23.幽部	24.宵部	25.東部
26.屋部				

　由此看來，除了鼃部是高本漢所獨創以外，魚鐸分立和侯屋分立都和黃侃一致，其他二十一部更和章炳麟一致（當然，各部收字和章氏稍有出入）。但是，就他的擬音來說，那就和中國傳統音韻學有根本上的差別。最值得注意的有以下兩點：

　（1）向來被中國音韻學認爲陰聲（開口音節）的韻部，除歌魚侯三部外，一律被高本漢派作閉口音節，其中之幽宵支四部的平上聲字被認爲收-g，脂鼃（歌部的小部分）兩部字被認爲收-r，例如：

母 məg	期 ki̯əg	梅 mwəg
子 tsi̯əg	有 giug	牛 ngiug
憂 ʾi̯ôg	老 lôg	曹 dzʿôg
好 xôg	修 si̯ôg	由 di̯ôg
高 kog	刀 tog	朝 tiog
瑤 di̯og	交 kŏg	驕 ki̯og
夷 di̯ər	旨 ti̯ər	師 si̯ər
眉 mi̯ər	比 pi̯ər	泥 ni̯ər
違 gi̯wər	推 tʿwər	非 pi̯wər
遁 ni̯ar	諓 xi̯war	

（2）中古的去聲字被高本漢認爲在上古收-g、-d、-b，這些韻尾和入聲的韻尾-k、-t、-p 不同。關於收-b 的去聲字，高本漢説得不十分肯定，這裏不加以討論。關於收-g、-d 的字，舉例如下：

置 ti̯əg	代 d'əg	富 pi̯ŭg
奥 ôg	就 dz'i̯ôg	釣 tiog
耀 di̯og	悼 d'og	暴 b'og
赴 p'i̯ug	裕 gi̯ug	耨 nug
瑴 kug	鬥 tug	茂 mug
路 klâg	妬 tâg	愬 sâg
度 d'âg	借 tsi̯ag	護 g'wâg
肄 d'âd	戾 li̯əd	棄 k'i̯əd
貴 ki̯wəd	遂 dzi̯wəd	醉 tsi̯wəd
賴 lâd	契 k'i̯ad	廢 pi̯wăd
逝 di̯ad	帶 tâd	會 g'i̯wad

　　首先要聲明一件事：加上了韻尾-r、-g、-d 就不能再認爲是陰聲韻，因爲中國傳統音韻學一向認爲衹有開口音節纔算是陰聲，戴震、黄侃、錢玄同在這一點上最爲明確。陸志韋先生（《古音説略》106 頁）説："上古音的歌部不收陰聲。"陸先生把上古歌部擬成收-d，所以他説不收陰聲。帶有-r 尾的韻母的性質在陽聲韻和入聲韻之間，r 和 m、n 都是所謂響音，在這點上 r 尾的韻母近似陽聲韻。至於以-g、-d 收尾的韻母當然應該認爲入聲韻之一種。

　　西門的主要觀點和高本漢相同；但是他比高本漢更徹底。在他的《關於上古漢語輔音韻尾的重建》①裏，他不但把之幽宵支脂微

① Walter Simon：Zur Rekonstruktion der Altchinesischen Endkonson-anten，Mitteilungen des Seminars f.Orientalische Sprachen，Bd.XXX，Abt.I，21 頁。

等部都重建成爲入聲韻部，而且連魚侯歌三部也重建爲入聲了，於是造成了古無開口音節。西門所擬的上古入聲韻尾是-γ、-ð、-β 和 -g、-d、-b 對立；他否認上古漢語和中古漢語有清塞音韻尾-k、-t、-p，所以他把高本漢所擬-k、-t、-p 的地方改爲-g、-d、-b，而把高本漢所擬-g、-d、-r、-b 的地方改成-γ、-ð、-β（魚侯兩部定爲收-γ，歌部定爲收-ð）。當然我們應該認爲以-γ、-ð、-β 收尾的韻母（如果存在的話）也算入聲韻母，因爲帶塞聲韻尾的既算入聲，帶擦音韻尾的也不能不算入聲。

　　高本漢和西門二人的影響很大。從表面上看來，好像高本漢的影響要比西門的影響大，因爲許多現代音韻學家接受了韻尾-g、-d、-b 的學說，而沒有接受韻尾-γ、-ð、-β 的學說。實際上，就中國的情況來説，西門的影響要比高本漢的影響大，至少是一樣大，因爲：(1)西門把魚侯歌脂微等部一律認爲上古入聲韻部（雖然沒有明顯地稱爲入聲），中國某些音韻學家也把魚侯歌脂微等部一律認爲上古入聲韻部（也沒有明顯地稱爲入聲）；(2)西門沒有承認脂微兩部收音於-r，中國的音韻學家也沒有任何人承認脂微兩部收音於-r。

　　高本漢把陰聲韻時而擬成閉口音節，時而擬成開口音節，顯然是進退失據，自相矛盾。此外，高本漢還有一個缺點：本來陰聲和入聲對應，祇能兩分，不能三分，但是高本漢對於魚侯脂微四部都采用了三分法，魚部擬成 o、âg、âk，侯部擬成 u、ug、uk，脂微（高氏合爲一部，有時又像分開）擬成 ər、əd、ət，這樣是平上爲一類，去聲爲一類，入聲爲一類，不但違反了傳統的中國音韻學，而且違反了他自己的原則，因爲他對之幽宵支四部祇采用了兩分法，否定了開口音節的存在。我們雖然反對把陰聲韻擬成閉口音節（理由見下文），但是，我們同時認爲，如果把所有的陰聲韻一律擬成閉口音節，還不失爲自成體系的學説。因此，我們認爲西門的學説基本上是自成體系的，是持之有故，言之成理的,衹有高本漢的關於上古漢語陰入兩聲韻尾的學説是矛盾百出的。

上文説過,如果依照考古派,入聲不獨立成部,那麼,他們在擬測上古音值的時候,衹有兩條路可走:第一條是孔廣森的道路,認爲上古漢語衹有陰聲没有入聲,或者像段玉裁和江有誥那樣,認爲入聲和平上去聲衹是聲調的分別,不是韻尾的分別(這是我的體會),所以入聲衹是陰聲之一種,不是和陰聲對立的東西,換句話説,不但平上去聲的字是念開口音節的,連入聲的字也是念開口音節的。第二條道路就是像西門那樣,認爲上古漢語衹有入聲韻,没有陰聲韻(是否保留"陰聲"這個舊名稱來表示-g、-d、-b 等韻尾不關重要),入聲和平上去聲除了聲調的分別以外,韻尾也有一些分別(如西門的-g、-d、-b、-γ、-δ、-β),但是它們一律讀作閉口音節。除非入聲獨立成部(如戴震、黄侃、錢玄同所做的那樣),否則第三條路是没有的。

上文説過,無論從諧聲偏旁看或者從《詩經》用韻看,陰陽入三聲之間都不免有些葛藤。入聲緝盍和陽聲侵談的關係比較密些,和陰聲的關係比較鬆些;它們在諧聲方面和隊泰發生一些關係(如"納"從内聲、"蓋"從盍聲),那衹是入聲和入聲的關係,並不是入聲和陰聲的關係。因此,從孔廣森起,"合"類就已經獨立起來,到了王念孫和江有誥就索性把緝盍分爲兩部,以配侵談。除緝盍以外,入聲衹有泰部和陰聲的關係較鬆,因此,戴震的泰部獨立能得到考古派王念孫、江有誥的擁護。

高本漢的缺點是考古和審音都無是處。從考古方面看,他並没有遵照江有誥把鐸和魚、屋和侯、至隊和脂微合併起來。我們不從審音方面責備他,因爲看來他並不是走那條道路的(他從來没有提到戴震、黄侃、錢玄同);但是我們有權利從考古方面責備他,因爲他正是企圖從這方面尋找論據的。

高本漢把鐸和魚分開,屋和侯分開,理由是無論從諧聲方面或者從《詩經》用韻方面看,陰聲魚侯和入聲鐸屋的關係都不密切①。
這是沒有根據的說法,陸志韋先生駁過他②。我在上文已經指出,
依照段玉裁的《六書音均表》,《詩經》魚鐸通叶有二十二處,侯屋通
叶有五處。就韻部的大小而論,魚部好比之部,《詩經》之職通叶有
二十六處,和魚鐸通叶二十二處的情況差不多,爲什麼之職不分立
而魚鐸要分立呢? 侯部的大小好比支部,《詩經》支錫通叶有四處,
和侯屋通叶五處的情況差不多,爲什麼支錫不分立而侯屋要分
立呢?

　　高本漢談到諧聲的時候更是以意爲之。正如陸志韋先生所批
駁的,他硬說"涸"是會意字,是什麼 solid water!《說文》明明說
"涸"從固聲,爲什麼要牽強附會呢? 高氏援引《說文》以"博"爲會
意字(《說文》"博,大通也,從十從尃,尃,布也"),其實應該依照朱
駿聲的意見,認爲尃聲。他從否認"博"字爲諧聲字出發,又硬說
"縛"從博省聲,這回可不能援引《說文》了,《說文》明明說"縛"從
尃聲,並沒有說是從博省聲! 其實除了"博縛"以外還有"薄搏"等
字。在他的 Grammata Serica 裏(326 頁),他把"薄搏"等字也認爲
是從博省聲,但是,這個說法顯然是不能成立的,因爲:(1)說"搏"
是博省聲已經是很勉強的了(《說文》認爲"搏"從尃聲),至於說
"薄"從博省聲,更是大兜圈子,我們必須先承認"溥"從博省聲,然
後"薄"纔能和"博"發生關係;(2)高氏硬把從"尃"得聲的字割裂
爲陰入兩類,派入陰聲魚部的有"尃傅搏賻鱄"(承認是從尃得聲),
派入入聲鐸部的有"博搏溥鎛縛簿薄礴"等字(硬說是從博省聲),
這種割裂是違反中國文字學的。高氏還割裂出一個笑話來。他把
"溥"字歸到入聲裏去,把它的上古音擬成 pâk,並且說明是水名
(根據《廣韻》)。其實水名是中古的意義,上古並沒有這個意義,同
時也就沒有這個讀音。在上古漢語裏,"溥"的一般讀法是滂五切,

---

① 　參看高本漢《詩經研究》,見 1932 年《遠東博物館集刊》第四期第 131—146 頁。
② 　陸志韋《古音說略》第 94—100 頁。

與"普"字音同義近（"普天之下"又作"溥天之下"）；"溥"又通"敷"，可見它是陰聲韻字。高氏爲了便於曲解"溥"爲從博省聲（從而曲解"薄"爲從博省聲），不惜把滂五切的上古音擬成 p'âg；但是他又把與"溥"相通用的"普"和"敷"都歸到陰聲裏去，擬成 p'o、p'iwo，這種純任主觀的辦法是不科學的。

上古魚部除了從"尃"得聲的字以外，還有一些諧聲情況足以證明魚鐸相通。虡聲有"劇臄"，又有"據鐮醵遽蘧籧"，"劇"等應屬鐸部，"據"等應屬魚部，高氏把前者擬成-k 尾，後者擬成-g 尾，那是説不通的。"鐮醵籧"都有群餘一切，"蘧"字甚至僅有群餘一切，它們都是平聲字。"籧"亦作"筥"，高氏把"筥"擬成 klio，"籧"擬成 g'iwag，也自相矛盾。"莫"聲有"謨模"，又有"暮墓寞"等，"謨"等應屬魚部，"暮"等應屬鐸部。高氏把"謨模"擬成 mag，也很難説得過去。"謨模"又寫作"譕憮"，顯然是平聲字，依高氏的體系當作 mo。其次，高氏對從"者"得聲的字處理得最不妥當。"著"在鐸部，"蹜"在魚部，高氏把"蹜"擬成 d'io，算是做對了，但是他把"著"擬成 tio、tiak 兩音，就有矛盾。"著"無論讀去聲或入聲，都應該收-k（若依高氏的説法，去聲的"著"也該收-g）。

侯部和屋部在諧聲方面也不是沒有一些葛藤的。"婁"聲有"數"，而"數"有上去入三聲，高氏把"數"字分爲 sliu、suk 兩讀，但是讀 suk 的"數"仍是從"婁"得聲，所以陰聲和入聲的諧聲關係仍舊存在。從"數"得聲的字有"藪"，高氏把"藪"派作收-g，也顯出了侯屋的密切關係。"趣"從芻聲，而"趣"又通"促"。"趣"從取聲，"趣"也通"促"。高氏没法子抹煞侯屋兩部的諧聲關係。

至隊和脂微相通的情況沒有鐸屋和魚侯相通的情況那樣明顯，因此，王念孫和章炳麟雖然是考古派，也能把至部和隊部分別地獨立起來（章氏的隊部還沒有和陰聲嚴格分開）。但是，我們也不能説至部和脂微之間沒有押韻關係和諧聲關係。上文説過，在《詩經》用韻中有"濟""閟"通叶，"類""比"通叶，都可以證明入聲和陰聲不能劃若鴻溝。諧聲方面,撇開生僻的字不説①,常見的字可以證明陰入兩類的諧聲關係的也不是絕無僅有的。癸聲有"闋",矢聲有"疾"(據《説文》),這是兩個比較明顯的例子。高氏最不受人歡迎的一點是把脂微擬成收-r,他以爲這樣可以説明真文和脂微對轉,又可以説明入聲和陰聲的關係,其實是兩邊不靠岸。關於收-r 的學説,陸志韋先生曾經批駁了他②。高氏企圖拿漢藏語系來證明上古漢語有韻尾-r 的可能,但是漢藏語專家沙弗爾(R. Shafer)就批評他不對。沙弗爾指出,"死二"等字在漢藏系許多語言中都有相當的字,但是都不收-r③。我没有什麽新的意見,這裏可以不談了。總之,如果必須把脂微擬成閉口音節的話,自然是擬成-d 比擬成-r 好些。

　　沿着陰聲和入聲不分立這條道路走去的人,西門等人以外,還有陸志韋先生。陸先生把歌部也擬成了收-d 的韻部④。打開陸先生的《詩韻譜》,我們找不到一個開口音節。

　　的確,陸先生的理論體系比高本漢的理論體系更爲完整。陸先生很有力地證明,上古歌部和脂微是通叶的。陸先生指出,《詩·商頌·玄鳥》叶"祁何宜何",《易·家人》叶"義謂(?)",《書·仲虺之誥》叶"懷離"⑤,《荀子·成相》叶"過施義禍罷私施移",《老子》叶"離(兒)疵爲疵(知)",又叶"雌谿谿離(兒)",《莊子·山木》叶"訾蛇化爲",《則陽》叶"(知)(知)化爲圍爲過",《九歌·東君》叶"雷蛇懷歸",《遠遊》叶"妃歌夷蛇飛徊",《九辯》叶"偕毁弛",《高唐賦》叶"螭諧哀悽欷"。上古歌部和支部也是通叶的,陸先生指出,《詩·斯干》叶"地裼瓦儀議罹(?)",《易·漸》叶

① 若算生僻的字就很多。參看陸志韋《古音説略》第 189—190 頁。
② 陸志韋《古音説略》第 104—106 頁。
③ 美國《東方學會雜誌》(Journal of the American Oriental Society),LXX,2(1950 年),第 139—141 頁,對高氏新著《漢語的性質及其歷史》的書評。
④ 陸志韋《古音説略》第 102—104 頁。
⑤ 《仲虺之誥》是古文《尚書》,也許可以除外。

"陸儀(？)"，《莊子·在宥》叶"知離"，《韓非子·揚權》叶"地解"，又叶"離知"，《外儲説上》叶"知隨"，《九歌·少司命》叶"離知"，《大招》叶"佳規施卑移"，等等。假使上古歌部收開口音節，脂微支部收閉口音節，按照高本漢的體系來説，顯然是説不通的。陸先生把歌部擬爲收-d，雖然在與-g 押韻的時候還不很容易解釋，但這是陰聲收-g、-d 的學説的邏輯結果。我們感覺到陸氏的學説比高氏學説的邏輯性較强；高氏的學説自相矛盾，陸氏的學説不自相矛盾。

但是，除了"古無開口音節"的結論之外，是不是就没有出路了呢？我想不是的。出路很明顯，就是維持陰陽入三分的學説，在陰聲和入聲的收音方面，基本上依照錢玄同的擬測，把陰聲定爲開口音節，入聲定爲閉口音節，問題就解決了。

應該承認，陰聲和入聲之間有着若干葛藤，正如陰聲和陽聲之間、陽聲和入聲之間有着若干葛藤一樣。問題在於怎樣看待這些葛藤。如果讓它們牽連不斷，我們勢必在紛繁的史料中迷失方向。高本漢之所以擬出一個-r 尾來，就是一方面看見微隊相通，另一方面看見微文相通，他以爲衹有-r 尾（或-l 尾）可以兼通-d、-n。其實我們衹要區別一般和特殊，許多問題都可以迎刃而解。

下文我們將着重在批判高本漢關於陰聲韻和入聲韻的收音的學説，主要是他的-g、-d 學説。

三

高本漢把之幽宵支四部的平上去聲字擬成收-g，不擬成收-k，是爲後來平上去聲字發展爲陰聲（依高本漢看法）準備了條件。他把魚侯兩部的去聲擬成收-g，不擬成收-k，也是同樣的理由。至於他把脂微的平上聲字擬成收-r，去聲字擬成收-d，理由更"充分"了，因爲他認爲從韻尾-r、-d 發展到韻尾-i 是很自然的。

但是，從中國傳統音韻學看來，高本漢的-g、-d 學説有兩個很大的缺點：

　　第一，-g、-d 學説破壞了陰陽入三分的傳統學説。上文説過，中國音韻學上的考古派把入聲歸到陰聲並非想要從上古漢語中消滅開口音節，恰恰相反，他們認爲入聲衹是陰聲的附庸；高本漢和西門把陰聲歸入入聲是和中國傳統音韻學唱對臺戲，他們或多或少地企圖取消上古的陰聲，即開口音節。

　　像西門那樣做（我們把-γ、-ð 學説認爲是和-g、-d 學説同一性質的），上古漢語裏是完全没有陰聲的。其實高本漢既然做到那一個地步，倒不如乾脆像西門那樣完全取消陰聲。但是陸志韋先生意識到這個學説有一個大危險（這是西門所不肯説出來的），他説：

　　　　上古漢語没有開音綴的結論有人一定以爲怪誕不經。世上哪裏會有這樣的語言呢？姑不論説話，隨意翻一句古書來念，例如"井竈門户箕帚白杵"，讀成-ŋ、-g、-n、-g、-g、-g、-g、-g，何等的聱牙。

其實念古書還不算什麽，最糟糕還是讀《詩經》！陸先生接着説有幾種現象很可以教人懷疑。他舉出兩件事：（1）"齊桓公與管仲謀伐莒，謀未發而聞於國……'君呿而不唫，所言者莒也'"（《吕氏春秋》）。這"呿而不唫"的音好像是張口説的；（2）更可以教人懷疑的，魚部有好些感歎詞跟象聲字，按情理好像不應當有收聲。《大雅》跟《頌》的"於乎"擬爲 a-xa，當然比 ag-xag 近情得多。

　　陸先生的治學態度是很好的，他没有隱諱困難。他並且還開着一個後門，他説："心裏不妨存一疑問，上古語是有開口綴的，可是不知道哪些字是的。"①

　　我們是不相信上古漢語没有開口音節的。就拿高本漢來説，他没有完全否定上古漢語的開口音節，他對於魚侯兩部字和歌部

────────

① 陸志韋《古音説略》第 106—109 頁。看來，陸先生並不想要證明上古漢語確實是一種没有開口音節的語言。但是，陸先生在没有從别的地方發現開口音節以前，先忙着把前人所肯定的開口音節否定了，這是令人感到遺憾的。

大部分字還擬成開口音節。但是我還覺得不夠；在 Grammata Serica 所列舉的一千二百三十五個聲符中，祇有一百三十八個聲符是屬於開口音節的，祇佔全數的百分之十一強，開口音節這樣貧乏，也是全世界找不出來的一種語言！

我知道，高本漢之所以不肯把魚侯兩部派作閉口音節，也正是因爲怕開口音節太少了，不像一種實際存在過的語言（高本漢批評西門説他實際上把每一個中古收元音的字都認爲上古收-γ 或-ð，見《藏語與漢語》）。但是正是由於這樣，纔造成了他的體系的内部矛盾；也正是由於這樣，他不能不對魚鐸相通的情況和侯屋相通的情況作出若干解釋。我認爲他的解釋是有理由的，並且它們可以同樣地用來説明之職分立、幽覺分立、宵藥分立和支錫分立。

高本漢在他的《詩經研究》（135—136 頁）裏説：

那麼，爲什麼這個唯閉音 $^*glo_k$（指"路"字）只與"故"叶，不與"毒"$d\text{'}uo_k$ 一類字叶呢①？ 理由很簡單。像廣州話那樣的唯閉音-k，在句末或在有停頓跟着的時候，實際上是不大聽得見的。像 mo_k 一類的字在一個停頓的前面，這個-k 從語音學上去分析，祇是前面的元音的一種滑收音（off-glide），它使你聽見舌頭放在-k 的部位；它的閉塞是悄悄地構成的，並没有可以感覺到的破裂作用。除非没有停頓，mo_k 被另一元音直接跟隨着，這個韻尾-k 纔是顯然可以聽得見的。現在，《詩經》裏入韻的字差不多全是在一行的末尾出現的，"路"$^*glo_k$ 等字經常被一個停頓跟着，這個唯閉音-k 就是不大聽得見的。因此，"路"$^*glo_k$ 和"故"kuo 押韻而不和"毒"$d\text{'}uok$ 押韻，那是很自然的。這種押韻，在聽覺上是够諧和的。

① 高本漢在這裏犯了一個音韻學的錯誤。"毒"字屬幽部入聲（即覺部），木字（他在另一處提到的）屬侯部入聲（即屋部），它們不可能和"路"字押韻。《詩經研究》把"木、毒"擬成 mok、d'uok 是錯誤的，依照他自己的體系，應該像 Grammata Serica 那樣，擬成 muk（侯部入聲）和 d'ôk（幽部入聲）。

高本漢承認帶有唯閉音韻尾的字可以跟開口音節押韻,這一點很重要。我們認爲,上古漢語的入聲韻尾-k、-t、-p 都是唯閉音,跟現代廣州話的入聲韻尾-k、-t、-p 一樣(參看下文)。高氏承認 *glok：kuo 的押韻是够諧和的,就不應該不承認 tsə：tək(子：德)、məu：ləuk(茅：樂)、ti̯auk：ki̯au(祝：究)、ke：tiek(解：帝)的押韻也是够諧和的。

　　高氏曾經承認:之幽等部的去聲字和"陰聲字"押韻(如止 tśi：試śik、載 tsâi：意 ïk、究 ki̯eǔ：祝 tsi̯eǔk)並不能充分地證明這類上古"陰聲字"一定收-g,因爲這些去聲字的-k 尾在早年已經變弱了,它們和開口音節押韻已經成爲一種馬馬虎虎的韻了。至於入聲字和"陰聲字"押韻(如來 lai：亟 ki̯ək),他纔認爲是上古"陰聲"收-g 的充分證據①。其實根本就無所謂"變弱";依我們看來,不但上古去聲從一開始就是以唯閉音收尾的,連上古入聲也是從一開始就是以唯閉音收尾的。那麼,爲什麼上古入聲不可以偶然和平上互押以構成"馬馬虎虎的韻"呢?

　　高氏屢次提到馬馬虎虎的韻(hedge-rimes)、不完全韻(imperfect rimes)和權宜韻(makeshift rimes)②,可見他承認這種特殊情況的存在。但是,他衹允許魚部和鐸部之間、歌部和寒部之間、微部和文部之間有不完全韻或權宜韻,那就是純憑主觀判斷,不肯根據事實,不肯概括了。

　　如果我們能够區別一般和特殊、通例和例外,問題本來是容易解決的。顧炎武説:"其入與入爲韻者什之七八,與平上去爲韻者什之三。"③實際上入聲和陰聲的分野比顧氏所論的還要明顯得多。

---

①　參看高本漢《上古漢語的一些問題》。趙元任譯文(題爲《上古中國音中的幾個問題》)載《史語所集刊》第一本第三分。原文第 801 頁,譯文第 382 頁。

② 　《詩經研究》第 134 頁、136 頁。《漢語詞族》第 32 頁。

③ 　顧炎武《音論》卷中。

根據段玉裁古無去聲的學説,十分之九以上的去聲字都應該屬於
上古入聲(閉口音節),那麼,入聲和陰聲押韻的情況就很少了。歌
泰不通叶,脂微和至隊極少通叶,且不必去説它;就拿收-k 的入聲
來説,依照段玉裁《六書音均表》的材料①,再依照我們所定的入聲
標準②,陰入通押所佔的百分比如下表③:

之部　258:27　佔 10.5%　弱
幽部　143:6　佔 4.7%　弱④
宵部　67:11　佔 16.4%　強
侯部　57:5　佔 8.8%　弱
魚部　228:22 佔 9.6%　強
支部　26:4　佔 15.4%　弱

由上表看來,高本漢把幽部擬成-g 尾最没有道理,因爲幽部陰入通
叶的情況祇佔 4.7%弱。支部陰入通押佔 15.4%弱,似乎是頗大的
比重,其實"解"字在上古可能是入聲字,支部陰入通押四個例子當
中有三個是"解"字和入聲通押,"解"字如果算入聲,比重就很小
了。剩下來祇有宵部陰入通押的比重較大,但也不過 16%強。如
果區别一般和特殊,陰入分立還是可以説得通的。

　　高本漢並不是一開始就把之幽宵支四部一律擬成-g 尾的。在
他的《分析字典》(Analytic Dictionary of Chinese and Sino-japonese)
裏,他把一些去聲字如"異意富代告釣耀貌易避"等的上古音擬成
收-g,那是有相當理由的;我們雖不同意擬成收-g,但是我們同意把
這類去聲字擬成閉口音節(收-k),因爲它們本來是古入聲。至於
這四部的平上聲字,高氏在這部書裏並没有把它們的上古音擬成-g

① 其實有些可算不入韻,現在姑且都算入韻。
② 例字見王力《漢語史稿》。
③ 參看上文"陰入互叶表"。
④ 段氏幽部入聲實際上包括侯部入聲,現在依江有誥分爲兩類來統計。《小雅·大
東》叶"蜀宿"是幽侯合韻,統計時算幽部;《小雅·采緑》叶"緑菊局沐"也是幽侯合
韻,統計時算侯部。

尾。"由油抽"由於是平聲字,"浩皓"由於是上聲字,雖然諧聲偏旁
和入聲相通,高氏對它們特別愼重,擬成-g 尾還加上一個疑問號。
對於之部的"有友右母某謀侮"等字高氏更明確地指出它們的上古
音是收-ui 尾的;對於支部的"支知"等字,他也明確地指出它們的
上古音是收-a 尾的。可見當時他並沒有想到要把之支兩部的陰聲
字擬成-g 尾;對於幽宵兩部是否收-g 尾的問題,他還在舉棋不定。
直到 1931 年,他在《藏語與漢語》裏還說:"也許上古漢語所有的
-əu、-iəu 當中的舌根音 u 都念得很重,以致人們仿佛聽見一個寄生
的-g,如口 k'əug、九 kiəug 等。"我們認爲當時他是比較明智的。後
來他是"出喬木而遷幽谷",越來越錯了。

　　凡是研究上古漢語韻部的人都知道,之部和魚部的讀音是很
相近的。依照段玉裁《六書音均表》,《詩經》之魚通叶的例子有
《小旻》的"膴謀",《賓之初筵》的"啟欺郵",《縣》的"膴飴謀龜時
兹",《蟋蟀》的"雨母",《巷伯》的"者謀虎",《常武》的"士祖父
戎";依照朱駿聲《說文通訓定聲》,先秦韻文中之魚通叶的例子還
有《禮記·樂記》的"俯止女子語古",《禮運》的"户下俎鼓祖子所
祜",《射義》的"舉士處所"。金文中之魚通押也是常見的①。假使
上古之魚兩部像高本漢所擬的那樣,一個是閉口音節,一個是開口
音節,元音又不相同(如"雨"giwo:"母"məg),它們怎麽能押
韻呢?

　　高本漢自己承認,他雖然在《詩經》用韻上找到了一些證據,但
還躊躇着不肯說他早先的學說是錯的(指"有"iəu-ui等等),還不肯
說"期基姬紀母畝"等字在上古全有-g 尾;後來他面對着一個稀奇
而重要的發現,纔不再躊躇了②。這個稀奇而重要的發現是什麽
呢?原來當時他以爲脂部在上古是一種開口音節,收音於-i,上古
之部如果在上古也是收音於-i 的話,豈不是沒有分別了?他這個

①　參看郭沫若《殷周青銅器銘文研究》第 130—137 頁。
②　高本漢《上古漢語的一些問題》。譯文見《史語所集刊》第一本第三分第 387 頁。

"重要的發現"到現在一點兒也不重要了,因爲他已經把脂部擬成了閉口音節,收音於-r 了!

即使同屬開口音節,實際上也不愁無分別。我在《漢語史稿》中把之支脂微擬成 ə、e、ei、əi,不是都有了分別嗎? 我覺得:陰陽入三分是應該肯定的,上古漢語的開口音節決不會像高本漢所想像的那樣貧乏。至於每一個韻部的主要元音,還是可以反復考慮的。

爲什麽 ə(之部)有時候和 ək(職)押韻,但是從來不和 əi、ət(微、隊)押韻呢? 那也很容易瞭解:之部的 ə 的發音部位和微部的 ə 的發音部位有所不同。前者發音部位較低、較後(可能是個 ɐ),所以有時候和 a(魚部)押韻;後者發音部位較高、較前,所以有時候和 ei、et(脂、至)押韻。關於元音問題,本文不打算詳細討論了。

第二,韻尾-g、-d 的學說破壞了"平上爲一類,去入爲一類"的傳統學説。段玉裁説:"古四聲不同今韻,猶古本音不同今韻也。考周秦漢初之文,有平上入而無去;洎乎魏晉,上入聲多轉而爲去聲,平聲多轉爲仄聲,於是乎四聲大備而與古不侔。有古平而今仄者,有古上入而今去者,細意搜尋,隨在可得其條理。……古平上爲一類,去入爲一類。上與平一也,去與入一也。"①段氏在這裏談的是聲調問題,但同時也牽涉到韻尾問題。用他自己的話來說,這是"古四聲"的問題,也是"古本音"的問題。如果我們承認上古入聲是收音於-k、-t、-p 的,同時又承認段氏古平上爲一類,去入爲一類的説法,那麽上古漢語中的平上聲字就是屬於開口音節的,去入聲字就是屬於閉口音節的。段氏這一個發現是非常重要的,它不但解決了上古的調類問題,同時也解決了陰聲韻和入聲韻的分野問題。高本漢等人從中古的語音系統去看上古語音系統,以爲平上去爲一類(中古都是開口音節),入聲自成一類(中古是閉口音節),那是很大的錯誤。

---

① 　段玉裁《古四聲説》(在《六書音均表》內)。

　　段玉裁的話，從表面看來有矛盾。他説"考周秦漢初之文有平上入而無去"，又説"去入爲一類"，到底上古漢語有没有去聲呢？其實他的話並没有矛盾。上古入聲實有兩類，其中一類到後代變爲去聲，這就是説，從閉口音節發展爲開口音節，另一類則維持閉口音節直到中古漢語裏和現代某些方言裏。

　　段玉裁雖然主張"同諧聲者必同部"，但是在區別入聲和非入聲的時候，他祇以《詩經》用韻爲根據，不以諧聲爲根據，例如"時特"都從寺聲，但是段氏把"時"歸入平聲，把"特"歸入入聲；"葵閡"都從癸聲，但是段氏把"葵"歸入平聲，把"閡"歸入入聲。這一點也很重要。在區別入聲和非入聲時，如果不拘泥於諧聲系統，就没有很多糾纏。去聲和入聲押韻，在上古漢語裏是明顯的事實。

　　高本漢把之幽宵支四部的平上去三聲的字和侯魚兩部的去聲字擬成收-g[1]，入聲字收-k；其次，他又把脂微兩部的平上兩聲的字擬成收-r，去聲收-d，入聲收-t。這樣顯然和段玉裁的學説相反。

　　根據去入爲一類的理論，我們應該把去入兩類的字一律擬爲收-k、-t，高本漢在他的《上古漢語的一些問題》和他的《詩經研究》裏也正是這樣主張的[2]。在這一個問題上，高氏是反復了三次的：第一次，在他的《分析字典》裏，他主張這些去聲字收-g、-d；第二次，在上述兩文裏，他主張它們收-k、-t；第三次，到了《漢語詞族》[3]（直到現在），他又回到九年前《分析字典》的原説。在我們看來，他在1928年（《上古漢語的一些問題》發表的一年）是"出於幽谷而遷於喬木"，到了1932年（《漢語詞族》發表的一年）却又是"出於喬木

---

[1]　這裏所説的平上去入的界限祇是大致的界限，個別字的歸類有出入。對於高氏是這樣，對於段氏也是這樣。

[2]　高本漢《上古漢語的一些問題》。譯文見《史語所集刊》第一本第三分第350—355頁。《詩經研究》，《遠東博物館集刊》第四期第119—121頁。

[3]　《漢語詞族》第14—15頁、28頁、31—32頁。張世禄譯本（名爲《漢語詞類》）第13—16頁、46頁、52—54頁。

而回到幽谷"去了！

最鮮明的證據乃是《詩經》用韻。去入通押在《詩經》裏常見到那種程度，以致段玉裁認爲上古没有去聲，可見韻脚是非常諧和的，决非偶然的"協押"可比。假使-g、-k 通押，-d、-t 通押，那就是"協押"（assonance），並不諧和。依照高本漢的擬音，下面所引《詩經》的兩章的韻脚將是這樣：

《桑柔》十五章

　　民之罔極（ki̯ek），職凉善背（pwəg）；

　　爲民不利，如云不克（k'ək）

　　民之回遹，職競用力（li̯ək）。

《蟋蟀》二章

　　蟋蟀在堂，歲聿其逝（d̑i̯ad）；

　　今我不樂，日月其邁（mwad）。

　　無已大康，職思其外（ngwad）；

　　好樂無荒，良士蹶蹶（ki̯wăt）。

pwəg 和 ki̯ək、k'ək、li̯ək 押韻，ki̯wăt 和 d̑i̯ad、mwad、ngwad 押韻，是多麼不諧和！ 如果像我們所擬的，puək，ki̯ək、k'ək、li̯ək 押韻，ki̯wat、ʐi̯at、muat、nguat 押韻，那就諧和得多了。

當高本漢從去聲收-g、-d 的理論轉變到收-k、-t 的理論的時候，他首先説明入聲能有兩類。他説："我現在的説法就是説，現在有 tan˰、tan˴ 的分别，那麼在上古音當中也有 tat˰、tat˴ 的分别，不過因爲在第六世紀以前 tat˴ 已經變了（tad—）tai˴ 或是 ta˴，所以後來的中國音韻學家就看不出那種入聲字當中還有調的變化的可能了。"[1] 其實入聲能分兩類，現代漢語方言就可證明，如吳方言的陰入、陽

---

[1]　高本漢《上古漢語的一些問題》，譯文見《史語所集刊》第一本第三分第 351 頁。

入，廣州話的陰入、陽入、中入等。不過，陰入和陽入的分化是由於聲母清濁的不同，陰入和中入的分化是由於韻母的不同，而上古漢語的入聲分兩類恐是比較原始的情況，而不是分化的結果。

上古入聲分化爲中古的去入兩聲，這就意味着上古的閉口音節分化爲開口音節和閉口音節兩類。這種分化是憑着什麽條件的呢？高本漢説是由於去聲是一個降調，所以影響到韻尾-d(來自-t)的失落(來自-k尾的-g尾也是一樣)；也有人説可能是由於上古去聲是個先強後弱(diminuendo)的調，所以影響到輔音失落；我在我的《漢語史稿》裏説上古有長入和短入，長入到中古變了去聲，短入到中古還是入聲。在這篇文章裏我不打算辯論這個問題；我覺得三種情況都有可能，而且也可能兩三種情況同時存在。祇要不把這兩類入聲完全混同起來，分化條件是容易説明的。

至於高本漢説從-k、-t到開口音節還要經過一個-g、-d的階段，這是調和前後兩種理論的一種説法。我看這種説法是不容易成立的。固然，tat—tad—tai這個發展程序是言之成理的；輔音 d 和元音 i 發音部位相近，d 是濁音，變元音容易些。但是，tǝk—tǝg—tai這個發展程序則是很難自圓其説的，特別是像 tiǝk—tiǝg—ti 這樣的程序很難找到滿意的解釋。高氏挖空心思地找到了一個解釋，他説："tṣa'>ts-g 表示一種普通的-g；āi>-g 表示一種硬顎的-g，這個 g 和 i 的部位相當，所以後來它轉變爲 i；kâu>-g 表示一種軟顎的-g，這個 g 和 u 的部位相當，所以後來它轉變爲 u。"①這種發展程序的人爲性很重，所以缺乏説服力。我看還不如解釋爲韻尾-k 失落以後，元音自身逐漸發生變化。

儘管這樣，當他推翻自己的-g、-d 學説的時候，他説出了許多令人信服的理由。在《上古漢語的一些問題》裏②，他説：

---

① 高本漢《分析字典》第 29 頁。
② 高本漢《上古漢語的一些問題》，譯文見《史語所集刊》第一本第三分第 353—355 頁。

1.先説,有好些字的構造,用了新的説法,可以容易解釋得多。"例"擬爲 li̯ät`,比擬爲 li̯äd 更接近它的聲符"列"li̯ät①。不但如此,代從弋聲,措從昔聲,顯得我的新説法的好處。

我早期的理論是:

代 d'âg　　　弋聲(d)i̯ək

措 ts'uog　　　昔聲 si̯äk

它遠不如我現在修正的説法:

代 d'âk`　　　弋聲(d)i̯ək

措 ts'uok`　　　昔聲 si̯äk

2.其次,修正了的理論可以解釋許多一字兩讀的有趣的例子。"度射惡食塞貳易"等字都有兩讀,照我早期的理論,每個字的兩種讀音之間有不小的差別:

度 d'âk : d'uog 惡 ˙âk : ˙uog

塞 sək : sâg　　　易 i̯äk : i̯eg 等

若用現在修正的理論,那兩種讀音就相近得多了:

度 d'âk : d'uok` 惡 ˙âk : ˙uok`

塞 sək : sâk`　　　易 i̯äk : i̯ek`

射 dź'i̯ak : dźi̯ak`食 dz'i̯ək : (d)zik`

貳 tśi̯et : t śit`

而且從上古音變到中古音的時候,那些失掉韻尾-k、-t 的字,它們跟保存韻尾-k、-t 的字的元音變化未必是一樣的,所以如果追溯到上古時代那些兩讀的字,除了聲調不同以外,可能

① 高本漢在文中舉"例、怕"二字作爲去聲的例字,不妥。先秦根本沒有"例"字。先秦雖可能有"怕"字(《老子》"我獨泊兮其未兆",河上公本作"怕"),那是一個入聲字,和後代的"怕"音義都不同。

（甚至非常可能）它們的聲音是完全相同的。如果是這樣，那就跟"好"字的讀爲 hao´,hao` ,"王"字的讀爲 wangˉ、wang`一樣，純然祇有聲調上的分別了。由此看來，我們現在假設爲-k`、-t`,不再像早期那樣擬成-g、-d,這樣對於一字兩讀的現象就解釋得非常好了。

3.又其次，像 kag 那樣的音，在聽覺上和 kang 很相近似，料想念 kag 的字應該可以用作念 kang 的字的聲符，念 kang 的字也應該可以用作念 kng 的字的聲符。實際上這種事情没有發生過，這種情況也有利於肯定上古的 kak` 而不肯定上古的 kag。

4.最後，有一個"害"字可以給一點暗示。這個字在經書裏，例如《書經·湯誓》和《詩經·葛覃》,有時候可以代替"曷"字。如果"害"字念 γâd 而寫來代替念 γât 的"曷"字，那就奇怪了；如果"害"字念 γât,稍爲不小心就把"曷"寫成了"害"，那是很可以理解的。

以上四種理由合起來，我想蓋然性的程度就差不多等於必然性了。

在他的《詩經研究》裏①,他重複了他的論據。他説：

在我的《分析字典》裏，我把"怕"（聲符"白"）、"例"（聲符"列"）一類的字肯定爲收輔音韻尾。在那裏，我提出的規則很簡單：《切韻》時代以前消失了的輔音都是-g、-d(p'ag,liäd等)，而保存下來的輔音（"入聲"韻尾）都是-k、-t(b'ɐk、liät等)。在我的《上古漢語的一些問題》(1928 年)裏，我修正了我的擬測。結果是前一類的收音也是-k、-t,不過"怕例"等字在上古漢語裏已經是一種降調（"去聲"），是這個降調使上述

---

① 《遠東博物館集刊》第四期第 119—120 頁。

這些輔音韻尾在《切韻》時代以前失落了，至於入聲的"白"
b'ɐk、"列"li̯ät 則仍舊保留着它們的-k、-t。李方桂拒絕接受這
種擬測，仍然維持我早期的擬測，但是他没有説明任何理由。
因此，我在這裏還要重複我的論據，同時還增加了一些新的
材料。

（A）如果我們把"害曷"擬成 g'ât`、g'ât⁻，"載則"擬成
tsək`、tsek⁻，就比把它們擬成 g'âd、g'ât、tsəg、tsək 更能解釋它
們之間的假借。這不是一個決定性的證據，因爲"假借"的字
有時候不一定是完全同音的字，但是如果加上下面的一些證
據，它還不能説不是有啟發性的。

（B）如果我們接受去聲收-k 的説法，一字兩讀（詞幹變
化）就更容易理解：

度 d'ak　　　　　又音 d'uo` <*-k`

復 p'i̯uk　　　　　又音 p'i̯ə̯u` <*-k`

塞 sək　　　　　又音 sai <*-k`

（C）決定性的證據還在乎這個。我們發現，在"怕"（從
"白"聲）這一類諧聲字裏，主諧字或被諧字到《切韻》裏失落
了輔音韻尾的，有95%以上屬於去聲：怕 p'a`：白 b'ɐk。例
外是有的：高 kau⁻：鄗 xak，但這種例外是很少的。從《詩經》
和其他上古作品裏，我們知道，許多平聲字和上聲字也都帶着
輔音韻尾，如"來"與"丞"叶、"子"與"德"叶，等等。假使平聲
"來"等、上聲"子"等、去聲"怕"等一律都收-g（或一律收-k），
爲什麼去聲字常常和入聲字互相諧聲（如"怕"），而平聲和上
聲則僅僅有一些例外（如"高"）呢？我們不能不下這樣一個結
論："來子"等字收輔音韻尾-g，這個-g 有別於入聲韻尾-k，因
此，諧聲的創造者很少把-g、-k 混合起來；至於"怕例"一類字
和入聲互相諧聲則非常普遍，所以這些去聲字應該也是收音
於-k 的。

　　高本漢這些理由都是很有力的論證,我們主張上古去聲收-k、
-t,也就根據同樣的理由。就收-g 的字來説,如果采用高本漢最近
的説法,平上去三聲收音於-g,祇有入聲收音於-k,這樣是平上去爲
一類,入聲自成一類,嚴重違反了"平上爲一類,去入爲一類"的傳
統學説。在這一點上,高本漢曾經把自己批評得很徹底(特別是上
文理由 C 項),但他不惜自己推翻了自己的可靠學説,根據一些站
不着脚的理由,重新回到他早期的-g、-d 學説。在重新回到他早期
的-g、-d 學説的時候,他還不能不承認他的修正學説有着許多很大
的優點(great advantages)①,但是他終於把它推翻了。

　　他的推理是這樣的:(1)既然脂微兩部是收-r 的,而至隊兩部
的去聲字又有和脂微押韻的情況,所以這些去聲字的韻尾應該是
-d,-d 和-r 押韻是比較諧和的②;(2)既然和入聲韻尾-t 相當的去聲
韻尾是-d,所以和入聲韻尾-k 相當的去聲韻尾應該是-g。這個邏輯
推理是錯誤的,因爲它的大前提是錯誤的。脂微兩部在上古並非
收音於-r(見上文)!

　　高本漢在早期的學説中,有濁音引出降調的理論。他説:"大
家知道,在支那語系中,清音聲母使字調成爲一個高調(如"刀"
tâuˉ),濁音聲母使字調成爲一個低調(如"萄"d'âuˉ)。無疑地,這
是由於生理上的原因,而這一件事實正是和我們這個問題有關,因
爲上古的 tsag(乍)變爲中古的 tṣaˋ 正是變成一個降調,尾音低降,
韻尾-d、-g 是字音的最後部分,它們是濁音,所以把尾音的聲調拉低
了。"③在《上古漢語的一些問題》裏,他承認這是倒果爲因,是降調
促成了 ḷiät-ḷiäd-ḷiaiˋ 的發展,而不是韻尾-d 引出一個降調來④。但

----

①　《漢語詞族》第 14 頁。
②　同上,第 32 頁。
③　《分析字典》第 29 頁。
④　高本漢《上古漢語的一些問題》,譯文見《史語所集刊》第一本第三分第 372 頁。

是,到了《漢語詞族》中,他重新拾起已經放棄了的理論①。我們認爲這個理論也是不能成立的。應該指出,聲母和韻尾輔音在影響聲調的作用方面是完全不同的;我們不能從濁聲母產生低調這一件事實引出結論,以爲韻尾輔音也產生低調。聲母在元音前面,所以對元音的高低能產生影響;-d、-g 在元音後面,元音過去了,聲調也就過去了,-d、-g 來不及影響它了。現代粤方言的入聲也有低調(陽入),但是這些低調的字的韻尾並不是-b、-d、-g 而是-p、-t、-k。

總之,"平上爲一類,去入爲一類"的傳統學説必須維持。高本漢在之幽宵支等韻部中以平上去爲一類(收-g),入聲自成一類(收-k),那是嚴重的錯誤。至於魚侯脂微等部,入聲和去聲也不應該有韻尾上的分別,祇能有聲調上的分別。

四

高本漢的-g、-d 學説遭遇着一個不可逾越的障礙。構成障礙的是這樣一件事實:在漢藏語系中,韻尾-g、-d、-b 和-k、-t、-p 是不能同時存在的。

研究漢藏系語言,必須瞭解它們的共同特點,藉此以區別於非漢藏系語言。漢藏系語言的特點之一是:它們的閉口音節,如果是收音於閉塞音或響音的,一律收唯閉音。高本漢認爲在唐代(至少在某些方言裏)入聲韻尾-k"已經"是唯閉音②,其實它從上古以來一向就是唯閉音。他在《詩經研究》裏還承認"路"等字屬於唯閉音,所以他把"路、夜"寫成 glo_k、zio_k 等,後來到了《漢語詞族》裏,他修改他的説法。他以爲在《詩經》時代,-g 在 e、ə、o、u 的後面仍舊"活着",但是在 a 的後面已經變了喉塞音:"路、怕、夜"由 glâg、p'ăg、ziug 變爲 glá、p'á、ziá,再變爲 glo、p'o、zio。本來,如果

---

① 《漢語詞族》第 14 頁。

② 《詩經研究》第 135 頁。

把之幽宵侯魚支六部的去入聲字一律擬成收喉塞音，倒不失爲一個近理的擬測；收喉塞音也是收唯閉音，符合漢藏系語言的特點。但是，高氏在這裏祇是用頭痛醫頭、脚痛醫脚的辦法，鐸部去聲的收喉塞音僅僅是爲了照顧《詩經》押韻，所以他造出一種所謂"《詩經》方言"來，以爲祇有"《詩經》方言"的鐸部去聲收唯閉音，"《詩經》方言"以外有許多"有勢力的姊妹方言"，這些方言的"路怕夜"等字一直是收-g的，它們是《切韻》的"直接祖先"①。這是多麼迂曲的解釋！

我們必須能够證明漢藏語系中某些語言(且不要求多數)的閉口音節是以完整的破裂音收尾的，然後可以相信上古漢語也收完整的破裂音。事實不是這樣。據我們所知，現代漢藏系語言閉口音節的尾音-k、-t、-p都收的是唯閉音，並不像印歐系語言那樣收破裂音。聽説日喀則地方的藏語韻尾-k、-p在高元音 i、u 後面有輕微的破裂現象(如 sik 豹子、nup 西)；梭磨地方的嘉戎語(rgyarong)韻尾-k在慢説的時候説成破裂，快説則不破裂，至於-t、-p則無論快説慢説都不破裂②。這些都是個別的現象，不能破壞一般的規律。

我們又必須能够證明漢藏語系中有這樣一些語言(至少也要有一種)，它們同時具備清濁塞音兩套韻尾(即同時有-g、-d、-b 和-k、-t、-p)，然後可以相信上古漢語也有這樣的兩套韻尾。-g、-d、-b作爲非正常的現象而存在，那完全是可能的；特别是在濁音聲母的前面(如廣州話的"黑貓"hɛkmau、"一年"jɐtnin、"入來"jɐpləi)，容易形成韻尾-k、-t、-p的濁音化。但是這樣並不能構成濁音韻尾和清音韻尾的對立。西門説古代西藏語没有-p、-t、k，祇有-b、-d、-g，那應該是可信的③。但是當它具備-b、-d、-g 的時候，並不同時具備-p、-t、-k。

① 高本漢 Grammata Serica 第 31 頁。
② 這是金鵬先生供給的材料。志此道謝。
③ 高本漢《上古漢語的一些問題》，譯文見《史語所集刊》第一本第三分第 370 頁。

　　爲什麼在漢藏系語言裏不可能有兩套清濁對立的塞音韻尾呢? 原因就在於它們是唯閉音。我們知道,唯閉音的性質是衹有成阻、持阻而沒有除阻(除阻時不成音)。這種唯閉音正如高本漢自己所説的,它"衹是前面的元音的一種滑收音(off-glide),它使你聽見舌頭放在-k 的部位,它的閉塞是悄悄地構成的,並沒有可以感覺到的破裂作用"。在這種情況下,除非用儀器實驗或者由聽覺靈敏的語音學家來辨別,否則韻尾-b 和-p、-d 和-t、-g 和-k 是辨別不出來的。

　　也許可以辯駁説,現代漢藏系語言的塞音韻尾雖然是一種唯閉音,但是上古的漢藏系語言也可能有破裂音韻尾的存在。這種假定完全是虛構的。如果古代漢藏系語言有過破裂音韻尾,不可能不在某些語言中留下一些痕迹。大家知道,漢語及其同系語言的韻尾-m、-n、-ng 也是唯閉音;就漢語説,它們是和-p、-t、-k 配對的。相對應的韻尾照理也不應該有破裂和不破裂的分別。從來沒有人證明過上古漢語韻尾-m、-n、-ng 是破裂音,因此上古漢語韻尾-p、-t、-k 也不可能是破裂音,否則就破壞了漢語語音系統的完整性。

　　班奈笛克(Paul K. Benedict) 在他的《上古漢語中的 *g 和 *d》裏説①:

　　　　第四種嘗試(我們認爲這是正確的)就是把古漢藏語擬成衹具有一套塞音韻尾(-k、-t、-p),它有一整套的元音韻母(-u、-o、-a、-e、-i,也許還有其他),還有一對半元音韻尾(-w、-y)。這就是説,這個語音系統是古藏緬語的語音系統,也是現代南亞洲大多數具有聲調的單音節語(漢語、karen 語、泰語、kadai語、越南語、苗瑶語)的語音系統。

　　這一段話是正確的。我們期待着他下那麽一個結論:古漢藏

①　《哈佛亞洲研究雜誌》,1948 年,第二卷第 203 頁。

語是這樣，到了上古漢語也是這樣。但是，他不顧他所證明的古藏緬語的事實，也不顧他所證明的古漢藏語的事實，反而相信高本漢和西門的意見，從而説上古漢語的-g、-d 是由半元音-w、-i 來的。上文已經從各方面證明，-g、-d 學説是不能成立的，我看就用不着大兜圈子了。

在高本漢的近著（1954 年）《中古及上古漢語語音學概要》裏（234 頁），他企圖拿日本的吳音和漢音來證明中古和上古漢語的塞音韻尾都是破裂音（不是唯閉音）。他説：“吳音和漢音在借詞的形式上有 katu、kati、kapu、kaku，它們顯示着當時日本人聽見的是一種真正的、容易抓得住的清塞音（tenues）。”這個證據是不充分的。第一，高本漢自己説過：“古代日本音没有韻尾-ng，所以他們對譯漢語的‘剛’kang 用 kagu（→kau→ko）。假使當初日本人聽見‘各’字念作 kag（按：這是西門的説話），他們一定會把這個‘各’字翻成 kagu，不會翻作 kaku 了。”①漢語韻尾-ng 是個唯閉音②，爲什麼日本人也聽成了-g 呢？可見並不需要真正破裂，然後日本人纔能聽得是什麼收音。日本人自己没有-p、-t、-k 一類的閉口音節，當然念成 katu、kati、kapu、kaku 了。第二，高氏自己看重以漢語本身證明漢語（這個原則是對的），也看重以漢藏系語言來證明漢語（那也是對的），但是他在這裏拋棄了漢藏語的共同特點，求證於和漢語没有親屬關係的日本語的特點（它不能有-p、-t、-k 一類的閉口音節），那就不對了。

高本漢説：“也許藏語從前-b、-d、-g、-p、-t、-k 都有的（就像漢語，我想我能證明也有），不過後來由於類化作用都變成了-b、-d、

---

① 高本漢《上古漢語的一些問題》，譯文見《史語所集刊》第一本第三分第 371 頁。
② m、n、ng 也是塞音之一種，全名應稱爲“鼻塞音”（Roudet《普通語音學綱要》152 頁）。既是塞音之一種，所以也有所謂唯閉音（前書講到唯閉音 implosive 的時候，就是舉 ap、am、at、an 爲例的）。

-g,這種普遍化和簡單化的現象是很符合支那語系的特點的。"①這完全是無稽之談！他不能證明上古藏語同時有兩套，就衹好説個"也許"；他説他能證明上古漢語有兩套，但是我們已經從各方面證明他的-g、-d 理論是不能成立的。

在這一個問題上，西門比高本漢高明些。他把上古漢語的閉口音節擬成-b、-d、-g 和-β、-ð、-γ 的對立，一套是塞音，一套是擦音，在聽覺上容易辨別多了。但是他的上古收-b、-d、-g 的説法既然爲高本漢所駁倒②，-β、-ð、-γ 也就搭配不上。西門這一個學説最大的缺點還在於否定了上古漢語的開口音節。

開口音節對閉口音節的優越性，這是漢藏系語言的共同特點。漢藏系語言是元音佔優勢的語言。在現存的漢藏系語言中，我們絕對找不着一種語言像高本漢所擬測的上古漢語那樣，開口音節非常貧乏，更不必説像西門所擬測的那樣，完全缺乏開口音節了。相反的證據倒是不少：阿細語、撒尼語、威寧苗語等都没有閉口音節，這就是説，完全没有韻尾-p、-t、-k、-m、-n、-ng③。因此，把上古漢語擬成開口音節極端貧乏或完全没有開口音節的語言，是不合理的。

　　　　　＊　　　　　＊　　　　　＊

高本漢在中古漢語的語音研究上有頗大的成就；但是，等到他擬測上古漢語的語音系統時，他陷入了機械主義的深淵。本文的主要目的在於批判高本漢的上古漢語音韻學，同時捍衛中國的傳統音韻學。當然中國的傳統音韻學也有它的缺點，例如説"家"古音"姑"、"友"古音"以"之類，它在這些地方違反了歷史語言學的

① 高本漢《上古漢語的一些問題》，譯文見《史語所集刊》第一本第三分第 370 頁。
② 同上，第 369—374 頁。
③ 參看袁家驊《阿細民歌及其語言》。馬學良《撒尼彝語初探》。王輔世《貴州威寧苗語量詞》（《語言研究》1957 年第 2 期）。哈尼語除了少數漢語借詞收-ng 以外，也没有閉口音節，參看高華年《揚武哈尼語研究》。

根本原則,必須加以糾正。高本漢在這一方面是正確的,他認清楚了語音分化必須有分化的條件。但是,在語音系統的分析和概括上,中國傳統音韻學有其不可磨滅的成績,因爲先秦的史料有限,客觀的分析會得到客觀的結論,前代學者在這方面的成績幾乎可說是無可修正的了。陰陽入三分的傳統學説必須維持,"平上爲一類,去入爲一類"的傳統學説必須維持。

現在我把本文的要點總結一下:

(1)在上古漢語裏,每一個陰聲韻部和它的入聲韻部的關係都應該是一樣的,我們不能像高本漢那樣,把它們割裂爲四個類型:第一類是之幽宵支四部及其入聲,一律收塞音(-g、-k),第二類是魚侯兩部及其入聲,一半收元音,一半收塞音(-o、-u、-g、-k),第三類是脂微兩部及其入聲,收顫音和塞音(-r、-d、-t),第四類是歌部及其入聲,一大半收元音,一小半收顫音(-a、-ar)。從史料上看,這是没有根據的。

(2)如果依照高本漢的原則,凡陰聲和入聲在諧聲和押韻上稍有牽連,即將陰聲字改爲閉口音節,那麽,邏輯的結論不應該是高本漢自己所得的結論(因爲高氏没有遵守自己所建立的原則),而應該是西門所得的結論或類似的結論,這就是説,完全否定上古漢語的開口音節。但是,完全没有開口音節的語言是世界上所没有並且不曾有過的,我們不能設想上古漢語是這樣一種語言。這不僅僅是常識判斷的問題,而是關係到語言的本質的問題。語言必須具有開口音節,這是從世界語言概括出來的結論,也就是客觀存在着的語言本質的特點之一。

(3)從整個語言系統來看,上古漢語的陰陽入三聲是有機地聯繫着的,同時又是互相區別的。在史料上,陰陽入的通轉體現着有機聯繫的一方面;但是,我們並不能因此泯滅了它們之間的界限。我們必須辯證地處理諧聲和押韻的問題,區別一般和特殊,然後不至於在紛繁的史料中迷失方向。

（4）漢語韻尾-p、-t、-k 是唯閉音，不但現代閩粵等方言如此，中古和上古也莫不如此。它們和西洋語言閉口音節的-p、-t、-k 不同。西洋語言閉口音節的濁尾-b、-d、-g 和清尾-p、-t、-k 由於是完整的破裂音，所以清濁兩套能同時存在而且互相區別；漢語閉口音節的清尾-p、-t、-k 由於是唯閉音（不破裂），所以不可能另有濁尾-b、-d、-g 和它們對立，即使清尾和濁尾同時存在也衹是互換的，不是對立的。因此，高本漢所構擬的清尾和濁尾對立的上古漢語是一種虛構的語言，不是實際上可能存在的語言。

原載 1960 年《語言學研究與批判》第 2 輯

中國文法學初探

一、比較語言學與中國文法

中國人曾由比較語言學引起了對中國文法學的興趣;馬建忠拿拉丁文法比較中文,然後寫成了一部《馬氏文通》。我們現在要研究中國文法,當然不能避免其他族語的文法學的影響。不過,我們應該先問:(1)該拿什麼文法與中文比較?(2)比較後,該怎樣應用比較的結論,纔能避免牽強附會的毛病?

比較語言學並不限於同系統的族語互相比較;有時候兩族語的關係越淺,其文法上的異同越足引起我們的興趣。但是,如果我們希望從甲族語的文法上研究出乙族語的文法系統,尋覓其相符或相似之點,以作乙族語的文法分析的根據,那麼,甲乙兩族語就該是同一系統的,而且關係越深越好。由此看來,馬建忠從拉丁文法的比較上研究中國文法,就不算一個最好的方法;因爲拉丁語屬於印歐語系,中國語屬於支那語系,二者的關係算是極淺的了。

近年中國的語言學頗有進步,大家知道中國語屬於支那語系,如果我們要從語言比較上尋求中國的文法,與其拿印歐語系來比較,不如拿支那語系來比較。但是,支那語系各族語的文法都是尚待研究的,我們在沒有確知甲族語的文法系統以前,就沒有法子拿它的文法與乙族語的文法相比較。假使有人要研究緬語的文法,而拿中國的上古文法去比較,就可以説是很危險的,因爲中國的上古文法的系統,還沒有得到切實的證明。先舉一個例罷。高本漢(Karlgren)以爲在中國上古文法裏,"吾女"二字屬於主格與屬格,"我爾"二字屬於目的格①。同時,我們知道緬語裏的第一人稱與第二人稱亦分爲主格與目的格二種②:

	第一人稱	第二人稱
主　格	nga-ga'	nin-ga'
目的格	nga'-go	nin'-go

但是,我們不敢遽然斷定緬語的第一人稱與第二人稱的變化與中國語恰恰相同,因爲我們不肯認高氏的話爲鐵案。高氏的結論,是以《論語》爲主要根據的,但我們細檢《論語》則見例外甚多③。尤其是"莫我知"與"不吾知","吾與女弗如"與"我與爾有是","我不欲人之加諸我"與"吾亦欲無加諸人"諸句裏"吾我女爾"所屬的格完全相同,句的組織亦甚相似,我們更無從窺見格的屈折作用了。我們既不能遽然斷定中國上古文法也像緬語一般地

① Karlgren:Le Proto-Chinois langue flexionnelle。

② 參看 Les Langues du Monde,article de T.Przyluski sur le Sino-Tibətain,p.364。

③ 在下節裏,我們將再回到這問題上並把諸例外之句寫出,詳加討論。我們將見高氏對於例外的解釋未能使我們滿意。

有主格與目的格的屈折性,那麼,關於格的問題,也就無從比較起。

又假使我們看見中國上古文法有動詞變化的痕迹,我們似乎可以拿藏語某一些動詞的變化作比較。例如"充"字在藏語裏:

　　現在式 gens　　過去式 b-kan　　將來式 d-gan　　命令式 k'on

但是,這些動詞是否依着時間而起屈折作用的尚是問題。依 Conrady 先生的意見,這上頭並没有真的屈折作用,因爲在最古的藏文裏,同一的形式的字可以表示幾個時間,並没有顯然的分野①。由此看來,藏語的文法系統本身尚未得到滿意的解決,我們如果拿某人一偏之見所定的藏語文法系統來比較漢語,其結論就未必能有價值。

支那語系的文法比較,既有上述的困難,我們似乎不妨更求其次,拿印歐語系的文法與中國文法相比較。同是人類的語言必有相似之處。語言的應用,在乎敍述某動作,説明某種狀況,命令某人,或表示某種感觸。在敍述語裏至少有動詞;在説明語裏,至少有名詞。在命令語裏,至少必有動詞;在感觸語裏,至少必有感歎詞。因此,名詞、動詞、感歎詞,爲人類所同有②。同屬於一名之人物而有形態性質之不同,同屬於一事之動作而有方式時間空間之不同,於是我們遇必要時就用各種限制詞去限制名詞與動詞。詞與詞的關係及句與句的關係,都可用各種關係詞去表示。因此,限制詞與關係詞又爲人類所共有。動作必有其主動者,又往往有其受動者,因此,主格與目的格又爲人類所共有。我們如果采用西文的"名詞、動詞"等名稱,並不是拿西洋文法來範圍中國文法;祇因世界各族語都有這些事實,我們縱欲避免這些名稱而不可得。如果我們能從相同點着眼,不把相異點硬認爲相同,豈但印歐語系可與中國語比較,就是非洲土話也何嘗不可與中國語比較呢?

不過,我們對於某一族語的文法的研究,不難在把另一族語相

① 參看 L'article de Przyluski, p.363。
② 至少可以説開化的民族所同有;所謂 sentence-words 祇是語言的雛形。

比較以證明其相同之點，而難在就本族語裏尋求其與世界諸族語相異之點。看見別人家裏有某一件東西，回來看看自己家裏有没有，本來是可以的，祇該留神一點，不要把竹夫人誤認爲字紙簍。但是，我們尤其應該注意：別人家裏没有的東西，我們家裏不見得就没有。如果因爲西洋没有竹夫人，就忽略了我們家裏竹夫人的存在，就不對了。

丁聲樹先生發現否定詞“弗”“不”二字的分別，立了三個規律①：

（1）“弗”字祇用在省去賓語的外動詞之上，内動詞及帶有賓語的外動詞之上祇用“不”字，不用“弗”字；

（2）“弗”字祇用在省去賓語的介詞之上，帶有賓語的介詞之上祇用“不”字，不用“弗”字；

（3）“弗”字決不與狀詞連用，狀詞之上祇用“不”字，不用“弗”字。

這就是在我們家裏發現了我們的竹夫人！如果我們專拿西洋文法來比較中國文法，就永遠不會有這種成績②。《馬氏文通》説：“正義云：‘弗者，不之深也。’與‘不’字無異，惟較‘不’字辭氣更遽耳。”在這種地方，中國所特有的文法規律，往往爲馬氏所忽略，因爲馬氏先看西洋文法裏有什麼，然後看中國有無類似的東西；至於西洋所不分別者，他就往往不能在中國文法裏看出來了。此後我們最重要的工作，在乎尋求中國文法的特點；比較語言學能幫助我們研究，但我們不能專恃比較語言學爲分析中國文法的根據。

---

① 《釋否定詞“弗”“不”》，《史語所集刊》外編。
② 八年前我在我的《中國古文法》（清華研究院畢業論文，未刊）裏説：“按‘弗’之與‘不’，一則僅能限制動詞，一則並能限制區別詞。”那我只看見了丁先生的第三個規律。

二、西洋文法與中國文法

中國人學西洋語文的時候,同時注意到它的文法;研究中國文法的人往往學過西洋語文,於是自然地傾向於以西洋文法來支配中國文法。如果作者衹懂英文,他會把"有朋自遠方來"的"有"字認爲與 there is 相似,而不知它與法文的 il y a 更相似。最可指摘的,就是把英文譯成不合中國文法的中文,算是中國文法裏的例子。陳浚介先生的《白話文文法綱要》裏就有這樣的兩個例子:

> 捉得的賊,已經受囑付去受嚴厲刑罰了。(頁 59)
> 除非他講話太快是一個優秀的教師了。(頁 62)

這是極端模仿西洋文法的一派。此外,就要説到努力在中國文法裏尋求西洋文法的一派了。西洋人研究中國文法的時候,總想看看中國文法所無而西洋文法所有的東西究竟是否真正没有;如果現代的中國没有,還要問古代的中國是否也没有。這種精神原是好的,但其流弊就在乎先存成見,然後去找證據;遇着例外的時候,再去尋求解釋。譬如高本漢以爲"我"字在上古衹用於目的格,但在《論語》裏發現了二十個例外:

(1)"我"字居主格者共十八個:

> 孟孫問孝於我,我對曰無違。(《爲政》)
> 爾愛其羊,我愛其禮。(《八佾》)
> 我未見好仁者,惡不仁者……我未見力不足者;蓋有之矣,我未之見也。(《里仁》)
> 我不欲人之加諸我也,吾亦欲無加諸人。(《公冶長》)
> 唯我與爾有是夫。(《述而》)
> 我非生而知之者。(《述而》)
> 蓋有不知而作者,我無是也。(《述而》)
> 我欲仁,斯仁至矣。(《述而》)

有鄙夫問於我,空空如也,我叩其兩端而竭焉。(《子罕》)

我待賈者也。(《子罕》)

人皆有兄弟,我獨亡。(《顔淵》)

君子道者三,我無能焉。(《憲問》)

賜也賢乎哉,夫我則不暇。(《憲問》)

我則異於是,無可無不可。(《微子》)

我之大賢與,於人何所不容;我之不賢與,人將拒我[1]。(《子張》)

(2)“我”字居領格者共兩個:

竊比於我老彭。(《述而》)

三人行必有我師焉。(《述而》)

高氏首先以“同化作用”(assimilation)去解釋“我對曰”“我不欲人之加諸我”與“我叩其兩端而竭焉”。但是,“吾”字在下列的句子裏,何以不受“我”字的同化?

如有復我者,則吾必在汶上矣。(《雍也》)

大宰知我乎,吾少也賤。(《子罕》)

回也非助我者也,於吾言無所不説。(《先進》)

如有用我者,吾其爲東周乎。(《陽貨》)

“吾”字不被“我”字同化時,高氏把它當作“吾”“我”分格的證據[2]:“我”字佔了高氏所定“吾”字的格時,高氏又説它被“我”字同化了。相反的兩種情形都被高氏利用做重要的論據,顯然是有矛盾的。此外如“我愛其禮”等句的“我”字,高氏又以“鋪張語”爲解釋,這也與“同化作用”同爲或然而非必然的現象。對於多數的例外加以或然的解釋,至少是不能令人深信的。

———————————

[1]　這一句裏加着重點的兩個“我”字,高氏認爲領格。

[2]　上述的四句就是他的例證,見 Le Proto-Chinois,p.8。

　　至於高氏以爲"爾"字在中國上古衹用於目的格,就更可怪,因爲他自己計算過,"爾"字在《論語》裏九次居主格,三次居領格[1],六次居目的格。例外比例内還多,而高氏輕輕地以"爾"字在《論語》裏已漸代主格爲解釋。這完全是想當然,更不能令人相信了。

　　高氏大約因爲"吾"字不能爲肯定句的目的格,就猜想到"吾""我"在格上有分別,又因爲"吾、女"在古音爲同部,"我、爾"在古音爲同部,就猜想同部的即同格。但是,《論語》裏還有一個"予"字,用於三格。"吾、女"與"我、爾"雖則排成了很好的並行式,如果加上一個"予"字,却又不整齊了。關於這一點,高氏又輕輕地以"予"字罕見爲理由,把它撇開不提[2]。其實"予"字見於《論語》共二十次,"女"字見於《論語》共十六次,"爾"字共十八次,孰爲罕見? 較罕見的"女、爾"二字既值得詳細討論,較多見的"予"反撇開不提,似乎近於遷就自己的成見了。

　　總之,西洋文法所有而中國中古文法所無的現象,在中國上古固未必無,然亦未必有。如果没有顛撲不破的證據,我們寧信其無,不信其有。譬如我們存心去尋求中國上古的動詞的時間變化與名詞的性數的變化,未嘗没有一二字可以附會;但這樣附會下去,終成空中樓閣,例如"羊"與"群",似乎是名詞的單複數;"麒"與"麟"、"鳳"與"凰"、"雌"與"雄"、"牝"與"牡",似乎是名詞的陰陽性[3];但我們決不能拿它們去比西洋文法的名詞的數與性;就因爲它們没有一定的屈折作用,而是古人爲每一個概念而造的一個名詞。

　　末了,我們要談到馬建忠的一派。這一派的人,似乎並不硬把西洋文法都搬到中國文法裏來,例如名詞的性與數、動詞的時間、代名詞的人稱,都不在他們所定的中國文法中提及。他們所定的

──────────

① 　其實有四次,《堯曰》篇的"天之曆數在爾躬",高氏未引。
② 　參看 Le Proto-Chinois, p.4。
③ 　參看陳承澤《國文法草創》第 3 頁。

系統,大約能使一般人認爲説得過去。但是,表面上説得過去的不一定就是事實。我們首先該注意到中國語的"語像"(法文 image verbale)①的結構與西洋語的"語像"的異同,而且我們該直溯到"語像"未成立時的精神行爲的兩個步驟:(1)分析作用;(2)綜合作用②。

　　例如説:"顏淵死。"我們的精神行爲先把這事的表象分析爲兩個成分,即"顏淵"與"死",同時我們承認"顏淵"與"死"的關係,這就是分析作用。後來我們的精神行爲再把這兩個成分組織起來,成爲一個語像,這就是綜合作用。分析作用與綜合作用都可與西洋語言不同。

　　譬如《孟子》説的"庖有肥肉",拿來與英文的 There is some meat in the kitchen 或法文的 Il y a de la viande dans la cuisine 相比較,我們覺得"庖"與"肉"的關係,在中國人的心裏,與英法人的心裏,顯然不同③。英法人在精神行爲裏,把庖與肉分析了之後,認庖與肉祇有間接的關係,而中國人却把它們認爲有直接的關係,換句話説,就是英法人不認那肉是隸屬庖的,中國人却認那肉隸屬於庖。在中國人的心目中,覺得"庖有肥肉"與"桌有四足"或"馬有四蹄"是相似的。孟子在"庖有肥肉"句下接着就説"廄有肥馬,民有飢色,野有餓莩"。這裏的"庖、廄、民、野"都是主格,其與"肉、馬、色、莩"的關係是一樣的。這是分析作用上中西不同的一個例子。

　　表象所引起的許多觀念,由精神行爲把它們綜合起來的時候,更能形成族語之間的差異點,例如"馬跑"與"馬壯"都是兩個觀念組成的句子,中國人祇把兩個觀念依一定的次序放在一起,就顯出

---

① 從前我把這字譯爲"語言觀念"。
② 參看 Vendryes, Le Langage, p.86。
③ 章士釗《中等國文法》(第57頁)以爲"園有桃"者,猶"於園有桃"也。這是以英文法勉强比附的。

它們的關係來。在中國人的心裏,覺得馬的動作與馬的狀態一般
地是與馬有關係的一種表象,動作與馬的關係既用不着一種聯繫
物來表示,狀態與馬的關係也用不着一種聯繫物來表示了。西洋
人的語像與我們的語像不同:他們覺得動作與馬的關係可以不用
聯繫物來表示,而狀態與馬的關係却不能不用一種聯繫物,所以他
們用一種繫詞(copula),就是英文所謂 verb to be。在英文裏,"馬
跑"可以說 The horse runs,"馬壯"却必須說 The horse is strong。但
我們決不能拿中文比附英文,而說"馬壯"爲"馬是壯"或"馬爲壯"
的省略。若云省略,爲什麼我們從來不曾看見過它的原形呢? 在
古希臘語、梵文、古波斯語、古愛爾蘭語、俄語裏,verb to be 都可不
用①,我們何必認爲句中的要素呢?

　　子句與子句的關係(le rapport entre propositions),在中國語裏,
往往讓對話人意會,而不用連詞。英文的 and 字,譯爲中文時,大多
數可以省去。又如《史記·武安侯列傳》云:

　　　　非痛折節以禮詘之,天下不肅。

　　《馬氏文通》以"非"字爲承接連詞②,大約馬氏認爲與英文的
unless 相似。其實"非"字衹是一個否定詞,前面沒有用"若"字,就
被馬氏誤會了。現代白話裏有一個常用的句子"非走不可",意思
是說如果不走就不成,但我們決不能說"非"是連詞。又如說"你不
去,我也不去",有時候可以等於說"如果你不去,我也不去";但是
我們能認"不"字爲連詞嗎?

　　總之,我們研究中國文法,該從語像的結構上着眼。說得更淺
些,就是體會中國人的心理。中國人心裏把某字認爲甲種詞品,我
們不該認爲乙種詞品。若要體會中國人的心理,每遇一個句子,該

---

①　參看 Vendryes, Le Langage, p. 145. 又 Bloomfield, An Introduction to the Study of
　　Language 也引拉丁文 Cuniculus albus 爲證(p.68)。
②　《馬氏文通》卷八第 43 頁。

先就原文仔細推敲,不必問西文有無此類句子。此外,我們有時候也可以在駢語上看出中國人對於詞性的認定。中國人的駢語,雖不限定字字針對,但我們如果爲一字而搜求千百個駢語爲例證,則這字的詞性總可因此知其大概了。例如上文所引《孟子》的話:

> 庖有肥肉,廄有肥馬,民有飢色,野有餓莩。

我們看見四個"有"字駢舉,就知道它們的詞性相同,決不能以英文比較而説第三個"有"字等於 to have 而其餘的"有"字等於 there is 或 there are。又如梁昭明太子《文選・序》裏説:

> 椎輪爲大輅之始,大輅寧有椎輪之質;增冰爲積水所成,積水曾微增冰之凜。

"所"字與"之"字駢舉,我們就知道在中國人的心裏它們的詞性是相似的。怎樣相似,待下文再談。總之,我們不該認"所"字爲代名詞,因爲它從來不能與"吾、我、汝、爾"等字駢舉,甚至頗相近似的"其"字,也很少與"所"字對立過。

陳承澤説過:中國文法是獨立的,非模仿的[1],我很相信這句話。我們並不反對從比較文法學上悟出中國文法的系統來,我們只像陳氏反對削足適屨的文法。

三、中國文字與中國文法

就普通説,中國每一個字,祇有一個音綴(syllable),許多語言學家的誤會都由此而起。第一,他們誤認中國語爲單音綴的語言;第二,他們誤以爲中國一字(character)即代表一詞(word)。這兩種誤會是互爲因果的。

因爲他們誤以爲中國一字即代表一詞,於是忽略了雙字以上的詞。我們如果舉"鸚鵡、葡萄、倉庚、蚯蚓"諸詞爲例,就知道中國

---

[1]　陳承澤《國文法草創》第3頁。

的詞(word)也有兩音綴的。我們不要爲中國的文字(writing)所迷惑,假使我們把"葡萄"用羅馬字拼音,寫作 putao,不是也像法文的 raisin 一般地也有兩個音綴嗎? 就是"廚房、客廳、書房、書架、書櫥"等等,也未嘗不可認爲兩字組合的一個詞;當我們説"客廳"的時候,心裏並没有"客"與"廳"兩個觀念,祇把一個名詞配上一個對象,而這唯一的對象就是客廳。也許這名詞初成立時,是由"客"與"廳"兩個觀念構成的,但當它成爲常用的名詞之後,説話的人祇有整個的客廳觀念,並非先想起客後想起廳。這種現象,可以拿希臘文變來的現代西洋名詞相比較。希臘文兩個詞,往往由後人拼合成爲一個,這與"客廳"之由兩詞變爲一詞很是相似。我們試看法文裏的幾個例子:

書櫥=bibliothèque<biblion 書,thêkê 櫥;

人類學=anthropologie<anthrôpos 人類,logos 學;

動物學=zoologie<zôon 動物,logos 學;

反感=antipathie<anti 反,pathos 感。

除此之外,近於複輔音而又有兩音綴者,像廣州的"石榴"seklao、"白果"pakkuo 等語,越發與西洋語近似。由上面的事實看來,我們不能把中國語認爲單音綴的語言;每字雖祇有一個音綴,但我們不能認每一個詞祇能包括一個字。

反過來説,我們又不能説每一個字必能成立一個詞。這一點更爲重要。假使一個西洋人不認得中國字,也不知道一字祇表一音,我們只教他學會了中國話,將來他寫一部中國語法,其所分別的詞性一定與普通中國文法家所定的大不相同。譬如我們説:

他們都把杯子拿起來喝酒;

你們把這些門兒都關上罷;

那粉紅的衣裳是她的不是我的;

他慢慢兒走,我連忙地趕上去。

　　依上面的一些例子，我們可以看得出許多字祇是一個詞的附加成分（affix），這種附加成分原是一種文法成分（morphem），用以表示詞性的。

　　表示名詞的詞性的，普通有"子"與"兒"字。除了少數例外（如：玩兒、慢慢兒），我們看見它們總是附在名詞的後面的，而且它們本身沒有意義①，其唯一的作用即在乎表示詞性。

　　表示代名詞複數的，普通祇有"們"字，且祇用於人類的稱謂上。如果我們要說中國語有黏合作用（agglutination），這一個"們"字勉強可以充數。假使有一個不認識中國字的人，我們拿羅馬字教他學中國語，他將發現下面的變化律（declination）：

	單數	複數
第一人稱	wo	women
第二人稱	ni	nimen
第三人稱	ta	tamen

　　代名詞單數用語根，複數加語尾，這非但完全是種黏合作用，而且近似於所謂屈折語的名詞變化。英法文的名詞單數用本字，複數加 s 爲語尾，也差不多是一樣的道理②。但這種黏合作用似乎是後起的；在先秦的古籍裏，我們看見代名詞的單數複數竟沒有分別，與名詞的單數複數沒有分別是一樣的。這且待下文再提。"些"字爲指示形容詞的語尾，亦同此理。

　　表示限制詞（形容詞與副詞）的詞性的，有"的、底、地、之"諸字，其實祇算一個字："底、地"本與"的"字同意義，而"的"字又是從"之"字演變而來的。但"之"字本是一種關係詞，後來漸失其關係的作用而變爲語尾，等到它變爲"的"字的時候，已經不是一定要表示關係的了，例如上面所舉"是她的不是我的"，不能寫作"是她之不是我之"。

―――――――――――

① 也許從前有微小的意義，但現在這意義已傾於消滅了。
② 其間祇有一個小差別：men 是一個音綴，而 s 祇是簡單的一個輔音。

　　形容詞後的"的"字有點兒像英文的語尾-tive,法文的-tif 或 -tive,副詞後的"的"字或"地"字像英文的-ly 或法文的-ment①。北京話的副詞語尾有用"兒"字的,例如"慢慢兒走"。

　　以上所舉的語尾,都是自身没有意義的。現在要説到有些字不是語尾,而是一個詞的組合成分。例如"拿起來"三個字並不是三個動詞相連,而是三個字組合的一個動詞。在這動詞中,"拿"字是主要成分,動詞大部分的意義即在它身上;"起來"二字有點兒像副詞,表示怎樣拿法。同是一種"拿"的動作,我們可以説成"拿起來、拿出來、拿出去、拿進來、拿進去",等等,表示這動作當中的細微的區別。"關上、關起來、放上去、放進去、趕上去"也都可以如此解釋。這些組合的動詞與英文的 superpose、subscript 等詞相近似,所不同者,sup-、sub-等爲附加成分,而"起來、出去"等原是動詞。但是,我們須知,當我們説"拿起來"的時候,並没有起(to get up)與來(to come)的觀念存在,可見這兩字已失了本義而有附加成分的性質了。

　　上文所述,祇是些後加成分(suffix)或語尾(termination);此外如前加成分(prefix),似乎也存在於中國語裏。最顯明的就是"所"字,它不是代名詞,不是副詞,也不是助詞②;依我的意見,它祇是動詞的一種前加成分。在最初的時候,"所"字附於動詞,祇以表示其動作性;《左傳》"所不歸爾帑者③,有如河"等於説:"不歸爾帑,有如河。"後來這種含義甚少的"所"字漸漸增加了別的作用,不止於表示動作性了;於是這一類的語法歸於消滅。有時候,我們偶然發現古代文法的殘留,例如《孟子》還説:"國之所存者幸也。"

　　後來,"所"字的作用擴大了,非但表動作性,而且能使動詞再變爲形容詞,例如:

---

① 文言"喁喁然"的"然"也歸此例。
② 但認爲助詞總比認爲代名詞或副詞好些。數年前我把它認爲助詞。
③ "者"字在這裏祇是一個助詞。

仲子所居之室，伯夷之所築與，抑亦盜跖之所築與？（《孟子・滕文公下》）

第一個“所”，其所助的動詞下有目的格；“所居”二字（即一詞）可視同形容詞。介詞“之”字可視爲表示形容詞與名詞的關係，換句話説，動詞“居”字已帶形容性用以限制名詞“室”字。

“所築”與“所居”皆爲動詞所變成的形容詞。所不同者：“所居”所形容的名詞寫出，故其本身僅爲形容詞；“所築”所形容的名詞不寫出，故其本身復兼名詞之用，成爲形容詞性的名詞。“所築”本身既變爲名詞，故其上又可加介詞“之”字，以示此名詞與另一名詞（伯夷）的關係。如果它本身未變爲名詞，則不能加上介詞“之”字，例如我們不能説“仲子之所居之室”。

在被動態（passive voice）裏，“所”字所屬的動詞不能再帶形容詞，當然也不能再變爲名詞，於是“所”字的作用又復減小，成爲僅表動作性，例如：

衞太子爲江充所敗。（《漢書・霍光傳》）

這裏的“所”字祇表示動作性，其作用近似於“所不歸爾帑”的“所”；所不同者，此爲被動態，彼則爲主動態。關於“所”字的問題，將散見於下文第六節與第八節中。

四、死文法與活文法

中國的文法，在上古時，想必經過一個未固定的時期：第一，是詞品未固定；第二，是詞或句的次序未固定。

所謂詞品未固定者，是指文法成分的種類尚混合而言，我們知道，在文法學上，有所謂意義成分（semanteme）與文法成分（morpheme），如下圖：

$$
\text{意義成分}\begin{cases}名\ 詞\\形容詞\\動\ 詞\\副\ 詞\end{cases}\qquad\text{文法成分}\begin{cases}代名詞\\介\ 詞\\連\ 詞\\助\ 詞\end{cases}
$$

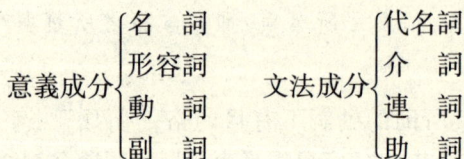

名、形、動、副就本身而言,詞性是有一定的①。至於文法成分中,代名詞、介詞、連詞、助詞等的界限,在上古就分不清楚,例如"之"字可以有下列數種詞性:

(1)代名詞主格:聞之死,請往。(《禮記·檀弓》)

(2)代名詞目的格:愛共叔段,欲立之。(《左傳·隱元》)

(3)代名詞領格:爲人後者爲之子。(同上,《成十五》)

(4)代名詞性的形容詞:之人也,物莫之傷。(《莊子·逍遥遊》)

(5)領格後介詞:蔡澤,山東之匹夫也。(揚雄《解嘲》)

(6)目的格介詞:之其所親愛而避焉②。(《禮記·大學》)

(7)助詞:禮亦宜之。(《書·金縢》)

"其"字可以有下列兩種詞性:

(1)代名詞領格:其旨遠,其辭文。(《易·繫辭》)

(2)助詞:若之何其。(《書·微子》)

"而"字可以有下列數種詞性:

(1)代名詞:而康而色。(《書·洪範》)

(2)連詞:不好犯上而好作亂者,未之有也。(《論語·學而》)

(3)助詞:俟我於著乎而。(《詩·齊風·著》)

"爾"字可以有下列數種詞性:

(1)代名詞:且爾言過矣。(《論語·季氏》)

(2)限制詞語尾:如有所立,卓爾。(同上,《子罕》)

(3)助詞:便便言,唯謹爾。(同上,《鄉黨》)

我們不能說"之"字先爲代名詞,後爲介詞,或"而"字先爲連

---

① 詞有本性、準性、變性,見第六節。

② 此處"之"字詞性不明,今暫依《馬氏文通》之説,見卷七第18頁。

詞,後爲代名詞等等;我們祇能説這些文法成分都借用意義成分爲表號,例如"之"本訓往,"其"爲"箕"之本字,"而"本訓頰毛,"爾"本訓靡麗,因爲它們的字音與文法成分的字音相同,就借來作文法成分的表號。這與後人借"鵠的"的"的"字爲介詞是一樣的道理。既然同音便可借用,於是"之"字可爲代名詞,亦可爲介詞;"而"字可爲代名詞,亦可爲連詞。諸如此類,我們不一定説古人的詞品完全混而不分,但至少是同一的文法成分可以有許多用法。這許多用法當中,有些用法佔了優勢,就永遠流傳至今;有些失了勢,漸漸没人用它,就趨於消滅了,例如"若之何其"與"俟我於著乎而"等句中的"其、而"二字的用法,在漢代以後已成一種死文法了。

現在説到詞或句的次序未固定。主格、動格、目的格的位置,在現代中國語裏,算是比許多族語固定得多。但依世界語言的歷史來推測上古時代的中國語,它們在句中的位置該不能像現代這樣固定。後來屬於某一些模型的句子佔了優勢,習慣上就以此爲宗,別的模型就趨向於消滅了,例如近代的中國語裏,介詞"於"字不能置於其所介的動詞之前,但上古的中國語裏却有下列一些例子:

> 貪而無信,唯蔡於感。(《左傳·昭十一》)
> 其一二父兄私族於謀而立長親。(同上,《昭十九》)
> 諺所謂室於怒而市於色者,楚之謂矣。(同上,《昭十九》)

"感於蔡、謀於私族、怒於室、色於市",在這裏的次序是顛倒了。我們不能認爲方言的現象,因爲在《左傳》裏,"於"字置於動詞後的要比這些例子多了許多。唯一的解釋就是當時容許有兩種的次序,不過,甲種已漸佔優勢,乙種已漸不爲人所常用,等到後來,就完全不用它了。又按:漢以後的中國語,連詞"與其"二字冠首之附屬句,須置於主要句之前,但《左傳》裏亦有與此相反的例子:

> 孝而安民,子共圖之,與其危身而速罪也。(《閔二年》)

凡此種種,都應該認爲死文法。我們研究中國文法,首先應該把死文法另列專篇,不與活文法混雜,然後系統分明。八年前,我已經注意到這一點,所以在我的《中國古文法》裏説①:

> 上古文法之未固定者,或不久即成固定,或終歸消滅而不能固定。其終歸消滅者,或成死句,或成死法。死句者,後人不復用此語句也;死法者,後人雖用其語句而不用其法則也。國人嚮慕古人,惟恐不肖,雖生當文法已固定時代,猶效文法未固定時代之語句以爲古雅。然吾人須知彼等但敢用古人之成語,不敢用古人之法則。今人敢言"有衆"而不敢言"有群";敢言"有北"而不敢言"有東";敢言"爰居爰處"而不敢言"爰坐爰行";敢言"自詒伊戚"而不敢言"自尋伊樂";敢言"室於怒而市於色"而不敢言"父於孝而君於忠";敢言"淒其以風"而不敢言"雲其以雨";敢言"之子于歸"而不敢言"之人于往";敢言"鉗之舌而奪之氣"而不敢言"降之志而辱之身";敢言"螽斯"而不敢言"蝗斯";敢言"利有攸往"而不敢言"害有攸至";敢言"自時厥後"而不敢言"自時厥前"。諸如此類,皆足證明今時已無此等文法,可謂文法已廢,古語僅存而已。若據"室於怒而市於色"一語,遂謂副格可置介詞之前;據"鉗之舌而奪之氣"一語,遂謂"之"字可用爲領格,以一例萬,豈通論哉?故未固定與已固定之分期,誠最妥善之法。未固定文法之研究,僅欲以讀古人之書;已固定文法之研究,則兼以爲作文之程式;分則兩利,合則兩傷。吾國人爲文難於通順,未始非文法家有以誤之;蓋自眉叔以來,皆以未固定之死法與已固定之活法融爲一鑪,令人眩惑,不知所從。謂宜劃分封域,昭示後學。

直至現在,我仍舊如此主張。當時我更爲未固定與已固定的

---

① 清華大學研究院畢業論文,未出版,亦未完成。編者注:見《王力全集》第九卷。

文法下了這樣的一個定義：

> 所謂未固定者，周秦兩漢之間偶見於書，其後數千年不復
> 有人用之者也；所謂已固定者，無論起於上古中古近古，其用
> 能歷千年而不替者也。

現在我的意思衹有一點與前不同，就是我不再願意把文法分
爲未固定與已固定二期，衹願把它分爲死、活二種。凡偶見於書，
其後不復爲人所用者，就是死文法；凡其用能歷千年而不替者，就
是活文法。

五、古文法與今文法

所謂古文法與今文法，就是普通説的文言文的文法與白話文
的文法。把中國文法分爲古、今兩大類，在字面上看來似乎不通，
因爲至少該按時代分爲若干期，成爲文法史的研究。但是，中國的
文章（指寫下來的文字）從古文變爲白話是那樣突然，就令我們感
覺到文言文與白話文所代表的語言是兩個距離極遠的時代的語
言。我們若從這兩種文體去窺測文法史的簡單輪廓，一定較易
見功。

如果我們要寫一部中國文法史，那就很不容易了。固然，南北
朝的小品文如《世説新語》、唐宋的小説雜記、宋人的語録、宋元的
詞曲等，其中都有當時的口語；甚至唐人所譯佛經裏，除了印度化
的文法外，也未嘗不雜着當時的口語。但是，這工作太大了，我們
一時談不到。簡單説一句，就是兩千年來，詞彙與語音的變化很
多，文法上變遷很少。固然，古今文法的差異也儘有，然而與詞彙、
語音的進化史相比，就算變化不多了。

現在先談古、今文法的大概。第一，我們注意到代名詞的人稱
與格。在上古中國語裏，代名詞的第一人稱與第二人稱爲一類，第
三人稱自爲一類。我們先在音韻上看出它們的分别：

（1）第一人稱用於諸格者有"我、予、余"諸字，用於主格與領格

及否定詞後之目的格者有"吾"字。除"予""余"同音外,"我" "吾"二字爲雙聲。

（2）第二人稱用於諸格者有"爾、女、汝"諸字,用於主格與領格者有"而"字。除"女""汝"可認爲同字外,"爾""女""而"亦爲雙聲。

（3）第三人稱用於領格者有"其"字,用於目的格者有"之"字。"其""之"二字爲叠韻。

我們由此可以看出古人把第一、第二人稱認爲同類,所以同人稱的字都爲雙聲;第三人稱自爲一類,所以同人稱的字不用雙聲而用叠韻。我們再看代名詞的格,就可發現上古代名詞第三人稱沒有主格,與第一、第二人稱之有主格者大不相同。例如:

白話的:我從衞國回魯國。可譯爲文言的:吾自衞反魯。

白話的:你到那裏去? 可譯爲文言的:女何之?

但是白話:他是你的朋友。不可譯爲文言的:其爲爾友。

固然,我們不曾忘了代名詞"彼"字可以用於主格;但是我們須知,"彼"字本爲指示代名詞,與"此"字相對待。在古書中,"彼"字雖偶然借用爲人稱代名詞,但仍有彼此比較之意。例如:

彼丈夫也,我丈夫也,吾何畏彼哉?（《孟子·滕文公上》）

彼奪其民時。（同上,《梁惠王上》）

彼陷溺其民。（同上）

充其量,我們祇能承認"彼"字是指示性很重的代名詞,其詞性與"其、之"二字不能相提並論。我們再看有些"其"字似乎可認爲主格,例如:

其爲人也孝弟。（《論語·學而》）

其行己也恭,其事上也敬,其養民也惠,其使民也義。（同上,《公冶長》）

王若隱其無罪而就死地。（《孟子·梁惠王上》）

　　然而這些"其"字在實際上也有領格的性質；"其"字後的動詞及其附屬語都可認爲帶名詞性。因此，"其"字與動詞合起來祇能算一個主格（如第二例）或一個目的格（如第三例）；如果這主格之後不加敘述或說明，這目的格之前不加動詞，就不能成爲完整的一句話。假使我們簡單地説"其無罪而就死地"，就等於有目的格而沒有主要的動詞。在白話文裏，"他沒有罪而被殺"是合文法的；在文言文裏，若說"其無罪而就死地"，就不通了。

　　在古文裏，普通的句子既不用主格的代名詞，那麼，主要動詞的主格祇能靠名詞的複説，否則唯有把它省略了。

　　名詞複説的如下列諸例：

　　　齊侯欲以文姜妻鄭太子忽，太子忽辭。（《左傳·桓六》）

　　　且私許復曹衞，曹衞告絕於楚。（同上，《僖二十八》）

　　　非神敗令尹，令尹其不勤民，實自敗也。（同上）

　　　臾駢之人欲盡殺賈氏以報焉。臾駢曰："不可。"（同上，《文六》）

代名詞省略的如下列諸例：

　　　公謂公孫枝曰："夷吾其定乎?"對曰："臣聞之，唯則定國。"（《左傳·僖九》）

　　　夫人以告，遂使收之。（同上，《宣四》）

　　　郤子至，請伐齊，晉侯不許；請以其私屬，又不許。（同上，《宣十七》）

　　　射其左，越於車下；射其右，斃於車中。（同上，《成二》）

這一類的省略法，不能拿來與下面的例子相比：

　　　孟之反不伐。奔而殿，將入門，策其馬，曰"非敢後也"。（《論語·雍也》）

　　因爲"奔、入、策、曰"四種動作的主格都是孟之反，所以省去了代名詞之後,仍可藉上句的主格爲主格。至若"射其左"等句,"射"
與"越"的主格並不相同,似乎主格的代名詞必不可省。

　　然而我們試想:假使我們不改變這句的動詞的性質與位置,有
什麼法子可以使句子更完善些呢? 如果把主格的名詞完全補出,
未免太囉唆了。如果把主格的代名詞補出,寫成:

　　　彼射其左,彼越於車下;彼射其右,彼斃於車中。

　　姑勿論"彼"字在上古沒有這種用法,單就句的意義而論,我們
覺得這種代名詞實在毫無用處;加了四個"彼"字,反易令人誤會是
同一的主格①。由此一點,我們可以悟到:這種語像能促成古人不
用第三人稱代名詞的主格。

　　古人雖不用第三人稱代名詞的主格,但遇必要時,他們可以用
些文法成分去表示動詞的主格之變換。上文所舉"夫人以告,遂使
收之",句中的"遂"字已經令人悟到"使"的主格是變換了。但是,
最普通的還是用連詞"則"字。試讀下列的《論語》兩章:

　　　哀公問曰:"何爲則民服?"孔子對曰:"舉直錯諸枉,則民服;
　　舉枉錯諸直,則民不服。"(《爲政》)
　　　季康子問:"使民敬忠以勸,如之何?"子曰:"臨之以莊,則
　　敬;孝慈,則忠;舉善而教不能,則勸。"(同上)

　　在第一章裏,也可以說"舉直錯諸枉,則服;舉枉錯諸直,則不
服"。在第二章裏,也可以說"臨之以莊則民敬"等等。可見"則"
字比主格還重要。有了"則"字,就表示這動作的結果,再加上了上
文的語氣,就知道這動作與那動作不是屬於同一主格的了。

　　近來往往有人誤以文言的"其"字與白話的"他"字相當,以致
寫下來的文言文不合文法。其實我們祇要守着下面的兩個規律,

───────────

①　除非把句法改變,寫成"彼射其左,墜之於車下;射其右,斃之於車中",意義纔十分
　　明顯。但這麼一來,就祇有一個"彼"字屬於代名詞主格了。

就不至於不會用"其"字了：

（1）"他"字可用爲代名詞主格，"其"字不能。

（2）在古文裏，目的格必須用"之"，不能用"其"。

依這兩個規律，我們就可知道"他不去"不能寫作"其不往"①，"替他執鞭"不能寫作"爲其執鞭"，等等。

第二，我們注意到代名詞的數。在中國上古語裏，代名詞單複數是同一形式的，至少在文字上的表現是如此。譬如下列諸例：

（1）第一人稱複數仍用"吾、我"等字：

楚弱於晉，晉不吾疾也；晉疾，楚將辟之，何爲而使晉師致死於我？（《左傳·襄十一》）

（2）第二人稱複數仍用"爾"字：

爾無我詐，我無爾虞。（《左傳·成二》）

子曰："以吾一日長乎爾，毋吾以也。"（《論語·先進》）

如或知爾，則何如哉？（同上）

（3）第三人稱仍用"其、之"等字：

齊、晉、秦、楚，其在成周，微甚。（《史記·十二諸侯年表序》）

今天下大安，萬民熙熙，朕與單于爲之父母。（同上，《匈奴列傳》）

長沮、桀溺耦而耕，孔子過之。（《論語·微子》）

總之，白話的"我們"，譯爲文言可用"吾"或"我"；白話的"你們"，譯爲文言可用"爾"；白話的"他們"，譯爲文言可用"其"或"之"或"彼"。古人雖有"吾人、吾黨、吾曹、吾儕、若輩、彼輩、彼等"，種種説法，但這些説法在先秦甚爲罕見；有時偶見於書，也可

① 但"怪他不去"却可寫作"責其不往"。

把"吾、爾、彼"等字認爲領格。"吾曹、吾輩、吾儕"等於現在説"我
們這班人"或"我們這一類的人",所以"吾、爾、彼"等字在此情形
之下仍當認爲領格代名詞的複數,不當與"儕、輩"等字併合認爲一
個不可分析的單位。例如:

　　文王猶用衆,況吾儕乎?(《左傳·成二》)

　　意思是説"何況我們這一類的人",非簡單的代名詞可比。非
但人稱代名詞在上古没有複數的形式,就是指示形容詞或指示代
名詞也没有複數的形式;換句話説,白話裏"這些、那些"等詞,如果
譯爲文言,祇能寫作"此、斯、彼"等字,與單數的形式完全相同,
例如:

　　今此下民……。(《孟子·公孫丑下》)
　　吾非斯人之徒與而誰與?(《論語·微子》)

　　這一點,非但違反了西洋人的心理,甚至違反了現代中國人的
心理。我們似乎可以拿聲調去解釋,説代名詞的數由聲調表示,寫
下來雖然一樣,念起來却是兩樣,有點兒像現代北京所用詢問詞的
"那"與指示詞的"那",寫起來是一樣的,念起來則前者爲上聲,後
者爲去聲。但是,這種猜想的危險性太大了,因爲我們找不出什麽
證據。不過,我們試就文法的本身仔細想一想,代名詞的數是不是
必不可缺少的東西?先就中文本身而論,名詞單複數既可用同一
的形式,代名詞爲名詞的替身,其單複數何嘗不可用同一的形式?
名詞既可由意會而知其單複數,代名詞的單複數何嘗不可由意會
而知?梵文與古希臘語裏,除了單複數之外,還有一個雙數(duel);
但現代歐洲諸族語大部分没有雙數與單複數對立,我們並不覺得
它們不合邏輯。同理,我們的祖宗嘴裏的代名詞没有數的分別,也
像動詞没有時的分別一般地不能令他們感覺到辭不達意之苦。

　　第三,我們注意到關係詞的嬗變。所謂關係詞就是介詞與連
詞,但中國上古的介詞與連詞没有清楚的界限,故不如統稱之爲關

係詞。這理由且待下文再述。現在只舉出"之、於"兩字,以見關係詞嬗變之一斑。

　　文法成分的"之"字,除了有代名詞與助詞的用途之外,又可用爲關係詞。這一個關係詞,能表示名詞與名詞的關係、限制詞與名詞的關係、名詞與動詞的關係、動詞與動詞的關係、限制詞與動詞的關係。在古人的語像裏,祇把有關係的兩個觀念,用文法上的工具"之"字貫串起來,使它們併合而成爲一個名詞語。至於其所貫串者爲名詞或形容詞或動詞,皆視同一律,例如:

　　(1)表示名詞與名詞的關係:

　　　　仲尼之徒,無道桓文之事者。(《孟子·梁惠王上》)

　　(2)表示限制詞與名詞的關係:

　　　　大小之勢,輕重之權。(《史記·賈山列傳》)
　　　　吾嘗聞少仲尼之聞而輕伯夷之義者。(《莊子·秋水》)

　　(3)表示名詞與動詞的關係:

　　　　德之不修,學之不講……(《論語·述而》)
　　　　不患人之不己知,患不知人也。(同上,《憲問》)
　　　　雖執鞭之士,吾亦爲之。(同上,《述而》)

　　(4)表示動詞與動詞的關係:

　　　　浸潤之譖,膚受之愬,不行焉。(《論語·顔淵》)
　　　　有不虞之譽,有求全之毀。(《孟子·離婁上》)

　　(5)表示限制詞與動詞的關係:

　　　　如知爲君之難也,不幾乎一言而興邦乎?(《論語·子路》)

　　在白話裏,有"的"字頗與古文關繫詞"之"字相當①。但我們

---

　①　我們甚至可以説"的"字爲"之"字古音之餘存。

應該仔細審察由"之"變"的"之過程中,其詞性是否發生變化。我
們首先發現古文裏的"之"字並非個個能由"的"字替代的,例如
"不患人之不己知",我們祇能譯爲"不怕人家不知道我",不能加入
一個"的"字。其次,我們發現今文裏的"的"並非個個能由"之"字
替代的,例如"這本書不是我的",我們祇能譯爲"此非吾書",或
"此非吾之書",不能譯成"此書非我之"。從這兩點上,我們窺見
"之"字變爲"的"字時,其詞性亦同時發生變化,換句話説,就是由
關係詞變爲含限制性的一種後加成分(suffix)。"的"字的用途並
不在乎表示兩個觀念之間的關係,而在乎幫助甲觀念去限制乙觀
念。"不患人之不己知"不能譯爲"不怕人家的不知道我",就因爲
"人"爲"知"的主動者,不是限制語;"這書不是我的"不能譯爲"此
書非我之",就因爲"之"字不在"書"與"我"的當中,不適宜於表示
兩觀念之間的關係。

　　現在談到"於"字。除了成語之外,"於"字在今天的口語裏可
以説是死了。"於"字用於敍述句裏的時候,它表示動作與間接目
的格的關係,例如説"子畏於匡"或"天將降大任於是人"。"於"字
用於説明句裏,則表示限制詞的比較級,例如説"金重於羽"。

　　現代中國語對於"於"字的第一種用法,是借用動詞"在、給"等
字替代的,譬如"子畏於匡"祇能譯爲"孔子在匡受驚","天將降大
任於是人"祇能譯爲"天將要降大責任給那人"。同時,我們注意
到:當間接目的格表示地點的時候,必須置於動詞之前,例如"孔子
在匡受驚"不能説成"孔子受驚在匡"。僅有極少的例外,例如"我
在城裏住"也可以説成"我住在城裏"。這些例外可以説是古代文
法的殘留;"住"字本帶外動詞的性質,所以"我住在城裏"也可以説
成我住城裏。前者受了後者的同化作用(assimilation),所以能
令我們説成了習慣而不覺得它不合於普遍的規律。

　　至於"於"字的第二種用法,在白話裏,我們也借用動詞"比"字
來替代,而且詞在句中的次序也顚倒過來,譬如"金重於羽",譯成

白話就該説"金比羽毛重"。在兩廣大部分的方言裏,用動詞"過"字替代"於"字,但是詞的次序却未因此而變更,例如廣西南部的人不説"金比羽毛重",而説"金重過羽毛"。這"過"字頗像"由也好勇過我"的"過",有超過的意思。

從這上頭,我們可以看出一件很有趣的事實。"於"字本是純粹的文法成分,其職務祇在乎表示甲觀念與乙觀念的間接關係,本身毫無意義。後來"於"字的力量漸漸衰微,不復能執行它的職務,於是借用"存在"的"在"字去聯繫那動作發生的地點,借用"給與"的"給"字去聯繫那動作所間接施及的人物。更有趣的是:在北方人的語像裏,先注意到金與羽毛的比較,然後注意到它們的重量;在兩廣人的語像裏,先注意到金的重量,然後注意到它與羽毛的重量的比差。因此,兩處的人所借用的動詞不同:一則借用"比"字以示比較,一則借用"過"字以示其重量之比差。

中國語的詞性算是富於彈性的,而中國古文比今文還更富於彈性。除了代名詞的格恰是相反的情形外,其餘如代名詞的數、關係詞的形式,都比現代語更有伸縮的餘地。關於中國古今文法的變遷,盡可以寫成一部很厚的《中國文法史》,現在祇能提出幾個問題,對於每一問題也祇能舉很少的例子而已。

六、本性、準性與變性

詞有本性、有準性、有變性。所謂本性,是指不靠其他各詞的影響而能有此詞性的;所謂準性,是爲析句的便利起見,姑且準定爲此詞性的;所謂變性,是因位置關係,受他詞之影響,而變化其原有的詞性的。

先説詞的本性。我們按照詞的本性,可以把它們分爲若干類,但這分類的標準是很難決定的。西文因有屈折作用,我們就能按照其屈折作用來分類。中文沒有屈折作用,有許多詳細的分類就等於贅疣。如果照邏輯的分類法去分類,這是違背語言學原理的,因爲文法與邏輯並不是同一的東西。在這一點,我們仍舊應該去體會中國人的心理。最容易令人看得出中國人對於詞品的辨別的,就是駢體文或詩。依中國語的駢句看來,中國的詞祇能分爲下列的七類:

　　1.名詞　　　2.代名詞　　　3.動詞　　　4.限制詞
　　5.關係詞　　6.助詞　　　　7.感歎詞

　　形容詞與副詞不必區別①,因爲許多字可以限制名詞或動詞而其形式不因此發生變化,例如"難事"的"難"與"難爲"的"難"的形式完全相同。連詞與介詞不必區別,一則因爲它們自身的界限本不分明,二則因爲駢體文裏没有它們不能相配的痕迹。"以"字與"而"字爲對偶,在駢體文裏是常事。實際上,我們也不能硬説"以"是介詞而"而"是連詞。"拂然而怒"的"而"字,與"節用而愛民"的"而"字,一則表示某種狀態與某種動作的關係,一則表示甲動作與乙動作的關係,爲析句方便起見,我們固可以認前者爲介詞(甚或認爲副詞性語尾),後者爲連詞,但這是上下文形成的詞性,並非"而"字本身有此不相同的兩種詞性。

　　助詞爲中國特有的詞品,有些表示動詞的時(tense),其用途等於西文的屈折作用;有些表示句的性質,頗近似於西文的標點。這且待下節討論。

　　詞的準性,本可不立。但有時爲析句方便,也不妨將某字暫命爲某詞,例如《孟子》:"地不改辟矣,民不改聚矣。""改"字本爲動詞;但我們如果從權,把它認爲動作的限制詞,就易於分析或圖解。不過,當我們研究文法的時候,仍該儘量地少談準性。

　　最該注意的乃是本性與變性的分別。中國語的詞既無屈折作用,又没有語根(radical)與語尾(termination)的組合,若要使詞性變更,就祇能靠詞的次序的形成。中國語句中,詞的次序比世界各

① 但有時爲析句方便起見,不妨分爲形容詞與副詞。詞未入句時,雖無形容詞與副詞的分別,及其入句之後,仍可依其性分爲兩種詞品。

族語更固定；有了這個特性，就省了語尾的麻煩。這好比叫化子到
了御座上，至少可以做幾秒鐘的皇帝！中國的限制詞必須置於其
所限制者之前；如果把它移在後面，它就變爲一種説明語，例如"黃
菊花"，"黃"字衹是一個限制詞，是主格、領格或目的格的附加語；
如果倒過來説"菊花黃"，"黃"字就變爲一種賓詞（predicate）。又
如"他慢慢的走"與"他走的很慢"相比較，前句裏的"慢"字是限制
"走"的動作的，後句裏的"慢"字却是賓詞。前句等於法語的 Il
marche lentement，後句等於法語的 C' est avec lenteur qu' il marche。

　　除了詞的次序可以使詞性發生變化外，有時候，某詞爲前面語
氣所影響，其詞性似乎稍爲變化，例如"也"字的本性不含疑問之
意，但在"斗筲之人何足算也"句裏，因爲前面"何"字表示疑問，影
響及於"也"字，我們似乎覺得"也"字也是一個帶疑性的助詞。其
實，這是"何"字賦給"也"字的一種"幻相"；如果我們把"何"字取
消了，換上一個"不"字，説成"斗筲之人不足算也"，我們又覺得
"也"字完全沒有疑問性了。再拿"耶"字與"也"字比較，我們覺得
"耶"字的本性是疑問助詞，所以如果説成"斗筲之人不足算耶"仍
有疑問之意。但是，嚴格説起來，"何足算也"的"也"字衹能認爲準
性的疑問助詞，不能認爲變性的疑問助詞。

　　關於詞的變性，我在舊作《中國古文法》裏已論及：

　　　中國有影響變性之文法。何爲影響？詞當獨立時，本無
　　此性；及其入句也，以上下文之影響，其詞性即變。當此之時，
　　但能認爲變質，不能認爲本質。譬如月之有光，借日之光以爲
　　光，能謂光爲月之本質乎？影響之爲用大矣；不知影響之理而
　　論詞之品質，鮮不誤者。故代名詞"之"字之前不能不爲動詞；
　　介詞"之"字之後，不能不爲名詞；"也"字非能代"耶"，唯有
　　"豈、焉、安、何"等字爲之先則可代"耶"；"哉"字非能反詰，唯
　　有"豈、焉、安、何"等字爲之先則能反詰。諸如此類，皆非字之
　　本質。若謂"也""耶"通用，"乎""哉"同義，則謬甚矣。"耶、

乎"本質可爲問辭,"也、哉"本質不能成問,必賴上文有發問之詞,然後助之成問耳。故"何爲者耶"可作"何爲者也",而"是耶非耶"不可作"是也非也";"豈有既乎"可作"豈有既哉",而"傷人乎"不可作"傷人哉"。王伯申以"也、耶"爲同義,馬眉叔以"乎、哉"同屬傳疑助字,皆不知影響變性之理也。中國文法家對於"所"之一字,聚訟紛紜,莫衷一是。馬眉叔以"所"爲代字,或駁之以謂受動詞前之"所"字不能謂之代字。今按"所"字雖非代字,實爲帶代字性的助詞[①];至受動詞前"所"字之所以喪失代字性者,則以上文帶受動性之助動詞"爲"字語意太重,影響及於"所"字,"所"字不能不喪失其代字性而復其古時有聲無義之本質。此種有聲無義之字,殊爲無謂,今俚語直將"所"字取銷,惟行文不敢擅變習慣之文法,故仍加"所"字耳。然如《論語》"不爲酒困",《莊子》"卒爲天下笑"之類,亦已略去"所"字。"所"字可略而"爲"字不可略,則知"爲"字意重而"所"字意輕,意輕者爲意重者所影響,自易變其性質。……又如"士兵之""諸侯之士門焉""人其人,火其書,廬其居"等句,"兵、門、人、火、廬"諸字之本質,非能爲動詞也,必依某種影響變性之定律,而後能爲動詞。設今有人仿西洋字典之法,於中國字典每字之下注其詞品,以"兵、門、人、火、廬"等字爲有名動兩性,可謂不通之至!蓋其本質但爲名詞而已,與本質爲動詞者迥異。試以"火其書"與"焚其書"二語相比,"火"字必賴"其"字之影響,然後成爲動詞;苟減去"其"字,則"火書"復成何語?"焚"字不待"其"字之影響,雖減去"其"字,焚書之意猶昭然也。"火其書""廬其居"之類,文法家謂之活用,或謂之假借,然知其然不知其所以然。予嘗疑活用、假借云者,豈漫無規律者耶?則何以"諸侯之士門焉","焉"字略

---

① 此乃八年前的舊見解,現在我只認"所"字爲動詞的前加成分,不認爲單獨的詞。

去,則"門"字不成其爲動詞;"士兵之","之"字易以普通名詞,則"兵"不成其爲動詞。因搜羅活用之語句,比例而同之,觸類而長之,乃恍然悟其一定之規律,著爲影響變性之定律一章以究其旨,向之驚爲神妙者,今則變爲平庸;向之不知所以然者,今則能言其故。馬眉叔於斯未嘗深究,特發假借之例,而不知其規則。乃喟然歎曰:"古人用字之神,有味哉!有味哉!"夫治文法者,所貴乎觀其會通,求其律例,豈徒恃詠歎所能塞責者?影響變性之例既明,神奇之説自破……

我的意見至今未改。中國語的絶大彈性,形成了詞性的變化多端。然而終不至於毫無條理者,實因詞的次序已成固定。其變性的定律,有最顯明的幾條如下:

(甲)動詞

(1)外動詞後無目的格者,變受動詞①:

> 舜有臣五人而天下治。(《論語·泰伯》)
> 吾不試,故藝。(同上,《子罕》)
> 入公門,鞠躬如也,如不容。(同上,《鄉黨》)
> 在邦必聞,在家必聞。(同上,《顏淵》)
> 君子疾没世而名不稱焉。(同上,《衛靈公》)
> 有此四德者,難必抒矣。(《左傳·文六》)
> 辰嬴嬖於二君。(同上)
> 蓋文王拘而演《周易》,仲尼厄而作《春秋》,屈原放逐乃賦《離騷》②。(司馬遷《報任安書》)

(2)內動詞後加目的格者,變外動詞:

---

① "飲、食"等字可用於內動詞,不必有目的格,不在此例。

② 這是中國語的受動態(passive voice),如果改爲歐化的句子,則成爲"文王被拘而演《周易》"等語。但這種"被"字還不能處處都應用,例如"難必抒矣"決不能改爲"難必被抒矣"。現代白話也祗説"飯没有燒好",而不説"飯没有被燒好"。

小子鳴鼓而攻之可也。(《論語·先進》)

今我逃楚,楚必驕。(《左傳·襄十》)

太史公讀秦記至犬戎敗幽王①。(《史記·六國年表》)

天之亡人國,其禍敗必出於智所不及。(蘇軾《志林》)

(3)名詞、形容詞、内動詞在代名詞之前者,皆變外動詞:

睹其一戰而勝,欲從而帝之。(《戰國策·趙策》)

曲肱而枕之。(《論語·述而》)

及其使人也器之。(同上,《子路》)

友其士之仁者。(同上,《衛靈公》)

於是乘其車,揭其劍,過其友,曰:"孟嘗君客我。"(《戰國策·齊策》)

人潔己以進。(《論語·述而》)

秦王足己而不問,遂過而不變。(賈誼《過秦論》)

博我以文,約我以禮。(《論語·子罕》)

夫子欲寡其過而未能也。(同上,《憲問》)

少君之費,寡君之欲,雖無糧而乃足。(《莊子·山木》)

德澤有加焉,猶尚如是,況莫大諸侯,權力且十此者乎?(賈誼《陳政事疏》)

起予者商也。(《論語·八佾》)

三已之,無慍色。(同上,《公冶長》)

求也退,故進之;由也兼人,故退之。(同上,《先進》)

故遠人不服,則修文德以來之。(同上,《季氏》)

(4)介詞"於(于)"字前祇有名詞而無動詞時,則此名詞變爲動詞:

樂厭、士魴門於北門。(《左傳·襄九》)

———————

① "犬戎敗幽王"等於説"犬戎勝幽王",這是變性定律所產生的有趣的事實。

甲戌,師於氾。(同上)

靡衣玉食以館於上者,何可勝數!(蘇軾《志林》)

(5)"不"字後之名詞變動詞:

何以不地?(《公羊傳·桓十三》)

君子不器。(《論語·爲政》)

人之不力於道者,昏不思也。(李翱《復性書》)

不耕而食鳥獸之肉,不蠶而衣鳥獸之皮。(蘇洵《易論》)

(6)"所"字後的名詞或形容詞或副詞變動詞:

何至一旦便易此情於所天。(晉武帝詔)

其所厚者薄,而其所薄者厚。(《禮記·大學》)

天子所右則寡君亦右之,所左亦左之。(《左傳·襄十》)

誠投以霸王爲志,則戰攻非所先。(《戰國策·齊策》)

(乙)名詞

(1)"其"字後僅有形容詞而無名詞,則此形容詞變名詞:

其知可及也,其愚不可及也。(《論語·公冶長》)

抑之欲其奧,揚之欲其明。(柳宗元《答韋中立》)

(2)"之"字後僅有形容詞而無名詞,則此形容詞變名詞:

不有祝鮀之佞而有宋朝之美。(《論語·雍也》)

不知鞍馬之勤道途之遠也。(韓愈《上于相公書》)

攻其惡,無攻人之惡,非修慝與?(《論語·顏淵》)

(丙)形容詞

凡兩名詞相連,前者變形容詞①:

---

① 就某一些例子看來,也可以説變爲領格;但有些例子却不能認爲有領格的存在,例如"牛刀",我想把它認爲帶形容性好些。

夫顓臾,昔者先王以爲東蒙主。(《論語·季氏》)

割雞焉用牛刀?(同上,《陽貨》)

(丁)副詞

凡動詞前的名詞,不能認爲主格者,變副詞:

有席卷天下,包舉宇内,囊括四海之意。(賈誼《過秦論》)

天下雲集響應,贏糧而景從。(同上)

人頭畜鳴。(班固《記秦始皇本紀後》)

吾讀秦紀至於子嬰車裂趙高。(同上)

周有天下,裂土田而瓜分之……履布星羅,四周於天下。(柳宗元《封建論》)

獻孝以後,稍以蠶食諸侯。(《史記·秦楚之際月表》)

人臣狼顧脅息,以得死爲幸。(蘇軾《志林》)

撞搪呼號,以相和應,蜂屯蟻聚,不可爬梳。(韓愈《送鄭尚書序》)

至紛不可治,乃草薙而禽獮之。(同上)

聖人者立,然後宫居後粒食。(韓愈《送浮屠文暢師序》)

於馬之中,又有上者下者……立者,人立者。(韓愈《畫記》)

綿谷跨谿,皆大石林立……怒者虎鬭,企者鳥屬。(柳宗元《永州萬石亭記》)

由冉溪西南水行十里。(柳宗元《袁家渴記》)

潭西南而望,斗折蛇行,明滅可見。(柳宗元《至小邱西小石潭記》)

已而吾母病瘘,蓐處者十有八年。(歸有光《王母顧孺人六十壽序》)

以上所舉諸定律,還不能算完備,至少還可加上一倍有餘。再者,縱使我們詳細找出了許多定律,認爲完備了的時候,也不能説毫無例外。但在這些例外裏,我們可以説詞性不受位置的影響,衹

受上下文意義的襯托,使人們意會而知其性質。又有利用駢句,使詞的變性更顯著:

> 於是從散約解,爭割地以奉秦。(賈誼《過秦論》)
> 器利用便而巧詐生,求得欲從而心志廣。(蘇軾《始皇論》)

　　這些句子,如果不是駢偶的,就比較地難懂了。上面所列諸定律,除甲類第一條,乙類第一、二條及丙類之外,在現代白話裏已成死法。"帝之"不可譯爲"帝他","寡其過"不可譯爲"少他的過失","不器、不龜、逃楚、敗幽王、狼顧、蛇行"等語,都不能用入白話裏[1]。上古的中國人,實際上有沒有這種口語,現在尚未考定。所可斷定者,自唐以後,古文家利用詞性變化定律以求文字之簡練,決非當時的口語能如此。爲什麼文字能因此而簡練呢? 因爲這些變性的詞在變性之後往往仍兼本性,例如"帝之"等於說"以之爲帝","帝"字雖加上了動詞性,然皇帝的本義仍在其中。因此,詞性變化的定律竟似成爲古文家的祕訣。

七、中國的文法成分

　　所謂文法成分,就是舊時所謂虛字。古人往往以代名詞歸入虛字,很是合理;非但依語言學原理看來,代名詞該歸虛字,即就中國語本身觀察,代名詞與其他虛字實爲同源。除上文所舉"之、其、而、爾"既爲代名詞而又爲他種虛字之外,還有"若"字與"乃"字既爲第二人稱代名詞,又爲連詞。甚至第一人稱代名詞"余、予"與疑問助詞"歟(與)、邪(耶)"既爲雙聲,又爲叠韻,也許還有密切的關係哩。古人之於虛字,有一種下意識的傾向,某一些韻部的字常被用爲文法成分,另有些韻部的字則很少見,例如魚部、之部、歌部的字特別多用(於、與、以、于、所、惟、也、歟、耶、或、諸、乎、而、耳、何、兮、如、若、矣、其、則、乃、故、我、吾、女、者、亦、哉),寒部次之(焉、

---

① "瓜分"一語是文言之混入白話者。

然、安），其餘各部，幾乎没有什麼常用的虛字了。

　　文法成分是文法學的主要對象，該有專篇作詳細的研究；現在衹就我所注意到的古文法略説一説，至於現代白話文法，則待將來再加討論了。

　　句尾助詞可以形成語句的性質。要知道這道理，先該知道中國的語句顯然分爲兩大類：

　　（1）名句（nominal sentence，法文 phrase nominale）。

　　在此類語句裏，普通衹用“也”字煞尾，例如：

　　　　唯女子與小人爲難養也。（《論語·陽貨》）
　　　　非其鬼而祭之，諂也；見義不爲，無勇也。（同上，《公冶長》）
　　　　夏，曹伯來朝，禮也；諸侯五年再相朝，以修王命，古之制也。
　　（《左傳·文十五》）

　　所謂名句，非但指“仁，人也”“義，宜也”之類而言，凡把上句視同名詞而加以説明者，皆可謂之名句，例如“非其鬼而祭之，諂也”就等於説“非其鬼而祭之，是諂也”，這裏的“是”字與現代白話的“是”的含義也不相同。上古的“是”字衹等於“此”。故“是諂也”等於説“非其鬼而祭之”這一種行爲即是“諂”的行爲。又如“知之爲知之，不知爲不知，是知也”可寫成下列的公式：

　　　　知之爲知之，不知爲不知＝知。

　　又“德之不修，學之不講，聞義不能徙，不善不能改，是吾憂也”也可寫成下列的公式：

　　　　德之不修，學之不講，聞義不能徙，不善不能改＝吾憂。

　　此外，凡限制詞在後，對於動作成爲説明語者，亦可認爲名句，例如：

　　　　出，降一等，逞顔色，怡怡如也。（《論語·鄉黨》）

　　總之，所謂名句者，説得淺些，就是表明句，衹表明事物之如此或否,並未敘述動作。我們如果分析這類語句,祇看見事物間的關係,換句話説,就是以甲事説明乙事,以甲物説明乙物,或以某狀態去形容某動作或某主格,説話的人並不着重在以動作的本身告訴我們。在這情形之下,"也"字很近似西文的繫詞(copula);所不同者,繫詞到現代,漸漸限定於名詞與名詞,或名詞與形容詞之間①,而"也"則必須用於句尾,然後能有繫詞的作用罷了②。

(2)動句(verbal sentence,法文 phrase verbale)。

在此類語句裏,普通不用句尾助詞。如果用的時候,則於過去時用"矣"字,現在時用"也"字,例如:

> 有顏回者好學,不幸短命死矣。(《論語‧公冶長》)
> 王曰:"吾既許之矣。"(《左傳‧襄九》)
> 或問禘之説。子曰:"不知也。"(《論語‧八佾》)
> 弗如也,吾與女弗如也。(同上,《公冶長》)

疑問句與感歎句,在西洋非但用標點以表示,有時候也從詞的次序表示。在中國,詞的次序另有作用,不爲表示疑問或感歎之用;標點又非中國所固有。因此,古人祇能利用助詞以表示疑問或感歎了。無論名詞或動詞,皆可加上疑問助詞以表示疑問,或加上感歎助詞以表示感歎。在最初的時候,名句與動句仍可照普通的規律先加"也"字或"矣"字於句尾,然後再加疑問助詞,成爲"也乎、也哉、也夫、矣乎、矣哉"等形式。

其次,我們注意到中國語裏的時的觀念。當其不用助詞時,動作發生之時間皆由上下文義而顯。如昨日或去年所爲之事當然是過去,明日或明年所爲之事當然是將來,用不着動詞的屈折作用。但是,當其用句尾助詞的時候,我們可以從此窺見古人的時的概

---

① 尤其是在英法語裏。
② 補注:後來在《中國文法中的繫詞》裏,我又説"也"字並沒有繫詞的性質。後一説纔是對的。

念。上文說過,動句之過去時用"矣"字,現在時用"也"字,例如
"吾既許之矣"不能寫作"吾既許之也","子曰,不知也"不可寫作
"子曰,不知矣"。但是,當我們仔細觀察之後,覺得"矣"字非但用
於事實上的過去時,而且用於心理上的過去時;換句話說,非但用
於客觀的過去時,而且用於主觀的過去時。中國上古語裏的現在
時,與西洋語裏的現在時的概念不完全相同。關於這一點,我們仍
是在中西語像的異同中得到了滿意的解答。

　　過去時在中國,嚴格地說起來,應該叫做決定時(definitive
tense);無論動作或狀態已完成或未完成,祇要說話的人肯作主觀
的決定,就可把它視同過去。因此,將來時亦可視同過去,如果說
話的人肯作主觀的決定的話。馬眉叔說得有理:"吾將仕矣者,猶
云吾之將出仕於將來,已可必於今日也。"[1]所謂將來時,本是主觀
的東西[2]。如果我們決定其必然,就等於看見那事已經實現,於是
我們的古人就用過去時,例如"吾將仕矣",如果我們不敢十分決定
其必然,就索性用個疑問助詞,例如"庶幾免於戾乎?"[3]在"吾將仕
矣"句中,既有助動詞"將"字表示將來,又有"矣"字表示過去,這
有點兒像西文的 future perfect tense;但其用法稍有不同。中國人之
用 future perfect,並非以與簡單的 future 相比較,却是把料其必然的
future 視同已經完成。在假設句中,欲表示其因果之必然性,亦用
"矣"字,例如:

　　　　如有復我者,則吾必在汶上矣。(《論語 · 雍也》)
　　　　微管仲,吾其披髮左衽矣。(同上,《憲問》)
　　　　慎終追遠,民德歸厚矣。(同上,《學而》)

　　反過來說,凡說話的人要表示某動作或某狀態之未完成,並且

---

① 《馬氏文通》卷九第 31 頁。
② 參看 Vendryes, Le Langage, p.179。
③ 《左傳 · 文十八》。

料想將來也未必能完成者，則不用過去時而用現在時，換句話說就是不用決定時。在西洋人的語像裏，有過去的未，有現在的未，甚至有將來的未。在中國人的語像裏，凡未發生之動作或狀態決不能屬於過去，因爲實際上過去無此動作或狀態；也不能屬於將來，因爲將來亦未必能有此動作或狀態。依語言的普通現象，凡不能認爲過去、現在或將來者，祇能勉強放在現在時裏；所以中國語裏凡有"未"字的句子都用"也"字煞句而不用"矣"字，例如：

> 不好犯上，而好作亂者，未之有也。（《論語・學而》）
>
> 蓋有之矣，吾未之見也。（同上，《里仁》）
>
> 吾未見能見其過而內自訟者也。（同上，《公冶長》）
>
> 未聞好學者也。（同上）
>
> 非公事，未嘗至於偃之室也。（同上，《雍也》）
>
> 子食於有喪者之側，未嘗飽也。（同上，《述而》）
>
> 由也升堂矣，未入於室也。（同上，《先進》）
>
> 君子而不仁者，有矣夫；未有小人而仁者也。（同上，《憲問》）
>
> 夫子欲寡其過而未能也。（同上）

在上列九例中，尤以第二、七、八例爲最顯明。"矣""也"不能互易，則知古人用句尾助詞有一定的規律，而其規律則出於其對於時的概念。

解釋句亦用現在時。在這種語句裏，說話的人只着重在說明兩事的因果關係並不着重在敘述動作。這與"仁，人也""義，宜也"同一作用，近於名句，所以無論其所解釋者爲過去、現在或將來，都不用過去時，例如：

> 告子未嘗知義，以其外之也。（《孟子・公孫丑上》）
>
> 故王之不王，不爲也，非不能也。（同上，《梁惠王上》）

名句也祇用現在時，不用將來時。這也與中國人的時間概念有關。譬如説"孔子，魯人也"，在西洋人看來，孔子是古人，孔子之爲魯人，自然是一件過去的事。但中國人可以這樣想：孔子與魯的關係是永遠不滅的，"孔子雖死了許久，但他並未因此而停止其爲魯人"。因此，凡屬名句，都衹用"也"字煞尾。

在真理句裏，也用現在時；關於這一點却與西文相同。我們知道，這也是勉強歸入的；其實真理在過去已有其價值，在將來亦不失其價值①。在無可歸屬的時候，衹好把它當做現在時，例如：

> 人而無信，不知其可也。(《論語·爲政》)
> 不患人之不己知，患不知人也。(同上，《憲問》)

當然，過去時與現在時也没有截然的鴻溝；因此，在有些情形之下，"也"字可用，"矣"字也可用。不過，用"也"字時，往往衹表示一時的事實，用"矣"字時，則表示時間前後的關係，有"已"字之意。譬如説"孺子可教也"②，僅表示眼前的事實如此；若云"孺子可教矣"③，則等於説"孺子已可教矣"，言外有昔者孺子猶未可教之意。這種細微的分別，是多讀古文的人都能感覺到的。

在古文裏，"也"字可置於主格之後，表示一個休止時間(pause)。這一類的助字，省去也可以；不省則更覺其頓挫有韻致，例如：

> 雍也仁而不佞。(《論語·公冶長》)
> 由也千乘之國，可使治其賦也。(同上)
> 丘也聞有國有家者，不患寡而患不均。(同上，《季氏》)
> 今由與求也相夫子。(同上)
> 是鳥也海運則將徙於南冥。(《莊子·逍遙遊》)

---

① 至少在説話的人心理如此。
② 蘇洵《留侯論》。
③ 《史記·留侯世家》。

"也"字又可爲按斷助詞。凡將下斷語時,先設按語,而以"也"字助其語勢,例如:

> 其爲人也發憤忘食,樂以忘憂。(《論語·述而》)
> 三代之得天下也以仁;其失天下也以不仁。(《孟子·離婁上》)

這兩類的"也"字不能與煞句的"也"字相提並論,正像發語的"夫"字不能與煞句的"夫"字相提並論一樣。

助詞之能表示句的性質者,除了句尾助詞外,還有句首助詞。句首助詞之最常用者爲"夫"字,表示語句屬於議論的性質,例如:

> 夫人必自侮,然後人侮之。(《孟子·離婁上》)
> 夫兵,猶火也;弗戢,將自焚也。(《左傳·隱四》)
> 夫樹國必審相疑之勢……。(賈誼《治安策》)
> 夫天之道也,東仁而首,西義而成。(李邕《麓山寺碑》)

馬眉叔以"夫"爲提起連字;連字謂之提起,實屬費解。其所以叫做連字者,據說"皆以頂承上文,重立新義";然如上面所舉第三、四兩例,既居一篇之首,則不能更謂之"頂承上文"。馬氏以"結煞實字與句讀者"爲助字,"夫"字既不結煞字句則不能不把它勉強歸入連字。但我很贊成陳承澤的說法:"夫非名象動副,而又無連介之作用,又不如歟字之得獨立表示意思者,皆助字也。"所以"夫"字也可認爲助詞。

助詞應討論者甚多;今爲篇幅所限,不能多談。文法成分不僅限於助詞,此外還有連詞、介詞、代名詞與詞的附加成分等等。現在爲篇幅所限,也都不詳細討論了。

八、詞的次序

詞的次序,就是詞在句中的位置。在第六節裏,我已舉"黃菊花"與"菊花黃"爲例,證明詞的次序能確定詞性。但這也是漸漸地纔確定了的,例如"於"字後的名詞必爲間接目的格,這話祇適用於已固定的文法；如果拿"室於怒而市於色"等句法來看，則間接目的格却在"於"字之前。同理，"所"字後面的動詞，在文法未固定時代，也有種種不同的性質。今分析如下：

（1）"所"字後之動詞變爲動詞性的名詞，但此動詞應認爲由受動詞變來，例如：

　　大官大邑，身之所庇也。（《左傳·襄三十一》）

若譯爲文法已固定時代的古文，則該是："身爲大官大邑所庇。"

（2）"所"字後之動詞變爲動詞性的名詞，但此動詞應認爲由內動詞變來，例如：

　　冀北之土，馬之所生。（《左傳·昭四》）

若譯成文法已固定時代的古文，則該是："冀北之土，馬之所由生。"

（3）"所"字後之動詞變爲動詞性的名詞，但此動詞應認爲由外動詞變來，例如：

　　舉爾所知；爾所不知，人其舍諸？（《論語·子路》）
　　如有所譽者，其有所試矣。（同上，《衛靈公》）

這三種說法當中，第一種早已消滅。第二種則流傳頗久，楊惲《報孫會宗書》裏還說："西河魏士，文侯所興。"但是，至少可以說它的勢力漸漸衰微，終於消滅。第三種說法最佔優勢，除最少的例外，凡"所"字後的動詞都可認爲外動詞，甚至本非外動者亦被"所"字影響而變爲外動[①]。由此看來，我們就普通的文法而論，自然可以說"所"字後的動詞或名詞或形容詞皆變爲外動詞了。

詞的次序在中國語裏，其固定程度遠非西文所能及。所以談中國文法決不能不談及詞的次序。現在舉幾條重要的規律，在中國人看來，覺得平平無奇；在外國人看來，這正是中國語的大特色。

---

① 參看第六節所舉例。

（1）主格先於其動詞，例如"鄉人飲酒"不能寫成"飲鄉人酒"或"酒飲鄉人"。

（2）目的格後於動詞①，例如"鄉人飲酒"不能寫成"酒鄉人飲"或"酒飲鄉人"。

（3）領格先於其所領之名詞，例如"邦君之妻"不能寫成"妻之邦君"。

（4）形容詞必先於其所形容之名詞，例如"遠人不服"不能寫成"人遠不服"；"攝乎大國之間"不能説成"攝乎國大之間"。

（5）副詞必先於其所限制之形容詞或動詞，例如"名不正"不能寫成"名正不"；"善與人交"不能寫成"與人交善"；"先進於禮樂"不能寫成"進先於禮樂"；"億則屢中"不能寫成"億則中屢"。

（6）空間副詞短語，以"於"字爲介詞者②，置於動詞之後；若在白話裏，以"在"字爲介詞，則置於動詞之前，例如"子畏於匡"不能寫成"子於匡畏"；"自經於溝瀆"不能寫成"於溝瀆自經"。又如"我在戲院裏聽戲"不能説成"我聽戲在戲院裏"；"他在我家吃飯"不能説成"他吃飯在我家"。

（7）方式副詞短語，以"以"字爲介詞者，置於動詞前後均可；若在白話裏，以"拿"字爲介詞③，必置於動詞之前，例如"殺人以梃"亦可寫成"以梃殺人"；"淚盡，繼之以血"亦可寫成"淚盡，以血繼之"④。但"拿刀殺人"不能説成"殺人拿刀"。

（8）在被動態（passive voice）裏，如用助動詞"爲"字，則主動者須置於動詞之前；如用介詞"於"字，則主動者須置於動詞之後。若在白話裏，則不用"於"字，僅用助動詞"被"字（或"給"字），主動者須置於動詞之前，例如：

---

① 關於這一條，有些例外，見下文。

② 非限制空間者不在此例，如"於吾言無所不説"，"於吾言"三字在"無"字之前。

③ "在"字、"拿"字本性屬於動詞，今認爲介詞，乃就其準性而言。

④ 有時因修辭的關係，依字的多寡與語氣的強弱而定"以"字的位置。

　　"衛太子爲江充所敗"(《漢書·霍光傳》)不可寫成"衛太子所敗爲江充",却可寫作"衛太子敗於江充"。

　　"郤克傷於矢"(《左傳·成二》)不可寫成"郤克矢於傷",却可寫作"郤克爲矢所傷"。

　　"郤克被箭傷了"(或"給箭射傷了")不可寫成"郤克傷了被箭"。

　　(9)附屬句必先於主要句,例如"微管仲,吾其被髮左衽矣"不能寫成"吾其被髮左衽矣,微管仲";"如有復我者,則吾必在汶上矣"不能寫成"吾必在汶上矣,如有復我者"。在白話裏,偶然也可倒過來,例如"如果天下雨,我不出去"也可偶然說成:"今天我不出去,如果下雨的話。"

　　在上述的九個規律當中,第二個規律在某一些情形之下是與事實不符的。先說,否定句的動詞的目的格如果是一個代名詞,在古文裏,目的格必先於動詞,例如"不患人之不己知""莫我知也夫"等等,已爲一般語史學家所注意。但是,如果目的格是一個名詞就必須置於動詞之後,例如"不踐迹"不能寫成"不迹踐"。然而我們仍該注意到:否定句仍可使目的格在動詞之前;不過,其次序不復是否定副詞加目的格加動詞,而是目的格加否定副詞加動詞,例如:

　　　子曰:"篤信好學,守死善道,危邦不入,亂邦不居。"(《論語·泰伯》)

　　在這情形之下,我們不能認爲"入"字與"居"字爲受動詞,因爲就上下文的語氣看來,"入、居"兩字顯然與"篤信好學,守死善道"同其主格,"危邦"與"亂邦"顯然是目的格。這種倒裝的可能性,顯然是否定句所特許。直至現代白話裏,"我今天不喝酒"也可以說成"我今天酒不喝",但"我今天喝酒"不能說成"我今天酒喝"。然而如果在後面加上副詞性的形容詞,說成"我今天酒喝了不少"或"我今天酒喝了許多",又可以說得通了。這可以說是一種習慣,大

家用慣了這種説法,就通行了。其次,我們注意到一切目的格皆可提至主格之前,祇要在動詞後面補上一個代名詞就行了①,例如:

> 高者抑之,下者舉之,有餘者損之,不足者補之。(《老子》)
> 老者安之,朋友信之,少者懷之。(《論語·公冶長》)
> 百畝之田,匹夫耕之。(《孟子·盡心上》)
> 三里之城,七里之郭,環而攻之而不勝。(同上,《公孫丑下》)

其他如第四規律(形容詞必先於其所形容之名詞)也在某一些情形之下該加以補充。如果動詞之後加上表示數量的形容詞("多、少"等字及數目字),這些形容詞就不必在其所形容的名詞之前,例如"我今天喝了不少的酒"也可説成"我今天酒喝了不少";"我吃了三個苹果"也可説成"我苹果吃了三個"或"苹果我吃了三個"。但這祇是現代白話裏的情形,古文裏這種文法是罕見的。此外,各規律在特殊情形之下也可變更,不復細論了。

九、事物關係的表現

語句乃是種種觀念的綜合。甲觀念與乙觀念綜合,有時候用文法成分表現二者的關係,這是所謂屈折作用及介詞;甲語句與乙語句綜合,有時候用文法成分去表示它們的關係,這是所謂連詞。我們説有時候用它們,因爲有時候也可以不用的。不用的時候,這些關係的表現,往往寄托在詞的次序之上;甚或不用文法成分與詞的次序去表現,祇把甲觀念與乙觀念並列着,甲語句與乙語句並列着,讓對話的人自己去體會它們的關係。這種情形,在中國語最爲常見,譬如英文的 while、if、to,法文的 lorsque、de 等關係詞,譯成中文,往往可省。反過來説,西文用不着關係詞的地方,在中文裏却用得着,例如副詞與動詞的關係,在西文裏,因爲它們各有特殊的

---

① 在駢語裏,有時代名詞可以不補上,例如李斯《諫逐客書》:"不問可否,不論曲直,非秦者去,爲客者逐。"

形式並列,已經看得出它們的關係了;在中國的古文裏,往往用得
着關係詞,把副詞與動詞焊接起來:

> 欲常常而見之,故源源而來。(《孟子·萬章上》)
> 旦旦而伐之,可以爲美乎? (同上,《告子上》)
> 使我欣欣而樂與? 樂未畢也,哀又繼之。(《莊子·知北遊》)
> 往往而聚者百有餘戎。(《史記·匈奴列傳》)

　　但是,最令我們覺得中文的特點者,仍在文法成分之少用。事
物關係之表現,在中文裏往往是不顯的。從這一點看來,中國的文
字與口語很接近。懂得西洋語言的人都能察出他們的關係詞(包
括關係代名詞)在文字上比在口語裏多了許多,例如"如果没有錢,
就没有麵包"這句話在法國人口裏可以説成 Pas d'argent, pas de
pain,但寫下來時必須寫成 Si l'on n'a pas d'argent, on n'aura pas de
nain。我們又注意到:西文裏用許多介詞、連詞、關係代名詞組成的
很長的複合句(compound sentence),何嘗在日常談話裏出現過? 因
此,我們可以説中國的文章組織就是口語的組織的變相;文言文在
上古是與口語一致的。

　　現在把事物的種種關係,不爲中國語所表現者,分別説一説:
　　第一,人稱與動作的關係,用不着表示;主格屬於第一人稱,則
動詞用不着語尾變化也可知道它屬於第一人稱。這完全因爲位置
固定的關係;假使主格可以任意置於動詞的前後,非靠語尾變化就
往往不能決定那動詞屬於何人稱了。
　　第二,數與動作的關係。這與人稱的關係同理;有了位置固定
的好處,動詞裏就不必有數的表現了。有時候,主格没有數的表
現,而説話的人想要表示數與動作的關係,就利用一個表示數量的
副詞,例如説"他的兒子都來了",就能表示"來"的動作是屬於複數
的了。
　　第三,時與動作的關係,可由上下文推測而知。遇必要時,也
可利用副詞來表示,例如"已浴、方浴、將浴"。

　　第四,主動者與動作的關係。在現在西文裏,除了命令式及感歎句之外每句必須有一個主格,以表示動作之所自來①。在中文裏,主格却不是必需的。譬如一段言語祇敘述同一主格的動作,自然用不着在每句指出其主格;此外,如中途變更主格,若可不言而喻者,亦不必將主格指出。所謂不言而喻者,往往是些代名詞;古文第三人稱代名詞之所以沒有主格,就是這個緣故。至於第一、第二人稱,雖可用主格,但也盡可省略。在古人書札中,第一、第二人稱的主格以省略爲常;大約謙虛的話便屬於第一人稱,恭維的話便屬於第二人稱,例如:

　　　　琳死罪死罪。昨加恩辱命,並示《龜賦》。披覽粲然。(陳孔璋《答東阿王箋》)

　　"加恩辱命,並示《龜賦》"屬於第二人稱,"披覽"屬於第一人稱,雖然都沒有主格,我們不至於誤會。在以上諸例裏,我們不可以説是主格省略。至於真理句裏,情形又大不相同;並不是本該有主格而被我們省略了,而是中國人認爲不該有主格,例如"不怕慢,祇怕站",這"怕"不是我怕,我們怕,不是你怕,你們怕,也不是他怕,他們怕,而是人人都怕。在西文裏,遇着這種情形,祇好用一種無定代名詞,像法文的 on、德文的 man、英文的 one。但是,在這上頭,中國人的邏輯與西洋人不同:既是代名詞就該有定,既無定就不該有代名詞。因此,像下列《論語》諸句子的主格都無法補出:

　　　　貧而無怨,難;富而無驕,易。(《憲問》)
　　　　可與言而不與之言,失人;不可與言而與之言,失言。(《衛靈公》)
　　　　過而不改,是謂過矣。(同上)
　　　　當仁,不讓於師。(同上)

---

① 這裏的動作包括 verb to be 而言。

　　第五,受動者與動作的關係。在中文裏,目的格不如主格之易於省略,但也不是絕對不可略去的。先説最常用的外動詞,如"飲、食"等字,其目的格往往可省,此在西文也有類似的情形。此外,在古人的書札裏,第一、第二人稱代名詞目的格也可省去,例如:

　　　　曩者辱賜書,教以順於接物,推賢進士爲務。(司馬遷《報任安書》)

　　　　適有事務,須自經營,不獲侍坐,良增邑邑。(應璩《與滿炳書》)

　　至於名詞的直接目的格也有可省略的,尤其是關涉君父的話,例如:

　　　　不期而會孟津八百諸侯,猶以爲未可,其後乃被弑。(《史記·秦楚之際月表》)

　　　　屈原既放,三年不得復見。(《楚辭·卜居》)

　　　　今之孝者,是謂能養。(《論語·爲政》)

　　間接目的格也有可省略的;最普通的是在介詞"以、與"或"爲、用"之後,例如:

　　　　成王以桐葉與小弱弟戲,曰:以封汝。(柳宗元《桐葉封弟辨》)

　　　　其後崔昌遽倚朱温之兵以誅宦官……無一人敢與抗者。(蘇轍《唐論》)

　　　　時君莫尚之,是以王道遂用不興。(劉子政《戰國策序》)

　　　　王、謝相謂曰:"淵源不起,當如蒼生何?"深爲憂歎。(《世説新語·識鑒》)

　　"以封汝"等於説"以此封汝","敢與抗"等於説"敢與之抗","遂用不興"等於説"遂用此不興","深爲憂歎"等於説"深爲此憂歎",間接目的格代名詞都省略了。這種省略,與省略關係詞頗有不同:這裏是借關係詞的出現,以表示間接目的格的隱藏;如果省略關係詞而把間接目的格寫出,則此間接目的格與動詞的關係必待讀者意會而知了。當間接目的格是一個代名詞的時候,必須置於直接目的格之前,然後介詞可省,例如《左傳》"賜我南鄙之田"。當它是一個名詞的時候,介詞省略者,在古文爲較常有的情形。在古文裏,凡"於"字所介之目的格係表示動作之所止或所向者,均可省略:

> 百越之君,俛首係頸,委命下吏。(賈誼《過秦論》)
> 或窮居陋巷,委身草莽。(《五代史·一行傳敘》)

但受動詞後的"於"字,其所介的名詞即爲主動者,故必不可省去,例如《孟子》"治於人者食人,治人者食於人",若把兩個"於"字省略,就不能表示原來的意義了。

第六,表明語與主格的關係。第二節裏,我們已經談到:像"馬壯"一類的句子,"壯"爲"馬"的表明語,它們的關係祇由次序去表示就够了,沒有用繫詞(copula)的必要,我們知道,亞里士多德一派的論理學認爲每一語句都該具有繫詞,於是他們以爲法文的 le cheval court 等於說 le cheval est courant。這是錯誤的。在現代西文裏,主格與動詞的關係用不着繫詞來表示;英語 the horse is running 句裏的 is 並不是表示動作與主格的關係的,祇是組合動詞的一部分罷了①。同理,主格與表明語的關係,在中國語裏也不必用繫詞來表示。嚴格地說起來,中國上古是沒有繫詞的。非但現代的"是"字與上古的"是"字的詞性大不相同,就是上古的"爲"字,也由作爲的意義變來,不完全等於現代的"是"字。因此,凡古人用"爲"字的地方都是特別着重是非的;用"爲"字表示主格與表明語的關係乃是特殊的情形,不用"爲"字却是正常的情形。《論語》"唯天爲大,唯堯則之"的"爲"字動作意味很重,我們拿來比較"赤也爲之小,孰能爲之大",就可見"唯天爲大"不完全等於現代語"祇有天是大的"。

---

① 也有些語言學家認 running 這類詞爲 verbal adjectives 的,參看 Bloomfield, An Introduction to the Study of Language, p.122。

　　以名詞爲表明語的時候，也用不着繫詞。"孔子是魯國人"，在古文裏非但可以説"孔子魯人也"，甚至於可以説"孔子，魯人"。"孔子爲魯人"的説法，在古文裏是罕見的，除非在補充語裏，例如説"子不知孔子爲魯人耶？"

　　上面説的六條，是甲觀念與乙觀念的關係不必用字表現的。此外，還有甲句與乙句的關係，在中國語裏，也往往用不着表現，尤其在中國的古文裏。

　　第一，在假設句裏，連詞"如、苟、若"等字可以不用。在此情形下，往往用"則"字置於主要句之首。"則"有然則之意，上句的假設的意義藉此"則"字以顯。因此，"仁則榮，不仁則辱"等於説"如仁，則榮；如不仁，則辱"。"如用之，則吾從先進"也可省爲"用之則吾從先進"。如果把古書的假設句加以統計，將見不用"如、若、苟"等字的句子實較用者多了許多。甚至連"則"字也不用的，例如：

　　　今不取，後世必爲子孫憂。（《論語·季氏》）
　　　加我數年，五十以學《易》，可以無大過矣。（同上，《述而》）

　　尤其是主要句與附屬句都是否定句的時候，"如、若、苟"等字以不用爲常，"則"字也不必用，例如：

　　　聖人不死，大盗不止。（《老子》）
　　　不塞不流，不止不行。（韓愈《原道》）

　　這些句法直至現代還存在。我們可以説"無風不起浪""不是你説，我不信"等語，都用不着假設連詞。

　　第二，附屬句如果是表示時間的，連詞更用不着，例如"子適衛，冉有僕"，可以譯爲"當孔子適衛之時，冉有爲之御車"。但是，這一類表時間的附屬句太不明顯了，我們竟可把它認爲獨立句，譯爲"孔子適衛。冉有爲之御車"。"當"字當"當其時"講，乃是後起的用法；在先秦的書裏，"當孔子適衛之時"一類句子是沒有的。但我們的先人另有一個法子表示時間附屬句，就是在主格與動詞之間加上一個介詞"之"字，句末再加助詞"也"字，表示這不是一個完全的句子，祇是表時間的短語，例如：

小人之過也必文。(《論語·子張》)
諸葛亮之爲相國也，撫百姓，示儀軌。(《三國志·諸葛亮傳》)
昔者，聖王之治天下也，參其國而任其鄙。(《國語·齊語》)

但是，有時候把很短的兩句縮爲一句，前一半表示時間，後一半表示主要的動作。前半與後半都有動詞，嚴格地說起來，顯然是附屬句與主要句的結合了，例如：

見利思義，見危授命。(《論語·憲問》)
食不語，寢不言。(同上，《鄉黨》)

這等於說"當見利時，思義；當見危時，授命"與"當食時，不語；當寢時，不言"。在這情形之下，非但沒有文法成分，就是詞的次序也失了文法上的效用。"食不語"的"食"字，其所處的位置與平常主格的位置完全相同；祇因在邏輯上"食"不能爲"語"的主動者，絕不至被人誤會爲主格，於是"食"字實際自爲一個附屬句，以表示不語的時間。

在種種方面，我們都可以看出西文的組織偏重於法的方面，中文的組織偏重於理的方面。無論何種事物的關係，如果不必表現而仍可爲人所瞭解的，就索性不去表現它。固然，有時候假設的附屬句與表時的附屬句的界限分不清楚，例如"無風不起浪"既可譯爲"如無風則不起浪"，又可譯爲"沒有風的時候不起浪"；"見利思義"既可譯爲"當見利時，思義"，又可譯爲"如見利則思義"；但是，這因爲這些語句的意義本身就相近似，不必分別也沒有害處。法文的 quand 有時可譯爲"如果"，而 si 有時也可譯爲"當某時"。

拿現代白話與古文相比較，則見今人用的關係詞多些，例如"食不語"在白話裏往往說成"吃飯的時候不談話"。但是，偶然也會有相反的情形，例如"不患人之不己知"句裏，"人之不己知"祇像一個名詞短語，爲"患"的目的格，此句的組織顯得縝密，完全是介詞"之"字的功勞。在白話裏,我們祇說"不怕人家不知道我",省去介詞,就顯得組織鬆弛了。

十、結　語

以上所論的九個問題,每一個都是輕輕地説了過去的。自知範圍太大,以致研究不能深入。但是,本篇的旨趣不在乎搜求中國文法裏的一切系統,祇在乎探討它的若干特性,希望從此窺見中國文法學的方法。篇中非但於例證多所遺漏,即所謂特性亦未敢認爲定論。不過,我此後研究中國文法,當從這一條路出發;待修正的地方雖多,大致的方向是從此決定的了。

原載《清華學報》11 卷 1 期,1936 年 1 月

[後記]本文所用的術語,有許多都陳舊了,如"文法"應是"語法","觀念"應是"概念","音綴"應是"音節","詞品"應是"詞類"等。有些術語則是不妥的,如"中國語"應該是"漢語","支那語系"應該是"漢藏語系"。因爲是舊稿,所以保留原來的樣子。在語法理論上,有許多見解(如關於"所"字的詞性)已和今天的見解不同了,也不加改動,以見我的研究過程。文章雖然不深入,但是這仿佛是一篇"宣言",我在這篇文章裏確定了我的研究方向和方法。

1962.10.22.

中國文法中的繫詞

一、導　言

　　在拙著《中國文法學初探》一文裏,我曾經討論到,表明語與主格的關係祇由詞的次序去表示就够了,沒有用繫詞(copula)的必要。但是我沒有徹底地考求過中國文法中的繫詞在歷史上的演變,祇是對它作了概略的觀察。這種觀察,在大體上雖是不錯,畢竟有不詳盡甚或不確當的地方。現在這一篇文章可以說是推闡並補充前文的一段話;但仍不敢認爲詳盡,恐怕將來還要補充或修正的。

　　我們研究中國文法,與校勘學發生很大的關係。古書的傳寫,可以由形似而譌,或由音同而譌,這是大家所知道的;但另有一種譌誤的來源:有些依上古文法寫下來的文章,後代的人看去不順眼,就在傳寫的時候有意地或無意地添改了一兩個字,使它適合於抄書人的時代的文法,例如《後漢書·竇憲傳·燕然山銘》"茲所謂一勞而久逸,暫費而永寧者也",《文選》作"茲可謂",當是傳寫之誤;因爲五臣本《文選》尚作"茲所謂",與《後漢書》正相符合。這與唐明皇改《書·洪範》的"無偏無頗"爲"無偏無陂",使它與下文"義"字協讀,同是以今律古的謬誤;不過一則是誤以今音正古音,一則是誤以今文法正古文法罷了。"所"之與"可",既非形似,亦非音同,自然是因古今文法的歧異了。又如《史記·刺客列傳》"此必是豫讓也"一句,依漢代以前的文法通例看來,應該祇説"此必豫讓也",不該有"是"字,因爲據我現在所曾注意到的史料看來,"此……是……"的説法不曾在《史記》以前的古籍中發現。《刺客列傳》敍述豫讓一段係根據《戰國策》,而《戰國策》恰恰缺少"是"字,祇作"此必豫讓也"。假使我們不能在《史記》以前或與《史記》同時的史料中找出"此必是豫讓也"一類句子("是"字爲繫詞,在"此"字之後),我們盡可以根據《戰國策》而認《史記·刺客列傳》的"是"字爲傳寫之訛。一般考據家對於形似而訛的字最苛,認爲不容不訂正,對於音似而訛的字已經采取寬容的態度,因爲在任何情形之下都可以有"同聲相假"爲護符;至於文法上的錯誤(以後代文法替代或冒充古代文法),更爲考據家所忽略了。這因爲在後代的人們看來,倒是錯誤的比原來的更通順些,譬如我們叫一個不大懂古文的人來讀"此必是豫讓也"與"此必豫讓也"兩個句子,他一定會覺得前者更順眼些。至於考據家看來,雖没有順眼不順眼的分別,但他們認爲兩種文法都可通,就不管了,我們研究文法史的人,對於這類事實却絶對不該輕易放過。

　　因此,我在這一篇文章裏,嚴守着"例不十,法不立"的原則,凡遇單文孤證,都把它歸於存疑之列,以待將來再加深考。所謂文法者,本是語句構造上的通例;如果我們在某一時代的史料中,祇在一個地方發現了一種特別的語句構造方式,那麽就不能認爲通例,同時也就不能成爲那時代的文法。縱使不是傳寫上的錯誤,也祇能認爲偶然的事實罷了[①]。

　　説中國的繫詞等於西洋的繫詞,固然與事實距離太遠;但如果

[①]　例如《漢書》"由所殺蛇白帝子,所殺者赤帝子故也",《史記》作"由所殺蛇白帝子,殺者赤帝子,故上赤也",當以《史記》爲合當時的文法,《漢書》多一"所"字,係傳寫之訛。

説中國文法中完全没有繫詞的存在，也未免武斷。我們該把問題看得複雜些。第一，我們得先問在什麼情形之下用得着繫詞，又在什麼情形之下用不着繫詞；第二，即使在同一情形之下，我們得再問在什麼時代不用繫詞，到什麼時代纔開始用它；第三，即使情形相同，時代相同，我們還應該看什麼字在當時有做繫詞的資格，而什麼字還没有這資格。

關於第一個問題，我們該把情形分得很細；越分得細，繫詞的職務越看得明顯。首先應該分别的是表詞的性質①：表詞是名詞性的（例如英文 He is friend），與表詞是形容詞性的（例如英文 He is honest），在中國文法中有很大的差别。此外，因别的情形不同而生出繫詞用途上的差别的也很多，都待下文詳述。

關於第二個問題，就是文法史上的問題，乙時代所有的文法，甲時代未必就有。文法與詞彙、語音、文字，都是隨着歷史而演化的；詞義的演變，語音之有古今音，文字之有古今體，都是考據家所津津樂道的，文法也一般地是帶時代性的東西，我們怎能忽略了時代呢？因此，假使我說“某種情形之下可用繫詞”，這話是不够的；必須説“某種情形在某時代可用繫詞”。

關於第三個問題，就牽涉到詞彙的變遷了。凡是研究中國古代文法的人，都很容易注意到“爲”字比“是”字先被用爲繫詞。等到“是”字在口語裏替代了“爲”字的時候②，文字上仍舊是“爲”字佔優勢。但是，我們須知，繫詞“爲”與“是”的來源並不相同（見下文），因此，它們的用途也始終不能完全相等。否定詞“非”字也比“是”字先被用爲繫詞，它雖似乎與“是”字同出一源，但是我們不能因此就把它們認爲正反的一對。事實上，“非”字能在反面作否定詞的時候，“是”字還不能在正面作肯定詞呢。

總之，我們應該在歸納的研究之下，看出來同情形、同時代、同

---

① 我們把名句的 predicate 譯爲“表明語”，把 predicative 譯爲“表詞”。

② 這是隨俗的說法；實際上，“是”字在許多情形下都不能替代“爲”字，詳見下文結論。

字的文法規律。

二、無繫詞的語句

在先秦的史料中，肯定的句子，主格與表明語之間没有繫詞，乃是最常見的事實。如果我們以少見的事實爲例外，那麽，我們盡可以説有繫詞的是例外了。大概我們越往上古追溯，則越發少見繫詞的痕迹，這種現象自然使我們傾向於相信最古的中國語的肯定語句裏是不用繫詞的。《尚書》《儀禮》諸書裏，有些"惟"字，乍看起來，很像是繫詞：

> 厥土惟塗泥，厥田惟下下，厥賦下上。(《書·禹貢》)
> 醴辭曰：甘醴惟厚，嘉薦令芳。(《儀禮·士冠禮》)

我們會猜想"惟"就是"爲"，"惟"與"爲"爲古今字；《晉書·司馬叡傳》正作"厥土爲塗泥"，更令人覺得這話不錯了。然而我們如果從古音上考求，上古的"惟"字與"爲"字却不能通用。"惟"字屬於喻母四等，在上古是舌音或齒音字，"爲"字屬於喻母三等，在上古是牙音字[1]，牙與舌齒，並非雙聲；"惟"字古音屬脂部[2]，"爲"字古音屬歌部，也不是叠韻。我想"惟"字並不是動詞，祇是一種幫助語氣的虛字，與《皋陶謨》"惟帝其難之"、《洪範》"惟十有三祀"的"惟"字性質很相似，不過一在句首，一在句中罷了。

我們祇要很浮泛地觀察，也會覺得中國上古繫詞的缺乏。譬如試拿西洋書籍與中國古書比較，就可發現西洋書籍裏幾乎每頁都有繫詞，而中國先秦的古籍中往往全篇文章自始至終没有一個繫詞(例如《荀子·王制篇》)。至於西文須用繫詞的地方而中國古代不用者，亦不勝枚舉。現在隨便舉例如下：

> 筮短龜長，不如從長。(《左傳·僖四》)

---

① 姑用舊名，以便敘述。
② 補注：後來我主張古韻脂微分部，則"惟"屬微部。

其政悶悶,其民淳淳,其政察察,其民缺缺。(《老子》)

親老出不易方,復不過時。(《禮記·玉藻》)

這是表詞爲形容詞的例子。在複合句裏,重音不在那形容詞上頭,所以祇把形容詞放在名詞之後,就由詞的次序形成一種表明語。如果在單純句裏,重音寄托在形容詞上頭,就往往在形容詞前面加上一個幫助語氣的"也"字,例如:

回也不愚。(《論語·爲政》)

雍也仁而不佞。(同上,《公冶長》)

至於以名詞或名詞短語爲表詞者,因爲重音常在名詞或名詞短語上頭,所以在先秦的文章裏,常是以助詞助足其語氣的,例如:

占之曰:"姬姓,日也,異姓,月也,必楚王也。"(《左傳·成十六》)

王駘,兀者也。(《莊子·德充符》)

其母曰:"孔子,賢人也。"(《戰國策·趙策》)

彼丈夫也,我丈夫也,吾何畏彼哉?(《孟子·滕文公上》)

這種"也"字祇是幫助語氣,並沒有繫詞的性質。我們有兩個理由可以證明"也"字不是繫詞:第一,當句末有他種助詞時,語氣已足,就用不着"也"字①;第二,有些作家索性在句末省去助詞,而主格後之名詞或名詞性短語仍能不失其表詞的功用。關於第一種情形,例如:

人不知而不慍,不亦君子乎?(《論語·學而》)

是故孔子曰:"知我者,其惟《春秋》乎?"(《孟子·滕文公下》)

仲子所居之室,伯夷之所築與? 抑亦盜跖之所築與? (同上)

關於第二種情形,例如:

———————————

① 自然用也可以,但不是必需的。

前識者,道之華而愚之始。(《老子》)

虎者戾蟲,人者甘餌。(《戰國策·秦策》)

天下者,高祖天下。(《史記·魏其列傳》)

相國、丞相,皆秦官……關都尉,秦官。(《漢書·百官公卿表》)

天德施,地德化,人德義。(《春秋繁露》卷十三)

凡禘、郊、宗、祖、報,此五者國之典禮。(《風俗通義》卷八)

釋道融,汲郡林慮人。(《高僧傳·道融傳》)

婚姻者,人道之始。(《北史·文成帝紀》)

君子所貴,世俗所羞;世俗所貴,君子所賤。(《近思録》卷七)

這都可以證明"也"字可有可無,因此就不能認爲繫詞,祇能認爲助詞而已。無繫詞的語句幾乎可説是文章的正宗,所以後世的口語裏雖有了繫詞①,而所謂古文派的作品裏,仍舊不大肯用它;數千年來,名句(nominal sentence)裏不用繫詞,仍是最常見的事實。茲再舉若干例句如下:

(1)表詞爲形容性的:

譚長而惠,尚少而美。(《後漢書·袁紹傳》)

自斯以後,晉道彌昏。(《宋書·武帝紀論》)

彼於有司,何酷至是? (同上,《周朗傳》)

名與身孰親也? 得與失孰賢也? 榮與辱孰珍也? (李康《運命論》)

末法以後,衆生愚鈍,無復佛教。(《隋書·經籍志》四)

羽,朕之懿弟,温柔明斷。(《北史·武衛將軍謂傳》)

(2)表詞爲名詞性的:

此用武之國而其主不能守。(《三國志·諸葛亮傳》)

佛出西域,外國之神。(《高僧傳·佛圖澄傳》)

_____

① 也祇限於以名詞或名詞短語爲表詞的句子。詳見下文。

余亦與子同斯疾者也。（《抱朴子·遐覽》）

自太和十年以後，詔册皆帝之文也。（《魏書·孝文紀》）

若夫一統之年，持平用之者，大道之計也。（《北史·孫紹傳》）

是時海內富實，米斗之價錢十三，青齊間斗纔三錢。（《隋書·食貨志》一）

今之天下亦先王之天下。（王安石《上仁宗皇帝言事書》）

臣草木瓦礫，陛下用之則貴，不用則賤。（《太平廣記·錢氏私志》）

帝師帕克斯巴者，土番薩斯嘉人足克衰氏。（《元史·釋老列傳》）

鄭和，雲南人，世所謂三保太監者也。（《明史·鄭和傳》）

清代思潮果何物耶？（梁啟超《清代學術概論》）

從上述諸例看來，不用繫詞乃是中國古文的常態。既是常態，就不能認爲有所省略①。假使我們把"清代思潮果何物耶"改爲"清代思潮果爲何物耶"，兩相比較，則見"爲"字的增加是後起的現象，是受了近代口語的影響纔加上去的。因此，如果我們認"果何物耶"爲"果爲何物耶"的省略，就是以流爲源，以枝葉爲根本，把一部中國文法史倒過來看了。

三、論"爲"字

（一）"爲"字繫詞性的來源

《説文》爪部："爲，母猴也。"段注云："假借爲作爲之字，凡有所變化曰爲。"但是，據古文字學家的説法："爲，從爪從象，象牽象之形。古者役象以助勞其事，故引申以爲作爲字。"今按當以後一説爲是。然則"爲"字最初被用爲動詞的時候，必是作爲之義，可以斷言。

---

①　參看本書第233頁。

　　由此看來，“爲”字原是純粹的動詞，有作、造、治、從事於……諸意義，而其用途比“作、造、治”諸字較爲廣泛。後來行爲的意義漸漸變爲輕淡，然後有變爲、成爲……諸意義。段玉裁所謂“凡有所變化曰爲”，可以説是徹底瞭解“爲”字的意義；因爲凡有所造作，也就是對於原有的事物有所變化。演變到最後階段，“爲”字漸漸帶着多少繫詞性了；然而在許多情形之下，仍未完全脱離變爲、成爲……諸意義。再有一點該特別注意者，就是新的意義産生之後，舊的意義並不一定消滅，以致新義與舊義同時存在。我們可以説，“爲”字所有的一切意義，在先秦都已完成；僅憑先秦的書籍，很難斷定某種意義發生在後或在前。但我們追究諸意義引申的痕迹，也不能説毫無根據。譬如説，“爲”字最初是象形字，無論它是象猴形，或象人牽象之形，其所孳生的意義都應該是作爲。如果説從人牽象之形一變而爲毫無動作性的繫詞，就没法子説得通。所以我們盡有權利去假定作爲的意義爲由意義頗狹的動詞引申到意義甚廣的動詞的第一階段，而繫詞爲其最後階段。現在按照我們所假定的先後次序，把“爲”字分爲各種型式，如下①：

　　型甲　　這是純粹的動詞，其動作性甚重，例如：

三月之末，擇日翦髮爲鬌。(《禮記·内則》)

公攝位而欲求好於邾，故爲蔑之盟。(《左傳·隱元》)

名者實之賓也，吾將爲賓乎？(《莊子·逍遥遊》)

有爲神農之言者許行。(《孟子·滕文公上》)

王之爲都者，臣知五人焉。(同上，《公孫丑下》)

人皆可以爲堯舜。(同上，《告子下》)

斬木爲兵，揭竿爲旗。(賈誼《過秦論》上)

絳侯周勃始爲布衣時，鄙樸人也。(《史記·絳侯周勃世家》)

① 最早的意義，至後代仍未消失者，則舉例不限於先秦。

田文既死,公叔爲相。(同上,《孫子吳起列傳》)

及壯試吏,爲泗上亭長。(《漢書·高帝紀》)

諸將故與帝爲編戶民,北而爲臣,心常鞅鞅。(同上)

慢主罔時,實爲亂源。(《晉書·劉毅傳》)

汝爲第六世祖。(《壇經·自序品》)

散木也,以爲舟,則沈;以爲棺槨,則速腐。(《莊子·人間世》)

又以鄭愔爲侍郎,大納貨賂。(《新唐書·選舉志》下)

韋氏敗,始以宋璟爲吏部尚書,李乂盧從愿爲侍郎,姚元之爲兵部尚書,陸象先盧懷慎爲侍郎。(同上)

型乙 "爲"字與目的格之間,隔以"之"字。"之"字似乎是幫助語氣的助詞,又似乎是代名詞;但是,省去"之"字與否,都不能影響及於全句的意義①。這也是純粹的動詞,與型甲的分別很微。例如:

千室之邑,百乘之家,可使爲之宰也。(《論語·公冶長》)

原思爲之宰。(同上,《雍也》)

顏路請子之車以爲之椁。(同上,《先進》)

微子去之,箕子爲之奴。(同上,《微子》)

廛無夫里之布,則天下之民皆悦,而願爲之氓矣。(《孟子·公孫丑上》)

今之君子,豈徒順之,又從而爲之辭。(同上)

覆杯水於坳堂之上,則芥爲之舟。(《莊子·逍遥遊》)

夫道論至深,故多爲之辭,以抒其情。(《淮南子·要略》)

張天下以爲之籠,因江海以爲罟,又何亡魚失鳥之有乎?(同上,《原道》)

---

① 讀者請特別注意下面所舉《淮南子·原道訓》的例子,對偶的兩句中,一句有"之"字,一句没有"之"字。

寒,然後爲之衣;飢,然後爲之食①。(韓愈《原道》)

型丙　這種"爲"字有變爲、成爲的意思,其動作性甚輕,但仍該認爲外動詞,因爲在形式上它與型甲完全相同,衹不過意義上稍有差別罷了,例如:

高岸爲谷,深谷爲陵②。(《詩·小雅·十月》)
其君之戎,分爲二廣。(《左傳·宣十二》)
一與言爲二,二與一爲三。(《莊子·齊物論》)
地入於漢爲廣陵郡。(《史記·五宗世家》)
拔劍斬蛇,蛇分爲二,道開。(《漢書·高帝紀》)
榮體變爲枯體,枯體即是榮體;絲體變爲縷體,縷體即是絲體。(《梁書·范縝傳》)

型丁　這與型丙的分別僅在乎用於條件句中:在某條件之下,則某事物變爲某狀況,可見也是變爲或成爲的意思。不過,"爲"字後的目的格不一定是名詞;有時是形容詞,有時是動詞。但這些形容詞或動詞皆可認爲帶名詞性,變成"爲"字的目的格,例如:

改之爲貴……繹之爲美。(《論語·子罕》)
何必讀書,然後爲學?(同上,《先進》)
能行五者於天下,爲仁矣。(同上,《陽貨》)
君子有勇而無義爲亂,小人有勇而無義爲盜。(同上)
執事順成爲臧,逆爲否;衆散爲弱;川壅爲澤。(《左傳·宣十二》)
掘井九軔而不及泉,猶爲棄井也。(《孟子·盡心上》)
若君不修德,舟中之人盡爲敵國也。(《史記·孫子吳起

---

① 依《原道》的例子看來,"之"似頗有間接目的格的性質,有點兒像英文的 for him、for them;但這恐怕是後起的事實。

② 凡詩歌中之文法與散文相同者,亦舉爲例。

列傳》)

　　含笑即爲婦人,蹙面即爲老翁,踞地即爲小兒,執杖即成林木①。(《抱朴子·遐覽》)

　　知即是慮:淺則爲知,深則爲慮。(《梁書·范縝傳》)

　　型戊　這種"爲"字用於補足語裏,有作爲的意思。它與型甲的分别,在乎型甲"爲"字的主格是整個的主格,型戊"爲"字的主格是一種兼格。兼格是中國文法的特色。例如"我謝謝你替我做了這件事","你"字是個兼格,它對於"謝"字是目的格,對於"做"字是主格,以一身而兼兩職。同理,"我請你幫忙","政府升他做省長","你、他"也是兼格。型戊的"爲"字就很近似於"做"字,例如:

　　季氏使閔子騫爲費宰。(《論語·雍也》)

　　乃悉封徐盧等爲列侯。(《史記·絳侯周勃世家》)

　　使韓安國、張羽等爲大將軍。(同上,《梁孝王世家》)

　　盡立孝王男五人爲王。(同上)

　　請廢太子爽,立孝爲太子。(同上,《淮南衡山列傳》)

　　吳起取齊女爲妻,而魯疑之。(同上,《孫子吳起列傳》)

也有省去兼格的。例如:

　　拜爲將軍……遷爲丞相……謚爲共侯。(同上,《絳侯周勃世家》)

　　武王載木主,號爲文王。(同上,《伯夷列傳》)

　　晏子於是延入爲上客。(同上,《管晏列傳》)

　　型己　這種"爲"字與"以"字相應,其公式爲"以……爲"。《莊子·大宗師》:"以汝爲鼠肝乎? 以汝爲蟲臂乎?"這就是"爲"與"以"相應的例子。如間接目的格已見於前,則"以爲"二字可以不必隔開,例如《莊子·逍遥遊》"剖之以爲瓢",《大宗師》"浸假而

──────────

① 注意"爲""成"二字互用,可見"爲"有成爲之意。

化予之右臂以爲彈"。但這些"爲"字的動作性甚重,可以歸入型甲。至於動作性甚輕的,如《詩·邶風》"反以我爲讎",《鄘風》"我以爲兄",可以歸入型己。但是我們須知,型己與型甲的差別,僅在乎動作性的重輕:型甲是實際表現於外的動作;型己是意念中的動作,可以稱爲意動。意動仍算是動,不是繫詞,例如:

> 若臧武仲之知,公綽之不欲,卞莊子之勇,冉求之藝,文之以禮樂,亦可以爲成人矣①。(同上,《憲問》)
>
> 賜也,女以予爲多學而識之者與?(《論語·衛靈公》)
>
> 一以己爲馬,一以己爲牛。(《莊子·應帝王》)
>
> 勃以織薄曲爲生。(《史記·絳侯周勃世家》)
>
> 今捨純懿而論爽德,以《春秋》所諱爲美談。(張衡《東京賦》)
>
> 老莊之作,管孟之流,蓋以立意爲宗,不以能文爲本。(蕭統《文選·序》)

型庚　　型己與型庚的差別,僅在乎"爲"字後是名詞或是形容詞。其實,這一類"爲"字後的形容詞或形容短語,都可認爲帶名詞性,例如:

> 事君盡禮,人以爲諂也。(《論語·八佾》)
>
> 硜硜然小人哉,抑亦可以爲次矣。(同上,《子路》)
>
> 惡徼以爲知者,惡不孫以爲勇者,惡訐以爲直者。(同上,《陽貨》)
>
> 於是諸將乃以太尉計謀爲是。(《史記·絳侯周勃世家》)
>
> 高帝以爲可屬大事。(同上)
>
> 鮑叔不以我爲貪。(同上,《管晏列傳》)
>
> 斯自以爲不如非。(同上,《老莊申韓列傳》)

---

① "以"與"爲"相應,不可把"可以"認爲一詞。現代白話裏的"可以"(助動詞)衹等於先秦一個"可"字。

夫口論以分明爲公，筆辯以荄露爲通，吏民以昭察爲良。
（《論衡·自紀篇》）

型辛 "以……爲"的公式，從型甲演化到型己，從型己演化到型庚，動作性已經够輕了；但它更進一步，把"以爲"合成一詞①。這仍是一種意動。型己與型辛的差別僅在乎一則以名詞爲目的格，一則以整個子句爲目的格，一則"以"字用爲介詞，一則"以"字失去介詞性而與"爲"字合併爲意動②，例如：

王往而征之，民以爲將拯己於水火之中也。（《孟子·梁惠王下》）

之則以爲愛無差等，施自親始。（同上，《滕文公上》）

已則棄去之，以爲龜藏則不靈，著久則不神。（《史記·龜策列傳》）

賈素驕貴，以爲將己之軍而己爲監，不甚急。（同上，《司馬穰苴列傳》）

型壬 此種"爲"字在助動詞"能、足、得"等字之後，在形容詞之前，看去頗像繫詞，但不可譯爲白話的"是"字，所以不是繫詞，例如：

今夫斄牛，其大若垂天之雲，此能爲大矣。（《莊子·逍遥遊》）

鄭之刀，宋之斤，吳粵之劍，遷乎其地而不能爲良。（《禮記·內則》）

繼縷茅簷下，未足爲高樓。（陶潛《飲酒》）

人離惡道，得爲人難。（《四十二章經》）

三公又奏請吏民入錢穀得爲關內侯云。（《晉書·食貨志》）

---

① 馬建忠以型己的"爲"字爲斷辭，型辛的"以爲"爲動字（《文通》卷四，第15頁），我以爲不對。

② 甚至以"曰以爲"合成一詞，如《史記·三王世家》："皆曰以爲尊卑失序。"

　　上述九種模型,都不能認爲繫詞。我們所以不憚詳細論列者,一則因要表明"爲"字繫詞性的來源,二則因要把一般人誤認爲繫詞的"爲"字都排除出去。下面可以敘述"爲"字的繫詞性了。

　　(二)"爲"字的繫詞性

　　"爲"字可認爲純粹繫詞的很少,但稍帶繫詞性者則頗常見。所謂稍帶繫詞性者,因爲仍含若干動作性在内。今仍照前節,把帶繫詞性的"爲"字分爲幾種模型,再逐一加以説明。

　　A. 表詞爲形容性者。

　　型子　此種"爲"字衹用於否定句,例如:

　　　萬取千焉,千取百焉,不爲不多矣。(《孟子·梁惠王上》)
　　　齊卿之位不爲小矣,齊滕之路不爲近矣。(同上,《公孫丑上》)
　　　樂歲粒米狼戾,多取之而不爲虐。(同上,《滕文公上》)
　　　在太極之先而不爲高,在六極之下而不爲深,先天地生而不爲久,長於上古而不爲老。(《莊子·大宗師》)
　　　鼇萬物而不爲義,澤及萬世而不爲仁,長於上古而不爲老,覆載天地、刻雕衆形而不爲巧。(同上)

　　以上諸例中的"爲"字有可謂之意,也很近似現代白話裏的"算"字。"不爲不多"就是"不算少","不爲小、不爲近"也就是"不算小、不算近";其中的"爲"字都帶普通動詞性,不是純粹的繫詞。我們最好是拿"非"字與"不爲"二字相比較,例如《孟子》:"城非不高也,池非不深也,兵革非不堅利也,米粟非不多也,委而去之,是地利不如人和也。"假定上文曾敘述某國某城,則此數語變爲實指而非泛指,可改爲:"城不爲不高矣,池不爲不深矣,兵革不爲不堅利矣,米粟不爲不多矣……。"然而"非"字卻是繫詞[①],而"爲"字不能認爲繫詞。我們可以在句尾的助詞上看出"非"與"不爲"的分別來。"非"字的句尾必須用"也"字,不能用"矣"字;"不爲"的句尾

───────────────

① 　補注:後來我認爲"非"字在上古也並不是繫詞;它衹是一個否定副詞(《漢語史稿》)。

必須用“矣”字,不能用“也”字。這因爲“非”字的句子屬於名句(nominal sentence),應該用“也”字煞尾;“不爲”的句子屬於動句(verbal sentence),又因語氣加重而用決定時,應該用“矣”字煞尾①。我們從“也”“矣”的分別上看出名句與動句的不同,再從名句與動句的不同上便可看出“非”字與“爲”字詞性的歧異;因爲名句中祇許有繫詞或準繫詞,動句中祇許有動詞或準動詞。由此看來,型子的繫詞性,可以説祇是一種幻相而已。

　　型丑　這種“爲”字是從事物的比較上生出來的。我們雖猜想它也從純粹的動詞變來,但它確在很早的時代就變爲繫詞了,例如:

　　　　禮之用,和爲貴;先王之道,斯爲美。(《論語·學而》)

　　　　唯天爲大,唯堯則之。(同上,《泰伯》)

　　　　唯女子與小人爲難養也。(同上,《陽貨》)

　　　　物皆然,心爲甚。(《孟子·梁惠王上》)

　　　　無恒産而有恒心者唯士爲能。(同上,《公孫丑上》)

　　　　唯仁者爲能以大事小②。(同上)

　　　　唯此時爲然。(同上)

　　　　唯天下至誠爲能盡其性。(《禮記·中庸》)

　　　　唯賢者爲不然。(《荀子·性惡》)

　　　　師直爲壯,曲爲老,豈在久乎?(《左傳·僖二十八》)

　　　　天下莫大於秋毫之末,而太山爲小;莫壽於殤子,而彭祖爲夭。(《莊子·齊物論》)

　　　　言對爲易,事對爲難,反對爲優,正對爲劣。(《文心雕龍·麗辭》)

---

①　關於“也、矣”二字與名句、動句的關係,參看拙著《中國文法學初探》。“未爲”亦與“不爲”同例,都屬於動句。但《説苑》“死然後知之,未爲晚也”,用“也”不用“矣”,因爲否定詞“未”字的句子必須認爲現在時,以“也”字煞尾。

②　“能以大事小”可認爲是形容短語。下面所舉《中庸》的例子亦同此理。

有安息國沙門安靜……翻譯最爲通解。(《隋書·經籍志》四)

策萬行,懲惡勸善,同歸於治,則三教皆可遵行,窮理盡性,至於本源,則佛教方爲決了①。(宗密《原人論·序》)

此輩少爲貴,四方服勇決。(杜甫《北征》)

佛郎西貨船之至中國者少,而私赴各省之傳教者爲多。(江上蹇叟《中西紀事》卷二)

凡屬僅有的德性(如2、3、5、6、7、8、9例)、最高級的德性(如1、4、13、15例)、對比的德性(如10、11、12、14、16例),都用得着"爲"字做繫詞。我在《中國文法學初探》裏説"唯天爲大"不完全等於現代語"衹有天是大的"。這話不算錯,因爲"爲"與"是"的來源不同,用途也不能完全相等;但我又説"唯天爲大"的"爲"字動作意味很重,就説得不對了。它的動作性很微,至少可認爲準繫詞。

型寅　此種"爲"字與型丑的差別,衹在乎句子是否帶疑問性,例如:

哀公問:"弟子孰爲好學②?"(《論語·雍也》)

事孰爲大? 事親爲大。守孰爲大? 守身爲大。(《孟子·離婁下》)

何者爲善? 何者最大? (《四十二章經》)

凡欲從大範圍中指出一小範圍(如第一、二例),或浮泛地發問(如第三例),纔用得着"爲"字。"爲"字總是用於最高級的,"何者爲善"等於説"何者最善"。至於顯明地舉出所比較的人或事物,就不用"爲"字,例如《老子》"名與身孰親,身與貨孰多,得與亡孰病",《論語》"女與回也孰愈""師與商也孰賢"。因爲所比較的兩項都寫出,所以用不着"爲"字。但這規矩恐怕衹適用於六朝以上,後代凡語涉比較,都可用"爲"字了。

---

① "最爲、方爲、殊爲、甚爲、尤爲、更爲"諸形式較爲後起;大約最早衹能達到南北朝。

② "好學"可認爲形容短語。

B. 表詞爲名詞性者。

型卯　這種"爲"字與型寅的差別,衹是型寅以形容詞爲表詞,型卯以名詞爲表詞,例如:

四體不勤,五穀不分,孰爲夫子?(《論語·微子》)

夫文由語也,或淺露分別,或深迂優雅,孰爲辯者?(《論衡·自紀篇》)

渾沌難曉,與彼分明可知,孰爲良吏?(同上)

型辰　此型雖亦用於疑問句,但無比較之意,"爲"字的位置反在疑問代名詞之前,例如:

長沮曰:"夫執輿者爲誰?"子路曰:"爲仲尼。"(《論語·微子》)

桀溺曰:"子爲誰?"曰:"爲仲由。"(同上)

今親不幸,仲子所欲報仇者爲誰?(《戰國策·韓策二》)

這比以上諸型的繫詞性更重;《孟子·離婁下》"追我者誰也"可譯成"追我者爲誰",可見這一類的句子是屬於名句的①。

型巳　"爲"的主格是指示代名詞,例如:

老而不死,是爲賊。(《論語·憲問》)

辭十萬而受萬,是爲欲富乎②?(《孟子·公孫丑下》)

以兄之室則弗居,以於陵則居之,是尚爲能充其類者乎?(同上,《滕文公下》)

帝陽甲崩,弟盤庚立,是爲帝盤庚。(《史記·殷本紀》)

長子曰太子,是爲孝景帝。(同上,《梁孝王世家》)

雖職之高,還附卑品;無績於官,而獲高敘:是爲抑功實而隆

---

① 用疑問代名詞而非疑問句者,亦歸此型,例如《史記·遊俠列傳》:"解實不知殺者,殺者亦竟絕,莫知爲誰。"

② "欲富"可認爲名詞短語。

虚名也①。(《晉書·劉毅傳》)

　　型午　這種"爲"字用於並行句,例如:

　　南海之帝爲儵,北海之帝爲忽,中央之帝爲渾沌。(《莊子·應帝王》)

　　爾爲爾,我爲我。(《孟子·公孫丑上》)

　　重爲輕根,靜爲躁君。(《老子》)

　　萬物爲道一偏,一物爲萬物一偏,愚者爲一物一偏。(《荀子·天論》)

　　乾爲馬,坤爲牛,震爲龍,巽爲鷄。(《易·説卦》)

　　天所賦爲命,物所受爲性。(《近思録》卷一)

　　型未　這種"爲"字用於包孕句的附屬句裏,有點兒像英文的關係代名詞帶動詞 who is,例如:

　　穎考叔爲穎谷封人,聞之。(《左傳·隱元》)

　　公子姊爲趙惠文王弟平原君夫人,數遺魏王及公子書,請救於魏。(《史記·信陵君列傳》)

　　吳興孟景翼爲道士,太子召入玄圃園。(《南齊書·顧歡傳》)

　　《左傳》所欲敘述者爲"穎考叔聞之",《史記》所欲敘述者爲"公子姊請救於魏",《南齊書》所欲敘述者爲"太子召孟景翼入玄圃園"。至於穎考叔之爲穎谷封人、公子姊之爲趙惠文王弟平原君夫人、孟景翼之爲道士,在文中幾等於插注。因此,我們可以譯成"穎谷封人穎考叔聞之""趙惠文王弟平原君之夫人(即公子姊)數遺書魏王及公子,請救於魏""太子召吳興道士孟景翼入玄圃園",而原意不改。

　　型申　凡子句爲全句之賓語者,"爲"字可在此子句中爲繫詞,

————————

① 先秦時代用"是爲"則不用"也",用"是……也"則不用"爲";《晉書》的句法是後起的。

例如：

曾不知以食牛干秦穆公之爲汙也，可謂賢乎？（《孟子·萬章下》）

知與之爲取，政之寶也。（《史記·管晏列傳》）

最初的時候，有“之”字在“爲”字前以表示其爲子句；後世“之”字可以省去，例如“子不知張君爲吾友”“余不信某人爲賣國賊”等等。

型酉　“爲”字僅用於敘述名稱，其功用等於“曰”字，例如：

北冥有魚，其名爲鯤。（《莊子·逍遙遊》）

有鳥焉，其名爲鵬。（同上）

阿羅漢者，能飛行變化，曠劫壽命，住動天地。次爲阿那含……次爲斯陀含……次爲須陀洹……（《四十二章經》）

型戌　這是“爲”字變爲繫詞的最後階段，它的繫詞性最爲純粹。上面所舉子、丑、寅、卯、辰、巳、午、未、申、酉諸型的“爲”字，都是在某條件之下纔能爲繫詞：型子祇能用於否定句，而且是一種幻相；型丑與型寅、型卯祇能用於事物的比較上；型辰祇能用於疑問代名詞之前；型巳祇能以指示代名詞“是”字爲主格；型午祇能用於並行句；型未與型申祇能用於包孕句；型酉祇能代“曰”字之用。若求其不受條件的限制，能如英文 verb to be 之自由者，在先秦可說是沒有的。即以現代白話“張先生是我的朋友”爲例，在先秦祇該是“張先生，吾友也”，而不能寫成“張先生爲吾友”。直到了六朝以後，以普通名詞或專有名詞或名詞短語爲主格，以“爲”字爲繫詞而且是全句的主要骨幹，又以名詞或名詞短語爲表詞的句子纔漸漸出現，例如：

椎輪爲大輅之始，大輅寧有椎輪之質？增冰爲積水所成，積

水曾微增冰之凜①。(《文選·序》)

都下人多爲諸王公貴人左右佃客典計衣食客之類。(《隋書·食貨志》)

天竺沙門佛陀邪舍譯《長阿含經》及《四分律》……並爲小乘之學。(同上,《經籍志》四)

西土俗書罕不披誦,爲彼國外道之宗。(《高僧傳·釋道融傳》)

負重者負米五斛,行二十步,皆爲中第。(《新唐書·選舉志》)

但是,我們仔細觀察,覺得這些例子仍是有條件的,譬如第一例有"大輅寧有椎輪之質"一句,然後上句"爲"字纔用得妥當;第二例的"多爲"是型丑的變相,仍從比較上生出來;第三、四、五例的"爲"字不是緊接主格的。由此看來,六朝以後,仍不能有"張先生爲吾友"一類的單純句子。譬如《史記·伯夷列傳》"伯夷、叔齊,孤竹君之二子也",必不能代之以"伯夷、叔齊爲孤竹君之二子";否則會弄成下面一段:

伯夷、叔齊爲孤竹君之二子。父欲立叔齊。及父卒,叔齊讓伯夷。伯夷曰:"父命也。"遂逃去。

依現代一般人看來,似乎很通順;其實這是不合古代文法的。如果勉強要用"爲"字,必須變爲下列諸式:

型卯:孰爲孤竹君之二子? 曰:伯夷、叔齊也。

型辰:伯夷、叔齊爲誰? 曰:孤竹君之二子也。

型午:孤竹君之長子爲伯夷,次子爲叔齊。

型酉:孤竹君有二子,其名爲伯夷、叔齊。

雖也不能替代"伯夷、叔齊,孤竹君之二子也"的用途,但各句的本身還算不違反古代的文法。

總而言之,"爲"字雖在某一些情形之下認爲繫詞,但它的用途

① 這雖也是並行句,但已發展到每句可以獨立的程度。以"大輅寧有椎輪之質"上承"椎輪爲大輅之始",這種"爲"字是先秦所沒有的。

決不能像西文繫詞的用途那樣大;就拿現代白話的"是"字來説,也比"爲"字的繫詞性重得多了。"爲""是"的異同,留待下文再説。但我們須知,"爲"字的用途至六朝已大致確定,後代對於"爲"字的應用,不能越出六朝以前的範圍;而"是"字的繫詞性却在六朝纔漸漸滋長,直至最近恐怕還要擴大範圍呢。

(三)與"爲"字相近似的準繫詞

"曰"字、"謂"字,與"爲"字爲雙聲,其韻部也頗相近,故在某一些情形之下可以互相通假。王引之在《經傳釋詞》裏説:

> "曰"猶"爲"也,"謂之"也。若《書·洪範》"一曰水,二曰火,三曰木,四曰金,五曰土"之屬是也。故桓四年《穀梁傳》"一爲乾豆,二爲賓客,三爲充君之疱",《公羊傳》"爲"作"曰"。

> 家大人曰:"謂"猶"爲"也。《易·小過》上六曰"是謂災眚",《詩·賓之初筵》曰"醉而不出,是謂伐德","是謂"猶"是爲"也。莊二十二年《左傳》"是謂觀國之光",《史記·陳杞世家》作"是爲",是其證也。

我們再看《説文》"曰,詞也""謂,報也",段注云:"謂者,論人論事得其實也……亦有借爲'曰'字者,如《左傳》'王謂叔父'即《魯頌》之'王曰叔父'也。""曰、謂"古音同在脂部[①],又爲雙聲,也許完全同音,所以它們的意義最爲相近。它們原是普通的動詞,《詩·鄭風》"女曰雞鳴"的"曰"字,《召南》"誰謂雀無角"與《王風》"謂他人父"的"謂"字,乃是較早的形式。後來雖變得頗像繫詞,但仍不失其動作性;王引之以"謂之"釋"曰"字是很合理的。如果拿現代白話去翻譯這種"曰"字、"謂"字,也祇該譯成"叫做",不該譯成"是"字。

説到這裏,我們可以明白:在"爲"字與"曰、謂"通用的情形之下,祇是"爲"字被假借爲"曰、謂"之用,不是"曰、謂"被假借爲"爲"字之用。這種分别很關重要,因爲可以説明"爲"字在此情形

---

① 補注:後來我把"曰"歸入月部,"謂"歸入物部。

之下仍可認爲普通的動詞,不必認爲純粹的繫詞。上節型酉所舉
《莊子》"其名爲鯤"盡可譯成"它的名字叫做鯤";甚至型巳所舉
《論語》"老而不死,是爲賊"也許還可以譯成"老而不死,這就叫做
賊"。這樣一來,型巳、型酉的繫詞性也都受了動搖。至於我們把
"曰、謂"二字稱爲準繫詞,意思是説它們本來没有繫詞性,僅有一
種幻相而已。

四、論"是"字

(一)"是"字繫詞性的來源

　　"是"字繫詞性的來源,比"爲"字較難考究。《説文》:"是,直
也,從日正。"這大約是以曲直解釋是非,但未必就是最早的意義,
金文裏的"是"字也不像是從"正"。《廣雅》:"是,此也。"雖也不知
道是否最初的意義,但至少在先秦是這種意義佔優勢。"是"字與
"此"字、"斯"字都是叠韻。"此"與"斯"是旁紐雙聲;"是"字聲母
的上古音值雖未經考定,但無論是 z,是 dz,或是 d,都與"此、斯"的
聲母 ts'、s 很相近。因此,"斯、此、是"三字往往通用①。這是指示
代名詞;但又有當做名詞或形容詞用的。《莊子·齊物論》"未成乎
心而有是非",是當名詞用;《禮·曲禮》"夫禮者,所以定親疏,決嫌
疑,別同異,明是非",是當形容詞用。聞一多先生對我説:"是"就
是"此","非"就是"彼"②;古人以近指的事物爲"是",以遠指的事
物爲"非"。這樣説來,"彼是"的"是"與"是非"的"是"可認爲同
一來源。不過,我仍舊認爲這兩種意義在先秦已經是分道揚鑣,各
不相涉的了。

　　上文説過,"是"字當做繫詞用,乃是六朝以後的事情。但是,
它的來源是"彼是"的"是"呢,還是"是非"的"是"呢? 换句話説,

---

① 《論語》無"此"字,凡該用"此"字的地方都用"斯"或"是"替代。
② "非、彼"雙聲。

它的來源是指示代名詞呢,還是名詞或形容詞呢①? 這是很費考慮然後能答覆的,現在先把很像繫詞的指示代名詞"是"字仔細研究,再來答覆繫詞性的來源問題。

在某一些情形之下,"是"與"此"的用途完全相等,例如《莊子·逍遙遊》"其視下也,亦若是則已矣"與同篇"其自視也,亦若此也",句法完全相同,可證其用途完全相等。至於"是"字用於句首,則與"此"字或相等或不完全相等。但無論如何,它仍舊衹是指示代名詞,不是繫詞。茲分述如下。

型甲　表詞是名詞或名詞短語者。這一類的"是"字都可代以"此"字,例如:

富與貴,是人之所欲也。(《論語·里仁》)

是知其不可而爲之者與?(同上,《憲問》)

謂我諸戎:是四岳之裔胄也,毋是剪棄。(《左傳·襄十四》)

既不能令,又不受命,是絶物也。(《孟子·離婁上》)

千里而見王,是予所欲也②。(同上,《公孫丑下》)

無父無君,是周公所膺也。(同上,《滕文公下》)

莊子曰:"是非吾所謂情也。"③(《莊子·德充符》)

日月星辰瑞曆,是禹桀之所同也。(《荀子·天論》)

妻不以我爲夫,嫂不以我爲叔,父母不以我爲子,是皆秦之罪也。(《戰國策·秦策二》)

這些"是"字,都是複指上文的名詞或子句的。如果它與所複指的名詞或子句不相緊接,如上面第二例與第七例,"是"字是不可

---

① 在這情形之下,名詞與形容詞的界限是不很分明的。或者我們可認爲形容詞,用爲名詞衹算活用,像它被活用爲動詞一樣。《齊物論》"欲是其所非,而非其所是",《韓非子·顯學篇》"是墨子之儉,將非孔子之侈",都是活用爲動詞的例子。

② 參看《後漢書·馬援傳》:"好議論人長短,妄是非正法,此吾所大惡也。"

③ 在這一類的句子裏,最能看出"是"字是指示代名詞。因爲下面已有繫詞"非"字,則前面的"是"字顯然不是繫詞。

省去的。如果它與所複指的名詞或子句緊接,如其餘諸例,則“是”字可以省去,寫成“富與貴,人之所欲也”一類的形式。“也”字普通是不省去的;如果像《荀子·性惡篇》“禮義積偽者,是人之性”,偶然省去“也”字,加上“者”字,就不可以“此”字代“是”字了。由此看來,“是”字與“此”字畢竟有很微的差別:“是”字的複指性較輕,“此”字的複指性較重。

型乙　表明語爲形容詞或形容短語者。這一類的“是”字不可代以“此”字,例如:

既欲其生,又欲其死,是惑也。(《論語·顏淵》)

不逆詐,不疑不信,抑亦先覺者,是賢乎?(同上,《憲問》)

知而使之,是不仁也;不知而使之,是不知也。(《孟子·公孫丑下》)

三宿而後出晝,是何濡滯也?(同上)

型丙　表詞爲動詞(infinitive)及其目的格或補足語者。這一類的“是”字都可代以“此”字,例如:

穀與魚鼈不可勝食,材木不可勝用,是使民養生喪死無憾也。(《孟子·梁惠王上》)

楊氏爲我,是無君也;墨氏兼愛,是無父也。(同上,《滕文公下》)

今天子立諸侯而建其少,是教逆也。(《國語·周語上》)

今世咸知百年之外必至萬歲,而不信積萬之變至於曠劫,是限心以量造化也。(《弘明集·後序》)

我們試拿《孟子》“庖有肥肉,廄有肥馬……此率獸而食人也”與上面第一例的“是使民養生喪死無憾也”相比較,就知道“此”與“是”可以通用了。“也”字普通是不省去的;但《莊子·養生主》“彼其所以會之,必有不蘄言而言,不蘄哭而哭者,是遁天倍情,忘其所受”,句末沒有“也”字也就不能代以“此”字。

型丁　表詞爲整個子句者。這種“是”字一般也可代以“此”

字,例如:

> 然而不勝者,是天時不如地利也。(《孟子·公孫丑下》)
> 未成乎心而有是非,是今日適越而昔至也。(《莊子·齊物論》)
> 禮,孫爲父尸,故祖有蔭孫令,是祖孫重而兄弟輕。(《新唐書·刑法志》)

　　"是"字雖是指示代名詞,但當其用於複指時,其作用在乎説明上文。故凡欲加重説明的語氣者,都可以加上承接連詞"則"字,尤其是型乙、型丙、型丁,更往往用得着"則"字,放在"是"字的前面:

型乙:不識王之不可以爲湯武,則是不明也。(《孟子·公孫丑下》)
型丙:識其不可,然且至,則是干澤也。(同上)

> 若駟之過隙,然而遂之,則是無窮也①。(《禮記·三年問》)
> 然而夷子葬其親厚,則是以所賤事親也。(《孟子·滕文公上》)
> 魯衛,兄弟之國也,而君用起,則是棄衛。(《史記·孫子吳起列傳》)

型丁:諸侯替之,而建王嗣,用遷郟鄏,則是兄弟之能用力於王室也②。(《左傳·昭二十六》)

　　這些"是"字仍當認爲指示代名詞,不能因其前有"則"字而改變其詞性。此外有"是"與"非"對立的句子,例如:

型甲:是祭祀之齋,非心齋也。(《莊子·人間世》)

> 是集義所生者,非義襲而取之也。(《孟子·公孫丑上》)
> 故王之不王,非挾太山以超北海之類也;王之不王,是折枝之類也。(同上,《梁惠王上》)

型丁:楚王後車千乘,非知也;君子啜菽飲水,非愚也:是節然也。(《荀子·天論》)

> 若疑教在戎方,化非華夏者,則是前聖執地以定教,非設教以移俗也。(《弘明集·後序》)

---

① "無窮"亦可認爲形容短語,歸入型乙。
② "兄弟之能用力於王室"亦可認爲名詞短語,歸入型甲。

"非"字是繫詞,"是""非"相形之下,很容易令人認"是"字也是繫詞。其實,在這種情形之下,"是"字仍當認爲指示代名詞。"是折枝之類也"的"是"字,與上文所舉"是予所欲也"的"是"字,用法完全相同,不能因其偶然與"非"字對立,就把它認爲繫詞。除非我們把上述諸型的一切"是"字都認爲繫詞,然後這些"是"字也能類推爲繫詞。然而這是不可能的;因爲"是"字與"此"字往往通用,例如上文所舉"此率獸而食人也"等於說"是率獸而食人也",又如《莊子·德充符》"是何人也"等於說"此何人也"。我們盡可把《孟子》的話改成"是率獸而食人也,非愛民也"①,但我們並不能因此就認"是"字爲繫詞。

上面說過,"彼是"的意義與"是非"的意義分道揚鑣:由"彼是"的意義生出型甲、型乙、型丙、型丁;那麼,由"是非"的意義生出來的是什麼?依我看來,下列的兩種模型可說是由"是非"的意義生出來的:

型戊　這種"是"字衹用於舉例。先說出某一類的事物,然後舉一兩個實例來證明,例如:

水由地中行,江淮河漢是也。(《孟子·滕文公下》)

子游曰:"地籟則衆竅是已,人籟則比竹是已。"(《莊子·齊物論》)

墜茵席者,殿下是也;落糞溷者,下官是也。(《梁書·范縝傳》)

天官顯驗,趙簡、秦穆之錫是也;鬼道交報,杜伯、彭生之見是也;修德福應,殷代、宋景之驗是也;多殺禍及,白起、程普之證是也。(《弘明集·後序》)

自古亡國,未必皆愚庸暴虐之君也……昭宗是已。(《新唐書·昭宗哀帝紀》)

---

① 參看《戰國策·魏策》:"此庸夫之怒也,非士之怒也。"又《南齊書·顧歡傳》:"此修考之士,非神仙之流也。"

這一類的"是"字其用途在乎是認某一些例證。它所以不能被認爲繫詞者，一則因爲它的用途僅限於舉例，二則因爲它並没有連繫兩項（terms）的效能。

型己　這種模型與型戊的差別，在乎型戊用於舉例，型己非用於舉例；型戊必須有主格，型己不一定要有主格，例如：

曰："是魯孔丘與？"曰："是也。"（《論語·微子》）

其友識之，曰："汝非豫讓邪？"曰："我是也。"（《史記·刺客列傳》）

馬建忠以爲"是魯孔丘與"的"是"與"是也"的"是"都是"決辭"[1]；黎錦熙先生批駁他說："上'是'字固指代，下'是'字乃形容詞是非之是，用爲然否副詞耳。"[2]黎先生的話最爲有理。"是也"有點兒像英文的 yes，"非也"有點兒像英文的 no，"是耶非耶"有點兒像 yes or no；"是也"與"然"、"非也"與"否"，用途是很相像的。"我是也"的句式稍爲後起，與然否的意義頗有分別；現在勉強把它們歸入同一的模型，其實可細分爲兩種模型。

上面所述甲、乙、丙、丁、戊、己六種模型裏，都没有繫詞。正式的繫詞須是具備主格與表詞兩項，而繫詞置於兩項的中間，如"張先生是我的朋友"一類的句子。這類句子是先秦所絶對没有的，漢代也可以說是没有。六朝以後是有了；但它的繫詞性的來源是什麼呢？

就意義上看來，似乎是形容詞"是非"生出繫詞的"是"與"非"；因爲形容詞的"是"就是"對"，"非"就是"不對"，繫詞的"是"是是認那個事實，"非"是否認那個事實。因爲那事情是對的，所以是認它；因爲那事情是不對的，所以否認它。這樣看來，"是"字繫詞性該是由形容詞或副詞變來的了。但是，從文法上看來，我們却該換一種看法。由"是非"的"是"生出來的衹有型戊與型己，

① 《馬氏文通》卷一第 14 頁。
② 黎錦熙《比較文法》第 127 頁。

它們都是很像副詞,没有表詞在後面,所以很難再變爲繫詞①。至於"彼是"的"是"所生出來的型甲就不同了。上文説過,"是"字雖是指示代名詞,但當其用於複指時,其作用在乎説明上文。繫詞的作用在乎表明主格,與説明上文的作用相差很近。衹要指示的詞性減輕,説明的詞性加重,就很自然地變爲繫詞了。型甲的表詞爲名詞或名詞短語,與繫詞句的表詞相同,因此,我們可以斷定"是"字的繫詞性是從型甲轉變而成的②。譬如"富與貴,是人之所欲也"轉變而成"富與貴都是人們所希望的",真是極自然的轉變了。

(二)"是"字的繫詞性

　　"是"字最初被用爲繫詞,該是在六朝時代。不過,六朝這一個時代太長,我至少該追究它在哪一個朝代就有了繫詞的功用。西洋的語史學家往往能考定某字始現於某年,某年代即以現存的古籍初見此字的年代爲準。照這種説法,我們要知道"是"字的繫詞性始於何年,並非絶對不可能的。不過,現在我的精力還不能達到那樣精確的地步,就衹能含混地説個六朝。如果就已經發現的例子看來,該説是起於晉末以後(約當西曆第五世紀),因爲陶潛、劉義慶、沈約、顧歡、慧皎、范縝諸人都曾經用"是"字爲繫詞(例證散見下文)。但是,在没有查遍六朝的書籍以前,我們還不敢斷定陶潛以前没有人把"是"字當繫詞用。因此,爲比較妥當起見,我們仍舊願意暫時説是六朝。

　　型子　這是最純粹的繫詞。上面所舉"張先生是我的朋友"就

---

① 型戊不能認爲表詞在"是"字之前;"墜茵席者殿下是也"並不完全等於"墜茵席的是殿下"。譬如説"國貧而弱者,中國是也",大家都懂得它不能改爲"貧而弱的國家是中國"。因爲世界上盡可以還有許多貧弱的國家,不僅是中國。前者是舉例,後者是全稱,不容混同。

② 型乙没有關係,因爲形容性的表明語用不着繫詞。詳見下文。型丙、型丁因"是"字後爲動詞或子句,也不能生出正式的繫詞。

是屬於這種模型的。在中國語文裏,這可稱爲典型的繫詞。其主格爲名詞,表詞亦具備,例如:

  未聞孔雀是夫子家禽。(劉義慶《世說新語·言語》)

  張玄之、顧敷是顧和中外孫。(同上)

  豫章太守顧邵是雍之子。(同上,《雅量》)

  佛是破惡之方,道是興善之術。(顧歡《夷夏論》,見《南齊書·顧歡傳》)

  鳥王獸長往往是佛。(同上)

  神仙是大化之總稱,非窮妙之至名①。(顧歡答袁粲語,見《南齊書》)

  若枯即是榮,榮即是枯②,應榮時凋零,枯時結實也。(范縝《神滅論》,見《梁書·范縝傳》)③

  若形骸即是骨骼,則死之神明不得異生之神明矣。(沈約《難神滅論》)

  問今是何世④,乃不知有漢,無論魏晉。(陶潛《桃花源記》)

  佛是外國之神,非天下諸華所宜奉。(《高僧傳·佛圖澄傳》)

  佛是戎神,正所應奉。(同上)

  問耆年是誰耶⑤?(同上,《法顯傳》)

  弟子是嶺南新州百姓。(《壇經·自序品》)

  孔老釋迦皆是至聖。(宗密《原人論·序》)

  劫劫生生,輪迴不絕……都由此身本不是我。(《原人論·

---

① 參看上節所舉《莊子》:"是祭祝之齋,非心齋也。"同是"是、非"對立,但《莊子》的"是"是指示代名詞,《南齊書》的"是"是繫詞,因爲有"神仙"做主格。

② "枯、榮"在此句裏皆當認爲抽象名詞。

③ 《梁書》雖爲唐姚思廉所撰,但《神滅論》則爲范縝所作,故可認爲齊梁作品。

④ 依時代而論,該把陶潛排在劉義慶的前頭。但"今"字不一定可認爲名詞(若依西洋文法,可認爲副詞),而且"今是何世"是疑問句,也難算正例。

⑤ "耆年"可認爲名詞。

斥偏淺》)

大乘法相教者……有八種識,於中第八阿賴耶識是其根本。
(同上)

古老傳云,此倉本是永安舊寺也。(《續高僧傳》卷十三)

律是慧基,非智不奉。(同上,卷二十七)

佛是胡中桀黠欺誑,夷俗遵尚,其道皆是邪僻小人模寫莊老
玄言,文飾妖幻之教耳。(《唐會要》卷四十七)

近代白話小説裏,這類"是"字很多,不必贅述。此外有"所"字
構成的名詞短語,也可歸入型子,例如:

如此衣形者,是汝所擬者非邪?(《世説新語·容止》)

舍利弗,汝勿謂此鳥實是罪報所生。(《阿彌陀經》)

又如下面的例,亦可歸入型子:

戲演的是《八義觀燈》八齣。(《紅樓夢》第五十四回)

"戲演的是"略等於"所演的戲是",雖然在句子結構上稍有不
同,但爲歸類的方便起見,也就暫時歸入型子了。

型丑　型子與型丑的差別,衹在乎一則以名詞爲主格,一則以
代名詞爲主格,例如:

諸客曰:"此是安石碎金。"(《世説新語·文學》)

顯問:"此是何地耶?"獵者曰:"此是青州長廣郡牢山南岸。"
(《高僧傳·法顯傳》)

汝是嶺南人,又是獦獠,若爲堪作佛?(《壇經·自序品》)

斯是陋室,惟吾德馨。(劉禹錫《陋室銘》)

弟子慧進入問:"此是何人?"(《續高僧傳·明建傳》)

賈母……便問:"這是薛姑娘的屋子不是?"(《紅樓夢》第四
十回)

型寅　這是主格省略的①；或主格雖未省略，而不是與"是"字緊相連繫的，例如：

卿云"艾艾"，定是幾艾？對曰："鳳兮鳳兮，故是一鳳。"（《世説新語·言語》）

衛玠總角時，問樂令夢，樂云是想。（同上，《文學》）

苟是天下人望，亦可無言而辟，復何假一？（同上）

因倒箸水中而飲之，謂是乾飯。（同上，《紕漏》）

顯雖覺其韻高，而不悟是神人。（《高僧傳·法顯傳》）

每至夏坐訖，龍輒化作一小蛇，兩耳悉白，衆咸識是龍。（同上）

忽至岸，見藜藋菜依然，知是漢地。（同上）

昨見融公，復是大奇聰明釋子。（同上，《釋道融傳》）

戠初不見，謂是神仙所爲。（《續高僧傳》卷二十七）

其實是大夫以否，不可委知也。（孔穎達《左傳疏·隱元》）

上云："是箇享福節度使。"（《太平廣記·錢氏私志》）

《玉臺新詠·陌上桑》"使君遣吏往，問是誰家姝"，乍看"是"字很像型寅，其實衹是型甲，與《莊子·德充符》"是何人也"的"是"字同一用途②。松陵吳顯令箋注本《玉臺新詠》作"問此誰家姝"，注云"一作是"，就是"是"字與"此"字通用的證據③。

型卯　表詞省略者，例如：

形即是神者，手等亦是邪？（范縝《神滅論》）

師曰："汝從玉泉來，應是細作。"對曰："不是。"師曰："何得不是？"對曰："未説即是，説了不是。"（《壇經·頓漸品》）

以其所住爲大像寺，今所謂際顯寺是也。（《續高僧傳》卷三

---

① 所謂主格省略，衹是方便的説法。嚴格地説，並非省略，因主格不能補出，例如"知是漢地"不能改爲"知其是漢地"。

② 古體的詩歌與散文的文法無大差別，所以我們以詩文相提並論。

③ 《後漢書·仲長統傳》"均是一法制也"亦是"均此一法制也"的意義，故未引。

十九）

　　某，漢元帝是也。（元曲《漢宮秋》）

　　祖曰："道信禪師，貧道是也。"（《指月錄》卷六）

　　第一、二兩例爲表詞省略，最易看出，故不討論。第三例的"是也"與上面型戊的"是也"或"是已"並不相同。型戊"是"字用於舉例；《莊子》"人籟則比竹是已"並不是說"人籟等於比竹"，比竹衹是人籟之一種；現在型卯的"是"字却是把完全相等的兩種東西放在一起，大像寺就是際顯寺，並不像人籟與比竹有範圍大小的差別。這可以説是"是也"的用途發生了變化，不復是先秦的"是也"或"是已"了。第四、五兩例與第三例文法相同。

　　型辰　表詞爲動詞（或帶目的格）或子句，可視同名詞性者，例如：

　　謝太傅曰："不得爾；此是屋下架屋耳。"（《世説新語・文學》）

　　又夷俗長踞，法與華異；翹左跂右，全是蹲踞。（《南齊書・顧歡傳》）

　　又若生是稟氣而欻有，死是氣散而欻無，則誰爲鬼神乎？（《原人論・斥執迷》）

　　邢以爲人死還生，恐是爲蛇畫足。（《北史・杜弼傳》）

　　纔着意，便是有個私心。（《近思錄》卷二）

　　型巳　表詞爲動詞或子句，可認爲帶形容性者，例如：

　　其寺是五祖忍大師在彼主化。（《壇經・自序品》）

　　極樂國土……皆是四寶周匝圍繞。（《阿彌陀經》）

　　房之此請，乃是破格。（《日知錄》卷八）

　　其稿亦是無錫門人蔡瀛與一姻家同刻。（同上，卷十六）

　　小可是祖代打造軍器爲生。（《水滸傳》第五十五回）

　　明日正是天子駕幸龍符宮。（同上）

衆頭領都是步戰。(同上)

這砲必是凌振從賊教他施放。(《水滸傳》第五十六回)

寶玉和林黛玉是從小兒一處長大。(《紅樓夢》第二十七回)

型午　略如型巳,但句末加"的"字,使表詞帶名詞性,例如:

幸虧他是個使力不使心的。(同上,第五十三回)

誰又是二十四個月養的?(同上,第五十五回)

型午似乎是較後起的形式;但型巳大致都可加一個"的"字,使它們變爲型午,例如說"其稿亦是無錫門人蔡瀛與一姻家同刻的""這砲必是凌振從賊教他施放的"等等。但也有須在"的"字後添一個名詞的,例如說"明日正是天子駕幸龍符宮的日子"。

型未　句末仍加"的"字,但"的"字前面是名詞、代名詞,或形容詞;表詞亦帶名詞性,例如:

我們有兩件事:一件是我的,一件是四妹妹的。(《紅樓夢》第四十五回)

想着那畫兒也不過是假的。(同上,第四十回)

意思是說"我的事、四妹妹的事、假的畫兒"。雖把後面的名詞省略了,仍帶名詞性。但這也是後起的形式,六朝似乎没有它①。

型申　主格爲一子句或數子句者,例如:

銅山西崩,靈鐘東應,便是"易"耶。(《世說新語·文學》)

孔經亦云:立身行道,以顯父母,即是孝行。(《續高僧傳·慧遠傳》)

但發心慈悲,行事利益,使蒼生安樂,即是佛心。(《唐會要》卷四十七)

型酉　"是"字的補位兼爲主位(即兼格)者,例如:

---

① 但元曲裏已有它,例如《老生兒》第一折:"久以後,這家緣家計,都是我的。"

恨然遥相望,知是故人來。(《孔雀東南飛》)

祖云:"合是吾渡汝。"(《壇經·自序品》)

倒是三妹妹高雅。(《紅樓夢》第三十七回)

衆人看了,都道是這首爲上。(同上)

老太太……見人就説到底是寶玉孝順我。(同上)

這種形式頗像法語的 C'est…qui…,比型午、型未的時代都要早些。但最早也該不會超過六朝,所以依文法看起來,《孔雀東南飛》該是六朝的作品①。

型戌　這是表詞前置的,例如:

滿腔子是惻隱之心。(《近思録》卷一)

拶出通身是口,何妨罵雨訶風。(《明高僧傳》卷六)

劉老老之下便是王夫人,西邊便是史湘雲,第二便是寶釵,第三便是黛玉。(《紅樓夢》第四十回)

左邊是張天……當中是個五合六。(同上)

宋元以後,常有"如何是……"的説法,也可歸入此型,例如:

問:"如何是近思?"曰:"以類而推。"(《近思録》卷三)

僧問:"如何是佛法大意?"(《指月録》卷五)

帝曰:"如何是心?"遠正身叉手立曰:"只這是。"(《明高僧傳》卷四)

如何是和尚無老婆心②?(同上,卷六)

型亥　型戌與型亥的差别,在一則以副詞短語前置爲表明語,一則以副詞後置爲問句,例如:

我當日與這劉員外做女婿,可是爲何? (元曲《老生兒》)

---

① 因此,《昭明文選》也没有録它。我們不願意單憑文法去斷定史料的時代性;但如果同時有了别的證據,文法倒是可以做個次要的證據的。

② "和尚無老婆心"整個子句可認爲"是"的主格,後置。

這是爲什麼？唬得你這個樣兒！(《紅樓夢》第三十九回)

以上自子至亥，共十二種模型，除型巳稍帶形容性，型戌、型亥的表詞可認爲副詞短語外，其餘各型的表詞都是名詞性的。至於表詞爲簡單的形容詞者，就用不着繫詞。《文法學初探》所舉英文 The horse is strong 的例子①，其中的 is 是中國文法裏所不用的。在文言裏，祇簡單地寫成"馬壯"；在現代白話裏，也祇說成"那馬很壯"。在文言不能寫成"馬爲壯"，在白話不能說成"那馬是壯"。偶然有"是壯"的說法，却等於說"實在很壯"，"是"字有特別承認的語氣，不是普通繫詞，仍不能等於英文的 verb to be。"那馬很壯"的"很"字也不完全等於英文的 very；在這種情形之下，"很"字祇等於形容詞的前加部分(prefix)，用來助足語氣的②。在否定的句子裏，因有"不"字，語氣已足，就用不着"很"字，祇說"那馬不壯"就行了，仍不會說成"那馬不是壯"。此外如"他這人很好""他這人不好""我的花園很小，他的也不大"……一類的句子，都用不着"是"字的。

(三)"是"字繫詞性的活用

"是"字自從被用爲繫詞之後，越來越靈活了，於是生出了許多似繫詞而非繫詞的用途。上文說過，正式的繫詞該是連繫主格與表詞的，如果不足兩項，必須認其中一項爲被省略。但是，談文法的人不能一味談省略，否則有牽強附會的危險③。在本節裏，我們所舉各種模型，都不該認爲正式的繫詞，祇能認爲繫詞的活用，換句話說就是離開了繫詞的正當用途，擴充到別的領域去。這幾種"是"字都已近似副詞，不能再認爲繫詞了。

型 A　是認或否認某一件事實，例如：

---

① 見本書。

② 關於形容高度的副詞用久便失其力量，參看 Vendryes, Le Langage, pp.252—253。

③ 參看 Jespersen, The Philosophy of Grammar, pp.306—307。

祇爲衆生迷佛①,非是佛迷衆生。(《壇經·付囑品》)

人生氣稟,理有善惡,然不是性中元有此兩物相對而生也。(《近思録》卷一)

昨夜晚,是有這般一個人挑着個羊皮匣子過去了。(《水滸傳》第五十五回)

我不是不會,祇是未諳得②。(《明高僧傳》卷六)

我方纔不過是説趣話取笑兒。(《紅樓夢》第四十一回)

不是陰盡了又有一個陽生出來。(同上,第三十一回)

　型B　追究原因,例如:

庾曰:"君復何所憂慘而忽瘦?"伯仁曰:"吾無所憂,直是清虚日來,滓穢日去耳。"(《世説新語·言語》)

司馬太傅問謝車騎:"惠子其書五車,何以無一言入玄?"謝曰:"故當是妙處不傳。"(同上,《文學》)

學不能推究事理,祇是心麤。(《近思録》卷三)

人不能袪思慮,祇是吝;吝故無浩然之氣。(同上,卷五)

謂之全無知則不可;祇是義理不能勝利欲之心,便至如此也。(同上,卷七)

五更裏,聽得梁上響,你説是老鼠廝打。(《水滸傳》第五十五回)

今日如何反虚浮微縮起來? 敢是吃多了飲食,不然就是勞了神思。(《紅樓夢》第五十三回)

也別怪老太太,都是劉姥姥一句話。(同上,第四十二回)

　型B　與型亥相近似,其差別在乎一則僅用副詞短語爲問句,一則往往用整個子句爲表明語。

---

① "爲"字也是活用,與下面"是"字用途相同。

② 這個例子與型巳的差別,在乎型巳可加"的"字變爲型午,而此則不能。下面"説趣話取笑兒"一例亦同此理。

型C　判斷事情做得對不對，或好不好。這類又可以細分爲兩種：第一種是"是"字放在動詞之後，例如：

不如家去，明兒來是正經。(《紅樓夢》第二十四回)

第二種是"是"字放在動詞之前，例如：

此刻自己也跟了進去，一則寶玉不便，二則黛玉嫌疑，到是回來的妙。(同上，第二十七回)

型D　僅助連詞或副詞的語氣，例如：

若是韓彭二將爲先鋒，何愁狂寇不滅。(《水滸傳》第五十四回)

或是馬上，或是步行，都有法則。(同上，第五十五回)

湯隆雖是會打，却不會使。(同上)

又是傷心，又是慚愧。(《紅樓夢》第三十五回)

姑娘們分中，自然是不敢講究。(同上，第五十六回)

寶玉雖是依了，只是近日病着，又有事，尚未得説。(同上，第六十回)

張天君從陣裏出來，甚是兇惡。(《封神演義》第五十一回)

型E　成爲副詞的一部分的，例如：

都從我的份例上匀出來，不必動官中就是了。(《紅樓夢》第三十六回)

明日老太太問，祇説我自己燙的就是了。(同上，第二十五回)

型F　完全變了副詞，略等於"然否"的"然"或"對不對"的"對"，例如：

卿説的是，就加卿爲選擇使……(元曲《漢宮秋·楔子》)

　　翠縷道:"説的是了,就笑的這麼樣兒!"湘雲道:"很是很
是①。"(《紅樓夢》第三十一回)
　　翠縷聽了笑道:"是了,是了!"(同上)

　　普通答應人的"是的",或卑輩對尊輩説"是,是,是",也都可
以歸入此型。型 F 的副詞性該是從形容詞直接變來的,並未經過
繫詞性的階段。所以型 F 放在這裏也衹算是便宜歸類,其實不該
認爲繫詞性的活用的。型 E 的"是"字或者也有"對"的意思,"就
是了"也許略等於"就對了"或"就可以了"。如果照這看法,型 E
該與型 F 爲一類,都認爲從形容詞變來。《紅樓夢》第三十四回
"君子防未然,不如這會兒防備的爲是","是"字仍帶形容性,但
已經與"説的是"的"是"很相似,這就是從形容詞轉到副詞的
關頭。

(四)與"是"字相近似的準繫詞

　　除"爲、是"二字外,被一般人認爲肯定繫詞的有"即、乃、係"
等字。

　　"即"字,從某一些觀點看來,比"爲"字的繫詞性更純粹,比
"是"字的繫詞性更古,例如"伯夷、叔齊,孤竹君之二子也",若寫
成"伯夷、叔齊爲孤竹君之二子",在先秦兩漢的文法是不通的,
若寫成"伯夷、叔齊即孤竹君之二子",雖與原意不完全相等,但
在先秦兩漢的文法上是通的,所以該説"即"字比"爲"字的繫詞
性更純粹。若寫成"伯夷、叔齊是孤竹君之二子",通是通的,但
這是六朝以後的文法②。所以該説"即"字比"是"字的繫詞性
更古。

　　然而從另一些觀點看來,"即"字並不是純粹的繫詞。它衹是
副詞略帶繫詞性;我們甚至可以説,"即"字當認爲副詞,所謂略帶

---

① 　這種"是"字來源很古,參看《論語·陽貨》:"偃之言是也,前言戲之耳。"
② 　參看《世説新語·棲逸》:"李廞是茂曾第五子。"

繫詞性衹是名句所形成的一種幻相。《文通》把"即"字認爲斷詞及連詞①，其實"即"字略等於白話的"就"字，既不是斷詞，也不是連詞，《文通》所謂斷詞的"即"與連詞的"即"，在意義上是差不多的，例如：

　　非其父兄，即其子弟。(《左傳·襄八》)
　　此不北走胡即南走越耳。(《史記·季布列傳》)

　　這兩類的"即"字都一樣地是加重敘述或判斷語氣的副詞，其差別衹在乎一則在動詞或動詞短語之前，一則在名詞或名詞短語之前；換句話説，一則用於動句，一則用於名句罷了。後世因爲"即其子弟"可譯成"就是他的子弟"，於是誤認"即"爲繫詞。其實"就是"並不是從"即"字直接變來的，至少可分爲三個階段：

　　即→即是→就是。

　　在先秦兩漢，這一類句子用不着繫詞，所以衹用"即"字；六朝以後，用得着繫詞，所以變爲"即是"(范縝《神滅論》"枯體即是榮體，縷體即是絲體")；後來"即"字再變而爲"就"字("即、就"旁紐雙聲，意義亦通，故《説文》云"即，即食也，一曰就也")，於是成爲"就是"。如果説"即"含有"是"字的意義，有了"即"字，就不必再用"是"字了，何以六朝有"即是"的説法呢？

　　退一步説，縱使我們承認"即"字帶有若干繫詞性，也該承認它是以副詞性爲主的。至多衹能算它是一種準繫詞。現在舉例如下：

　　吾翁即若翁。(《史記·項羽本紀》)
　　梁父即楚將項燕。(同上)

_____

① 《馬氏文通》所謂斷詞就是本文所謂繫詞。

　　充即廬江人,所聞異於此。(《世説新語·方正》)
　　此即真教,何謂非實?(《北史·杜弼傳》)

　　其中以《世説新語》的例子最能表現“即”字的詞性。《世説新語》敍述王含作廬江郡,貪濁狼藉,王敦護其兄,故於衆坐稱“家兄在郡定佳,廬江人咸稱之”,何充正色曰:“充即廬江人,所聞異於此。”“即”字,以現代語勉強翻譯,可譯爲“恰巧就是”,可見繫詞性甚微(假設是有的話),而副詞性甚重了。

　　“乃”字是否可與“即”字一例看待呢? 表面看來,我們覺得“乃”與“即”有語氣緩急的分別,但下面的例子又使我們傾向於相信它們的用途頗有可相通之處了,例如:

　　呂公女乃呂后也。(《史記·高祖本紀》)
　　呂公女即呂后也。(《漢書·高帝紀》)

其他如:

　　故善吾生者,乃所以善吾死也。(《莊子·大宗師》)
　　無傷也,是乃仁術也。(《孟子·梁惠王上》)
　　夫非乃上蔡布衣,閭巷之黔首。(《史記·李斯列傳》)
　　夫人所以貴者,乃此男也。(同上,《高祖本紀》)
　　是乃君子思濟物之意也。(嵇康《與山巨源絶交書》)
　　援曰:“吾乃松父友也。”(《後漢書·馬援傳》)
　　斯人乃婦女,與人別,唯啼泣!(《世説新語·方正》)
　　此乃古今同然,百王之定法也。(《北史·孫紹傳》)
　　斯乃得道超生之勝兆,人師無上之奇徵。(《續高僧傳》卷十六)
　　有司觀檢,乃龍齒也。(同上,卷三十九)

　　有些是可拿“即”字替代的(如第一、四、六、九例),有些是不能代以“即”字的(如第二、三、五、七、八、十例),又可見它們的用途並不完全相同。“即”字的副詞性甚重,繫詞性甚輕;“乃”字的繫詞性甚重,副詞性甚輕。故凡用不着現代副詞“就”字的地方,就不能代以“即”字。

六朝以後，有了繫詞“是”字，也就有了“乃、是”連用的例子，與上文所述由“即”變爲“即是”的演化情形相同，例如：

> 郗公曰：“正此好！”訪之，乃是逸少。（《世説新語·雅量》）
>
> 謂是火起，及至倉所，乃是光相。（《續高僧傳》卷十三）

同時，因爲“乃”字的繫詞性甚重，後來就漸漸被認爲繫詞，與“是”字某一些用途相等。我們試看：

> 道是佛之父師，佛乃道之子弟。（《續高僧傳》卷三十一）

“是”與“乃”遞代爲用，可見唐以後的“乃”字已變爲純粹的繫詞了。到了近代，“乃”字前面還可以再加副詞，例如：

> 雲中子乃福德之仙也；今不犯黃河陣，真乃大福之士。（《封神演義》第五十一回）

“真乃”等於“真是”。“真是”可譯爲“真乃”，而不可譯爲“真即”，於此可見“乃、即”的繫詞性的重輕。

末了説到“係”字。它雖然有時可當“是”字之用，但它的歷史就短得多了。據我所能考見，“係”字之爲繫詞，始見於《近思録》。因此，它的繫詞性該是起於宋代，但未盛行。直至元代的詔令公文裏，纔常用它來代“是”字①。近代公牘中，也常有“委係、確係”的説法。今舉例如下：

> 國子監自係臺省，臺省係朝廷官。（《近思録》卷十）
>
> 丘神仙應有底修行院舍等，係逐日念誦經文告天的人每。（《元代白話碑》第 15 頁）
>
> 有長清縣南一鄉淨然神寶寺；係靈巖寺下院。（同上，第 48 頁）

---

① 參看馮承鈞《元代白話碑》。

這原係我起的主意。(《紅樓夢》第三十七回)

　　《説文》:“係,絜束也。”《爾雅·釋詁》:“係,繼也。”《左傳·僖二十五年》注:“係,縛也。”皆與“是”字意義相差甚遠。依我們的猜想,“係”字是從係屬的意義轉入繫詞性的,《廣韻》“係”訓“連係”,義與此近①。試看《近思録》的例,我們也可解釋作“國子監自屬於臺省,臺省屬於朝廷官”;不過,到元代以後,它的繫詞性越重,係屬的意義就消滅無餘了。但我們現在還有“實屬……、殊屬……”等説法,與“委係、確係”很像同出一源,它們的動詞性之消滅也如出一轍,更令我們傾向於相信這種假定了。

　　然而另有一種事實,却令我們猜想“係”字的繫詞性起源頗古,未必是宋代以後的産品。現代粵語(一部分)與客家話都用“係”字來替代“是”字:粵語念[hɐi],客家念[hɛ]。就書籍而論,我們雖則可以把它認爲宋代纔有的;就實際的語言事實而論,我們應該承認它的來源是很遠的。因爲粵人與客家很早就離開了中原,我們不能想像宋代以後産生的繫詞會流傳到閩粵,並且祇能保存在閩粵人的口語裏。總之,“係”字繫詞性的來源問題很複雜,我們祇好存疑了。

　　以上所述“即、乃、係”三個字,除了“即”字與“是”字相差太遠之外,“乃、係”二字都可以有“是”字的功用。然而我們須知,它們祇能有“是”字一小部分的功用,有許多可用“是”字的地方却是不能用它們的。這因爲“是”字本身是繫詞,再由繫詞生出種種活用的形式;“乃、係”二字祇是借來替代繫詞之用的,就不能再活用了。“乃”字與“係”字的表詞必須是名詞或名詞短語,其主格亦必不可省略,所以祇能與“是”字的型子、型丑、型辰、型午大略相當,其餘諸型都不是它所能勝任的了。

---

① 這意見是聞一多先生啓發我的。

五、論"非"字

（一）"非"字繫詞性的來源

《説文》："非，違也。"①朱駿聲云："違背，故爲不是之辭。"②《説文》喜歡以雙聲叠韻字爲訓（這是漢儒的派頭，走極端的是劉熙《釋名》），朱駿聲勉強從違背的意義牽涉到不是的意義③。其實"非"就是"非"；如果從形容詞方面看它，還可以説是"違也"，違背事理謂之"非"；如果從繫詞方面去看它，簡直没法子解説。《廣韻》："非，不是也。"似乎是從繫詞方面去解説了；然而依上文研究的結論，漢代以前"是"字未爲繫詞，叫許叔重怎能如此解説（"不、是"二字連用，恐怕也是漢以前没有的）？許叔重不便於解説它的繫詞性；而且《説文》一書又以解釋名、形、動三種詞類爲主，所以索性拿"非"字當做形容詞看待了。

"非"與"匪"通，"匪"與"彼"通，均見於《經傳釋詞》；因此我們很容易聯想到"非"與"彼"也有相通的可能。聞一多先生"非"出於"彼"的説法，是很值得我們重視的。但依先秦古籍看來，"彼""非"顯然是分開了。至於"匪"與"非"的關係，就《詩經》《易經》諸書看來，是很密切的。但是，"匪"字有當"彼"字講的，有當"不"字（純粹的否定副詞）講的，都該撇開不提。單就普通認爲與"非"同義的"匪"字而論，我們應該仔細觀察，看它們到底有没有分別，兹舉《詩經》《易經》"匪"訓"非"的例子如下④：

> 我心匪鑒，不可以茹。（《邶風・柏舟》）
> 我心匪石，不可轉也；我心匪席，不可卷也。（同上）

---

① 段玉裁注本作"韋也"。
② 聞一多先生云："非、飛"古今字，飛去，故引申而有違背之義。
③ 《説文通訓定聲・履部》。
④ 《詩經》裏的例子大約都可用；《易經》則《文言》《繫辭》以下不引，因爲我認爲它們是戰國以後的作品，不足根據以研究"非"字繫詞性的來源。

匪女之爲美,美人之貽。(同上,《靜女》)

氓之蚩蚩,抱布貿絲;匪來貿絲,來即我謀。(《衞風·氓》)

送子涉淇,至於頓丘;匪我愆期,子無良媒。(同上)

匪報也,永以爲好也。(同上,《木瓜》)

雞既鳴矣,朝既盈矣,匪雞則鳴,蒼蠅之聲。(《齊風·雞鳴》)

東方明矣,日既昌矣,匪東方則明,日出之光。(同上)

析薪如之何,匪斧不克;取妻如之何,匪媒不得。(同上,《南山》)

伐柯如何,匪斧不克;取妻如何,匪媒不得。(《豳風·伐柯》)

屯如邅如,乘馬班如,匪寇婚媾。(《屯卦》)

匪我求童蒙,童蒙求我。(《蒙·象》)

獲匪其醜,无咎。(《離卦》)

王臣蹇蹇,匪躬之故。(《蹇卦》)

而“非”字用爲繫詞者則僅有:

溥天之下,莫非王土;率土之濱,莫非王臣。(《小雅·北山》)

雷在天上,大壯,君子以非禮不履。(《大壯》)

在用途上,我們看不出“匪”與“非”的分別;衹有一點極應注意,就是全部《國風》都不曾用一個“非”字,除了《十翼》不算外,全部《易經》也不曾用一個“非”字。凡該用“非”字的地方都用“匪”字,可見“匪”“非”乃是古今字了。大約較古的形式是“匪”,較後的形式是“非”,我們也不必在用途上找出它們的分別來了①。

“非”字之爲繫詞,比“是”字至少早一千年②,比“爲”字又純粹得多。如果我們相信“匪”“非”是古今字的話,《詩·邶風》“我心匪石”一句就可證明“非”字的前身已是最富於繫詞性的了;假使我們要從肯定方面去說“我心是石”,這是六朝以後的文法;若說“我

---

① 聞一多先生云:“非”本“飛”字,故繫詞須加“匚”作“匪”以別於“非”;然“匪”乃“筐”本字,用爲繫詞,亦是假借。

② 如果我們認爲《詩經》是春秋時代的作品的話。

心爲石", 就變爲不通的句子。

但是, 如果我們認繫詞爲必須連繫主格與表詞兩項, 那麼, "非"字應分爲兩類: 第一類是純粹的繫詞, 即具備兩項, 或其中一項可認爲省略者; 第二類是準繫詞, 即不具備兩項, 而近於副詞性者。若以上文所述"匪"字爲例, "我心匪石"的"匪"字是頗純粹的繫詞, 因爲主格"我心"與表詞"石"兩項俱全; "匪我愆期, 子無良媒"的"匪"字爲準繫詞, 因爲它並不連繫兩項, 祇是否認某一件事實而已。下面即將"非"字的繫詞性及準繫詞性分別討論。

(二)"非"字的繫詞性

"非"字略等於現代的"不是", 但我們不該把它看爲"不是"的合體, 換句話説就是不該認爲繫詞性之外再加副詞性。"非"是否定式的繫詞, 是不可分析的單體。在中國文法史上, 並非先有肯定式的繫詞"是"字, 然後再加副詞性而成爲"非"字, 像英文先有 to be 再有 not to be, 法文先有 être 再有 ne pas être; 却是先有否定式的繫詞"非"(或"匪"字), 一千年後, 纔從指示代名詞裏變出一個繫詞"是"字與它對立。爲什麼會有這現象? 且待下章再談。

"非"字既爲否定之用, 稱爲繫詞, 似乎名不副實; 繫詞是表示主格與表詞二者之間的關係的。如果否定它們的關係, 適與繫詞的功用相反, 與其稱爲繫詞, 反不如稱爲"絶詞", 因爲"非"字正是特來斷絶它們的關係的。但我們並不把它這樣看待: 在意義上, 它是"絶詞"; 在論理學上, 它還是繫詞, 因爲它能從反面去連繫主格與表詞兩項。現在把它分爲數種模型如下:

A. 表詞爲名詞、名詞短語或子句者[①]。

型子　主格與表詞兩項俱全者, 例如:

回也, 非助我者也。(《論語·先進》)

---

① 如爲動詞短語, 亦可視同名詞, 歸入 A 類。

子貢曰:"管仲非仁者與?"(同上,《憲問》)

行或使之,止或尼之,行止非人所能也。(《孟子·梁惠王下》)

尺地莫非其有也,一民莫非其臣也。(同上,《公孫丑上》)

夫言非吹也,言者有言。(《莊子·齊物論》)

曰:"惡,惡可! 子非其人也。"(同上,《大宗師》)

莊子曰:"是非吾所謂情也。"(同上,《德充符》)

是非埳之鼃與?(同上,《秋水》)

惠子曰:"子非魚,安知魚之樂?"莊子曰:"子非我,安知我不知魚之樂?"(同上)

寧割席分坐曰:"子非吾友也。"(《世説新語·德行》)

人之質非木質也,木之質非人質也。(范縝《神滅論》)

吾女非可試者也。(《近思録》卷七)

型丑 此型之所以別於型子,在乎是非並舉,例如:

所謂故國者,非謂有喬木之謂也,有世臣之謂也[1]。(《孟子·梁惠王下》)

"六"者非它也,三材之道也。(《易·繫辭》)

公曰:"同非吾子,齊侯之子也。"(《公羊傳·莊元》)

此修考之士[2],非神仙之流也。(《南齊書·顧歡傳》)

型寅 在包孕句中者,例如:

如知其非義,斯速已矣。(《孟子·滕文公下》)

以指喻指之非指,不若以非指喻指之非指也。(《莊子·齊物論》)

予惡乎知惡死之非弱喪而不知歸者邪?(同上)

庸詎知吾所謂天之非人乎?(同上,《大宗師》)

---

[1] 注意,如在末句添一字,衹能添作"乃有世臣之謂也",不能添作"是有世臣之謂也"。

[2] 注意"此"字下没有"爲"字或"是"字。

型卯　主格省略者,例如:

子曰:"非吾徒也,小子鳴鼓而攻之可也。"(《論語·先進》)
唯求則非邦也與?（同上）
非求益者也,欲速成者也。（同上,《憲問》）
古之有也,非吾有也①。(《莊子·人間世》)
若遵此命,真報吾恩;倘固違言,非吾之子。(《指月録》卷九)

型辰　表詞省略者,例如:

始也,吾以爲其人也,而今非也。(《莊子·養生主》)
以爲陽虎也,故圍之;今非也,請辭而退。（同上,《秋水》)

型巳　主格爲動詞(或帶目的格)或子句者,例如:

攻其惡,無攻人之惡,非脩慝與?(《論語·顏淵》)
久於齊,非我志也。(《孟子·公孫丑下》)
赤子匍匐將入於井,非赤子之罪也。（同上,《滕文公上》)
子路曰:"未同而言,觀其色,赧赧然,非由之所知也。"（同上,《滕文公下》)
臣弒其君,子弒其父,非一朝一夕之故。(《易·文言》)
鞭撻甌越,以立威名,恐非至理之本。(《世說新語·政事》)

型午　表詞爲動詞(或帶目的格)或子句者,例如:

今人乍見孺子將入於井,皆有怵惕惻隱之心,非所以内交於孺子之父母也,非所以要譽於鄉黨朋友也。(《孟子·公孫丑上》)
二者兇器,非所以盡行也。(《莊子·人間世》)
上下無常,非爲邪也;進退無恒,非離群也。(《易·文言》)

---

① 《憲問》與《人間世》二例皆是非並舉,可入型丑;今因其無主格,姑置於此。

　　而君以法奏之，非吾所以共承宗廟意也①。（《史記·張釋
之傳》）

　　型未　在條件句（conditional）的主要子句者。此型的主格必
須省略，例如：

　　無惻隱之心，非人也；無羞惡之心，非人也；無辭讓之心，非
人也；無是非之心，非人也。（《孟子·公孫丑上》）

　　故樂通物，非聖人也；有親，非仁也；天時，非賢也；利害不
通，非君子也；行名失已，非士也；忘身不真，非役人也②。（《莊
子·大宗師》）

　　型申　"非"字下連名詞，可認爲名詞短語者，例如：

　　以指喻指之非指，不若以非指喻指之非指也，以馬喻馬之非
馬，不若以非馬喻馬之非馬也。（《莊子·齊物論》）

　　亦得人矣，而未始出於非人。（同上，《應帝王》）

　　其知情信，其德甚真，而未始入於非人。（同上）

　　型酉　在條件句的附屬子句，而表詞爲名詞或爲名詞短語者，
例如：

　　非禮勿視，非禮勿聽，非禮勿言，非禮勿動。（《論語·顏
淵》）

　　非天下之至精，其孰能與於此？（《易·繫辭》）

　　苟非其人，道不虛行。（同上）

　　非梧桐不止，非練實不食，非醴泉不飲。（《莊子·秋水》）

　　非命世之才，不能取之矣。（《晉書·懷愍帝紀論》）

　　型申與型酉的差別，在乎一則以"非"字連名詞爲名詞短語，一

---

① 如認"所"字爲關係代名詞，則第一、二、四例可分別歸入型子、型已。
② "仁、賢"皆可認爲帶名詞性，"役人"是動詞短語。

則"非"字主格省略,其本身爲附屬子句中之動詞。型卯與型酉的差別,在乎一則居於主要句,一則居於附屬子句。《論語·爲政》"非其鬼而祭之,諂也",亦可歸入型酉,不過有了"而"字,加上一番轉折而已。

B. 表詞爲形容詞或形容短語者。

型戌　"非"字後加"不"字,作跌宕語氣者,例如:

城非不高也,池非不深也,兵革非不堅利也,米粟非不多也,委而去之,是地利不如人和也。(《孟子·公孫丑下》)

非不呺然大也,吾爲其無用而掊之。(《莊子·逍遙遊》)

白旃檀非不馥,焉能逆風?(《世説新語·文學》)

型亥　"非"字後不加"不"字,然亦作跌宕語氣者。這種形式似較後起,故與型戌分列,例如:

且夫天下非小弱也……陳涉之位,非尊①於齊、楚、燕、趙、韓、魏、宋、衛、中山之君;鉏櫌棘矜,非銛於句戟長鎩也;適戍之衆,非抗於九國之師也;深謀遠慮行軍用兵之道,非及鄉時之士也②;然而成敗異變,功業相反也。(賈誼《過秦論》)

這種"非"字之否定某種德性,與否定副詞"不"字大有分別。"非"字僅助跌宕之勢,正意尚在後頭(例如上面的"成敗異變,功業相反"纔是正意);"不"字則可居於主要句中而爲正意所在。"天下非小弱也"與"天下不小不弱"並不相同;"天下不小不弱"可以獨立成語;"天下非小弱也"則僅引起下文。這種分別極關重要;下文當再論及。總之,表詞爲形容性者,"非"字並不是十分純粹的繫詞。

以上自子至亥,共十二個模型,都可認爲繫詞。尤其是型子值

① "非尊"《古文觀止》作"不尊",誤;宜依《史記·秦本紀》作"非"。
② "抗於九國之師"與"及鄉時之士"皆可視同形容短語。

得我們注意,因爲那種作用是"爲"字所沒有的;六朝以前的"是"字也沒有那種用途。

(三)"非"字的準繫詞性

"非"字的準繫詞性,未必全由繫詞變化而來。但我們盡可以設想它是與"非"字的繫詞性同時起源的。"非"字的根本作用在乎否定;用於主格與表詞之間則爲繫詞,否則祇能爲準繫詞,我們不該說哪一種用途較古。嚴格地説,"準繫詞"的名稱也不妥當,我們可以索性把它認爲否定副詞,與"不"字用途異而詞性相同。兹分類舉例如下:

型 A　否認某一件事實,例如:

非敢後也,馬不進也。(《論語·雍也》)

非不説子之道,力不足也。(同上)

古之善爲道者,非以明民,將以愚之。(《老子》)

是集義所生者,非義襲而取之也。(《孟子·公孫丑上》)

以力服人者,非心服也,力不贍也。(同上)

非愚於虞而知於秦也,用與不用,聽與不聽也。(《史記·淮陰侯列傳》)

周不能制,非德薄,形勢弱也。(同上,《婁敬傳》)

非苦城乏糧也,但苦將不食耳。(《潛夫論·救邊》)

今世非無孝弟之人,而不能盡性至命者,由之而不知也。(《近思錄》卷六)

或先非而後是,或先是而後非,但"非"字的用途並沒有改變,都是用以否認一件事實的。因爲反面的意思不足以顯示正面的意思,所以正面與反面並舉。這種"非"字所以不能認爲繫詞者,因爲它所在的動句仍舊不失其爲動句(verbal sentence)①;"非敢後也"的"敢後",既不可認爲名詞短語,又不可認爲形容短語,祇是用

---

① 當然,如本爲名句者,也不能變爲動句,如第六、七例。

"非"字去否認那"敢後"的事實。"非敢後"與"不敢後"的差別,祇在乎"非"字所否認者是"敢後"二字,而"不"字所否定者僅有一個"敢"字;我們並不能説"非敢後也"的"敢後"等於"敢後者"或"敢後之人"。再者,像"非敢後也,馬不進也"這樣正反兩面對舉的複句,我們也很難説其中一句爲名句而另一句爲動句;因此,"非敢後也"必須與"馬不進也"同樣看待,"非以明民"必須與"將以愚之"一樣看待。

既從反面否認,則正面爲唯一可能的事實(至少説話人的心理是如此),所以正面的句子,都可加上一個"耳"字,例如"非敢後也,馬不進耳""是集義所生者耳,非義襲而取之也""非心服也,力不贍耳"等等。

凡屬型 A 而句末有"也"字者,往往爲推究原因之用;推究原因還有一種更簡的形式,如型 B。

型 B 型 A 與型 B 的區別,在乎一則"非"字後爲子句或動詞短語,一則"非"字後僅有名詞或名詞短語;一則除推究原因外,兼爲別用,一則僅爲推究原因之用,例如:

雖在縲絏之中,非其罪也。(《論語·公冶長》)

人死則曰:"非我也,歲也。"(《孟子·梁惠王上》)

曰:"天也,非人也……以是知其天也,非人也。"(《莊子·養生主》)

禹以治,桀以亂,治亂非天也[1]。(《荀子·天論》)

型 C 在條件句的附屬子句,而其作用在乎否認某一件事實者。在此情形之下,"非"字之後必爲動詞或子句,例如:

吾非至於子之門,則殆矣。(《莊子·秋水》)

非痛折節以禮詘之,天下不肅。(《史記·武安侯列傳》)

---

① 注意"天"不是治亂的表詞。

非盡族是，天下不安。(同上，《高祖本紀》)

非有詔召，不得上。(同上，《刺客列傳》)

非夫人之爲慟而誰爲？(《論語·先進》)

此子非靈山會上業已習之，焉能至此哉？(《明高僧傳》卷一)

這種"非"字因在條件句的附屬子句，很像有"若非"的意義，因此《馬氏文通》把它"引列於連字"[1]。其實"非"本身並不包含"若"字的意義，衹是句的組織生出假設的意義來。

型 D　在條件句的附屬子句，而"非"字後衹有一個名詞，或名詞短語，"非"字之前又不能補出主格者，例如：

非公事，未嘗至於偃之室也。(《論語·雍也》)

君非姬氏，居不安。(《左傳·僖四》)

非彼無我，非我無所取。(《莊子·齊物論》)

婦人之美，非誄不顯。(《世説新語·文學》)

這類"非"字，譯爲近代語，可勉強説是"非有"的意思。總之，"非"字衹是否認事物的存在，並不是繫詞，又不能認爲主格省略。故與型丙大有差别。

型 E　"非"字後加"徒、但、止"等字，作頓挫語氣。這類"非"字的詞性更近於副詞了，例如：

病非徒瘇也，又苦蹷。(賈誼《治安策》)

非但能言人不可得，正索解人亦不可得。(《世説新語·文學》)

此童非徒能畫，亦終當致名。(同上，《識鑒》)

斯乃非止人謀，抑亦天也。(《隋書·高祖紀論》)

型 F　此型該是從形容詞變來的副詞，勉強放在此處，其實連準繫詞的名稱也够不上了，例如：

---

[1]　《馬氏文通》校注本下册第 392—393 頁，中華書局 1954 年。

對曰:"然。非與?"曰:"非也,予一以貫之。"(《論語·衛靈公》)

"仕而不受祿,古之道乎?"曰:"非也。"(《孟子·公孫丑下》)

型 F 與型辰的分別,在乎型辰的"非"字用於表明句中,爲主要部分;而型 F 的"非"字祇是表示然否的副詞,不必認爲主格及表明語省略。

"非"字本有"不是"的意義,後來大約因爲在口語裏"不是"已替代了"非",它的繫詞性漸漸爲普通人所忽略,以致"非"字後再加"是"字,例如:

彼佛有無量無邊聲聞弟子,皆阿羅漢,非是算數之所能知。(《阿彌陀經》)

心中恍惚想道,莫非是他親家母。(《紅樓夢》四十一回)

最近白話裏的"無非"變爲"無非是","除非"變爲"除非是",都是這個道理。這裏不必詳談了。

六、結　論

(一)繫詞"爲、是、非"的時代性

"爲、是、非"三字之爲繫詞,孰先孰後,從上文已可看出。現在再作總括的敘述。

三字之中,起源最早的是"非"字;如果我們承認"匪"就是"非"的話,那麼,它在《詩經》時代,甚至《易經》時代已經用作繫詞了。因此,我們可以斷定:否定繫詞的產生,遠在周代以前。

"爲"字在《詩經》《易經》裏,都不曾被用爲繫詞。《詩經》祇有《邶風》"匪女之爲美","爲"字頗似繫詞;但它的繫詞性並不純粹,因爲它在名詞短語"女之爲美"裏,不是全句的主要部分。自古至今,"爲"字始終沒有做過極純粹的繫詞。"張先生爲吾友"或"此女爲美"一類的句子始終沒有出現過;除非把它們變爲名詞短語,譬如說"張先生之爲吾友,已將十載矣""此女之爲美,固衆所共稱許也”等語。由此看來,“爲”字縱勉強認爲繫詞,亦決不能與“是、非”相提並論。但它這種近似繫詞的用途,也發生於戰國以前。

“是”字繫詞性的起源最晚;上文説過,我們在六朝的作品裏,纔開始發現“是”字爲真正的繫詞。但是,自從它有了繫詞性之後,就變化無窮;在現代白話文裏,幾乎每頁總有“是”字。許多新的用途還不斷地產生,譬如説“買是買了,不知道好用不好用”“風是停了,雨却來了!”我們預料將來還有許多歐化的“是”字出世呢。

(二)“爲”與“是”的異同

一般人往往以“爲”“是”爲古今字,以爲文言裏的“爲”等於白話文的“是”;這是很大的謬誤。它們的來源既不相同①,用途又不相等,可見在詞性上大有差別。繫詞的“爲”字共有十一種模型②,除卯、辰、巳、午、未、酉、戌七型可以勉強由“是”字替代外,其餘四種模型都不可由“是”字替代,例如:

型子:“不爲不多矣”不能譯成“不是不多了”;

　　　　“在太極之先而不爲高”不能譯成“在太極之先而不是高”。

型丑:“禮之用,和爲貴”不能譯成“禮之用,和是貴”;

　　　　“唯天爲大”不能譯成“唯天是大”③;

　　　　“師直爲壯,曲爲老”不能譯成“師直是壯,曲是老”。

型寅:“孰爲好學”不能譯成“誰是好學”;

　　　　“守身爲大”不能譯成“守身是大”④。

型申:“曾不知以食牛干秦穆公之爲汙也”不能譯成“並不

---

① 參看上文第二章第一節及第三章第一節。
② 參看上文第二章第二節。
③ 衹能譯成“是大的”。
④ 縱使加“的”字譯成“守身是大的”,也不能表達原意,因爲原意是含比較性的。

知……的是汙穢的"①；

"知與之爲取"不能譯成"知與的是取"。

反過來説,繫詞"是"字共有十二種模型,除型寅外,竟没有一種是可由"爲"字替代的②！例如：

型子："弟子是嶺南新州百姓"不能譯成"爲……百姓"；

"都由此身本不是我"不能譯成"……本不爲我"。

型丑："此是安石碎金"不能譯成"此爲安石碎金"；

"這是薛姑娘的屋子不是?"不能譯成"此爲……否?"

型卯："對曰:不是"不能譯成"對曰:不爲"。

型辰："纔着意,便是有個私心"不能譯成"……即爲有個私心"。

型巳："其寺是五祖忍大師在彼主化"不能譯成"其寺爲……在彼主化"。

型午："誰又是二十四個月養的?"不能譯成"孰爲二十四月生者?"

型未："想着那畫兒也不過是假的"不能譯成"……爲僞者"。

型申："使蒼生安樂,即是佛心"不能譯成"……即爲佛心"。

型酉："知是故人來"不能譯成"知爲故人來"；

"倒是三妹妹高雅"不能譯成"却爲三妹妹高雅"。

型戌："滿腔子是惻隱之心"不能譯成"滿腔子爲……"。

型亥："這是爲什麼?"不能譯成"此爲何故?"或"此爲何耶?"

至於"是"字繫詞性的活用,自型 A 至型 F,更非"爲"所能替代。今試就宋以前的文章爲例,"故當是妙處不傳",不能譯成"故當爲妙處不傳"；"學不能推究事理,衹是心麤",也不能譯成"……衹爲心麤"。《世説新語》"爲、是"二字都用,正因二字不能互相替

① 因爲"之"字必須去掉。

② 分型的標準,"爲、是"不相同,故"是"能代"爲"之型與"爲"能代"是"之型數不相等。

代:"向雄爲河内主簿"(《方正篇》),衹能用"爲",不能用"是"[1];"豫章太守顧邵是雍之子"(《雅量篇》),衹能用"是",不能用"爲"。由此看來,"爲、是"二字,即在六朝以後,也衹能説是小同大異,決不能認爲古今字的。

(三)"是"與"非"的異同

"是"與"非"在意義上,處於相反的地位,有異而無同。本節所謂異同,僅指其詞性而言。

就六朝以後而論,"是"與"非"的詞性頗有相似之處。"是"字的型子、型丑等於"非"字的型子[2];"非"字的型丑是從型子分出來的,型寅也可認爲從型子分出("是"字的型子就能包括"非"字的型寅)。"是"字的型寅等於"非"字的型卯,"是"字的型卯等於"非"字的型辰。"是"字的型申等於"非"字的型巳,"是"字的型辰等於"非"字的型午。

然而"是"字有些較後起的模型,不能與"非"字相對待,衹能與"不是"二字相對待,例如型巳"寶玉和林黛玉是從小兒一處長大",型午"幸虧他是個使力不使心的",型未"一件是我的,一件是四妹妹的",型酉"都道是這首爲上",如果要説反面的話,也衹能説"不是",不能説"非"。

"是"字的型戌與型亥,因爲表詞是副詞短語,所以不能與"非"字相對待,甚至不能與"不是"相對待。"滿腔子是惻隱之心"不能從反面説成"滿腔子不是惻隱之心"。

至於"是"字繫詞性的活用,衹有型A、型B與"非"字的型A相似,其餘都大不相同。"非"字的準繫詞性,也衹有型A與"是"字相似,又型F與"是"字的型巳相似,其餘也大不相同。

因此我們可以説:就它們用爲繫詞的時候而論,它們的詞性

---

[1] 這種"爲"字,有時被誤認爲繫詞,其實是動詞,請參看上文第二章第一節型甲,又請比較《世説新語·方正》"郭淮作關中都督"。

[2] 其實"非"字的型子亦細分爲二型,與"是"字的型子、型丑完全相等。

是大同小異的,若就它們不用爲繫詞的時候而論,却是小同大異了。

(四)繫詞的缺乏及其理由

從上文的研究,我們對於中國文法中的繫詞,可得結論如下:

表明語爲形容性者,不用繫詞;

表明語爲名詞性者,在六朝以前,無肯定式的繫詞。

第一個結論是包括古代、現代,而且包括肯定、否定兩方面而言的。The rose is red 在中國文言是"玫瑰花紅"或"玫瑰之色紅",不是"玫瑰花爲紅"或"玫瑰之色爲紅";在白話是"玫瑰花是紅的",不是"玫瑰花是紅"①。在文言裏,"爲"字後可用形容詞的,祇有型子、型丑、型寅,然而型子的繫詞性祇是一種幻相,型丑與型寅是限於比較德性的,都不是純粹的繫詞。在白話裏,"玫瑰花是紅的","紅的"帶有名詞性,並不是純粹的形容詞。上面所舉《紅樓夢》的例"我們有兩件事:一件是我的,一件是四妹妹的","是"字後的名詞性,是很容易看得出的;但"玫瑰花是紅的"也是從這種型式變出來的。"世界上有種種不同顏色的花:玫瑰是紅的,梨花是白的……",不是也跟《紅樓夢》的例子差不多了嗎?

最值得我們注意的,就是形容詞前面加上了副詞之後,更用不着繫詞。《老子》"其精甚真"不能寫成"其精爲甚真";《論語》"回也不愚"不能寫成"回爲不愚"。在白話裏,我們說"玫瑰花很紅"或"梨花不紅"就够了,也用不着"是"字。這因爲有了副詞,語氣更足,所以用不着繫詞了。

再說到"非"字,依原則也是不能用的。"梨花不紅"盡够了,我們用不着說"梨花非紅"。在這裏,我們可以順便說到中西語言對於否定式的名句,其結構很不相同。英文的…is not…, not 字所限

---

① 如果説"是紅"就等於説"實在是紅"。

制的是 verb to be；中文的"梨花不紅"，"不"字所限制的是形容詞
"紅"字。我們切不可誤認"梨花不紅"的"不"字等於英文…is
not…的 not；否則我們既承認"不"字所限制的是繫詞，就祇好承認
繫詞是被省略了。

　　第二個結論祇指六朝以前，因爲六朝以後有"是"字；祇指肯定
式，因爲否定式有"非"字，而且遠在周代以前。肯定繫詞產生於六
朝，又常常在佛教書籍中發現，也許會有人猜想是受了印度文法的
影響。但是，無論如何，我們須假定中國文法先有此種傾向或可能
性，然後外族的文法纔容易輸入。

　　專就上古而論，爲什麼沒有肯定式的繫詞？ 我們要解答這一
個問題，必須先問：繫詞在語言裏，是不是絕對不可缺少的東西？

　　亞里士多德一派的論理學者，把一切語句都分析爲三個成分：
主格；繫詞；賓辭。非但 My father is old 一類的句子是有繫詞的，連
The man walks 一類的句子也可認爲包含着主格 the man，繫詞 is，賓
辭 walking。由此看來，繫詞乃是構成語句的必要成分了。然而這
種邏輯却被現代的語言學家根本推翻。Otto Jespersen 在它的 The
Philosophy of Grammar 裏說（pp.305—306）：

　　　　依傳統的論理學的說法，每一個句子都可分爲主格、繫詞、
　　賓辭三部分。論理學家把他們所要討論的一切句子（命題）都分
　　析爲三個成分，於是得到了一種固定的圖解式，以便解說。但
　　是，即使就純然理智的命題看來，這種圖解已經是不自然的，虛
　　幻的了；至於日常的句子，多少帶些感情的色彩，而爲文法家主
　　要對象的，更是有一大半跟它完全不相適合。

　　他在同書裏又說（p.131 附錄）：

　　　　繫詞與典型的動詞差得太遠了，所以有許多語言從來不曾
　　產生任何繫詞，另一些語言也在許多情形之下可以不用它，觀上
　　文所述可知。

J.Vendryes 在他的 Le Langage 裏也説（p.144）：

　　整個的論理學都寄托於動詞 être 的最先存在，以爲它是一切命題的兩項之間必需的連繫物，是一切肯定的表現，是一切三段論法的基礎。然而語言學非但不依靠這經院派的學説，而且根本推翻了它。依照大多數族語的證明，動句與動詞 être 毫無關係；就説在名句罷，它被用爲繫詞，也是頗晚的事情呢。

　　由這兩位語言學家的話看來，我們應該注意兩個要點：第一，繫詞在語言中並非必要，所以有許多族語完全不曾用它，另有好些族語在許多情形之下也不用它；第二，繫詞用於名句，在歐洲也是後起的事實。因爲它在語言中並非必要，所以我們看見了它就説有它，看不見它就説没有，犯不着談省略。因爲繫詞用於名句，在歐洲也是後起的事實，所以我們中國的肯定繫詞後起，並不足怪。

　　西文的 predicate，普通譯爲“賓辭”；但是爲了便於説明中國文法的特性起見，我提議分賓辭爲兩種：動句的賓辭稱爲敍述語，名句的賓辭稱爲表明語。至於 predicative 則譯爲“表詞”。此意既明，則中國上古的繫詞現象可以一言以蔽之曰：

　　中國上古文法裏祇有賓辭，没有表詞。

　　動句是表示主格與某種動作的關係，名句是表示主格與某種屬性的關係。主格與某種動作之間既可不用繫詞，如“國興”，那麼，主格與某種屬性之間自然也可以不用繫詞，如“國強”。“強”字不靠繫詞的力量而能與主格相連屬，恰如“興”字不靠繫詞的力量而能與主格相連屬；事之自然，無過於此者[1]。如果我們不先存西洋文法的成見，倒反覺得這是很整齊的形式，因爲就中國上古而論，我們盡可以把“國強”的“強”字也稱爲賓辭（predicate），與“國興”的“興”字受同等待遇。如果要仔細分别，“興”字可稱爲敍述

──────────

[1]　參看本書第 233—234 頁。

語,"強"字可稱爲表明語;但"強"字不必稱爲表詞(predicative),因爲表詞是在繫詞之後出現的,既然沒有繫詞,也就不必稱爲表詞了。

這一層道理可以使我們明瞭中國形容詞與動詞的界限爲什麼往往分不清,譬如"老"字本質是形容詞,但當我們說"吾老矣"或"我老了"的時候,"老"字又像變了動詞。這因爲"矣"字或"了"字表示整個賓辭的過去時,"老"字既是賓辭,自然可用"矣"字或"了"字來表示時間。假使我們認它爲表詞,則"矣"字、"了"字都無着落,自然衹好説它是變了動詞了。

在"孔子,賢人也"與"虎者戾蟲,人者甘餌"一類的句子,也可把"賢人、戾蟲、甘餌"認爲表明語或賓辭,不必認爲表詞。

上古的否定句裏,也可認爲沒有表詞嗎?"我心匪石"的"石"字也不認爲表詞嗎? 在第五章第二節裏,我們曾經承認"非(匪)"字爲繫詞,"石"字爲表詞。"石"字之是否表詞,須視"非"字之是否繫詞而定。但是,在同章第三節裏,我又説:"非"字根本作用在乎否定;用於主格與表詞之間則爲繫詞,否則衹能爲準繫詞。"非"字的根本作用既在乎否定,則繫詞性不是它的根本作用可知。嚴格地説,"非"字否定某種事物與主格的關係,比之"不"字否定某種作用或德性與主格的關係,其間並沒有什麼歧異之點。"我心匪石"與"我心不説""我躬不閲""我思不遠",其歧異處衹在賓詞的性質,不在繫詞的有無。如果我們認"非"字與"不"字同爲純粹的否定詞,則可歸納成下列的規律:

在動句裏,否定動作與主格的關係者,用"不"字;

在名句裏,否定德性與主格的關係者,仍用"不"字;

在名句裏,否定事物與主格的關係者,則用"非"字。

由此看來,"非"與"不"都可認爲否定賓辭的;"非"字的繫詞性衹是句式所形成,並非其本身在最初就含有此性。要證明此理,我們衹須看上古的"匪"字可有"不"字的功用,如《詩經》"凩夜匪解""稼穡匪解"等;甚至"非"字也有"不"字的功用,"不"字也有"非"字的功用①。可見它們的詞性完全相同;後來雖然分道揚鑣,我們仍不能把它們看得十分歧異。我們在上文把"非"字認爲繫詞,"非"字後的名詞認爲表詞,乃是爲便於分析起見。實際上,"非"字既不是純粹的繫詞,"非"字後的名詞也可不必認爲表詞。

說到這裏,我們可以明白上古爲什麼既然沒有肯定式的繫詞,卻能有否定式的繫詞了。原來"非"字所賴以存在者,不是它的繫詞性,而是它的否定性。正面的話,用不着肯定詞已能顯示;反面的話,非加否定詞不能表示。"國亡"的反面,必須說"國不亡";"孔子,賢人也"的反面,必須說"孔子非不賢之人"。但"孔子非不賢之人"的正面不必說成"孔子是賢人",恰如"國不亡"的正面不必說成"國是亡"一樣。

假定中國上古沒有肯定式的繫詞"是"字,卻有否定式的"不是",就可怪了。因爲"不是"裏頭的"是"乃是真正的繫詞,有了正面的"是",然後能生出反面的"不是"。

繫詞"是"字產生之後,同時也產生了反面的"不是"。我們應該特別注意:這"不、是"二字是顯然分得開的兩個詞,一個是副詞,一個是繫詞,與"非"字之爲單體者絕對不同。"非"字並非"不是"的前身,單靠"非"字,永遠不會產生"不是";"不是"衹是"是"字反映出來的,衹是被否定了的"是",有了"是"然後有"不是"。"爲"與"是"不是古今字;"非"與"不是"更不是古今字。最嚴格地說,我們可以把第二個結論改爲:

表明語爲名詞性者,在六朝以前,沒有真正的純粹的繫詞。

原載《清華學報》12卷1期,1937年1月

---

① 參看王引之《經傳釋詞》卷十。

　　［後記］這是二十多年以前的舊作。在今天看來，除了繫詞産
生的時代應該提早到東漢（參看拙著《漢語史稿》）以外，其他論點
基本上都是可以成立的。"非"字應該肯定不算繫詞；這樣，東漢以
前也就沒有真正繫詞了。

1962.10.24.

　　［附言］本文寫成後，承聞一多、朱佩弦兩先生爲閱一遍，各有
所指正。謹此志謝。

新訓詁學

訓詁學，依照舊説，乃是文字學的一個部門。文字學古稱小學。《四庫全書提要》把小學分爲三個部門：第一是字書之屬；第二是訓詁之屬；第三是韻書之屬。依照舊説，字書之屬是講字形的，訓詁之屬是講字義的，韻書之屬是講字音的。從古代文字學的著作體裁看來，這種三分法是很合適的。不過，字書對於字形的解釋，大部分衹是對於訓詁或聲音有所證明，而所謂韻書，除注明音切之外還兼及訓詁，所以三者的界限是很不清楚的。若依語言學的眼光看來，語言學也可以分爲三個部門：第一是語音之學；第二是語法之學；第三是語義之學。這樣，我們所謂語義學（semantics）的範圍，大致也和舊説的訓詁學相當。但是，在治學方法上，二者之間有很大的差異，所以我們向來不大喜歡沿用訓詁學的舊名稱。這裏因爲要顯示訓詁學和語義學在方法上的異同，纔把語義學稱爲新訓詁學。

一、舊訓詁學的總清算

以前研究訓詁學的人，大致可分爲三派：第一是纂集派；第二是注釋派；第三是發明派。這三者的界限也不十分清楚，不過爲陳述的便利起見，姑且這樣分開而已。

纂集派　這一派是述而不作的。他們祇把古代經籍的訓詁纂集在一起。阮元的《經籍籑詁》，以及近人的《韻史》《辭通》，等等，都屬於這一類。述而不作的精神也可算是一種科學精神，祇要勤於收集，慎於選擇，也就不失爲一種好書。不過從學問方面看來，這還不能算爲一種學問，祇是把前人的學問不管是非或矛盾，都纂集在一起而已。這種訓詁學，如果以字典的形式出現，就顯得蕪雜不堪，因爲字典對於每字，應該先確定它有幾種意義，不能東抄西襲，使意義的種類不分，或雖分而沒有明確的界限。前者例如《中華大字典》，它的體裁很像《經籍籑詁》，不過《經籍籑詁》抄的是上古的訓詁，而它則搜集至於近代而已。後者例如《康熙字典》《辭源》《辭海》之類，因爲故訓字面上有差異，所以不覺分爲數義，其實往往祇是一個意思而已，例如《辭海》"媚"字下有三種意義：（一）説也，引《説文》；（二）愛也，引《詩》"媚兹一人"；（三）諂也，引《史記》"非獨女以色媚"。其實"媚"字祇有一種意義，就是《説文》所謂"説也"。"説也"就是"悅也"，"悅也"就是取悅於人，俗話叫做"討好"。討好皇帝顯得是愛，因爲古代對於君主必須討好的；討好平輩往往被認爲壞事，所以是"諂"了。這是雜引故訓的缺點，也就是纂集派的流弊。

注釋派　這一派是闡發或糾正前人的訓詁，要想做古代文字家的功臣或諍臣的。《説文解字》的注家多半屬於這一派，因爲《説文》雖是字書之屬，卻是字形、字義並重，注家就原注加以闡發，可以使字義更加顯明而確定，例如王筠的《説文釋例》裏説："禾麻菽麥，則禾專名也；十月納禾稼，則禾又統名也。"這是補充《説文》"禾，嘉穀也"的説法。這一類的書，做得好的時候，的確很有用處，因爲前人的話太簡單了，非多加補充引證不足以使讀者徹底瞭解。因此，像段玉裁《説文解字注》一類的書確是好書。但是，有時候太拘泥了，也會弄出毛病來，例如《説文》"夫"字下云"丈夫也"，"壻"字下云"夫也"，段氏以"夫"爲男子的通稱，這是對的；而連"壻"字也認爲男子的通稱,就糊塗了,因爲古書中没有一個"壻"字可解爲男子的通稱的。《説文》所謂"夫也"顯然衹是"夫妻"的"夫"。注釋家對於《説文》,闡發者多,糾正者少,這固然因爲崇拜古人的心理,造成"不輕疑古"的信條,但是新的證據不多,不足以推翻古説,也是一個大原因。近代古文字逐漸出土,正是好做許氏諍臣的時代,將來從這方面用力的人必多。例如《説文》"行"字下云:"人之步趨也,從彳從亍會意。""人之步趨也"的説法不算錯,但在講求本義的《説文》裏就算錯了。"行"字在古文字裏作丰,顯然是表示十字路的意思,所以"術"(邑中道)、"衙"(巷同)、"街"(四通道)、"衝"(交道)、"衢"(四達道,或云大通道)都是從行的。《詩經》裏有幾處"周行"(《卷耳》"寘彼周行"、《鹿鳴》"示我周行"、《大東》"行彼周行")都是大路的意思("周"是四通八達的意思)。不過有些地方係用象徵的意義,可解作"大道"或"至道"罷了("周道如砥"也是同樣的道理)。《易經》的"中行獨復"和《論語》的"中道而廢"相仿,《詩·豳風·七月》的"遵彼微行"和《周南》的"遵彼汝墳"相仿,"中行"也就是"中途","微行"也就是"小路"。這樣去解釋古書,纔可以糾正前人的錯誤。

發明派　這可説是比較新興的學派。古人解釋字義,往往衹根據字形。直到王念孫、章炳麟等,纔擺脱了字形的束縛,從聲韻的通轉去考證字義的通轉。本來,注釋派也可以有所發明,但爲《説文》《爾雅》等書所拘囿,終不若王念孫、章炳麟的發明來得多,而且新穎。又古代雖有聲訓之學,如劉熙《釋名》等(《説文》也有聲訓),但那是用訓詁來講造字的大道理(如"馬,武也""牛,事也"之類),和章氏講字族(word family)的學問不同。章氏從聲韻的通轉着眼,開闢了兩條新路:其一是以古證古,這可以他所著的《文始》爲代表;另一是以古證今,這可以他所著的《新方言》爲代表。《文始》裏的字族的研究很有意思,例如"貫、關、環"等字,在字形上毫無相關的痕迹,而在字義上應該認爲同一來源。但這是頗危險的一條路,因爲聲音儘管相近甚至於相同,也不一定是同源。這一種方法可以引導後人作種種狂妄的研究,例如有人以爲中西文字或亦同源,如"君"字和英文 king 音相近,"路"字和英文 road 相近;又如某君作《説音》一書,以爲人類自然的傾向,可使語音和意義有一種自然的聯繫,如"肥"字和英文 fat 爲雙聲。但是語言學家曾經指出,波斯的 bad 和英文的 bad 音義完全相同,法文的 feu 和德文的 Feuer,英文的 whole 和希臘文的 δλos(holos)意義全同,音亦相近,然而並非同源。因此,新聲訓的方法必須以極審慎的態度加以運用;《文始》已經不能無疵,效顰者更易流於荒謬。

　　《新方言》的方法更爲危險。現代離開先秦二千餘年,離開漢代也近二千年,這二千年來,中國的語言不知經過了多少變化。《新方言》的作者及其同派的學者懷抱着一個錯誤的觀念,以爲現代方言裏每一個字都可以從漢以前的古書尤其是《説文》裏找出來,而不知有兩種情形是超出古書範圍以外的:第一,古代方言裏有些字,因爲祇行於一個小地域,很可能不見於經籍的記載。而那個小地域到後來可能成爲大都市,那些被人遺棄的字漸漸佔了優勢。第二,中國民族複雜,古代尤甚,有些語彙是借用非漢族的,借用的時代有遠有近,我們若認爲現在方言中每字都是古字的遺留,有時候就等於指鹿爲馬。上述的兩種情形,以後者的關係爲尤大,例如現在粵語區域有些地方稱"嚼"爲[ɲɔi],這可能是從越南的 nhai 字借來的,假使我們要從古書去找它的來源,一定不免穿鑿傅會了。現在試從章炳麟的《新方言》裏舉出一個例子。他追溯"啥"的來源説:"余,語之舒也。余亦訓何,通借作舍,今通言甚麽,舍之切音也。川楚之間曰舍子,江南曰舍,俗作'啥',本余字也。"爲什麽他知道"舍"字有"何"的意義呢? 他説:"《孟子・滕文公》篇'舍皆取諸其宮中而用之',猶言何物皆取諸其宮中而用之也。"這上頭有兩個疑問無法解答:第一,"何物皆取諸其宮中而用之"一類的句子不合於上古的語法;"什麽都……"祇是最近代語法的產品,唐宋以前是没有的,何况先秦? 第二,"舍"字變爲"甚麼"很奇怪,"舍"是清音字,"甚"是濁音字,不能成爲切音,而且中間有個 m 爲什麽消失了,也很難解釋。後來步武章氏的人,越發變本加厲,以致成爲捕風捉影,例如《辭海》"嚇"字下有三種意義:"(一)以口拒人謂之嚇,見《集韻》。《莊子·秋水》:'鴟得腐鼠,鵷鶵過之,仰而視之曰,嚇!'《釋文》引司馬云:'嚇,怒其聲。'按義與《集韻》合。(二)驚恐人曰嚇。《莊子·秋水》:'今子欲以子之梁國而嚇我也。'①語音讀如下,亦寫作吓……。"其實,《莊子》裏的"嚇"字祇有一種意義,就是"怒其聲",也就是一個擬聲字。"嚇我"就是拿這種聲音來對待我,也就是以爲我羨慕你的梁國,像鴟以爲鵷鶵羨慕它的腐鼠一樣。《辭海》憑空引來作恐嚇的意義,就大錯了。大概一個字義見於古書決不止一次,除非變形出現(所謂假借),否則祇見一次者必極可疑,因爲既是語言中所有的字義,何以没有別人沿用呢? 因此,像《新方言》裏所釋的"舍"字和《辭海》裏所釋的"嚇"字都是極不可靠的。

　　自從清人提倡聲韻之學以後,流風所播,許多考據家都喜歡拿雙聲疊韻來證明字義的通轉,所謂一聲之轉,往往被認爲一種有力的證據。其實這種證據的力量是很微弱的;除非我們已經有了別的有力的證據,纔可以把"一聲之轉"來稍助一臂之力。如果專靠語音的近似來證明,就等於没有證明。雙聲疊韻的字極多,安知不是偶合呢? 譬如廣州有一個"淋"字,意義是熟爛了的,若依一聲之轉的説法,我們儘可以説"淋、爛"一聲之轉,"爛"是俗語"淋"的前身。我們之所以不這樣説,因爲除了一聲之轉的武斷之外,毫無其他強有力的理由。再看粵語區域中另一些地方,"淋"讀如"稔"的平聲(粵語"稔"讀 nɐm 上聲),倒反令我們懷疑它的本音是[nɐm],廣州有一部分人 n、l 不分,才念成了"淋"的。如果我們猜

---

① 《莊子》原文"也"作"邪"。

想的不錯,更不能説它是由"爛"字變來了。聲韻的道理,本極平常,而前人認爲神祕,所以雙聲叠韻之説也由於它的神祕性而取得了它所不應得的重要性。這是新訓詁學所不容的。

舊訓詁學的弊病,最大的一點乃是崇古。小學本是經學的附庸,最初的目的是在乎明經,後來範圍較大,也不過限於明古。先秦的字義,差不多成爲小學家唯一的對象。甚至現代方言的研究,也不過是爲上古字義找一些證明而已。這可説是封建思想的表現,因爲尊經與崇古,就是要維持封建制度和否認社會的進化。

二、新訓詁學

以上對於舊訓詁學的功罪,説了不少的話;舊訓詁學的功罪既定,新訓詁學應該采取什麽途徑,也可以"思過半"了。

我們研究語義,首先要有歷史的觀念。前人所講字的本義和引申假借(朱駿聲所謂轉注假借),固然也是追究字義的來源及其演變,可惜的是,他們衹着重在漢代以前,漢代以後就很少道及。新訓詁學首先應該矯正這個毛病,把語言的歷史的每一個時代看作有同等的價值。漢以前的古義固然值得研究,千百年後新起的意義也同樣地值得研究。無論怎樣"俗"的一個字,衹要它在社會上佔了勢力,也值得我們追求它的歷史,例如"鬆緊"的"鬆"字和"大腿"的"腿"字,《説文》裏沒有,因此,一般以《説文》爲根據的訓詁學著作也就不肯收它(例如《説文通訓定聲》)。我們現在要追究,像這一類在現代漢語裏佔重要地位的字,它是什麽時候產生的。至於"脖子"的"脖"、"膀子"的"膀",比"鬆"字的時代恐怕更晚,但是我們也應該追究它的來源。總之,我們對於每一個語義,都應該研究它在何時產生,何時死亡。雖然古今書籍有限,不能十分確定某一個語義必係產生在它首次出現的書的著作時代,但至少我們可以斷定它的出世不晚於某時期;關於它的死亡,亦同此理。前輩對於語義的生死,固然也頗爲注意,可惜衹注意到漢以前的一個時期。我們必須打破小學爲經學附庸的舊觀念,然後新訓詁學纔真正成爲語史學的一個部門。

關於語義的演變,依西洋舊説,共有擴大、縮小、轉移三種方式。我們曾經有機會在別的地方解釋過這三種方式,現在不妨重説幾句。擴大式例如"臉"字,本是"目下頰上"的意思,現在變了面部的意思,這樣是由面上的一小部分擴大至於整個面部了。縮小式例如"趾"字,"趾"本作"止",足也(《儀禮・士昏禮》"皆有枕,北止"鄭注"足也"),後來變了脚趾的意思,這樣是由整個的脚縮小至於脚的一部分了。轉移式例如"脚"字,本是"脛"(小腿)的意義,後來變了與"足"同義,這樣是由身體的某一部分轉移到另一部分。上述這三種方式並不限於名詞,動詞和形容詞等等也是一樣。現在試再舉幾個例子。"細"字從糸,大約本來祇用爲絲的形容詞,後來變了小的意義,這是擴大式;現在粵語的"細"就是小,而官話的"細"又變了細緻、精細的意義,這是縮小式。"幼"字本來是幼稚的意思,現在粵語白話稱絲麻布帛之細者爲"幼"(形容詞),這又是轉移式。又如現在官話"走"字等於古代的"行",也是轉移式。

除了上述的三種方式之外,還有一種特殊情形是在三式之外的,就是忌諱法。在古代,帝王的名諱往往引起語言的轉變。漢明帝名"莊",以致"莊光"變了"嚴光",甚至諱及同音字,"治裝"變了"治嚴","妝具"變了"嚴具"。唐太宗名"世民",以致"三世"(祖孫三世)變了"三代","生民"變了"生人"。此外還有對於人們所厭惡的事物的忌諱。粵語中此類頗多,例如廣東"蝕本"的"蝕"音如"舌",商人諱"蝕",於是"豬舌"變了"豬利","牛舌"變了"牛利";商人和賭徒諱"乾"("乾"是没有錢的象徵),"乾、肝"同音,於是"豬肝"變了"豬潤",有些地方變了"豬濕";甚至有些地方的賭徒諱"書"爲"勝",因爲"書、輸"同音的緣故。這是關於財富上的忌諱。粵語區域的人忌諱吃的血,所以稱豬血爲"豬紅";雲南人也有同樣的忌諱,所以稱豬血爲"旺子"。粵語區域稱"殺"爲"劏"

（音如"湯"），所以有些地方諱"湯"爲"羹"（但"羹"義古已有之），例如南寧；有些地方的某一部分人諱"湯"爲"順"，例如欽廉一帶的賭徒及商店夥計們。這是關於死傷方面的忌諱。又如廣東有許多人諱"空身"爲"吉身"。所謂"空身"，是不帶行李貨物而旅行的意思。粵語"空、凶"同音，所以諱"凶"而説"吉"。這是關於吉凶的忌諱。

　　有些語義的轉移，可認爲語義的加重或減輕。現在試舉"誅、賞"二字爲例。"誅"字從言，起初祇是責的意思（《論語》"於予與何誅"），後來纔轉爲殺戮的意思，由責以至於殺戮，這是加重法。"賞"字從貝，起初祇是賞賜的意思，後來纔轉爲贊賞的意思，由實物的賞賜以至於言語的贊美，這是減輕法。又試舉現代方言爲例。粵語以價賤爲"平"，本來是像平價、平糶的"平"，祇是價值相當的意義，由價值相當以至於價賤，也是一種加重法。西南官話有許多地方稱價賤爲"相應"，恐怕也是這個道理。加重法似乎可歸入擴大式，減輕法似乎可歸入縮小式，但二者也都可認爲轉移式。意義的轉變不一定就是新舊的替代，有時候，它們的新舊兩種意義是同時存在過（如"誅"字），或至今仍是同時存在（如"賞"字）。因此我們知道語義的轉移共有兩種情形：一種如蠶化蛾，一種如牛生犢。

　　上面説過，語言學可分爲三個部門：語音；語法；語義。但語義學並不能不兼顧到它與語音或語法的關係。關於語音和語義的關係，前人已經注意到。章炳麟一部《文始》，其成功的部分就是突破了字形的束縛，從音義聯繫的觀點上得到了成功。這可以不必多談。至於語法和語義的關係，向來很少有人注意到。上面説及"什麼都……"一類的語法（疑問代詞後緊接着範圍副詞）是上古所没有的，於是我們知道"舍皆……"不能解作"何物皆……"，就是從語法上證明語義的。試再舉一些類似的例子。許多字典都把"適"字解釋爲"往也"，然而上古的"往"字是一個純粹的内動詞，"往"的目的地是不説出或不能説出的；上古的"適"字是一個外動詞或準外動詞（有人稱爲關係內動詞），“適”的目的地是必須說出的。“往”等於現代官話的“去”，“適”等於現代官話的“到……去”，這是語法的不同影響到語義的不同。

　　研究語義的產生及其演變，應該不受字形的束縛，例如“趣”與“促”、“陽”與“佯”、“韜”與“弢”、“矢”與“屎”、“溺”與“尿”，論字形毫無相似之處，若論音義則完全相同（當然這不是說它們所含別的意義也全同）。有些字，形雖不古，而其意義則甚古，我們斷定它們出生的時代，應該以意義爲準，例如“糖”字出世雖晚，“餳”字則至少漢代就有，於是我們可以斷定“糖”的語義是頗古的。反過來說，另有些字，意義雖不古而其形則甚古者，我們斷定它們出生的時代，也不能以字形爲準，例如搶劫的“搶”大約是宋代以後纔產生的語義，先秦雖也有“搶”字（《莊子·逍遙遊》“飛搶榆枋”），但和搶劫的“搶”無關。又如穿衣的“穿”，雖很可能是從貫穿的意義變來，但它在什麼時候開始有穿衣的意義，我們不能不管。現在許多字典（如《辭海》）甚至於不把穿衣的一種意義列入“穿”字下，就更不妥了。又如“回”字，雖然在先秦經籍上屢見，但來回的“回”却大約遲至唐代纔產生。上古的“回”等於後代的“迴”，《說文》“回”下云“轉也”，《醉翁亭記》所說的“峰回路轉”就是“峰迴路轉”。來回的意義自然是由轉的意義引申來的，因爲走回頭路必須轉彎或向後轉。現代吳語一部分（如蘇州話）和客家話都以“轉”爲“回”，可爲明證。但我們祇能說當“回”字作“轉”字講的時代已潛伏着轉變爲來回的意義的可能性，我們不能說上古就有了來回的“回”。現代的“回”在上古叫做“反”（後來寫作“返”）。這樣研究語義，纔不至於上了字形的當。

　　從前的文字學家也喜歡研究語源，但是他們有一種很大的毛病是我們所應該極力避免的，就是“遠紹”的猜測。所謂遠紹，是假定某一種語義曾於一二千年前出現過一次，以後的史料毫無所見，直至最近的書籍或現代方言裏纔再出現。這種神出鬼没的怪現狀,語言史上是不會有的。上文所述《辭海》裏解釋"嚇"字,就犯了這種武斷的毛病。此外另有一種情形和這種情形相近似的,就是假定某一種意義在一二千年前已成死義,隔了一二千年後,還生了一個兒子,例如"該"字,《説文》云:"軍中約也。"應該的"該"和該欠的"該"似乎都可以勉强説是由"軍中約"的意義引申而來(段玉裁就是這樣説)。但可怪的是,應該的"該"大約産生於宋代以後,該欠的"該"或者更後,而"軍中約"的古義,即使曾經存在過,也在漢代以前早成死義,怎能在千年之後忽然引申出兩種新興的意義來呢? 這是語源學方法中最重要的一點。

　　但是,從歷史上觀察語義的變遷,我們首先應該有明鋭的眼光,任何細微的變化都不能忽略過去。多數語義的轉移總不外是引申,所謂引申,好比是從某一地點伸張到另一地點。既是引申,就不免或多或少地和原義有類似之點;如果太近似了,雖然實際上發生了變化,一般人總會馬馬虎虎地忽略了過去,以差不多爲滿足。這樣,在許多地方都不會看得出變遷的真相來,例如上文所舉的"脚"字,本來是"脛"的意思,"脛"就是現代所謂"小腿","小腿"和"脚丫子"差得頗遠,而《辭海》於"脚"字下第一義竟云:"脛也,見《説文》。按脚爲足之别稱。"這樣是説足等於脚,脚等於脛,完全没有古今的觀念了。段玉裁的眼光最爲敏鋭,譬如他注釋"僅"字,會注意到唐代的"僅"和清代的"僅"不同,唐代的"僅"是庶幾的意思,段氏舉杜甫詩"山城僅百層"爲例。我們試拿唐人的詩文來印證,就會覺得確切不易,例如白居易《燕子樓·序》:"爾後絶不復相聞,迨兹僅一紀矣。"按唐代的"僅"和清代的"僅"都是程度副詞,很容易被認爲一樣,然而前者歉其多,後者歉其少,實際上恰得其反。與"僅"字相類似的有"稍"字,宋代以前"稍"字都作"漸"字講,近代纔作"略"字講。像這種地方最有興趣,我們絶對不該輕易放過。

　　現在試舉兩個很淺的字爲例。"再"字,唐宋以前都是二次

（twice）的意思，“再醮、再造、再生”都是合於這種意義的，現代變了復（again）的意思，就不同了，例如說“某君已來三次，明日再來”，這種地方在古代祇能用“復來”，不能用“再來”。古代的“再”字非但不能指第三次以上的行爲而言，而且也還不是專指第二次的行爲而言，而是兼指兩次的行爲。《說文》“再”下云：“一舉而二也。”最妥。又如“兩”字，現在意義是和“二”字差不多了（語法上稍有異點，見拙著《中國現代語法》第四章），但在最初的時候，“兩”和“二”的意義應該是大有分別的。本來，數目上的“兩”和車兩的“兩”（今作“輛”）是同源的。《說文》以“网”爲數目的“兩”，“兩”爲車兩的“兩”，那是強生分別，像唐人之分別“疏、疎”，今人之分別“乾、乾”一樣。《風俗通》裏說“車有兩輪，故稱爲兩”，這是很對的。我們猜想最初的時候，祇有車可稱爲“兩”，所以《詩·召南》“之子于歸，百兩御之”，“百兩”就可以表示百車。由車兩的意義引申，凡物成雙的都可以叫做“兩”。但它和“二”字的不同之點乃是：前者祇指兩物相配，不容有第三者存在；後者無所謂相配，祇是泛指“二”數而言。因此，“兩儀、兩端、兩造、兩廡”之類都是合於上古的意義的，因爲沒有第三儀、第三端、第三造、第三廡的存在的可能。“兩漢、兩晉、兩湖、兩廣”也是對的。至於像《史記·陳軫列傳》說“兩虎方且食牛”，這就和“二”字的意義差不多了。可見漢代以後，“兩”和“二”的分別漸歸泯滅。現在我們說“買兩斤肉、吃兩碗飯”之類是完全把“兩”和“二”混而同之，若依上古的意義，是不能用“兩”的，因爲市面上不止有兩斤肉，我不過祇買其中的兩斤；飯鍋裏也不止有兩碗飯，我不過祇吃其中的兩碗而已。這種地方是很容易忽略過去的。有時候，我們祇須利用前人所收集的資料，另換一副頭腦去研究它，就可以有許多收穫。

　　曾經有人提及過文字學和文化史的關係，有許多的語源可以證明這一個事實。依《說文》所載，馬牛犬豕的名目那樣繁多，可以證明畜牧時代對於家畜有詳細分別的必要。“治”字從水，它的本義應該就是治水。《説文》以"治"爲水名,朱駿聲云:"治篆實當出別義,一曰汩也,理導水也。"這是妥協的説法。其實衹有"理導水"是最初的意義。因此,我們可以證明太古確有洪水爲災,古人先製"治"字,然後擴大爲普通治理的意義;治玉、治國之類都衹是後起的意義而已。又上古重農,所以稻麥的名稱也特繁。衹須看買賣穀米另有"糴、糶"二字("鬻"字可能就是"糶"字的前身),就可知上古的農業重要到了什麼程度。再説,關於風俗習慣,也可以由語詞的分化或合併看出來,例如關於鬍子,上古共有"髭、鬚、髯"三字,在口上叫做"髭",在頤下叫做"鬚",在頰旁叫做"髯"。鬍子分得詳細,就顯示古人重視鬍子。近代的人把鬍子剃得光光的,自然不需要分別,衹通稱爲"鬍子"就够了。

其實何止如此? 一切的語言史都可認爲文化史的一部分,而語義的歷史又是語言史的一部分。從歷史上去觀察語義的變遷,然後訓詁學纔有新的價值。即使不顧全部歷史而衹作某一時代的語義的描寫(例如周代的語義或現代的語義),也就等於斷代史,仍舊應該運用歷史的眼光。等到訓詁脱離了經學而歸入了史的領域之後,新的訓詁學纔算成立。到了那時節,訓詁學已經不復帶有古是今非的教訓意味,而是純粹觀察、比較和解釋的一種學問了。

　　　　　　　　　原載《開明書店二十周年紀念文集》,1947 年

訓詁學上的一些問題

　　爲着發展祖國的文化，我們必須批判地繼承歷史文化遺産，吸收其中一切有價值的東西。而要批判地繼承歷史文化遺産，就必須先讀懂古書。現在高等學校文科許多專業所訂的教學方案中，都以"能閲讀中國古籍""能够閲讀一般古籍""能閲讀中國古典哲學文獻"等作爲培養目標之一。古籍的注釋工作，越來越顯得重要了。注釋上的問題，牽涉的面很廣，不僅是語言的問題，而且還牽涉到各方面的專門知識，所以古籍的注釋工作應該由各方面的專家們擔負起來。在自然科學中，有關天文、數學、生物學、醫學等古籍，當然由自然科學家來注釋；在哲學、社會科學中，有關文學、史學、哲學的古籍，也應該由文學專家、史學專家、哲學專家來注釋。

但是其中有一個共同的問題，就是語言問題。必須正確地瞭解古人的語言，我們所作的解釋纔是正確的，否則即使把句子講通了，也可能祇是注釋人自己的意思，而不是古人的原意。因此，訓詁學的重要性，就被提到日程上來了。

訓詁學是中國很古老的一門學問。前人把小學分爲文字、音韻、訓詁三個部門，而訓詁一門則以講述故訓爲目的。訓詁一類的書有一個共同的特點，就是搜集和保存故訓，很少參加作者的意見。到了清代，訓詁學稍稍超出了故訓的範圍，也就是注意到文字、聲韻、訓詁三方面之間的聯繫。按照現代的科學系統來說，訓詁學是語文學的一個部門，它是從語言角度去研究古典文獻的。

訓詁學有它的巨大的成就，但也存在着一些缺點。清代有些學者不甘心墨守訓詁學的成規，從古音通假等方面對古籍進行研究，獲得了不少新的成就，但也引起了不少的流弊。自從胡適提出了“大膽假設，細心求證”的實用主義觀點，許多人受了他的影響，拋棄了清代學者樸學的優點，而在前人主觀臆測的缺點上變本加厲，以達到實用主義的目的。於是大禹變成了一條蟲，墨子變成了印度人！訓詁學上的實用主義，至今没有受到應得的批判。

在這一篇文章裏，不可能全面地討論訓詁學上存在的問題，也不是專門批判訓詁學中的實用主義，祇是把我最近在工作中產生的一些感想，隨便提出來談談。我覺得，古籍中的注釋雖然是零碎的，但是也往往表現着注釋家的學術觀點特別是治學方法。所以值得提出一些原則性的問題來討論。

一、新穎可喜還是切合語言事實

從前常常聽見說某人對某一句古書的解釋是新穎可喜的。其實如果不能切合語言事實，祇是追求新穎可喜的見解，那就缺乏科學性，“新穎”不但不可喜，而且是值得批評的了。當然每一位持“新穎可喜”的見解的注釋家，都不會承認自己是不根據語言事實，而是憑空臆測的,但是他們的根據是那樣站不住脚,甚至僅僅是語音的偶合,那就不能不令人感到遺憾了。舉例來説,《詩經》裏面有許多難懂的句子。從前的經學家爲了維護地主階級的統治,對《詩經》進行了歪曲,連句子也加以曲解。現在這種歪曲可以説是已經被廓清了,再也没有人相信《關雎》是頌揚后妃之德、《柏舟》《鄘風》是頌揚寡婦守節的詩了。但是,雖然破得相當徹底,立起來還有困難。主要的原因是研究《詩經》的學者們往往着意追求新穎可喜的意見,大膽假設,然後以雙聲叠韻、一聲之轉、聲近義通之類的"證據"來助成其説。《詩經》以外,對別的古書在不同程度上也有類似的情況。假定這種研究方法不改變,我們試把十位學者隔離起來,分頭研究同一篇比較難懂的古典文章,可能得到十種不同的結果。可能這十種意見都是新穎可喜的,但是不可能全是正確的。其中可能有一種解釋是正確的,因爲它是從語言出發去研究的;但是也可能十種解釋全是錯誤的,因爲都是先假設了一種新穎可喜的解釋,然後再乞靈於一聲之轉之類的"證據",那麼,這些假設衹能成爲空中樓閣了。就一般情況説,這些新穎可喜的解釋往往得不到普遍承認,聚訟紛紜,誰也説服不了誰。有時候,也有相反的情況,由於某一位學者的聲望較高,他的新説得到了學術界多數人同意,差不多成爲定論了,但是這種情況並不一定是好事。我們追求的是真理,而不是簡單地要求學術界對某一個問題趕快作出結論。如果在訓詁學上没有充分的科學根據,所謂定論也是建築在沙灘上的。

二、從思想上去體會還是從語言上去説明

語言是代表思想的。我們讀古人的書,必須很好地體會古人的思想。但是,當我們閲讀一本古書的時候,是應該先體會古人的思想呢,還是應該先弄懂古人的語言呢?這個先後的分別非常重要,這是有關方法論的問題。古人已經死了,我們衹能通過他的書

面語言去瞭解他的思想；我們不能反過來，先主觀地認爲他必然有
這種思想，從而引出結論説，他既然有這種思想，他這一句話也衹
能作這種解釋了。後一種做法有陷於主觀臆測的危險。有人説，
現在研究老子的人，如果他認爲老子是唯物主義的，他所注釋的
《老子》就變成了一個唯物主義的老子；如果他認爲老子是唯心主
義的，他所注釋的《老子》就變成了唯心主義的老子。這句話也有
幾分道理。一般人把某些想當然的解釋説成是斷章取義，其實在
多數情況下並不是什麽斷章取義，而是有意無意地曲解古人的語
言，使它爲自己的觀點服務。這樣，即使把古書"講通"了，也不過
是現代學者自己的意思罷了。

　　上面就整個思想體系來説的。至於就文章的邏輯性來説，情
況也是一樣。就一篇文章來説，前後的思想有沒有它的連貫性呢？
連貫性肯定是有的。但是連貫性有各種不同的方式，你猜想應該
是這樣連貫的，古人也可能是那樣連貫的。脱離了語言的正確瞭
解而去體會文章思想的連貫性，就會見仁見智，莫衷一是。

　　總之，當我們讀古書的時候，所應該注意的不是古人應該説什
麽，而是古人實際上説了什麽。如果先主觀地肯定了古人應該説
什麽，就會想盡各種方法把語言瞭解爲表達了那種思想，這有牽强
附會的危險；如果先細心地看清了古人實際上説了什麽，再來體會
他的思想，這個程序就是比較科學的，所得的結論也是比較可
靠的。

三、"並存"和"亦通"

　　人們在注釋古書中某些難懂的字句的時候，往往引用了兩家
的説法，再加上一句"今並存之"，或"此説亦通"。我們可以把這些
情況稱爲"並存論"和"亦通論"。並存論顯然是一種客觀主義的態
度。注釋家不願意表示自己的意見，所以並存兩説，以供讀者參
考。有些集解、集釋、集注之類，也是羅列各家的解釋，自己不置可

否。這種做法，如果讀者對象是一些專家們，那是未可厚非的，因爲羅列了材料也是一種貢獻；如果對象是一般讀者，這種客觀主義態度是值得批評的，因爲兩說不可能都是對的，注釋家應該拿出自己的意見來，即使是不十分肯定的意見，表示一點傾向性也好。注釋家總比一般讀者的閱讀水平高些，有責任把讀者引導到比較正確的路上去。最糟糕的是亦通論，這等於說兩種解釋都是正確的，隨便選擇哪一種解釋都講得通。這就引起這麼一個問題：到底我們所要求知道的是古人應該說什麼呢，還是古人實際上說了什麼呢？如果是前者，那麼不但可以並存，而且可以亦通，因爲兩種解釋可能並不矛盾，在思想内容上都說得過去；如果是後者，那麼，亦通論就是絕對荒謬的，因爲古人實際上說出了的話不可能有兩可的意義。真理祇有一個：甲說是則乙說必非，乙說是則甲說必非。注釋家如朱熹等，他們可以采用亦通的說法，因爲理學家的目的祇在闡明道理，祇要不違反他們的道理，都可以承認它亦通。我們如果要求知道古人實際上說了什麼，那就必須從兩種不同的解釋當中作出選擇，或者是從訓詁學觀點另作解釋，決不能模棱兩可，再說什麼"並存"和"亦通"了。

四、語言的社會性

　　語言是社會的産物；詞的意義是被社會所制約着的。遠在兩千多年以前，《荀子》就說過（《正名篇》）："名無固宜，約之以命。約定俗成謂之宜，異於約則謂之不宜。"任何個人都不能創造語言。如果作家用一個詞，用的不是社會一般所接受的意義，讀者就看不懂，語言在這裏就失掉它的作用。固然，在語言中也有新詞新義的形成，我們也承認語言巨匠們能創造新詞，但是，那也不是偶然的。第一，必須有舊的詞根（或詞素）作爲新詞的基礎；第二，必須爲社會群衆所接受，讓它進入全民詞彙的倉庫裏。因此，即使是新詞新義，也必然是具有社會性。如果某詞祇在一部書中具有某種意義，同時代的其他的書並不使用這種意義,那麼這種意義是可懷疑的。
如果某一作家多次使用這個詞義,雖然別的作家不用它,還可以設
想是方言的關係。如果我們所作的詞義解釋祇在這一處講得通,
在別的書上再也找不到同樣的意義,那麼,這種解釋一定是不合語
言事實的。作家使用這種在社會上不通行的詞義,祇能導致讀者
的不瞭解,爲什麼不用一個能爲社會所接受的詞呢? 實際上,作家
並沒有使用這個詞義,而祇是注釋家誤解罷了。舉例來說,《左
傳·莊公十年》所載《曹劌論戰》有這樣一段話:"齊師伐我,公將
戰。曹劌請見。其鄉人曰:'肉食者謀之,又何間焉?'"有一部書把
"間"字解釋爲"補充或糾正"。這種解釋也許是講得通的。但是上
文說過,問題不在於是否講得通,而在於是否合乎語言事實。《左
傳》用"間"字共八十一處,其他八十處都不當"補充、糾正"講,除
《左傳》外其他先秦兩漢的古書的"間"字也不當"補充、糾正"講,
左丘明在這裏不可能忽然爲"間"字創造一個新義,因爲這樣的"創
造"誰也不會看得懂。作爲一個原則,注釋家不會反對語言的社會
性。但是,在實踐的過程中,注釋家却往往忽略了這個重要的
原則。

五、詞義是不是由上下文決定的

　　法國語言學家房特里耶斯說過:"確定詞的價值的,是上下
文。"[1]這句話我們是可以同意的,因爲他在下文接着說:"儘管詞可
能在意義上有各種變態,但是上下文給予該詞獨一無二的價值;儘
管詞在人的記憶中積累了一切過去的表象,但是上下文使它擺脱
了這些過去的表象而爲它創造一個現在的價值。"[2]

　　一詞多義,這是詞彙中的普遍現象。所謂一詞多義,是指它在
詞典中的價值說的;到了一定的上下文裏,一個詞祇有一個獨一無

---

[1][2]　房特里耶斯《語言論》法文本第 211 頁。

二的意義。在這種情況下，我們可以說，詞義是由上下文確定的。豈但多義詞，即使是獨義詞，在不同的上下文中，它的詞義也會產生不同的色調。我們不能否認：詞在上下文中，纔真正體現了它的明確的價值。但是跨過真理一步就會變成謬誤。如果認爲詞到了一定的上下文中纔臨時產生一種意義來適應上下文，那就不對了。

一詞多義，無論多到什麼程度，總不能認爲詞無定義。何況所謂多義詞也不會像一般人所想像的那樣多，那樣雜亂無章。大家知道，多義詞一般總有一個基本意義，其他意義都從這個基本意義引申出來，而且在同一時代不會有太多的意義。實詞如此，虛詞也如此。例如楊樹達的《詞詮》在"於"字下面羅列了二十個意義，那是用現代漢語去翻譯後所得的幻象，實際上是不會這樣複雜的。更重要的是：一個詞即使有很多的意義，我們也不能說，詞在獨立時沒有某種意義，到了一定的上下文裏卻能生出這種意義來。

仍以"間"字爲例。依《說文》，"間"本作"閒"。"閒"字的基本意義是間隙，其他意義（除假借義外）都是由這個基本意義引申出來的。段玉裁說得好："閒者，隙之可尋者也，故曰間厠，曰間迭，曰間隔，曰間諜。"①《左傳·曹劌論戰》"又何間焉"的"間"，其實就是間厠的"間"。杜預注："間，猶與也。"《經典釋文》："間，間厠之間。"孔穎達疏："間謂間雜，言不應間雜其中而爲之謀，故云'間猶與也'。"杜注所謂"與"就是參與，參與實際上是厠身其間。毛主席在《中國革命戰爭的戰略問題》一文中引用了《左傳》這一篇文章②，《選集》的注釋說："'又何間焉'是'何必厠身其間'的意思。"③這個注釋跟上文所引那個注釋（解作"補充或糾正"）比較，真是鮮明的對比：一個是就原詞的意義本身作出注解的，是正確的；一個是簡單地讓上下文來決定詞義的，是錯誤的。

---

① 段玉裁《說文解字注》"閒"字條。
② 《毛澤東選集》第一卷，第二版第197—198頁。
③ 同上，第235頁。

　　古人望文生義的情況較少,因爲他們一般總是遵守故訓的;近
人望文生義的情況較多,甚至在字典辭書中也在所不免,例如《辭
海》"攉"字下有一個意義是:"猶悲也。司馬光詩:'空使寸心
攉。'"其實"寸心攉"的"攉"也就是"攉折"的比喻用法,不應該另
立一個意義。否則就使青年人誤入迷途了。

　　總之,我們祇應該讓上下文來確定一個多義詞的詞義,不應該
讓上下文來臨時決定詞義。前者可以叫做因文定義,後者則是望
文生義。二者是大不相同的。因文定義是此詞本有此義,我們不
但在這個地方遇着它,而且在別的許多地方也經常遇着它,例如
"間"字解爲"間厠",不但在《左傳·曹劌論戰》中講得通,在別的
許多地方也都講得通,這就合於語言的社會性原則。至於望文生
義,那是此詞本無此義,祇是從上下文推測它有這個意義,我們祇
能在這個地方遇着它,在別的地方再也遇不着它,例如"間"字解爲
"補充"或"糾正",祇在《左傳·曹劌論戰》這一個地方似乎講得
通,在別的地方這個意義全用不上,這就不合乎語言的社會性原
則,這種解釋是錯誤的。

　　因文定義比較有客觀標準,各家注釋容易趨於一致;望文生義
則各逞臆説,可以弄到言人人殊,莫衷一是。因文定義和望文生義
是學術觀點方法上的分歧。要劃清二者之間的界限,就要有訓詁
學的修養。

六、僻義和常義

　　人們在讀古書遇見難懂的字句時,一般總是查字典來解決。
人們查字典,看見了一個字有許多意義,往往有下列兩種情況:不
是不知所從,就是主觀地選擇一個自己認爲適合於這一段上下文
的詞義。不知所從自然解決不了問題;但是胡亂選擇一個詞義也
不見得妥當,有時候反而引起誤解。

　　注釋家們查字典,和一般人不同。他們可能查《説文》《爾雅》

《廣雅疏證》《經義述聞》《經傳釋詞》《群經平議》《經籍纂詁》等（有些已經超出了字典的範圍）。但是，問題的性質是一樣的。如果沒有訓詁學的修養，就會不知所從，或者是主觀地選擇一個自己認爲適合於這個上下文的詞義，而其實是錯誤的。

這裏關係到僻義和常義的問題，同時也關係到語言的社會性的問題。

從語言的社會性來看，語言的詞彙所表達的，應該都是經常的意義，而不是偏僻的意義。一句話中用了僻詞僻義，就在一定程度上妨礙了思想的交流，妨礙了交際；如果僻詞僻義用得多了，就變成不可懂的語言，失掉語言的作用了。那麼，爲什麼語言中還存在着一些僻詞僻義呢？除了方言和行業語之外，主要是那些過時了的詞和意義還殘存在語言裏，或者在不自由的組合中出現，或者在仿古主義者的筆下出現。這種僻詞僻義在語言中畢竟佔極少數，如果拿它們來和常用的詞義等量齊觀，那就是錯誤的。假定一個詞有十個意義（嚴格説起來不會那麼多），在同一時代和同一語言區域中，祇有少數意義是常用的意義，其他就都是僻義，其中有些僻義還是不大可信的。我們在注釋一句古書的時候，除非有了絕對可靠的證據，否則寧可依照常義，不可依照僻義。依照僻義，曲解的危險性是很大的。

此外還有一種情況，連僻義也談不上。那就是：字書中雖然説某詞有某種意義，但是在古人的著作中無從證實，例如《説文》："殿，擊聲也。"又如《廣雅・釋言》："鄉，救也。"根據語言的社會性原則，在這種情況下，我們寧願不相信字書。

七、關於古音通假

望文生義，穿鑿附會，這是注釋家的大忌。但是，古音通假説恰恰是穿鑿附會者的防空洞。有些注釋家以古音通假的理論爲護符，往往陷於穿鑿附會而不自覺，這是非常令人感到遺憾的事。

　　古音通假説的廣泛應用，開始於王念孫、王引之父子。王引之説："許氏《説文》論六書假借曰：'本無其字，依聲托事，令長是也。'蓋無本字而後假借他字，此謂造作文字之始也。至於經典古字，聲近而通，則有不限於無字之假借者。往往本字見存，而古本則不用本字，而用同聲之字。學者改本字讀之，則怡然理順；依借字解之，則以文害辭。是以漢世經師作注，有'讀爲'之例，有'當作'之條，皆由聲同聲近者，以意逆之而得其本字，所謂好學深思，心知其意也。然亦有改之不盡者，迄今考之文義，參之古音，猶得更而正之，以求一心之安，而補前人之闕。"①這一個學説標志着中國語言學發展的一個新階段，它擺脱了文字形體的束縛，把語音跟詞義直接聯繫起來。這樣做，實際上是糾正了前人把文字看成是直接表示概念的唯心主義觀點。王氏父子的成績是應該加以肯定的。

　　王氏父子治學是謹嚴的。事實上他們不是簡單地把兩個聲同或聲近的字擺在一起，硬説它們相通，而是：引了不少的證據；舉了不少的例子。這樣就合於語言的社會性原則，而不是主觀臆斷的。當然在王氏父子的著作中也頗多可議之處，那些地方往往就是證據不足，例子太少，所以説服力就不强。後人没有學習他們的謹嚴，却學會了他們的"以意逆之"，這就是棄其精華，取其糟粕，變了王氏父子的罪人了。

　　爲了更好地説明問題，必須先弄清楚古音通假的性質。朱駿聲説："假借濫於秦火，傳寫雜而失真。"②所謂假借或古音通假，説穿了就是古人寫别字③。别字有形近而誤的，有聲近而誤的。正如

---

① 王引之《經義述聞》卷三十二，"經文假借"條。
② 朱駿聲《説文通訓定聲·自敘》。
③ 如果像《説文》所説"本無其字，依聲托事"，那種假借不是寫别字。這裏指的假借乃是朱駿聲所謂假借。朱氏説"假借者，本無其意，依聲托字"，那就是寫别字了。王引之所謂"本字見存，而古本則不用本字，而用同聲之字"，那也是寫别字。

現代人所寫的別字一樣,形近而誤的別字較少,聲近而誤的別字較多。但是,無論如何,寫別字總是特殊情況,我們不能設想古書上有大量的別字。再説,正如現代人所寫的別字一樣,所謂聲近而誤,必須是同音字,至少是讀音十分近似的字,然後產生別字;如果僅僅是疊韻,而聲母相差較遠,或者僅僅是雙聲,而韻母相差較遠,就不可能產生別字。例如北京人把"驅使"寫成"趨使","絕對"寫成"決對",上海人和廣州人就不會寫這一類的別字,因爲它們在上海話和廣州話裏僅僅是疊韻,而聲母相差很遠。又如上海人把"過問"寫成"顧問",把"陸續"寫成"絡續",北京人就不會寫這一類的別字,因爲它們在北京話裏僅僅是雙聲,而韻母相差較遠。因此,同音字的假借是比較可信的;讀音十分相近(或者是既雙聲又疊韻,或者是聲母發音部位相同的疊韻字,或者是韻母相近的雙音字)的假借也還是可能的,因爲可能有方言的關係;至於聲母發音部位很遠的疊韻字與韻母發音部位很遠的雙聲字,則應該是不可能的。而談古音通假的學者們却往往喜歡把古音通假的範圍擴大到一切的雙聲疊韻,這樣就讓穿鑿附會的人有廣闊的天地,能够左右逢源,隨心所欲。雙聲疊韻(包括準雙聲、準疊韻)的機會是很多的,字與字之間常常有這樣那樣的瓜葛,祇要注釋家靈機一動,大膽假設一下,很容易就能攀上關係。曾經有人認爲楊朱就是莊周,因爲"莊、楊"疊韻,"周、朱"雙聲;這樣濫用古音通假,不難把雞説成狗,把紅説成黃,因爲"雞、狗"雙聲,"紅、黃"雙聲;又不難把松説成桐,把旦説成晚,因爲"松、桐"疊韻,"旦、晚"疊韻。這好像是笑話,其實古音通假的誤解和濫用害處很大,如果變本加厲,非到這個地步不止。在語音學知識比較不普遍的時代,雙聲疊韻的現象被塗上一層神祕的色彩,似乎一講古音通假,就能令人深信不疑。現在我們知道,單憑雙聲疊韻,並不能在訓詁學上説明什麽問題。現在是重新考慮這個問題的時候了。

　　兩個字完全同音,或者聲音十分相近,古音通假的可能性雖然

大，但是仍舊不可以濫用。如果沒有任何證據，沒有其他例子，古
音通假的解釋仍然有穿鑿附會的危險，例如俞樾解釋《詩·魏風·
伐檀》"不稼不穡，胡取禾三百廛兮……不稼不穡，胡取禾三百億
兮……不稼不穡，胡取禾三百囷兮"，以爲"廛"同"纏"、"億"同
"繶"、"囷"同"稇"，都是束的意思①。由於他這一說新穎可喜，許
多注釋家都采用了它。但是，爲什麼詩人這樣愛寫別字呢？爲什
麼這樣巧，在同樣的位置，一連寫了三個別字呢？像"億"字這樣普
通的數目字，爲什麼忽然變了一個僻詞（繶），用了一個僻義（束）
呢？《詩經》裏一共有六個地方用了"億"字，其餘五個地方的"億"
字都不當束講，其他先秦各書的"億"字也都不當束講，《伐檀》的
"億"字偏要當束講，語言的社會性何在呢？何況"億"字用來形容
禾黍之多，是《詩經》的習慣用法，《詩·周頌·豐年》："豐年多黍
多稌，亦有高廩，萬億及秭。"《詩·小雅·楚茨》："我黍與與，我稷
翼翼，我倉既盈，我庾維億。"難道這些地方的"億"字也都能解作束
嗎？"廛"之通"纏"、"囷"之通"稇"，也沒有什麼證據。依我看，
《伐檀》一篇中的"廛、億、囷"，毛傳、鄭箋、孔疏都講得很對。關於
"廛"，毛傳說："一夫之居曰廛。"關於"億"，毛傳說："萬萬曰億。"
鄭箋說："十萬曰億，禾秉之數。"鄭箋較妥。關於"囷"，毛傳說：
"圓者爲囷。"孔疏說："方者爲倉，故圓者爲囷。"我們試拿上面所舉
《周頌·豐年》的"亦有高廩，萬億及秭"和《小雅·楚茨》"我倉既
盈，我庾維億"來跟《伐檀》比較，可見"億"就是十萬個禾秉，"囷"
就是倉廩之類，沒有什麼講不通的。"廛、億、囷"都當量詞用，並不
像俞樾所說的"義亦不倫"。既然甚言其多，不妨誇張一些，俞氏所
謂"三百夫之田其數太多"也不能成爲理由。總之，關於這三個字
的解釋，實在用不着翻案。

　　古音通假說的優點和缺點既如上所述，我們就應該正確地運

---

① 　俞樾《群經平議》卷九。

用古音通假而防止它的流弊。

八、偷換概念

　　濫用古音通假的學者們並不是公然拋棄故訓的；相反地，他們也常常引用古訓，然後牽合他們所要説明的詞義。這樣就從中偷換了概念。古代學者（包括清人在内）由於時代的局限性，常常陷於偷換概念而不自覺；現在我們如果再蹈這覆轍，那就不應該了。

　　仍以“繸”字爲例。《説文》没有“繸”字。《周禮·屨人》注：“繸，縫中紃也。”“紃”就是“條”，所以《廣雅·釋器》説：“繸，條也。”胡培翬説：“繸本以紃飾屨縫之名。”繸是一種飾屨縫的絲繩，人們絶不會把這種絲繩去捆束禾黍！固然，《廣雅·釋詁》也説：“繸，束也。”但是我在上文説過，字典所説的詞義，如果没有作品來證實，就不一定是可靠的。王念孫的《廣雅疏證》在這個地方也講不清楚。他祇好牽合着説：“疏云‘謂牙底相接之縫，綴條於其中’，亦繫束之義也。”從條牽合到束，這是偷換了一次概念，而俞樾從動詞的束牽合到量詞的束，這是再一次偷換概念。關於“纏”字也有類似的情況：“纏”字雖然可以解作束，那祇是個動詞，它從來不作爲量詞來用的。

　　再以“拐”字爲例。《詩·小雅·節南山》：“亂靡有定，式月斯生。”“式月斯生”這句話很難懂。鄭玄説：“式，用也。用月此生，言月月益甚也。”俞樾認爲“用月此生，甚爲不辭”，這個批評是對的。但是他自己提出的解釋就不一定對了。他以爲“月”是“拐”之省（其實也是古音通假）。《説文》：“拐，折也。”“式拐斯生”就是“用折此生”。俞氏再補充説：“蓋亂靡有定，故民不得遂其生，而夭折也。”其實“拐”字祇有具體的折斷的意義，没有抽象的夭折的意義，由折斷牽合到夭折，也是偷換了概念。

　　偷換概念不限於古音通假；凡是一詞多義的地方，都可以偷換概念。何況《爾雅》《廣雅》一類的書祇把故訓羅列在一起，並非定義式的解釋，我們在利用這些書的時候，一不小心，就會偷換了概念，例如《廣雅·釋詁》："翫（玩）、俗，習也。""翫"與"習"是同義詞，"俗"與"習"是同義詞，但"翫"與"俗"不是同義詞，因爲"習"是多義詞，兼有狎習和習俗等義，如果把"翫"字解作習俗的意義，那就大錯特錯了！

《説文》家們偷換概念的情況較少，但是有時候爲了維護許慎的説解，也難免偷換概念，例如上文所舉，《説文》："殷，擊聲也。"段玉裁比較謹嚴，老實地説："此字本義未見。"桂馥説："擊聲者，所謂'呵殷'也。"王筠説："所謂'呵殷'者，與此義略近。"這是從聲的意義偷換概念。朱駿聲説："擊聲也……《急就篇》：'盜賊繫囚榜笞臋。'以'臋'爲之。"這是從擊的意義偷換概念。其實"呵殷"是中古的熟語，不能用來説明上古；而且"呵殷"是"呵於前面殷於後"的意思，跟"擊聲"的意義搭配不上。至於《急就篇》"榜笞臋"的"臋"，那大概是打屁股的意思，從擊聲牽合到打屁股，距離也未免太遠了！

《呂氏春秋·察傳》説："夫得言不可以不察：數傳而白爲黑，黑爲白。故狗似玃，玃似母猴，母猴似人，人之與狗則遠矣。此愚者之所以大過也。"偷換概念的情況也是跟《呂氏春秋》所説的情況相仿佛：換了一兩次概念以後，往往面目全非！

偷換概念是望文生義的自然結果。望文生義的人們不會毫無根據地"生"出一個"義"來，而往往是引經據典，然後暗渡陳倉，以達到他們所想要生的義。如果重視語言的社會性，偷換概念的毛病就不會産生了。

九、重視故訓

古代的經生們抱殘守缺，墨守故訓，這是一個缺點。但是我們祇是不要墨守故訓，却不可以一般地否定故訓。訓詁學的主要價值，正是在於把故訓傳授下來。漢儒去古未遠，經生們所説的故訓往往是口口相傳的,可信的程度較高。漢儒讀先秦古籍,就時間的距離説,略等於我們讀宋代的古文。我們現代的人讀宋文容易懂呢,還是千年後的人讀宋文容易懂呢? 大家都會肯定是前者。因此,我們應該相信漢代的人對先秦古籍的語言比我們懂得多些,至少不會把後代産生的意義加在先秦的詞彙上。甚至唐宋人的注疏,一般地説,也是比較可靠的,最好是不要輕易去做翻案文章。

當然這不是説絕對不可以翻案。今天我們有了馬克思列寧主義的思想武器,又有了晚近出土和最新出土的古文字和古代文物,而且由於印刷事業的發達,得書較易,我們在這些方面比古人具備更有利的條件。再者,經生們爲了維護統治階級的利益,捏造了一些"章旨",跟着就有意識地歪曲了一些詞義。還有所謂聲訓,絕大部分都是不科學的。這些都應該徹底批判,而不能有絲毫調和。但是也要實事求是地去瞭解古人的作品,不是主觀地把它説成什麼樣子,而是根據語言事實,還它一個本來面目。

十、怎樣對待疑難的字句

注釋家對待疑難的字句,有兩種不同的態度:第一種是不懂就承認不懂,這就是一般所謂存疑;第二種是雖然不懂,也勉強注它一注,以爲不注就没有盡注釋家的責任,有時候還抛棄故訓,另立新説,而以古音通假之類的方法來證明。我贊成第一種態度。

大家知道,古籍在傳寫中産生的錯誤是相當多的。校勘學之所以重要,就在於它能用校勘不同版本的方法來訂正傳寫中(後來是印刷中)的錯誤。假如没有不同版本,即使有脱文、衍文、誤字和錯簡,都無從知道。即使有了不同版本,也有可能是以訛傳訛。我們還不可能把一切脱文、衍文、誤字和錯簡都訂正過來。在有疑難問題的字句中,正是脱文、衍文、誤字和錯簡的可能性最大。如果按照抄錯了(或刻錯了)的字句強加解釋,那就真是癡人説夢;假使古人有知,他們一定會竊笑我們了。

　　存疑並不是不可知論。知之爲知之,不知爲不知,這是科學的
態度。今天的存疑,可以爲後人進一步研究問題提供參考;將來有
了新的材料或者是新的發現,問題仍舊是可以解決的。當然,遇着
有疑難問題的字句,首先是儘可能要求解決,没有深入考察而馬上
存疑,那種懶漢作風也是不對的。

　　以上所論,主要是針對上古的書籍的注釋工作來説,因爲所謂
訓詁學,一向被認爲經學的附庸,傳統的訓詁學正是爲瞭解上古的
典籍服務的。至於語言的社會性原則,那自然可以適用於一切注
釋工作。這篇文章涉及的方面太廣,許多地方談得不够透徹;有些
地方跟我的舊作《新訓詁學》和《雙聲叠韻的應用及其流弊》可以互
相闡明。

原載《中國語文》1962 年 1 月號

理想的字典

小　引

　　《四庫提要》把小學分爲：訓詁之屬；字書之屬；韻書之屬。大致説起來，訓詁是講字義的，字書是講字形的，韻書是講字音的。但是，字書專講形的很少，《説文》就兼講音義，不過它是由字形的結構去推求音義，還可説是以形爲主。《玉篇》以後的字書却是以義爲主，以音爲副，關於形的方面，倒反是不大理會的了；祇有《干禄字書》和《字學舉隅》之類，勉强可算是專講字形的書。韻書專講音的也很少，《廣韻》《集韻》《韻會》之類是兼講字義的，最顯明的證據是屢引《説文》的訓詁。祇有《韻鏡》《切韻指掌圖》之類纔是專講字音的。訓詁的書似乎是專講字義的了，但《釋名》之類以聲爲訓，却又離不了字音。這樣，三類小學書的界限並不分明，《四庫提要》憑什麼把它們分開呢？原來《四庫提要》對於小學的分類標準並不是以內容爲主,而是以體裁爲主的:以義爲綱者(如釋蟲、釋獸),稱爲訓詁之屬;以形爲綱者(如彳部、攴部),稱爲字書之屬;以音爲綱者(如東韻、先韻),稱爲韻書之屬。

我們這裏所謂字典(dictionary),並不等於《四庫提要》所謂字書。它該是形、音、義三方面兼顧的:每標一字已經算是形,遇必要時還該在筆畫上分辨疑似和矯正謬誤;每字的下面必須注音,遇必要時還該兼注古音、俗音或方音;形和音已經弄清楚了之後,跟着就該使讀者瞭解這字的一切涵義。非但中國字典該如此,全世界各國的字典都該如此。但是,它又該是以義爲主的;形體和音韻都是次要的問題。由此看來,我們所謂"字典",骨子裏乃是訓詁之屬;不過,如果以義爲綱,在檢查上有不少的困難,所以不妨以形爲綱,例如建立若干部首,或以音爲綱,例如依注音符號排列。這樣,又像是和字書之屬或韻書之屬混合爲一了。

字典既然是以義爲主,我們在這一篇文章裏,將着重在字義一方面的問題。至於形和音兩方面,不打算多加討論。也許將來有機會,我們再談及怎樣排比和怎樣注音;現在暫時把這兩個次要的問題撇開不談。

一、中國字典的良好基礎

字典的目的很簡單,就是令人徹底瞭解字的意義。爲了達到這個目的,咱們該使咱們所下的注解不含糊,不神祕,不致令人發生誤會。我們不知道先秦有沒有字典(《爾雅》非但不是周公所作,連是否先秦作品也在可疑之列;《説文》裏所引的許多"孔子曰"也是不可信的),但是先秦的人對於解釋字義卻往往是可以令人滿意的。《論語》有一章是:

> 子貢問曰:"有一言而可以終身行之者乎?"子曰:"其恕乎。己所不欲,勿施於人。"(《衛靈公》)

子貢所問的是終身可行的一個字("一言"即"一字"),孔子把

“恕”字説給他之後，跟着就給他一個注解：“己所不欲，勿施於人。”這是以多字釋一字，正合於我們的理想字典的條件之一（見下文）。《孟子》裏還有更明顯的例子：

> 老而無妻曰鰥，老而無夫曰寡，老而無子曰獨，幼而無父曰孤。（《梁惠王下》）

咱們現在如果要解釋這四個字，也不能比《孟子》説得更明白[1]。到了許慎的《説文解字》，注解的方法就更多了。除了不合理的方法須要批評的以外，我們所認爲合理的方法，大概有下列的五種：

（1）天然定義　數目、度量衡和親屬名稱之類，可算是有天然定義的。這種字義非常容易下，而且每一個人所下的都大致相同。除非時代不同或社會不同，否則這種字義是沒有人反對的，例如：

百，十十也；　　　　千，十百也；
尺，十寸也；　　　　丈，十尺也；
斗，十升也；　　　　兩，二十四銖爲一兩；
孫，子之子曰孫；　　舅，母之兄弟爲舅。

（2）屬中求別　《説文》“秔”下云：“稻屬。”段注：“凡言屬者以屬見別也；言別者以別見屬也。重其同則言屬，秔爲稻屬是也；重其異則言別，稗爲禾別是也。”“稗”下云：“禾別也。”段注：“謂禾類而別於禾也。”按：《説文》言別者甚少，言屬者則頗多，如“鴿，鳩屬也”“鷞，鳶屬也”之類。其實僅言“屬”是不夠的，於是在許多字的底下都是在一個大類名之外再加上一個修飾成分，這就是我們所

---

[1]　注意：“曰”和“謂之”不一樣。《孟子》説“謂之”的地方並不是解釋字義，例如“從流下而忘反謂之流，從流上而忘反謂之連，從獸無厭謂之荒，樂酒無厭謂之亡”（《梁惠王下》），這些行爲祇是流連荒亡之一端。又如“責難於君謂之恭，陳善閉邪謂之敬，吾君不能謂之賊”（《離婁上》），這些行爲祇是恭敬或賊之一端。《論語・堯曰》“不教而殺謂之虐，不戒視成謂之暴，慢令致期謂之賊”，亦同此例。

謂屬中求別,例如"獫,長喙犬也""秫,稻之黏者"。這樣,比之説
"獫"爲"犬屬"和"秫"爲"稻屬"更顯得明白些。下面是一些名詞
的例子:

農,耕人也;　　　　　　　醫,病工也;

羘,牡羊也;　　　　　　　犢,牛子也;

蠶,吐絲蟲也;　　　　　　鸚,能言鳥也;

印,執政所持信也;　　　　纓,冠系也;

絝,脛衣也;　　　　　　　眉,目上毛也;

壘,軍壁也;　　　　　　　雨,水從雲下也;

煙,火氣也;　　　　　　　炭,燒木餘也;

灰,死火餘燼也;　　　　　革,獸皮治去其毛曰革。

　　形容詞和動詞也都可以屬中求別。"白"之屬有"晳、皤、皎、
皚、皠"等,"晳"是"人色白","皤"是"老人白","皎"是"月之白",
"皚"是"霜雪之白","皠"是"鳥之白"。"思"之屬有"惟、念、懷、
想、慮"等,"惟"是"凡思","念"是"常思","懷"是"念思","想"是
"冀思","慮"是"謀思"。"息"之屬有"呼、吸、喘、喟"等,"呼"是
"外息","吸"是"内息","喘"是"疾息","喟"是"大息"。下面還
有一些動詞的例子:

觀,諦視也;　　　　　　　聞,知聲也[1];

御,使馬也;　　　　　　　摩,一指按也;

娶,取婦也;　　　　　　　沐,濯髮也;

織,作布帛之總名也。

　　有時候,大類名不便説出,或不必説出,就用"者"字或"所"字,
甚至"者、所"都不用,例如:

耳,主聽者也;　　　　　　　　泣,無聲出涕者曰泣;

---

[1]　"聞"者"知"之屬,"聲"字可認爲修飾成分,下仿此。

絲,蠶所吐也; 　　　　口,人所以言食也;

舌,在口,所以言別味也; 　　囱,在墻曰牖,在屋曰囱。

(3)由反知正　由反知正就是用否定語作注解。此類以形容詞爲最多。有些形容詞,若用轉注法[1],往往苦無適當的同義詞;若用描寫法(見下文第四項),又難於措辭。恰巧有意義相反的一個字,就拿來加上一個否定詞,作爲注解,既省事,又明白,例如:

假,非真也, 　　拙,不巧也;

暫,不久也; 　　旱,不雨也;

少,不多也。

由反知正而外,還有由彼知此之法。如"甥"下云:"謂我舅者吾謂之甥。"不過這種方法的用途是有限的,故不另立一條。

(4)描寫　凡屬實物,皆可描寫。許慎的描寫有時候很粗,但在當時已經是難得的了,例如:

犀,徼外牛,一角在鼻,一角在頂,似豕;

狼,似犬,銳頭,白頰,高荈,廣後;

冕,大夫以上冠也[2],邃延,垂瑬,紞纊;

漏,以銅受水,刻節,晝夜百節。

緫,喪服衣,長六寸,博四寸,直心。

蘆菔,似蕪菁,實如小尗者。

歷史上和地理上的敘述,也是一種描寫,例如:

館,客舍也,周禮以五十里有市,市有館,館有積,以待朝聘之客;

河,河水,出敦煌塞外昆侖山,發原注海;

江,江水,出蜀湔氐徼外岷山,入海;

---

[1]　所謂"轉注",是依戴東原説,下仿此。

[2]　有時候是先由屬中求別,再加描寫。

湘,湘水,出零陵陽海山,北入江。

對於行爲或狀態,也可以描寫,例如:

躲,弓弩發於身而中於遠也;
赧,面慙而赤也。

(5)譬況　有些事物,不是描寫得出來的;但是,祇要一舉例,大家就明白了。關於顏色,最適宜於用譬況法,例如:

黃,地之色也;　　　黑,火所熏之色也。

以上所説的五種方法,雖不能説是許慎所首創,至少是到了他纔大量應用。拿《爾雅》和《説文》相比較,我們就覺得前者祇是字典的雛形,而後者則已經具備了理想字典的輪廓。現代世界上最好的字典,也離不了這五種方法,可見許慎對於中國的字典學,已經立下了很好的基礎。學術是積累而成的,後代的學者不能在這百尺竿頭更進一步,竟是許慎的罪人了。

二、古代字書的缺點和許學的流弊

由上文恭維許慎的話看來,我們是很佩服他的。開創總是艱難的事業。在距今二千年的時候,他能有這種成績,自然顯得偉大了。不過,他的缺點我們也不能不説。固然,他受了當時的趨尚所影響,我們抱着滿懷原諒的心理去讀他的書;但是,因爲他的勢力最大,影響於後世的字典學最深,所以我們又應毫不妥協地給他一個公平的批評。大致説起來,《説文》共有四個缺點:

(1)文以載道　咱們不要忘了許慎是一個經學家;他一肚子的道理,自然要流露出來。但是,字典所要求的祇是一種合理的定義,並不須要在定義之外再加上若干哲理;尤其是不應該完全不要定義,竟以哲理去替代它。下面的一些例子,我們都認爲是違反字典的常軌的:

一,惟初太極,道立於一,造分天地,化成萬物;

二,地之數也;

三,數名,天地人之道也;

青,東方色也;

赤,南方色也;

白,西方色也;

水……北方之行,象衆水並流,中有微陽之氣也;

火……南方之行,炎而上;

地,元氣初分,輕清易爲天,重濁佘爲地,萬物所陳列也;

情,人之佘氣有欲者;

大,天大,地大,人亦大焉;

玉,石之美,有五德:潤澤以温,仁之方也;䚡理自外,可以知中,義之方也;其聲舒揚,專以遠聞,智之方也;不撓而折,勇之方也;銳廉而不忮,絜之方也。

(2)聲訓 聲訓是先秦已有的(《論語·顏淵》"政者正也";《孟子·滕文公上》"庠者養也,校者教也,序者射也");到了漢代,竟成一種風尚:毛傳已有聲訓("士,事也""毁,火也""古,故也"之類),《白虎通》也很不少("士者,事也""嫁者,家也"之類);其專用聲訓者,要算劉熙的《釋名》。《説文》裏若以字的全數而論,聲訓的數量不算很多;有些字,在《白虎通》裏是聲訓的,在《説文》裏已經改爲義訓了,例如《白虎通》"嫁者家也",《説文》却是"女適人也"。這也可説是有了進步。但是,《説文》對於最常用的字,仍舊往往是由聲取訓;大約是許氏以爲常用的字用不着注解,用聲訓取其更有意思些。有些聲訓裏頭含着一番大道理("儒,柔也""士,事也""學,覺悟也"之類),仍舊是文以載道;而且,假借當時崇尚的聲訓來載道,似乎更容易生效。下面是一些聲訓的例子:

水,準也;　　　　　　　火,燬也;

户,護也;　　　　　　　門,聞也;

婦，服也；　　　　　母，牧也；

霜，喪也；　　　　　非，違也；

可，肯也；　　　　　日，實也；

月，闕也；　　　　　夜，舍也；

春，推也；　　　　　士，事也；

儒，柔也；　　　　　政，正也；

學，覺悟也；　　　　書，箸也；

詩，志也；　　　　　琴，禁也；

鼓，郭也；　　　　　臣，牽也；

衣，依也；　　　　　尾，微也；

卿，章也；　　　　　室，實也；

八，別也；　　　　　酒，就也；

丑，紐也；　　　　　寅，髕也；

卯，冒也；　　　　　辰，震也；

午，牾也；　　　　　未，味也；

申，神也；　　　　　酉，就也；

戌，威也；　　　　　亥，荄也；

馬，怒也，武也；　　王，天下所歸往也；

土，地之吐生萬物者也；　妻，婦與己齊者也；

韭，韭菜也，一種而久生者也；　惪，外得於人内得於己也；

教，上所施，下所效也；　鬼，人所歸爲鬼；

鼻，所以引氣自畀也；　　星，萬物之精，上爲列星；

山，宣也，謂能宣散氣，生萬物也；

弓，窮也，以近窮遠者；

狗，孔子曰，狗，叩也，叩氣吠以守。

　　這種聲訓的風氣，直至近代小學而未衰，所以段玉裁還説"誹之言非也，言非其實""謗之言旁也，旁，溥也，大言之過其實"，等等。聲訓有什麽好處呢？《釋名》的序裏説：

自古造化製器立象，有物以來迄於近代，或典禮所制，或出自民庶；名號雅俗，各方名殊，百姓日稱而不知其所以之意。故……論敘指歸，謂之釋名。

原來聲訓的用處乃是求事物命名的"所以之意"，並不是對於那名的本身作一種確當不易的定義。這樣，自然也不是字典的正軌。先就好的聲訓而論。"水，準也""馬，武也"都見於《釋名》；"詩，志也"，《毛詩·序》也說"志之所之也"；"士，事也"見於毛傳和《白虎通》；"政，正也"甚至見於《論語》，可知不是許慎的私見。但是，儘管"水"與"準"、"馬"與"武"、"詩"與"志"、"士"與"事"、"政"與"正"之間有多少字源上的關係，這種關係也衹是字族的關係[1]；咱們至多衹能說它們本是同族，却不能說它們是完全同義的字。

再就壞的方面而論，就是專憑臆說。《論語》裏有這樣一段話：

哀公問社於宰我，宰我對曰："夏后氏以松，殷人以柏，周人以栗，曰使民戰栗。"子聞之曰："成事不說，遂事不諫，既往不咎。"（《八佾》）

宰我的話，差不多等於說："……栗者慄也，使民戰慄。"其實他這話是捕風捉影之談，所以孔子不滿意。可見聲訓往往是靠不住的。像"弓，窮也""鼻所以引氣自畀也""狗，叩也，叩氣吠以守"，都是很不近情理的說法。要知聲訓之不可靠，第一，試看各家聲訓有時候會大相徑庭，例如《說文》："未，味也，六月滋味也。"《史記·律書》："未者，言萬物皆成，有滋味也。"是一派；《釋名》："未，昧也。日中則昃向幽昧也。"《淮南·天文訓》："未者，昧也。"又是一派。第二，試看同是一個人，也會說出兩種道理，例如《說文》："馬，怒也，武也。"尤其是《釋名》："風，兗豫司冀橫口合脣言之，風

---

① 參看章炳麟《文始》和高本漢《漢語詞族》。

氾也,其氣博氾而動物也;青徐言風,蹋口開脣推氣言之,風,放也,氣放散也。"因方言之不同,而事物命名的"所以之意"亦隨之而異,這簡直是令人百索不得其解了。

(3)注解中有被注的字　字典對於每一個字,總該假定是讀者所不認識的。若注解中有被注的字,就等於把讀者所不識的字作注,雖注等於不注。《説文》:"巳,巳也。"段注:"辰巳之巳既久用爲巳然巳止之巳,故即以巳然之巳釋之。《序卦傳》:'蒙者蒙也,比者比也,剥者剥也。'《毛詩傳》曰:'虛,虛也。'自古訓故有此例,即用本字,不假異字也。"話雖如此説,畢竟不足爲訓。但是,以本字釋本字的例子是很少見的,我們要批評的不是這個,而是注解中雜有本字的情形,例如:

石,山石也;　　　　　　與,黨與也;

墨,書墨也;　　　　　　角,獸角也;

味,滋味也;　　　　　　夫,丈夫也;

畜,田畜也;　　　　　　矢,弓弩矢也;

足,人之足也,在體下;　　腸,大小腸也;

蛾,蠶化飛蛾也;　　　　弟,韋束之次弟也;

卵,凡物無乳者卵生;　　五,五行也;

風,八風也;　　　　　　發,射發也;

獲,獵所獲也;　　　　　就,就高也;

寬,屋寬大也。

《説文》這樣,猶有可説,因爲許氏着重在解釋形的方面,例如"畜,田畜也",主意在説明"畜"字爲什麼從田;"獲,獵所獲也",主意在説明"獲"字爲什麼從犬。至於普通字典,本該着重在義的方向,如果注解中仍有本字,就太違背字典的原則了。

(4)望形生義　字書如果對於每一個字都根究它的義符之所由來,有時候就不免望形生義。咱們不要太迷信漢儒;他們離開造字時代也有一二千年以上,不見得對於字的原始意義都能考證無訛。古文字學家常常告訴咱們許慎許多望形生義的事實,例如《說文》"物"下云:"萬物也。牛爲大物,天地之數起於牽牛,故從牛。"牛爲大物,已經說得很牽強;天地之數起於牽牛,竟又是文以載道——漢儒之道!王靜安先生證明"物"本來是"雜色牛",於是許氏的望形生義有了鐵證。段玉裁是最崇拜許氏的人,有時候也忍不住批評他這一個缺點。《說文》"告"下云:"牛觸人,角箸橫木,所以告人也。"段注:"如許說則告即輻衡也,於牛之角寓人之口爲會意。然牛與人口非一體,牛口爲文,未見告義;且字形中無木,則告意未顯。且如所云,是未嘗用口,是告可不用口也,何以爲一切告字見義哉?""苗"下云:"草生於田者。"段注:"……按苗之故訓禾也……草生於田,皮傅字形爲說而已。"凡《說文》的訓詁不見於經傳諸子者,都有皮傅字形的嫌疑,例如:

顠,大頭也;   散,雜肉也;

絀,絳也;   必,分極也;

紛,馬尾韜也;   暨,日頗見也;

彼,往有所加也。

　　許學的流弊　許氏的毛病,衹在這些"本義"上頭。而許學的流弊,則又變本加厲,非但在許氏所謂本義之外再講本義,而且還講本字。其講本義者,例如:

　　"壻,夫也。"段注:"夫者丈夫也。然則壻爲男子之美稱,因以爲女夫之稱。"

　　"妃,匹也。"段注:"匹者,四丈也……夫婦之片合,如帛之判合矣。"

　　"給,相足也。"段注:"足居人下,人必有足而後體全,故引申爲完足。"

　　"暵,乾也。"段注:"乾者,上出也。凡物乾者必上,濕者必下。"

"壻"是一類,"妃、紿、嘆"另是一類。段氏對於前者,竟是杜撰本義;對於後者,則是拿不相干的意義去勉強解釋某一字。咱們須知,即使許氏對於"夫、匹"等字所注的都是本義,但當他把"夫、匹"等字去注釋"壻、妃"等字時,盡可以用"引申義",而且不必再和"夫、匹"等字的本義有關。正如咱們現代字典"該"字有當也一個意義,咱們不必追究《說文》"當"字的本義("田相值也"),更不必使這所謂本義和"該"字發生無謂的關係。

其講本字者,例如:

"緷,增益也。"段注:"……經傳統假重爲之。"

"崋,崋山也。"段注:"按西岳字各書皆作華,華行而崋廢矣。"

"癈,固病也。"段注:"癈爲正字,廢爲假借字。"

"䏁,不行而進謂之䏁。"段注:"按後人以齊斷之前爲䏁後字。"

"渻,少減也。"段注:"減省字當作渻,古今字也。"

"塼,壹也。"段注:"……凡塼壹字古如此作,今則專行而塼廢矣。專者,六寸簿也,紡專也。"

根據這本字的觀念,段氏於是有擅改《說文》注字之舉,例如:

"壹,塼壹也。"段注:"塼,各本作專,今正。"

"彰,彣彰也。"段注:"彣,各本作文,今正。文,逜畫也,與彣義別。古人作彣彰;今人作文章,非古也。"

"恤,憂也。"段注:"憂,各本作憂,今正。"

至少,他也表示該改的意思,例如:

"擅,專也。"段注:"專當作塼。塼者壹也。"

"稍,出物有漸也。"段注:"漸依許當作趣,漸行而趣廢矣。"

"文,錯畫也。"段注:"錯當作逜。"

"辟,法也。"段注:"法當作灋。"

　　按小學家所謂本字,大概可分爲兩種:一種是由簡趨繁,例如
"裘"本作"求"、"漏"本作"屚";另一種是由繁趨簡,即上面所舉
"迆、渻"之類。前者比較地可信①,後者就很違背造字的原理,因爲
形聲字總該是比較後起的。

　　許慎並沒有明白指出某字是本字,譬如他説"嫥,壹也",他衹
承認"嫥"字有"壹"的意義,並不是説凡"壹"的意義皆作"嫥"。又
如他説"文,錯畫也",他衹想説"文"的本義是"錯畫",卻不曾説古
人"文"字不曾引申到文章上頭;"彣"字大約是後起的"文"字,專
就"文采、文章"一方面而言,恰像近年淺人於"嘗"字之外更造
"嚐"字,專就"口味之也"一方面而言。有些地方,段氏更作武斷的
猜測,如"趣"《説文》衹云"進也",並沒有説它有逐漸的意義;很可
能地,"漸水"的"漸"假借爲"逐漸"的"漸",而"趣"衹是一個具有
進義的僻字,和逐漸的意義毫無關係。

　　總之,本義和本字都該以見於上古典籍者爲限。據群書以正
一部字書,至少是比之據一部字書以正群書較爲尊重古人的遺產!
儘管有人疑心現存的先秦典籍的文字不是原來的樣子,但是,倘使
真的"秦火"能使中國文字失其本來面目,則許慎未必獨能考據到
"秦火"以前。離開群書而講本義和本字,就是走入魔道去了。

三、近代字書的進步

　　自《説文》以後,中國字書在方法上進步雖少,卻不能説完全沒
有進步。從消極方面説,上面所舉古代字書的四個缺點,已經有三
個是近代字書所避免的了:文以載道、聲訓、望形生義,都不爲它們
所采用了。衹有以本字釋本字這一個毛病還未能盡除,例如《辭
海》"次"下云:"……(2)次第也……(3)編次之也。"這是較小的毛
病,但也以改之爲佳。

───────────

①　"裘"本作"求",有甲骨文可證。

從積極方面説，近代字書也有兩個很顯明的進步。兹分述如下：

第一步是知舉例。本來，《説文》也不是完全沒有舉例，可惜他的舉例限於經書，並不是每一個字的每一個意義都有一個例。而且，《説文》的例子不一定和它所説的字義相應，例如"利"下云："銛也。"所舉的例是："《易》曰，利者，義之和也。"這"利"字並沒有"銛"的意思。又如"迀"下云："往也。"所舉的例是："《春秋傳》曰，子無我迀。"這"迀"字也沒有"往"的意思。又如"微"下云："隱行也。"所舉的例是："《春秋傳》曰，白公其徒微之。"這"微"字也沒有"隱行"的意思①。許氏一方面抱定袛説本義的宗旨，一方面又要引經，以致犯了舉例不當的毛病。

《廣韻》一類的書，舉例更少。咱們須知，例子對於字典是很重要的。法國《新小拉魯斯字典》(Nouveau Petit Larousse)的卷頭語云："一部沒有例子的字典就是一具骷髏。"因爲無論怎樣好的注解，總不如舉例來得明白。

《康熙字典》一出，除了僻字僻義之外，差不多每一個字的每一個意義都有例子。在這一點上，《康熙字典》確有很大的貢獻。這也因爲它是官書，編輯的人多，所以能有這種成績。

舉例的方法可以有兩種：一種是自造例句，一種是援引書籍。前者的好處是明白恰當，而其弊在無徵，而且缺乏時代性；後者的好處自然是有徵而又具有時代性，然而讀者苟非有閲讀古書的能力，則對於上古的例句看不懂，就失了舉例的意義。可見二者各有利弊，但是，二者不可得兼的話，我們寧願捨棄前者而取後者，因爲有徵和具有時代性正是理想字典的主要條件。在這一點上，中國字典比一般西洋字典爲優。如果上古的例句太深的時候，不妨加注。這樣，不難做到有利無弊的地步。至於現代語的辭彙，無適當

① 段注："杜曰'微，匿也'，與《釋詁》'匿，微也'互訓，皆言隱不言行。敫之假借字也。"

書籍可引時，自然不妨自造例句。

第二步是知舉篇名。古人讀書是講究背誦的，尤其對於經書特別的熟，所以著書的祇要説一個“詩云”或“詩曰”，讀者就能知道是在《詩經》哪一篇哪一章。後來大家連非經書的例子也喜歡不舉篇名了，例如段玉裁就祇説杜詩怎樣説，韓文怎樣説，並不注明杜集或韓集的卷數或題目。這種舉例法，是把讀者看做一個學富五車的淹博之士，著者是很客氣了，然而這也不是字典的正軌。

《康熙字典》對於經史往往舉出篇名，對於子集則多數不舉篇名。據我們所知，對於引用之文一律注明篇名者，係創始於歐陽溥存等所編的《中華大字典》（中華書局出版），其後《辭海》（亦中華書局出版）也采用這一個辦法[1]。這樣，有兩個好處：第一是便於讀者檢閲原書；第二是使讀者容易看出例句的時代，譬如《莊子》內篇時代最早，外篇也許較晚，雜篇則毫無疑義地是晚出的作品；如果糊裏糊塗地祇注出一個《莊子》，就等於把不相同的幾部書混爲一部了。

《辭海》還有一個好處，就是對於近代的字義也能舉一些例子，如：

> 捉，捕也。《唐書·兵志》：“唐初，兵之戍邊者，大曰軍，小曰守捉。”[2]

> 替，代也，見《廣韻》。蘇軾《跋漁父詞》：“以山光水色，替其玉肌花貌。”

> 聰明，俗謂有智慧曰聰明。蘇軾詩：“人皆養子望聰明，我被聰明誤一生。”

> 騰，俗謂轉易移用曰騰。《儒林外史》第二十回：“家裏一個錢也没有，我店裏是騰不出來。”

---

[1] 《辭海》於集部亦多不注明篇名，舉古人詩詞，多無標題及卷數。這仍是一個大缺點。

[2] 按：不如舉杜甫《石壕吏》：“暮投石壕村，有吏夜捉人。”

但是,這一些例子是很不够的。一般的字典對於近代的字義所以不舉例者,一則是看輕俗字俗義,不屑舉例;二則是近代的書太多,要找始見的例子很難。古代的字義,有許多字書、類書可抄;至於近代的字義,就祇靠自己去群書中搜尋,所以不是容易的事。但是,看輕近代語是不應該的;無論如何困難,對於每一個近代常用的字義,是必須舉例的。這種責任,要放在後來人的身上了。

四、現存的缺點

上文所舉的缺點,有些是現代字典仍舊有的(以本字釋本字、近代的字義不舉例等),也就是現存的缺點。但是,此外還有兩個最大的缺點,是上文所未述及的,而又是古今字書所同犯的,特留在這裏說。其實第二節裏敍述古代字書的缺點時,就可以把這兩個缺點加在裏頭;所以留在這裏說者,一則因爲它們不僅是古代字書的缺點,二則因爲我們所謂理想的字典,正是針對着這兩個缺點而發的,留在這裏另外討論,更顯得鄭重些。

(一)古今字義雜糅

從漢代的字書和訓詁書裏,不容易看出古今字義雜糅的地方來(但並不是沒有),因爲漢代距離先秦還不很遠的緣故。到了唐代以後的小學書籍,就不免有這毛病了,例如《廣韻》"替"下云:"廢也,代也,滅也。""廢"和"滅"是先秦古義①,《書·大誥》"不敢替上帝命",《國語·魯語》"令德替矣",都屬於此義;"代"是隋唐以後的意義。這樣雜糅在一處,就使各種字義的時代性無從顯示出來了。

中國的歷史太長了,每一個世紀總有許多新字、新義,如果把幾千年的一切字和一切義,都毫無分別地排列着,就等於把歷史的

---

① "廢"和"滅"祇是一個意義,《廣韻》因書傳以"廢"訓"替",《國語》注以"滅"訓"替",遂一併引用。《廣韻》此種例甚多,如"貸"下云:"借也,施也,假也。"也祇是一個意義。這種雜注法也是不好的,因不是中國字典的通病,故不具論。

觀念完全抹煞了,例如《辭源》"管"下云:

一、樂器名。《禮》:"均琴瑟管簫。"

二、凡圓柱中空者,皆曰管,如人身之血管,化學器之吹管。

三、筆彄曰管。《詩》:"貽我彤管。"

四、經理其事曰管。

五、樞要也。《荀子》:"聖人也者,道之管也。"

六、貫也。《禮》:"禮樂之説,管乎人情矣。"

七、管鑰也。俗謂之鑰匙。《左傳》:"鄭人使我掌其北門之管。"

八、拘束也,如管教、看管。

九、姓,周文王子管叔鮮後。

以上九個意義,除了第九個是專名,不必討論以外,其餘八個可以分爲三類:第一類是死義,包括1、3、5、6、7五個意義。現代咱們不復有一種樂器名爲"管"者,也不復稱筆彄爲"管"("握管"祇是古語的殘留),樞要和鑰匙不復稱"管","貫"的意義也不能再説成"管"。第二類是沿用義,包括2、4兩個意義。圓柱中空者爲管,係由1、3、7的意義引申,故知其來源必甚早;經理其事曰管,《史記·李斯傳》:"趙高以刀筆吏入秦宮,管事二十餘年。"《廣韻》亦云:"管,主當也"。這兩個意義大約是從漢代沿用到現代,所以説是沿用義。第三類是新興義,就是"拘束"這一個意義。這一個意義始見於何書,尚待考證(理想的字典該做到這種考證的工作);依我們猜想,它的來源不會早到五百年以前。

這樣古今字義雜糅,就淺理説,有兩種害處:第一,是今人寫現代的文章誤用死義,例如該寫作"鑰匙"的却寫作"管"。這種事實雖不多見,却不是沒有,我曾看見有人在白話文裏還用"遲我於東門之外"一類的句子。第二,是今人做仿古的文章誤用新興義。現在報章雜志上的文言文,表面上是仿古,其實是把許多新興的意義摻雜在古語裏頭。這種不分古今的觀念,可説是在查字典的時候就養成了。

　　若就字典方法上説，根本就不該不辨古今死活。英、法等語的歷史比中國的歷史短得多了，但是他們的字典也不是不辨古今死活的。他們普通的字典，總是一種現代字典，裏頭祇有沿用義和新興義，没有死義。偶然有一二個死義，也必注明"古義"或"罕用"。至於古書的字義，自有專書，例如《喬叟字典》（Glossary of Chaucer）、《莫里哀字典》（Lexique de molière）等。像咱們中國近代的字典古今死活都混在一處的，英、法等國可以説是没有。語源字典雖也古今死活並論，但必須是有條不紊的，絶對不該"混"。

　　中國字典對於時代性，雖没有明顯的表示，似乎也不無綫索可尋。《康熙字典》的舉例，大概是以始見的書爲標準的。現代的字典，也大致依照《康熙字典》的規矩。因此，如果某一個字義始見於《詩經》（如：閔，病也，《詩·邶風》"覯閔既多"），可見它是先秦就有的；如果某一個字義始見於宋人的詩文（如：齼，齒傷醋也，曾幾《和曾宏父餉柑詩》"瓠犀微齼遠山顰"），可見它是靠近宋代纔有的。如果完全不舉例，就多半是新興的意義①。此外，所謂今義和俗義，也都是新興義，例如《辭海》"俏"下云"按今語謂容飾美好曰俏"；"唪"下云"今僧徒高聲誦經曰唪"；又"騙"下云"俗借爲誆騙字"；"該"下云"俗云欠債曰該債"。

　　但是，這種綫索太曖昧了。既没有一定的宗旨，又没有一定的次序。有時候，新興義竟放在古義之前，例如《辭源》《辭海》"剪"字下皆先列"剪刀"之義，後列"齊斷"之義。這是把字義的源流顛倒了。再説，在現有的字典中，古義的時代雖大致可考，而新興義的時代却略而不考，或考而不精，也都是不能令人滿意的。

　　（二）以一字釋一字

　　以一字釋一字，依原則上説，解釋的字和被解釋的字應該是同

---

① 　也有不是新興義的，如上文所舉《辭源》"管"字第四義。又僻字僻義也往往不舉例。

義詞(synonymes)。在《説文》裏,求其頗能合於這個原則者,祇有所謂互訓的字,例如:

恐,懼也;懼,恐也。　　媿,慙也;慙,媿也。

蕪,薉也;薉,蕪也。　　觸,牴也;牴,觸也。

踰,越也;越,踰也。　　歌,詠也;詠,歌也。

問,訊也;訊,問也。　　詈,罵也;罵,詈也。

老,考也;考,老也。　　信,誠也;誠,信也。

緝,績也;績,緝也。　　顛,頂也;頂,顛也。

札,牒也;牒,札也。　　螽,蝗也;蝗,螽也。

但是,世上真正的同義詞極少,甚至可以説是没有[1]。因爲每一個詞往往有兩個以上的意義,而所謂同義詞者,往往祇能在一個意義上是相同的[2],例如"蕪,薉也",這祇是拿"薉(穢)"的意義之一來解釋"蕪"字的意義之一,因此,"汙穢"的"穢"可説是與"蕪"没有關係。同理,"考"雖可釋爲"老","績"雖可釋爲"緝",然而"三載考績"却不能解作"三載老緝"。可見互訓的辦法已經是不妥的了。

　　比互訓更不妥的辦法就是遞訓法,遞訓是以乙訓甲,復以丙訓乙之類,例如《説文》"斂"下云"收也",而"收"下又云"捕也"。若依完全同義爲訓的原則,"斂"字也該可解作"捕也",然而咱們不能這樣辦,因爲"斂,收也"的"收"是甲種意義的"收",而"收,捕也"的"收"是乙種意義的"收"。像這一類的例子,《説文》裏真不少,例如:

富,備也;備,慎也;但"富"不能解作"慎"。

優,饒也;饒,飽也;但"優"不能解作"飽"。

搖,動也;動,作也;作,起也;但"搖"不能解作"起"。

課,試也;試,用也;但"課"不能解作"用"。

---

① 因此,《拉魯斯字典》祇把 synonyme 解釋作"差不多同義的詞"。

② 參看拙著《中國語文概論》。

　　無,亡也;亡,逃也;但"無"不能解作"逃"。

　　犯,侵也;侵,漸進也;但"犯"不能解作"漸進"。

　　俙,揚也;揚,飛舉也;但"俙"不能解作"飛舉"。

　　踐,履也;履,足所依也;但"踐"不能解作"足所依"。

　　過,度也;度,法制也;但"過"不能解作"法制"。

　　俗,習也;習,數飛也;但"俗"不能解作"數飛"。

　　倫,輩也;輩,若軍發車百兩爲輩;但"倫"不能解作"軍發車百兩"。

　　和遞訓法有同樣的缺點者,是同訓法。同訓就是以丙字訓甲,又以訓乙,例如:

　　成,就也;造,就也;但"成"不能解作"造"。

　　轉,還也;償,還也;但"轉"不能解作"償"。

　　記得我在小學的時候查字典,先查甲字,見説是等於乙字,再查乙字,又説是等於甲字(互訓)。恰巧甲、乙兩字都是我所不認識的,於是就沒有辦法。有時候,先查甲字,見説是等於乙字,再查乙字,則乙字下面注着幾個意義,有等於丙字的,有等於丁字的,有等於戊字的,竟使我無所適從。這都是以一字釋一字的害處。如上文所論,連段玉裁有時候也不免爲遞訓法所誤("壻,夫也""夫,丈夫也",遂斷定"壻"爲"丈夫",而謂爲男子美稱),何況一般淺學之士呢?

　　相似而不相同的兩種事物,如果以此訓彼,更有不明確之嫌。這種毛病,段氏叫做"渾言",例如:

　　"視,瞻也。"段注:"目部曰:'瞻,臨視也。'視不必皆瞻,則瞻與視小別矣。渾言不別也。"

　　"息,喘也。"段注:"口部曰:'喘,疾息也。'喘爲息之疾者,析言之。此云'息者喘也'。渾言之。"

　　"女,婦女也。"①段注:"渾言之,女亦婦人;析言之,適人乃言婦人也。"

　　"菅,茅也。"段注:"按《詩》謂白華既漚爲菅,又以白茅收束之。菅別於茅,野菅又別於菅也。"

　　"走,趨也;趨,走也。"段注:"《釋名》曰:'徐行曰步,疾行曰趨,疾趨曰走。'此析言之。許渾言不別也。"

　　"攜,提也;提,挈也。"段注:"挈者,縣持也。攜則相並,提則有高下,而互相訓者,渾言之也。"

　　在這一點上,段氏的見解很精確,實有匡許之功。然而他非但不自居功,倒反替許氏辯護説("詩"字注):"所以多渾言之者,欲使人因屬以求別也。"明明是許氏自己不知求別,却説是欲使別人求別,這可説是非常無理的一種辯護了。理想的字典,是應該處處避免渾言的;然而若要避免渾言,必須先儘量避免以一字釋一字。

五、理想的字典

　　説到這裏,理想的字典該是怎樣的,讀者大約已經猜着了。除了矯正一些小毛病(如以本字釋本字)之外,咱們應該從積極方面做到三件事:

(一) 明字義孳乳

　　這似乎是老生常談;但我們所謂明字義孳乳却和普通的意思不大相同。第一,我們不主張追溯到史前期的字義,以免有不真確的危險,例如《説文》"皮"下云:"剝取獸革者謂之皮。"由此看來,"皮"的本義似乎是一種職業的人,故段注云:"……云'者'者,謂其人也。取獸革者謂之皮……因之所取謂之皮矣。"這種説法,是

---

① "婦人"雖是兩個字,却是一個詞(word)。中國古代字與詞無甚分別,故云以一字釋一字。嚴格地説,該是以一詞釋一詞。

沒有古籍可以證明的。我們不取。第二,我們主張字義孳乳的考證不限於上古,連秦漢以後字義的父子公孫關係也值得加以詳細的研究。

最明顯的字義孳乳,例如"朝"字①,《説文》"朝"下云"旦也"②,這是"朝"的本義。由此本義引申,得二義:第一是範圍擴大,"從旦至食時"爲"朝"(《詩·鄘風》"崇朝其雨")。第二是意義轉移,"見天子"曰"朝"(《周禮·春官·大宗伯》"春見曰朝",注曰"朝猶朝也,欲其來之早")。由"見天子"的意義引申,又得二義:第一是範圍擴大,"子見父母"亦曰"朝"(《禮·内則》"昧爽而朝")。第二是意義轉移,君臣謀政事之處亦曰"朝"(《禮·曲禮》"在朝言朝")。由"見君父"的意義擴大,則見所敬之人亦得謂之"朝"(《史記·司馬相如列傳》"臨邛令日往朝相如")。由"君臣謀政事之處"的意義擴大,則"官府聽事"亦得謂之"朝"(《後漢書·劉寵傳》"山谷鄙生,未嘗識郡朝",王先謙集解引《通鑒》胡注"郡聽事曰郡朝,府聽事曰府朝")。意義轉移,則"每一家的君主時代"亦得謂之"朝"(如:漢朝、唐朝)。如下表:

朝,旦也。	從旦至食時曰朝。		
	見天子曰朝。	君臣謀政事處。	每一家的君主時代。 官府聽事。
		見君父曰朝。 ——見所敬之人。	

擴大義大約不成問題;轉移義就該特別謹慎研究。即如"朝"字由"旦"的意義轉移到"觀見"的意義,《周禮》注云"欲其來之早",是不是牽強傅會呢? 恰巧後代把"朝夕"的"朝"和"朝見"的"朝"念成不同音的字,更容易令人疑心它們不是同源。關於這種地方,咱們最好是能找出若干旁證。現在咱們試看《左傳·昭十二

---

① 參看《説文》"朝"字段注。
② 《爾雅·釋詁》:"朝,早也。"《禮記·祭義》:"周人祭日以朝及闇。"注:"朝,日出時也。"《左傳·僖公二十八年》:"詰朝將見。"注:"詰朝,平旦。"義皆同。

年》："右尹子革夕。"暮見可以稱"夕"，旦見自然可以稱"朝"①。暮見的"夕"讀音不改，則知旦見的"朝"與"旦也"的"朝"異讀乃是後起的事。由此看來，"朝"確是旦見的意思，因爲其見在旦，故曰"朝"②，却不是因爲"欲其來之早"。

"朝"字的一切意義，都是一脈相傳的。有許多字也像"朝"字一樣，咱們可以替它畫出一棵譜系樹；但是，咱們却不能説每一個字都是如此。有些後起的字義，偶然依附在某一字的軀殼上，並不一定和那字的古義發生關係，例如"該"的古義是"備"（《説文》"該，軍中約也"，無可確考），今義則有"宜也、此也、欠也"。咱們雖可説由"宜"引申得"欠"義（"欠"者"宜欠錢"也），却不能説由"備"引申得"宜"義或"此"義。"備、宜、此"應該是有三個來源，不同一脈。又如"甚"的古義是"過"，近代又可當"何"字解，"過"和"何"也沒有什麽關係。段玉裁不知此理，執定後起的意義必須由本義引申，例如：

> "嘗，口味之也。"段注："引申凡經過者爲嘗，未經過者爲未嘗。"

> "相，省視也。"段注："按目接物曰相，故凡彼此交接皆曰相，其交接而扶助者則爲相瞽之相。"

咱們也難怪段氏如此，連許慎也有先例了：

> "來，周所受瑞麥來麰也。……天所來也，故爲行來之來。"

> "韋，相背也。獸皮之韋可以束物枉戾相韋背，故借以爲皮韋。"

我們雖主張明字義孳乳，但這種態度却是我們所反對的。

---

① 《左傳·成公十二年》："朝而不夕。"疏："旦見君謂之朝，暮見君謂之夕。"
② 《白虎通·朝聘》："朝者，見也。因用朝時見，故謂之朝。"這種説法，比《周禮》的注爲高明。

　　明字義孳乳,似乎衹是語源字典的事,普通字典用不着。但是,普通字典如果很簡單地提及某義爲某義的引申,也可以使讀者得到一些史的觀念。在《辭源》和《辭海》裏,我們偶然發現一些很可愛的注解,例如:

　　《辭源》"信"下云:"……古人謂使者曰信,今書信信札之義本此。"

　　《辭海》"信"下云:"一,誠也。……按誠信有不差爽之義,引申之,凡事之依期而至無差忒者,皆謂之信;如風信、潮信。……二,使者也。……按今謂書函爲信,以其由使者齎來也。"

　　這樣注解,衹有一個缺點,就是不曾對於後起的意義注明其時代。這就是下面所要討論的了。

(二) 分時代先後

　　本來,明字義孳乳就含有分時代先後在裏頭:本義最早,引申義次之,引申義的引申義又次之。不過,上古的字義是很難細分時代的,因爲咱們所能看見的史料不多,有些字的造字時代更遠在有史以前;如果憑着現有的史料去看,也許引申義和本義同時出現,甚至引申義出現於本義之前。這都是史料不足的緣故。漢以後的新興義就可以判明時代了,例如:咱們可說"朝"字的拜候的意義是漢代的産品,辦公廳的意義是六朝的産品。固然,"朝"字的"拜候"義可能産生於司馬遷時代之前,它的辦公廳義可能産生於范曄時代之前,因爲現存的史料不一定就能作證據。但是,如果史料不是僞書的話,某義始見於某書,雖不能說它就在某書産生的時代同時産生,至少可以說距離那時代不會早很多①。這樣,咱們得到一個大約的時代,也就很可以滿意了。

---

① 新義初起時,常被認爲俗義,文人不大肯用它。因此,某義始見於某書,可認爲它比那一部書的時代早些。

　　先哲不乏有銳利的眼光和縝密的思想的人，他們對於字義並不是完全沒有史的觀念。段玉裁在某一些地方也顯得他對於這一方面很有見地，例如：

　　“屨，履也。”段注：“晉蔡謨曰：‘今時所謂履者，自漢以前皆名屨。《左傳》“踊貴屨賤”，不言“履賤”；《禮記》“戶外有二屨”，不言“二履”；賈誼曰“冠雖敝，不以苴履”，亦不言“苴屨”。《詩》曰“糾糾葛屨，可以履霜”，屨爲者一物之別名，履者足踐之通稱。’按蔡説極精。《易》《詩》、三《禮》、《春秋傳》《孟子》皆言‘屨’不言‘履’，周末諸子、漢人書乃言‘履’。《詩》《易》凡三‘履’，皆謂‘踐’也。然則‘履’本訓‘踐’，後以爲‘屨’名，古今語異耳。”

　　“絝，脛衣也。”段注：“今所謂‘套袴也’。左右各一，分衣兩脛。古之所謂‘絝’，亦謂之‘襱’，亦謂之‘禈’，見衣部。若今之‘滿當絝’，則古謂之‘幝’，亦謂之‘幒’，見巾部。”

　　“僅，材能也。”段注：“……材能猶僅能也。《公羊傳·僖公十六年》曰：‘是月者何？僅逮是月也。’何注：‘在月之幾盡，故曰劣及是月。’《定八年》曰‘公斂處父帥師而至，懂然後得免’，‘懂’蓋‘僅’之訛字。《射義》‘蓋勵有存者’，言存者甚少。……唐人文字，‘僅’多訓‘庶幾’之‘幾’。如杜詩‘山城僅百層’；韓文‘初守睢陽時，士卒僅萬人’，又‘家累僅三十口’；柳文‘自古賢人才士被謗議不能自明者，僅以百數’；元微之文‘封章諫草，縗委箱笥，僅逾百軸’。……今人文字皆訓‘僅’爲‘但’。”

　　像段玉裁這樣大才，如果肯編一部字典，依照這種史的觀念做去，一定大有可觀。可惜他對於這種地方用力太少了，這似乎祇是他的“餘事”；他的主要力量卻在考經。陳魯爲段書作跋云：“魯聞諸先生曰：‘昔東原師之言：“僕之學，不外以字考經，以經考字。”余之注《説文解字》也，蓋竊取二語而已。’”在四部之中，小學是列入經部的。這好像若非用以考經，則字書便無存在的價值。

　　到了現代，爲經而治小學的成見是應該取消的了；咱們必須是爲史而治小學。字的形、音、義的變遷，乃是文化史的一部分。拿歷史的眼光來看，經義和俗義的價值無輕重之分。咱們應該有一部語源字典和幾部分期的字典（如先秦字典、漢代字典、現代字典等）。最好是有人先編專書字典或作家字典，作爲基礎。咱們現在所有的字典，對於唐以前的字義，還勉強可用；至於唐以後的字義，簡直是要從頭做起。普通字典對於新興的意義，有三種毛病，兹分述如下：

　　第一，是誤考語源，例如《辭海》“舍”下第九義云“何也”，引章炳麟《新方言·釋詞》：“余亦訓何，通借作舍，《孟子·滕文公篇》‘舍皆取諸其宮中而用之’，猶言何物皆取諸其宮中而用之也。”“舍”字朱注云“作陶冶之處也”，固未必是；而章氏以“何”訓“舍”，更有傅會之嫌，大約《孟子》此處有脫誤，正不必強作解人。又如《辭海》“嚇”下第二義云“驚恐人曰嚇。《莊子·秋水》：‘今子欲以子之梁國而嚇我也？①’”按《莊子》上文云：“鴟得腐鼠，鵷鶵過之，仰而視之曰嚇！”《釋文》引司馬云“嚇，怒其聲”，這正表示鴟不能言，衹能作一種發怒的聲音。下文“嚇我”，意思是“像鴟對待鵷鶵那種態度來對待我”，並沒有威嚇、恐嚇的意思。《辭海》接着還說“語音讀如下，亦寫作嚇”，簡直把現代的“嚇”字和《莊子》裏的“嚇”字混爲一談，殊屬非是。這種誤考語源的害處，非但令人誤讀古書，還會令人誤認了某一字義的時代，例如把現代吳語裏的“啥”字和現代普通話的“嚇”都認爲先秦的產品。這是大錯的。總之，說某一個字義在先秦早已產生，而中間又隔了一二千年不出現於群書，直到現代或近代再出現，實在是很不近情理的事。

　　第二，是缺乏例證，例如《辭海》“很”下第三義云“猶甚也，如俗云很好很壞”；“該”下第三義云“猶言宜也，凡事應如此曰該”。

───────────

① “也”字《莊子》原文作“邪”，《辭海》誤。

這樣沒有例證，就不知道它們始見於何書（字典舉例，向來以始見之書爲限，見上文），也就不知道它們是什麼時代的産品。這是極艱難的工作，但是，字典如果做不到這一點，決不能達到最高的理想。

第三，是絶口不提。凡對於新興的意義絶口不提者，並非不願意提及，而是因爲字典的作者並不覺察到某字還有新興的意義。這種忽略，一則由於以今義讀古書，二則由於以今義作古文（文言文），遂至把古今微別的字義混而爲一。如果字典的作者有段玉裁讀"僅"字的精神，就不至於犯這毛病了。現在姑就幾個最常用的字舉例如下：

暫，《説文》云："不久也。"段注："《左傳》：'婦人暫而免諸國。'今俗語云'霎時間'，即此字也。"《辭源》《辭海》"暫"下皆有二義：1.不久也；2.猶猝也，而以《左傳》例句歸第二義。今按：上古"暫"字但有"猝"義，許氏因"暫"字從日，故云"不久也"，然而許氏本人所用的"暫"字都是"猝"的意思。《説文》"突"下云"犬從穴中暫出也"；"默"下云"犬暫逐人也"；"猝"下云"犬從草暴出逐人也"。"猝、暴、突、暫"四字同義。凡突然的事，需時不多，故曰"不久"。後代却真有爲時不久的意思，例如王羲之《蘭亭集序》"當其欣於所遇，暫得於己"；蘇舜欽《滄浪懷貫之》"君又暫來還徑去"，等等。直至近代，"暫"纔有暫且的意思，"暫且"是"有所待，而現在且如此"，如"暫用麻繩，將來改用鐵索""在私事料理就緒以前，暫不出國"。這種意義，始見於何書，尚待考證，但決不能早至宋代以前。

再，《辭源》《辭海》皆云："重也，仍也。"按：古代"再"字衹是兩次的意思。《左傳·僖公五年》："一之爲甚，其可再乎？"就是不該有兩次的意思。此外"再造"是造兩次，"再醮"是嫁兩次，"再生"是生兩次。現代的"再"字當"復"字解，如"來了三次，還可以再來一次"；又當"然後"解，如"我吃了飯再去"。這兩種意義都是古代所沒有的。

　　稍，《説文》：“出物有漸也。”段注：“稍之言小也，少也，凡古言稍稍者，皆漸進之謂。《周禮》‘稍食’，禄稟也；云‘稍’者，謂禄之小者也。”《辭源》“稍”有三義：1.廩食也；2.略也，少也，引《漢書》“吏稍侵辱之”；3.距王城三百里曰稍。《辭海》“稍”有四義：1.小也，少也，見《説文》段注；2.漸也，見《漢書·郊祀志》注。3.廩食也；4.距王城三百里曰稍。《辭源》《辭海》二書相比較，《辭海》的注解妥當些。《辭源》説“稍”有“略”義而引《漢書》，是大錯誤。“吏稍侵辱之”衹是吏漸侵辱之的意思。略、頗的意義是近代纔有的，直至宋代還是漸的意義，如蘇軾《與述古自有美堂乘月夜歸》：“娟娟雲月稍侵軒。”《辭海》的第一義也並不能包括近代頗、略的意義，因爲《周禮》的“稍”衹有小或差一等的意思（形容詞），没有頗、略的意思（副詞）。

　　朝，近代有向的意義，如“朝東、朝北”。《辭源》《辭海》皆未提及。

　　讓，近代有聽、任的意義，《辭海》未提及。

　　走，在現代官話及吳語裏，有古代“行”的意思，《辭源》未提及。《辭海》引《説文》段注：“今俗謂走徐趨疾者非。”“走徐”是今義，應鄭重提出，不能謂之“非”。

　　此外，以今義釋古義，也會使時代不明①。《説文》“屨，履也”“舟，船也”，是很不好的先例。《辭源》“代，替也”，也是不妥。希望將來没有“口，嘴也”“行，走也”一類的惡例出現。如果要以今釋古，不妨加上“猶今言”或“猶俗言”等字樣，使今古的界綫分開。

　　（三）儘量以多字釋一字

　　以一字釋一字，並非完全不可行。有些真正同義，或差不多同義的字，仍不妨以一釋一，例如“懟，媿也”“媿，懟也”。以一釋一自有好處，因爲可以簡單、明白。尤其是翻譯的時候用得着。漢英字

_____

① 這是指以一字釋一字而言。如果以多字釋一字，則不妨以今義釋古義。再者，如果編一部古漢語字典，聲明以今義釋古義，那也是可行的。

典或英漢字典之類很可以多利用這個辦法。不過,同一時代的同一語言,同義字非常之少,以一釋一是很難辦到的事,所以咱們應該儘量地以多字釋一字。這和上文所謂由屬求別的理由是一樣的。現在衹舉"來、去、往、適"四個字爲例。《辭海》"來,至也"(據《廣韻》);"去,往也,行也";"往,去也,由此之彼也"(《廣韻》"往,之也,去也,行也,至也");"適,往也"(據《爾雅》《廣韻》)。由《辭海》看來,"來、至"同義,"去、往、適"同義;由《廣韻》看來,"來、至、去、往、適"五字同屬一義(因"來、往"都有"至"義)。事實上,"至、來、去、往、適"共有五個意義,各不相同。段玉裁畢竟是個精細的人。《説文》"適"下云"之也",他作注說"《釋詁》'適、之,往也';《方言》'逝、徂、適,往也。適,宋魯語也'。按此不曰'往'而曰'之',許意蓋以'之'與'往'稍別。'逝、徂、往'自發動言之,'適'自所到言之,故變卦曰'之卦',女子嫁曰'適人'。"段氏對於"逝、徂"略有誤解:"逝"與"去"義相近,《書·大誥》"若昔朕其逝",《論語·子罕》"逝者如斯夫,不舍晝夜";"徂"與"適"義相近,《詩·豳風》"我徂東山"。但他對於"往、適、之"三字,見解却是很對的。如果咱們以多字釋一字,則對於"來、去、往、適"四字,可作注解如下:

　　來,古義:從他處到此處曰"來","來"字後不言所到之處①,例如:

　　　　終風且霾,惠然肯來。(《詩·邶風·終風》)
　　　　道之云遠,曷云能來。(同上,《雄雉》)
　　　　匪來貿絲,來即我謀。(同上,《衛風·氓》)
　　　　我來自東,零雨其蒙。(同上,《豳風·東山》)

_____

① "至"字則不然,從此處到他處亦可言"至",如"棄而違之,至於他邦"(《論語·公冶長》);"至"字後可言所到之處,如"齊一變,至於魯"(《論語·雍也》)。但"至"字後如不言所到之處,則與"來"義相近。如"則四方之民襁負其子而至矣"(《論語·子路》)。

曾孫來止,以其婦子。(同上,《小雅・大田》)

齊高固及子叔姬來。(《春秋・宣公五年》)

齊侯、衛侯、鄭伯來戰于郎。(同上,《桓公十年》)①

有朋自遠方來。(《論語・學而》)

叟,不遠千里而來。(《孟子・梁惠王上》)

子亦來見我乎?(同上,《離婁上》)

現代的文言"某人不日來京",白話"他到這裏來",都是不合古義的,因爲把所到的地方説出來了。

　去,古義:捨棄原所在地或原所從之人而他徙曰"去"。"去"者,或不知所之,或雖知所之而語意不在其所之,至於原所在地或原所從之人則往往説出,故"去"爲及物動詞②,例如:

楚師將去宋。(《左傳・宣公十五年》)

逝將去女。(《詩・魏風・碩鼠》)

公子鱄挈其妻而去之。(《公羊傳・襄公二十七年》)

我死乃亟去之。(《左傳・隱公十一年》)

微子去之。(《論語・微子》)

何必去父母之邦。(同上)

二三子何患乎無君?我將去之。去邠。(《孟子・梁惠王下》)

孟子去齊。(同上,《公孫丑下》)

"去"字又可用爲不及物動詞,但仍有捨棄之意,例如:

鳥乃去矣,后稷呱矣。(《詩・大雅・生民》)

子未可以去乎?(《論語・微子》)

---

① "來戰于郎","于郎"是修飾"戰"字的,不是修飾"來"字的。下仿此。

② "去"又有除義,與"往、適"義遠,故不論。《廣韻》除義之"去"讀上聲,離義云"去"讀去聲。

蚳鼃諫於王而不用,致爲臣而去。(《孟子·公孫丑下》)

有官守者,不得其職則去;有言責者,不得其言則去。(同上)

不遇故去,豈予所欲哉?(同上)

由由然不忍去也。(同上,《萬章上》)

在古代,"去"的反義詞是"留"("合則留,不合則去"),或"就"("所就三,所去三"),不是"來"("往"的反義詞纔是"來"),因爲"去"有捨棄之義,與後代僅有離開之義者不同①。直至漢代,"去"字始有離開之義,可與"來"字相對。故《史記·莊助列傳》云:"招之不來,麾之不去。"現在報紙常云"某人去滬"以代"某人赴滬",則又與古義適相反了。

往,古義:從此處到彼處曰"往","往"字不能有賓語,例如:

縱我不往,子寧不來。(《詩·鄭風·子衿》)

且往觀乎?(同上,《溱洧》)

昔我往矣,楊柳依依。(同上,《小雅·采薇》)

我能往,寇亦能往。(《左傳·文公十六年》)

孟孫請往賂之。(同上,《成公二年》)

鄭子大叔與伯石往。(同上,《襄公二十九年》)

陽虎彊使孟懿子往扳夫人之幣。(同上,《定公六年》)

鮑子醉而往。(同上,《哀公六年》)

譬如平地,雖復一簣,進,吾往也。(《論語·子罕》)

佛肸召,子欲往。(同上,《陽貨》)

其子趨而往視之。(《孟子·公孫丑上》)

如不待其招而往,何哉?(同上,《滕文公下》)

---

① 僅有離開之義者,有"行"字。《詩·唐風》"與子偕行";《論語·微子》"三日不朝,孔子行";又"使子路反見之,至則行矣"。

象往入舜宮。(同上,《萬章上》)①

祭仲將往省于留。(《公羊傳·桓公十一年》)②

使臧文仲往宿於重館。(《左傳·僖公三十一年》)

　　"往"的反義詞是"來",故經傳常以"往、來"並舉,如《詩·邶風·終風》"莫往莫來",《左傳·僖公三十年》"行李之往來",《論語·學而》"告諸往而知來者"。"來"與"往"的詞性極相近,故皆不言所到之處。今人"汽車開往重慶"一類的話,是不合古義的。

　　適,古義:從此處到彼處曰"適"③,"適"字必須有賓語,例如:

適子之館兮。(《詩·鄭風·緇衣》)

叔適野,巷無服馬。(同上,《叔于田》)

逝將去女,適彼樂土。(同上,《魏風·碩鼠》)

匪適株林,從夏南。(同上,《陳風·株林》)

今適南畝,或耘或耔。(同上,《小雅·甫田》)

子適衛,冉有僕。(《論語·子路》)

成季以僖公適邾。(《左傳·閔公二年》)

無適小國。(同上,《僖公十七年》)

公與夫人每日必適華氏食公子而後歸。(同上,《昭公二十年》)

"往"與"適"的分別:"往"者,上文已言其地,或其地極易推想而知,故"往"字後可不復言其所往之處;"適"者,上文既未明言其地,又不可推想而知,故必須有賓語。

　　在詞性上,"來"與"往"爲一類,皆不能有賓語;"去"與"適"爲一類,皆能有賓語。

　　由上面所舉的例證看來,以多字釋一字的好處可以了然了。

----

① "舜宮"是"入"的目的位,不是"往"的目的位。

② "往省于留","于留"修飾"省",不修飾"往"。下條仿此。

③ "之"與"適"略同。"赴"古代但有趨與告喪二義。"赴"訓爲"適",乃近代的意義。

結　語

　　這種理想的字典，並非一個人所能辦到的。單說考證字義的時代，非但是數十人、數百人的事，而且恐怕是數十年或數百年的事。因此，字典必須是官書，如《康熙字典》之類。不過，如果沒有好的方法，好的字典是仍舊不會出現的。本文是對於字典方法的試探。亂離之際，參考書非常缺乏，請讀者祇采其大意就是了。

原載《國文月刊》第 33 期，1945 年 3 月

了一小字典初稿

　　1941 年 4 月,我在清華大學三十周年紀念演講會上講了一個題目,叫做《理想的字典》,後來這篇文章發表在《國文月刊》上。理想的字典,講起來容易,做起來非得一班人合作不可。在理想未能實現以前,我想獨力寫一部小字典。幾經易稿,非但在考證上未能滿意,連體例也覺得未妥。現在先發表一些"樣子",希望讀者指教。字典本文舉例儘量用現代語的例子。"語源學"祇是附錄。如果這樣做,將來可分爲繁簡兩本,簡本不載"語源學"。

1946 年 3 月 11 日,了一記

　　【人】日寅切,國音ㄖㄣ。㊀名詞。動物之最靈者。如"語言文字爲人類所獨有"。㊁無定代詞。隱指某一人或某一些人。《紅樓夢》十回:"今日他又去勾搭人。"此義往往説成"人家"。㊂無定代詞。"己"之反。《紅樓夢》四十七回:"這是自己發的,也怨不得人了。"此義往往説成"別人"。㊃(文言)單位名詞,指人的數目。如"會員缺席者七人"。今白話稱"個"不稱"人"。

　　〔語源學〕"人"字古音在真部。《廣韻》如鄰切,真韻。等韻臻攝,日母,開三。《説文》:"人,天地之性最貴者也。此籀文,象臂脛之形。"今按:甲骨及金文"人"字多象人側立形,有頭、背、臂、脛。第二、三、四諸義皆由第一義引申而來。四義皆源於上古:(一)

《詩·大雅·召旻》：“維今之人，不尚有舊。”（二）《詩·鄘風·柏舟》：“母也天只，不諒人只。”（三）《論語·顏淵》：“己所不欲，勿施於人。”（四）《書·泰誓》：“予有亂臣十人。”

　　二畫　【仁】日寅切，音人。國音ㄖㄣˊ。㊀名詞。博愛也。如“仁義道德”。又可用作定語，指有仁德者。如“仁兄、仁弟”。㊁名詞，果實之心也。如“桃仁、杏仁”。

　　〔語源學〕“仁”古音同“人”。《説文》：“仁，親也，從人，從二。”段注：“《中庸》曰：‘仁者人也。’注：‘人也讀如相人偶之人。’……按‘人偶’猶言爾我親密之詞，獨則無耦，耦則相親，故其字從人二。”朱駿聲云：“人亦聲。”第一義上古已有之。《論語·里仁》：“苟志於仁矣，無惡也。”又《衛靈公》：“志士仁人。”古人説“仁”，其義不一。《禮記·表記》：“仁者，右也。”《墨子·經》：“仁，體愛也。”《國語·周語》：“仁，文之愛也。”又：“博愛於人爲仁。”《韓非子·解老》：“仁者，謂其中心欣然愛人也。”《韓詩外傳》：“愛由情出謂之仁。”《春秋元命苞》：“仁者情志好生愛人。”諸家所説，重在博愛。《禮記》所謂“右也”，即扶助之義，亦與博愛義近。惟《論語》所謂“仁”，涵義殊廣，不限於博愛。孔子答弟子問仁，亦各有不同。今按“仁、人”音同，“仁”者爲人之道也。人不能無群，故爲人之道亦即處群之道；而博愛者，斯道之要也。韓愈《原道》：“博愛之謂仁。”雖不能盡其義，而大旨不悖矣。段玉裁於《説文》“人”字下注云：“果實之心亦謂之人；能復生草木而成果實，皆至微而具全體也。果人之字，自宋元以前，本草方書詩歌紀載無不作“人”字，自明成化重刊《本草》，乃盡改爲‘仁’字。”按：果仁之仁本作“人”當係事實。《爾雅·釋木》“桃李醜，核”，郭注云：“子中有核人。”是第二義晉代已有之。顏之推《顏氏家訓》“單服杏仁”，則已作“仁”。蓋此義與第一義不同源，故“人、仁”可隨意借用也。段氏“至微而具全體”之説乃懸揣之談，不可依據。

　　《後漢書·班超傳》：“兄年七十，兩手不仁。”後世因以不知痛癱爲“不仁”，如“麻木不仁”。其語源不可詳考。

【仇】奇尤切，音求。國音ㄑ又或ㄔ又。㈠名詞。所恨之人也。今白話往往稱爲“仇人”。《兒女英雄傳》十八回：“仇人相見，分外眼紅。”㈡由被害而生之怨恨也。《兒女英雄傳》十七回：“自然是報仇要緊。”

〔語源學〕“仇”字古音在幽部。《廣韻》巨鳩切，尤韻。等韻流攝，群母，開三。《說文》：“仇，讎也，從人，九聲。”朱駿聲曰：“按謂讎也，二人相當相對之誼。”段玉裁曰：“《左傳》曰：‘嘉偶曰妃，怨偶曰仇。’按仇與逑古通用。……仇爲怨匹，亦爲嘉偶，如‘亂’之爲‘治’、‘苦’之爲‘快’也。《周南》‘君子好逑’與‘公侯好仇’義同。”今按：由怨偶之義引申爲怨恨之義，乃極自然之結果。《說文》本意恐係以“讎敵”釋“仇”，若然，則段、朱所說古義勝於許書。第一、二兩義上古已有之：（一）《左傳·成公十三年》：“君之仇讎而我之昏姻也。”（二）《左傳·文公六年》：“損怨益仇。”

〔附記〕“仇”字今人多讀匙尤切，音與“讎”同，非古也。“仇”與“讎”亦非完全同義。古人於第二義則“仇、讎”通用，第一義則“仇、讎”二字連用或但用“讎”。至於校讎、讎答等義，尤不能用“仇”。參看言部“讎”字下。

【仍】日蠅切。國音ㄖㄥˊ。㈠動詞。依以前的狀況繼續下去。如“明時宰相稱爲大學士，清仍之”。此義今罕用。㈡形容詞。表示連續不絕之狀態。如“災禍頻仍”。此義今白話罕用。㈢副詞。今白話往往作“仍舊”或“仍然”，表示行爲之連續。如“仍舊不動”。又表示行爲之重複。《紅樓夢》五十回：“你們仍舊坐下說笑。”又四十四回：“便仍然奉承賈璉。”又表示行爲之目的在於恢復原狀。《紅樓夢》五十一回：“又將火盆上的銅罩揭起，拿灰鍬重將熟炭埋了一埋，拈了兩塊速香放上，仍舊罩了。”

〔語源學〕“仍”字古音在蒸部。《廣韻》如乘切，蒸韻。等韻曾攝，日母，開三。《說文》：“仍，因也，從人，乃聲。”按：“乃”古音在之部，之蒸對轉。“因”者，因襲也。第一、二兩義上古已有之：（一）《論語·先進》：“仍舊貫，如之何？何必改作？”（二）《漢書·王莽傳》：“吉瑞累仍。”第三義起於近代。古文於此義但用“猶、復”之類，不用“仍”。因襲爲本義。物之因襲者必相重，故又有重義、屢義。《國語·周語》：“晉仍無道。”《漢書·武帝紀》：“今大將軍仍復克獲。”皆屢義也（屢義用作狀語，今成死義）。《爾雅·釋親》“晜孫之子曰仍孫”（“仍”今作“礽”），則重義也。由重之義用爲副詞，漸變爲現代連續、重複之義，更由連續、重複之義引申而表示行爲之目的在於恢復原狀。

【化】虎跨切。國音ㄏㄨㄚ。㈠動詞。變化。如言“時局變化”。今語“化學”（chemistry）本此。㈡名詞。轉移風俗之行爲。如言“教化、風化”。㈢動詞。僧人求食曰“化齋”。

〔語源學〕“化”字古音在歌部。《廣韻》呼跨切，禡韻。等韻假攝，曉母，合二。《說文》：“化，教行也，從匕，從人，匕亦聲。”按：《說文》“化”字入匕部，後世字書仍之。然“人”亦意符，不妨改入人部。朱駿聲云“從人，匕聲”，則尤宜入人部也。許書以“匕”爲變化字，以“化”爲教化字。然今經傳皆以“化”爲之。變化義生教化義。此二義上古皆有之：（一）《老子》：“我無爲而民自化。”（二）《漢書·敘傳》：“敗俗傷化。”變義引申爲生義。《禮記·樂記》：“和，故百物皆化。”又爲死義。《孟子·公孫丑下》：“且比化者無使土親膚。”後來釋家言“坐化”，道家言“羽化”，本此。第三義最爲後起，大約近代始有之。宋孟元老《東京夢華録》：“打鐵牌子或木魚分地分日間求化。”洪邁《夷堅志》：“既僧，爲街坊化緣。”此義似由教化之義而來。其初本係勸人布施，以供三寶之意；勸人布施，即化人爲善也。

【介】皆隘切，音戒。國音ㄐㄧㄝ。㈠動詞。居於二者之間也。今語“介紹（introduce）、介詞”（preposition）本此。㈡名詞。蟲類之甲殼也。動物學上有所謂“介殼蟲”。㈢（文言）名詞。大也。如言

“介福”。此義今罕用。㈣（文言）“一人”謂之“一介”。如言“一介書生”。此義今罕用。㈤“介懷”或“介意”，動詞。不如意之事存於心也。如“小事不足介懷”。

〔語源學〕“介”字古音在泰部。《廣韻》古拜切，怪韻（平水卦韻）。等韻蟹攝，見母，開二。《說文》：“介，畫也，從八從人，人各有介。”今按：甲骨文字“介”象人著介形，非從八也，故改入人部。“介”字古義甚多，上所說五義但就後世沿用者言之。第一至第四義皆見於上古：（一）《左傳·襄公九年》：“介居二國之間。”（二）《禮·月令》：“其蟲介。”（三）《易·晉》：“受茲介福。”（四）《書·秦誓》：“如有一介臣。”第五義稍晚，然唐以前亦已有之。《南史·張盾傳》：“盾爲無錫令，遇劫，生資皆盡，不以介懷。”《說文》以“畫”釋“介”，當係以“介”爲今之“界”字，而以“界”爲“介”之本義。然以甲骨文觀之，則當以“甲”爲“介”之本義。《詩·周頌·臣工》“嗟嗟保介”箋：“保介，車右也；介，甲也；車右勇士被甲執兵也。”《禮記·曲禮》：“介者不拜。”《周禮·旅賁氏》：“軍旅則介而趨。”義皆同。甲之義生介殼之義，蟲之介與人之介相似也。又生一介義，上古之人常被甲，故以“一介”爲一人也。一介又由一人之義引申爲一物。《孟子·萬章上》：“一介不以與人。”趙岐注以爲“一介草”，焦循因以爲“介”即“芥”，非是。甲義又生大義，“大”字本象人形，人被甲尤足以見其大也。一介義生特義。《孟子·盡心上》：“柳下惠不以三公易其介。”陸注：“謂特立之行。”又生纖微義。《易·繫辭》：“憂悔吝者存乎介。”疆界之義疑與甲義不同源，然上古亦已有之。《詩·大雅·思文》：“無此疆爾介。”疆界之義生畔義。《楚辭·九章·哀郢》：“悲江介之遺風。”又生居間之義，疆界必居二地之間也。“介”又有助義。《詩·豳風·七月》：“以介眉壽。”又《小雅·小明》：“介爾景福。”助義生副貳義。《禮記·檀弓》：“子服惠伯爲介。”又生因義或恃義，受人助者即恃人者也。《左傳·文公六年》：“介人之寵。”《漢書·南粵王傳》：“欲介使者權謀誅嘉等。"副貳生次義,爲副貳者次於人也。《左傳·昭公四年》:"且蒙卿無路,介卿以葬,不亦左乎?"次義生庶義。《禮記·曾子問》:"孝子某爲介子某荐其常事。""介懷、介意"源於"介然、介介"。《漢書·陳湯傳》:"使百姓介然有秦民之恨。"注:"猶耿耿也。"《後漢書·馬援傳》:"介介獨惡是耳。"注:"介介猶耿耿也。"元曲中用"介"字表示劇中人的動作,如"飲酒介、相見介",義與"科"字同。此與以上諸義無關,衹是假借字耳。

【什】時熠切,音十。國音ㄕ。㊀數詞。今所謂"十分之幾",古稱"什幾"。如"逐什一之利"。此義今罕用。㊁"什物",名詞,日用雜物也。㊂"什麽",疑問代詞。《紅樓夢》六十七回:"到底是什麽東西?"

〔語源學〕"什"字古音在緝部。《廣韻》是執切,緝韻。等韻深攝,禪母,開三。《説文》:"什,相什保也,從人十。"段注:"《族師職》曰:'五家爲比,十家爲聯;五人爲伍,十人爲聯,使之相保相受。'"今按:"什"之初義非保也。"什"義由"十"義演化而來,表示數之以十爲整數者。數詞加人旁以示整數,以"伍、什"二字爲最早。以五計者謂之"伍",以十計者謂之"什"。後人因之造"佰、仟"二字。"七、八"等字不加人旁,惟"伍、什、佰、仟"加人旁,其爲整數可知矣。"什"字整數之義,上古已有之。《孟子·滕文公下》:"什一,去關市之徵,今兹未能。"此以"什"爲十分之幾也。又"或相什百",此以"什"爲十倍也。軍制十人爲什。《史記·匈奴傳》:"諸二十四長,亦各置千長、百長、什長。"保甲之制,十人亦爲什。《史記·商君列傳》:"令民爲什伍。"《詩》之雅頌每十篇爲什,如"彤弓之什"。後世謂詩篇爲"篇什",本此。第二義疑係由第一義變來,發生之期當在漢代以後。《史記·五帝紀》:"作什器於壽邱。"索隱:"人家常用之器非一,故以十爲數,猶今曰什物也。"《闕子》"革匱十重,緹巾什襲"(後世言"什襲珍藏",本此),"十、什"對文,義亦相同,已失古義矣。"什麽"之"什"係假借字,與第一、二兩義無涉。其義雖已導源於唐代，然而今文言文但用"何"，不用"什麽"。"什麽"又作"拾没"。《集韻》："不知而問曰拾没。"又作"甚麽"，參看"甚"字下。

〔附記〕一般字典以爲"什"義同"十"，非也。"十"爲基數序數，"什"則爲整數。整數可偶然用"十"，如"相什百"作"相十百"尚可通；然而基數、序數則必不可用"什"，故"十人"不可作"什人"，"第十"不可作"第什"。"什麽"國音讀爲ㄕㄜㄇㄜ，近人亦有寫成"什末"者。

【仆】普屋切，音扑；又敷務切，音赴。國音ㄆㄨ或ㄈㄨ。動詞（文言）。身向前倒下，面向地也。今白話罕用。

〔語源學〕"仆"字古音當在侯部。《廣韻》芳遇切，遇韻；匹候切，候韻（平水宥韻）；敷救切，宥韻；蒲北切，德韻（平水職韻）；又匐複二音。等韻遇攝，敷母，合三。《説文》："仆，頓也，從人，卜聲。"玄應《一切經音義》引作："頓也，謂前覆也。"孫炎《爾雅注》："前覆曰仆。"按："仆、覆"雙聲，音義皆近。《吳越春秋》："臣迎風則偃，背風則仆。"引申亦有"斃"義。"仆"字先秦但作"踣"，漢人始作"仆"。《廣韻》"踣"下云："斃也，又作仆。"段玉裁云："踣與仆音義皆同。"

【仂】羅劾切，音勒。"仂語"，名詞。兩個以上的詞相聯結，構成一個複合的意義單位，謂之"仂語"。如"小牛、姊妹、微笑"。

〔語源學〕"仂"字古音當與"勒"同。《説文》無"仂"字。《禮記·王制》："祭用數之仂。"又："喪用三年之仂。"鄭注以爲"數之什一"。嚴復以"仂語"譯英文之 phrase，今用其譯名，惟定義則依照拙著《中國現代語法》。

【仃】低經切，音丁。國音ㄉㄥ。（文言）"伶仃"，形容詞，單獨貌。今白話罕用。

〔語源學〕《説文》無"仃"字。《廣韻》："伶仃，獨也。"古但作"零丁"。杜甫《秦州見敕》："宮臣仍點染，柱史正零丁。"

【仉】止養切，音掌。專有名詞。相傳孟子之母姓仉。

〔語源學〕缺。

【从】通“從”。

〔語源學〕按：“从、從”當係古今字。《説文》：“从，相聽也，從二人。”又：“從，隨行也。”似強爲分別。今經典皆作“從”，獨《周禮·司儀》“客从拜辱於朝”作“从”。段玉裁云：“許書凡云从某，大徐作从，小徐作從。”王筠云：“《説文》凡云从某，大徐作从，唐以前，《玉篇》而外，凡引《説文》皆作從。”

三畫　【他】托鴉切，國音ㄊㄚ。㈠（文言）無定代詞。今猶言“別的”。如“作客他鄉”。今白話於此義往往作“其他”。如“中國的人口比其他的國家的人口多”。㈡（白話）人稱代詞。第三人稱，單數。《紅樓夢》三十八回：“老太太因爲喜歡他，纔慣的這麽樣。”複數作“他們”。《紅樓夢》四十五回：“何苦叫他們咒我？”

〔語源學〕“他”字古音在歌部。《廣韻》托何切，歌韻。等韻果攝，透母，開一。按：歌韻本讀[a]，後變爲[o]，獨“他”字不變。今口語“他”讀[t'a]正合古音。《説文》無“他”字，但有“它、佗”。《詩·小雅·鶴鳴》：“它山之石。”《釋文》：“它，古他字。”蓋“他”字本作“它”，後世又借“佗”爲之（《説文》“佗，負荷也”），復由“佗”變爲“他”。《説文》“它”下云：“蟲也……上古草居患它，故相問無它乎。”段注：“相問‘無它’，猶後人之‘不恙、無恙’也。語言轉移，則以‘無別故’當之，而其字或叚‘佗’爲之，又俗作‘他’。”段氏之意以爲別義係由蛇義（“它”即“蛇”）引申。然其說頗迂曲，未可遽信，愚意無定代詞之“他”係假借之字（朱駿聲亦認爲假借），與蛇義無涉。“他”字用爲無定代詞，上古已有之。其用爲主賓語者，如《左傳·成公二年》：“蕭同叔子非他，寡人之母也。”此作別人解。《莊公廿二年》：“光遠而自他有耀者也。”此作別處解。《僖公九年》：“識其他。”此作別的解（按：古語“其、他”係兩詞，今白話“其他”係一詞，性質不同）。《詩·鄘風·柏舟》：“之死矢靡他。”“靡

他"猶今言"没有別的"。或以"異心"釋"他",其意雖近是,而於詞
之本義則未合。其用作定語者,如《左傳·宣公十二年》:"以他馬
反。"又凡在某事發生以前之時謂之"他日",猶今言"從前"。《左
傳·昭公二十年》:"歸,從政如他日。"在某事發生以後之時亦謂之
"他日",猶今言"後來"。《左傳·哀公十四年》:"使爲臣,他日與
之言政,説,遂有寵。"其用作狀語者,如《孟子·滕文公上》:"不可
以他求者也。""他"字用爲人稱代詞,中古始有之。唐元稹詩:"泥
他沽酒拔金釵。"複數之"他們"始見於宋詞,寫作"他懑"。趙長卿
《念奴嬌》:"對酒當歌渾冷淡,一任他懑嗔惡。"到了元曲則寫作
"他每"。《玉鏡臺》:"他每都恃着口強。"除詩與詞曲外,文言中不
用"他"爲人稱代詞。人稱代詞之"他"係由無定代詞之"他"引申
而來。《廣韻》:"佗,非我也。"蓋謂自我而外皆"他"也(今語猶以
"利他"與"利己"對稱),仍爲無定代詞,然已與人稱代詞性質相
近。其後乃以非我、非汝爲"他",遂成第三人稱矣。疑六朝時"他"
字即用爲第三人稱,唐人始以入詩耳。

〔附記〕"他"字當有文言、白話二音,文言讀ㄊㄨㄛ,白話讀古
ㄊㄚ;今文言音漸不爲人所知,亦不必強爲矯正。1917 年以前,陰、
陽、中三性皆作"他",無"他、她、它"之别。

【仙】息煙切,音先,國音ㄒㄧㄢ。㊀名詞。道家謂得道長生者爲
仙。《紅樓夢》第五回:"祇見房中走出幾個仙子來。"㊁名詞。英文
cent 之譯名。粤、港一帶通用之。

〔語源學〕"仙"字古音當在諄部。《廣韻》相然切,仙韻(平水
先韻)。等韻山攝,心母,開四。《説文》有"僊"無"仙"。《釋名·
釋長幼》:"老而不死曰仙。仙,遷也,遷入山也,故其制字人旁作山
也。"可見"仙"字從人從山,山非聲。《説文》"僊"下云:"長生僊去
也。"徐灝箋:"古無長生僊去之説,後人假借舞貌之僊爲之。"今按:
徐説甚是。"仙"乃道家語,故不見於儒家經典。惟《莊子·天地
篇》有"千歲厭世,去而上仙"之語(此"仙"乃動詞),《列子·黄帝

篇》有"仙聖爲之臣"之語。《列子》是僞書,《莊子·天地篇》亦未
必即莊子所作。道家盛於漢代,故漢人著作中多"仙"字。《説文》
又有"仚"字,云:"人在山上皃,從人,從山。"朱駿聲疑此爲"僊"之
或體。顔元孫引鮑明遠《書勢》云:"鳥仚魚躍。"《廣韻》:"仚,許然
切,輕舉貌。"今按:"僊、仙、仚"實同一字,道家以飄然輕舉之人爲
仙,孫綽《天台賦》:"非夫遺世玩道絶粒茹芝者,焉能輕舉而它之?"
是也。後世以"仙、仚"分爲兩音,義亦各不相涉矣。

【付】夫務切,音賦。國音ㄈㄨˋ。㊀(文言)動詞。授與也,猶今
言"交給"。如"付郵"。㊁(白話)動詞。以錢與人,償所欠也。如
"米錢已經付過了"。

〔語源學〕"付"字古音在侯部。《廣韻》方遇切,遇韻。等韻遇
攝,非母,合三。《説文》:"付,與也,從寸持物對人。"徐鉉曰:"寸,
手也。"按:金文從人從又,又亦手也。《書·高宗肜日》"天既孚命
正厥德",石經作"付",《漢書·孔光傳》亦引作"付",釋之曰:"民
不順德,天既付命罰之。"《梓材》"皇天既付中國民",馬融作"附"。
今按:《書經》"付"字是否有與義,未可確考。然如《漢武帝内傳》
"輒封一通付信",則確有交給之義。支付之義雖由交給之義引申,
然起源甚晚。

【仕】事異切,音士。國音ㄕˋ。(文言)動詞。從政也,猶今言
"做官"。今白話罕用。

〔語源學〕"仕"字古音在之部。《廣韻》鉏里切,止韻(平水紙
韻)。等韻止攝,床母,開二。按:"仕"本上聲字,今音讀去聲。《説
文》:"仕,學也,從人,從士。"小徐本作:"從人,士聲。"段氏、王氏
依小徐,桂氏依大徐,朱氏則云:"從人,從士,會意,士亦聲。"今按:
"仕"乃後加形符之形聲字。最初有"士"無"仕","士、仕"不分;其
後"士、仕"分別,乃加人旁作"仕"耳。段玉裁云:"訓仕爲入官,此
今義也。古義宦訓仕,仕訓學,故《毛詩傳》五言'士,事也',而《文
王有聲傳》亦言'仕,事也'。是"仕"與"士"皆事其事之謂。學者

覺悟也,事其事則日就於覺悟也。"今按:"仕、事"古音相近或相同,
義亦同源。從政必有所事事,故曰"仕"。段氏所云"仕與士皆事其
事之謂",是也。《說文》以"學"訓"仕",似以"士"之義爲"仕"之
義,然自"士、仕"分用之後,即不當混而同之。《論語·子張》:"仕
而優則學,學而優則仕。"仕學判然兩事。段氏爲之曲說,不知許氏
以"覺"訓"學"乃聲訓之例,"覺"義與"仕"義不相關涉也。

【仗】直樣切,音杖。國音ㄓㄤ丶。㊀動詞。憑藉也。《紅樓夢》七
回:"不過仗着這些功勞情分。"㊁(白話)"打仗",動詞。兩軍交戰
也。如"德國和英國打仗"。古無此語。

〔語源學〕"仗"字古音在陽部。《廣韻》直兩切,養韻;直亮切,
漾韻。等韻宕攝,澄母,開三。按:"仗"本有上、去兩聲,今但讀去
聲。《說文》有"杖"無"仗"。"杖"下云:"持也。"今按:當云持兵
器也。《左傳·哀公十五年》"孔伯姬杖戈而先",字正作"杖"。後
世改作"仗"。《史記·淮陰侯列傳》:"項梁渡淮,信仗劍從之。"持
兵器之義引申爲憑藉義,漢代已有之。《漢書·杜欽傳》:"莫可據
仗。"字亦作"杖"。《李尋傳》:"近臣已不足杖矣。"後世言"仗義"
亦憑藉之義。又引申爲所持之兵器。《風俗通》以"仗"爲刀戟之總
名。後世謂衛隊之兵器排場爲"儀仗"。《唐書·百官志》:"庫部
郎中員外郎各一人,掌戎器鹵簿儀仗。""打仗"一詞起於何時,未能
詳考,然必在近代無疑。其義或由刀戟之義演變而來,唯不能十分
確定耳。

【仔】資此切,音子。國音ㄗˇ。㊀"仔細",形容詞。清楚貌。如
言"看得不仔細"。㊁(白話)"仔細",動詞,猶言"留神"或"當
心"。《紅樓夢》第卅一回:"仔細那上頭掛的燈穗招下灰來迷
了眼。"

〔語源學〕"仔"字古音在之部。《廣韻》即里切,止韻(平水紙
韻);子之切,之韻(平水支韻)。等韻止攝,精母,開四(《指掌圖》
在開一)。按:"仔細"之"仔"當讀上聲。"仔肩"之"仔"則有平、上

兩聲。《説文》："仔,克也,從人,子聲。"《詩·周頌·敬之》："佛時仔肩。"傳："仔肩,克也。"箋："仔肩,任也。"段玉裁云："許云'仔,克也';《釋詁》云'肩,克也';許云'克,肩也',然則'仔肩'累言之耳。"王筠云："仔肩是複語。"力按:複語即今所謂雙音詞也。"仔細"之第一義,唐代始有之。白居易詩:"世路風波仔細諳。"又作"子細"。《北史·源思禮傳》:"爲政當擧大綱,何必太子細也?"杜甫《觀李固請司馬弟山水圖》:"野橋分子細,沙岸繞微茫。""仔細"之"仔"與"仔肩"之"仔"毫無關係。"仔細"之"仔"乃假借字,故又以"子"爲之,無定字也。其語源未能詳考。"仔細"之第二義係由第一義引申而來,時代較晚。

【仞】日印切,音認。國音ㄖㄣˋ。(文言)名詞。古度量衡名。八尺爲仞,或云七尺。今白話罕用。

〔語源學〕"仞"字古音在文部。《廣韻》而震切,震韻。等韻臻攝,日母,開三。《説文》:"仞,伸臂一尋八尺,從人,刃聲。"此義見於上古。《論語·子張》:"夫子之墻數仞。"朱駿聲云:"《孟子》趙注、《家語》王肅注、《山海經》郭璞注、《漢書》師古注皆同(力按:同於許説);《論語》包注、《儀禮》鄭注、《楚辭》王逸注、《吕覽》高誘注,皆以爲七尺;《漢書·食貨志》應劭注又謂五尺六寸;《小爾雅·廣度》則曰四尺謂之仞。諸説不一。"

【仡】義乞切。國音ㄧˋ。(文言)"仡仡",形容詞。勇壯貌。今罕用。

〔語源學〕"仡"字古音在隊部。《廣韻》許訖切,又魚訖切,迄韻(平水物韻)。等韻臻攝,曉母又疑母,開三。《説文》:"仡,勇壯也,從人气聲。"今按:隸變爲"仡"。勇壯之義見於上古。《書·秦誓》:"仡仡勇夫。"勇壯引申爲高大之義。《詩·大雅·皇矣》:"崇墉仡仡。"此義後世作"屹"。"仡仡"本係聯綿字,後世有省爲一字者。《史記·司馬相如列傳》:"仡以佁儗。"《文選》何晏《景福殿賦》:"悍獸仡以儷陳。"

【仟】七煙切，音千。國音ㄑㄧㄢ。現代票據中之數目字，防人添改，故作繁體，"千"字往往作"仟"。

〔語源學〕古音缺。《廣韻》蒼先切，先韻。等韻山攝，清母，開四。《說文》無"仟"字。今按："仟"字係仿"伍、什、佰"諸字而作，故其義爲千倍，或表示千之整數。《漢書·食貨志》"無農夫之苦，有仟佰之得"，蓋謂千百倍之利也。顏注："仟，千錢也；佰，百錢也。"非。或云，"仟佰"借爲"阡陌"，存參。《廣韻》："仟，千人長也。"按"仟"當指千人之整數，"仟長"乃爲千人之長耳，非"仟"字即有"千人長"之義也。

【仝】道書"同"字（見《廣韻》）。今人"同""仝"通用。

【仨】今北京話往往謂三個爲ㄙㄚ，或寫作"仨"。如"一共五個梨，他吃了倆，我吃了仨"。

　　四畫　【件】忌練切，音健。國音ㄐㄧㄢ。㊀單位名詞。衣服什物之數往往稱爲"件"。《紅樓夢》第一百五回："皮衣一百三十二件，綿夾單紗絹衣三百四十件。"㊁"條件"（condition），名詞。通常有三義：1.契約或盟約中之項目也。如"甲國向乙國提出三個條件"。2.乙事須待甲事實現後始能實現，則甲事爲乙事之條件。如"氧氣爲人類的生存條件"。3.猶言"情況"或"環境"。如"在這些條件之下"。㊂"事件"（event），名詞。一切發生之事皆曰"事件"。

〔語源學〕古音缺。《廣韻》其輦切，獮韻（平水銑韻）。等韻山攝，群母，開三。按："件"本上聲字，今音讀去聲。《說文》："件，分也，從人，從牛，牛大物，故可分。"今按：此字乃大徐補入，非許書之舊。分義不可考，故從牛之故亦不可考。唐代制誥中往往有"可依前件"之語，"件"似等於今所謂"案"。又元稹《與衛淮南石琴荐啟》"右件琴荐，躬往采獲"，則"件"又指某一定之物而言。總之，上古書籍中無"件"字，中古"件"字但作名詞用；至於用爲單位名詞，疑近代始有之。古代衣服稱"襲"，什物稱"枚"，無稱"件"者。"條"與"件"皆單位名詞，合成條約之義。"條件"之名乃中國所固有，而其現代意義則采自西文。"事件"之名最爲後起，係由"一件事"演變而來，與"船隻、書本"之由"一隻船、一本書"演變同理。

【任】日蔭切。國音ㄖㄣˊ。㊀動詞，擔也，猶今官話所謂"挑東西"。此義今罕用，然而由此義引申，今語謂負責做某事曰擔任某事。如云"他不肯擔任這種職務"。㊁名詞。負責辦理之事。如"不能勝任"。今語"任務"（commission）、"責任"（duty）本此。㊂動詞。以官職委托於人也。今語往往作"任命"或"任用"。如"政府已任命某某爲教育部長"。㊃名詞，官職也。如"上任、到任、留任、卸任"。㊄"信任"（confide），動詞。對於某人之能力或道德無所懷疑也。如"部長對於某人，非常信任"。㊅"任意"，動詞，作事不受拘束也。

〔語源學〕"任"字古音在侵部。《廣韻》如林切，侵韻；汝鴆切，沁韻。等韻深攝，日母，開三。按："任"在上古當係平聲字，後世大抵用爲動詞則讀平聲，用爲名詞則讀去聲，然亦無一定標準，從前字典以諸義分隸於平去兩聲之下，強爲分別而已。今人惟於任姓讀平聲，其餘皆讀去聲。《說文》："任，保也（宋本作符也），從人，壬聲。"今按："任"當以"抱"爲本義，《詩·大雅·生民》："是任是負。"毛傳："任猶抱也。"金文"保"字從人抱子，褓在其外，是"保"即"抱"也。凡操作之事，古多從人，如"儋（擔）、何（荷）"之類是也。許書說其故訓，本不誤；後人以保舉爲"任"之本義，則誤矣。"抱"義引申爲擔荷之義。《詩·小雅·黍苗》："我任我輦。"《周禮·考工記》："輈人倍任者也。"又引申爲擔荷之物。《論語·泰伯》："任重而道遠。"《孟子·滕文公上》："門人治任將歸。"《禮記·祭義》："班白者不以其任行乎道路。"又引申爲揹負之義，《楚辭·悲回風》："重任石之何益？"注："負也。"揹負之義又引申爲妊娠之義。《史記·鄒陽列傳》："紂刳任者，觀其胎産。"《漢書·敘傳》："劉媼任高祖。"《白虎通·禮樂》："任養萬物。""任、妊"古今字。擔荷之義引申爲治事之義。《周禮·大司馬》："以任邦國。"

注："事也。"按：即辦邦國之事。今語"擔任"本此（第一義）。使載之義引申爲使治事之義。《周禮‧大司馬》："以九職任萬民。"注："俾也。"按即使萬民擔任九職。《書‧大禹謨》："任賢勿貳。"任賢，使賢者擔任政事也。今語"任命、任用"本此（第三義）。所擔任之事亦曰"任"，猶今語所挑擔之物亦曰"擔"也。《孟子‧梁惠王下》："以爲能勝其任也。"又《告子下》"故天將降大任於是人也"（第二義）。

擔荷之義又引申爲堪義。《左傳‧僖公二十五年》："衆怒難任。"今語"無任感荷"本此。又爲能義。《史記‧白起王翦列傳》："病不任行。"又引申爲受義。《漢書‧石顯傳》："任天下之怨。"今語"任勞任怨"本此。任用之義引申爲信任之義。《詩‧邶風‧燕燕》："仲氏任只。"箋："以恩相親相信也。"《周禮‧大司徒》："孝友睦婣任恤。"司農注："謂朋友相任。"《史記‧季布欒布列傳》："爲氣任俠。"孟康曰"信交通曰任"（第四義）。信任之義引申爲保舉之義。《漢書‧汲黯傳》："信任宏。"蘇林注："保舉也。"此義今廢。《周禮‧大司徒》："以任土事。"注："任謂就地所生，因民所能。"按：此有順其自然之義，今語"放任"本此。順自然之義引申爲恣意之義，順我之性則不受拘束也（第六義）。官職之義（第五義）最爲後起，然亦由所擔任之事一義引申而來。由此觀之，"任"義共有二源：第一、二、三、四、五義爲一源，第六義自爲一源也。

【休】希優切。國音ㄒㄧㄡ。㊀動詞。停止工作也。今白話往往作"休息"。如"他寫完了一部書，打算休息一個月"。又"休業、休學、休假"亦皆停止工作之意。㊁動詞。完畢也。常用於不如意之事。《水滸》第十七回："自小學成十八般武藝在身，終不成這般休了？"今白話罕用。㊂副詞，用於禁止。《紅樓夢》第二回："老先生休這樣説。"㊃（文言）名詞。猶言喜事。如"休慼相關"。今白話罕用。㊄動詞。出妻曰休。此義今廢。

〔語源學〕"休"字古音在幽部。《廣韻》許尤切，尤韻。等韻流攝，曉母，閞三。《説文》："休，息止也，從人依木。"在木部，今改入人部。按：金文"休"字多不從木，然《詩・周南・漢廣》"南有喬木，不可休思"，適與"從人從木"之説吻合，許説未可厚非也。金文"休"字亦有從木者，如靜敦。"休"之本義爲取蔭，蔭庇於樹木謂之"休"，蔭庇於屋宇亦謂之"休"，故"休"或從广作"庥"（見《説文》）。《史記・高帝本紀》"止宫休舍"，是也。取蔭之義引申爲休息之義。《詩・小雅・十月之交》："民莫不逸，我獨不敢休。"由休息之義引申，使止或使息皆曰"休"。《詩・大雅・瞻卬》："休其蠶織。"《左傳・昭公二十七年》："休公徒之怒。"《襄公二十八年》："吾乃休吾民矣。"《國語・吳語》："以休君憂。"懈怠亦曰"休"。《左傳・昭公五年》："兹敝邑休息。"注："解也。"此二義今罕用。"休感"之"休"當與"休息"之"休"同源。《爾雅・釋詁》："休，美也。"《釋言》："休，度也。"《詩・大雅・民勞》"以爲王休"，《小雅・菁菁者莪》"我心則休"，《商頌・長發》"何天之休"，傳箋皆訓"美"。《國語・楚語》"無不承休"，注："度也。"《周語》"爲晉休戚"，注："喜也。"《左傳・襄公二十八年》"以禮承天之休"，注："福禄也。"今按："以爲王休"之"休"即休息之義，故與上文"勞"字對舉。"我心則休"與"爲晉休戚"之"休"猶言"愉"也。由休息之義引申，猶今語所謂"鬆快"也。至"何天之休、承天之休、無不承休"皆當訓"庇"。後世作"庥"，休於樹下或屋下則受蔭庇也。傳箋注皆失之。完畢之義當始於唐。李商隱《即日》"一歲林花即日休"，又《馬嵬》"他生未卜此生休"，温庭筠《過華清宫》"香魂一哭休"，皆是也。"休"本有止息義，由止息至完畢僅一意之隔。惟或引《戰國策》"先生休矣"一語，以爲完畢之義始於先秦，則又嫌太早。"休矣"當係禮貌之禁止詞，乃第三義之所由出，非第二義之所自也。杜甫《歲晏行》"汝休枉殺南飛鴻"，是第三義亦始於唐。出妻曰休，未詳所始。《水滸傳》第七回"明白立紙休書，任從改嫁"，是此義最晚當在元明之間。

【仰】擬兩切。國音ㄧㄤˇ。㈠（文言）動詞。舉首也。如"俯仰"。今白話罕用。㈡動詞。敬慕也，如"仰慕、欽仰、久仰大名"。㈢動詞。上會下之辭，公文中常用之。如"仰各遵照"。

〔語源學〕"仰"字古音在陽部。《廣韻》魚兩切，養韻。等韻宕攝，疑母，開三。《說文》："仰，舉也，從人從卬。"《一切經音義》卷八引作"舉首也"。王筠云"當作卬聲"，是也。按："卬、仰"古今字。《說文》"卬"下云"望也，欲有所庶及也"，引《詩》"高山卬止"，今《詩》作"仰"。疑望乃"仰"之本義。《詩‧大雅‧瞻卬》"瞻卬昊天"，《論語‧子罕》"仰之彌高"是也。望則舉首，故"仰"又有舉首之義。《詩‧小雅‧北山》："或棲遲偃仰。"司馬遷《報任安書》："乃欲仰首伸眉。"《漢書‧息夫躬傳》"仰藥而伏刃"，謝靈運《廬陵王誄‧序》"暴甚於仰毒"，亦舉首之義。"仰藥、仰毒、伏刃、伏劍"，皆言自殺時之姿勢也。敬慕之義頗爲後起，然其源則來自上古。《詩‧小雅‧車舝》"高山仰止"，疏："古人有高顯之德如山者，則慕而仰之。"是也。公文中之"仰"字，南北朝已有之。《北齊書‧昭帝紀》："外州大學，亦仰典司勤加督課。"此種"仰"字或亦由望義演化而來，希望下屬爲此也。然此乃上對下之辭，與仰止之義適相反。

【伏】扶斛切，音服。國音ㄈㄨˊ。㈠（文言）動詞。手膝着地，面向下也。如言"俯伏"。㈡動詞。隱藏也。如"伏兵、埋伏"。㈢名詞。夏日有三伏。夏至後第三個庚日爲初伏，第四個庚日爲中伏，立秋後第一個庚日爲末伏。今人謂最炎熱之時令曰"三伏天"。

〔語源學〕"伏"字古音在之部。《廣韻》房六切，屋韻；扶富切，宥韻。等韻通攝，奉母，合三。《說文》："伏，司也。從人犬，犬司（伺）人也。"王筠云："經典中伏字未有涉及犬者。"竊疑從犬之意，謂人俯伏如犬狀也。待考。俯伏之義似是"伏"之本義。《詩‧大雅‧靈臺》："麀鹿攸伏。"《禮記‧曲禮》："寢毋伏。"《戰國策‧秦策》："伏屍百萬。"引申則不必全身偃伏，但面向下亦曰"伏"。如

“埋頭伏案”。又“老驥伏櫪、雄飛雌伏”，亦皆由此引申。俯伏義引申爲隱藏義。《國語・晉語》：“物莫伏於蠱。”《老子》：“福兮禍所伏。”兵之隱藏以伺敵者亦曰“伏”。《左傳・莊公十年》：“懼有伏焉。”按：伏兵之義古亦作“覆”，見“覆”字下。又引申爲屈服義；屈服之人往往俯伏以表示也。《左傳・隱公十一年》：“許旣伏其罪矣。”後世亦謂罪犯自承其罪曰“伏”。又引申爲鳥伏卵之義。《漢書・五行志》：“雄雞伏子。”按：《廣韻》於此義注云“扶富切”。今字作“孵”，音孚。伏日之義，漢代已有之。《漢書・東方朔傳》：“伏日詔賜從官肉。”《楊惲傳》：“歲時伏臘。”疑當時所謂“伏”乃夏至後祭百神之日，非如近代所謂三伏亘三旬之久也。顏師古注《漢書》云：“伏者，謂陰氣將起，迫於殘陽而未得升，故爲藏伏，因名伏日也。”未知是否。

【伐】伏襪切，音罸。國音ㄈㄚˊ。㊀動詞。斬木也。如“伐木”。今罕用。㊁（文言）動詞。以兵征討有罪者曰伐。如“南征北伐”。㊂動詞。自稱其能也。如“矜伐”。今罕用。

〔語源學〕“伐”字古音在泰部。《廣韻》房越切，月韻。等韻山攝，奉母，合三。《説文》：“伐，擊也，從人持戈，一曰敗也。”小徐本“敗也”下有“亦斫也”三字。按：擊乃“伐”之本義。當云“擊之以兵也”。《書・牧誓》：“不愆於四伐五伐。”鄭注：“一擊一刺爲一伐。”《詩・大雅・皇矣》：“是伐是肆。”箋云：“伐謂擊刺之。”《禮・月令》“命漁師伐蛟”，義同。引申之則凡擊皆曰伐。《詩・小雅・采芑》：“鉦人伐鼓。”《左傳・文公十五年》：“伐鼓於社。”甲骨文“伐”字有象人倒持戈（鉞）者，故“伐”亦有斫義。《詩・召南・甘棠》：“勿翦勿伐，召伯所茇。”《豳風・伐柯》：“伐柯如何，匪斧不克。”《小雅・伐木》：“伐木丁丁。”《左傳・僖公二十八年》：“遂伐其木。”由擊義引申，凡興甲兵以擊敵國亦曰“伐”，上古所謂“伐”，不限於討有罪。《左傳・莊公十年》“齊師伐我”，《僖公二十六年》“齊孝公伐我北鄙”，《文公十六年》“楚大饑，戎伐其西南”，《莊公十九年》“五大夫奉子頹以伐王”，皆與“攻”義略同。陸希聲《左傳通例》謂聲罪致討曰伐，是以後世之義釋古義也。“伐”又訓功。《左傳·莊公二十八年》：“且旌民伐。”《成公十六年》：“驟稱其伐。”《國語·齊語》：“期而書伐。”名詞變爲動詞，則自誇其功或自稱其能亦曰“伐”。《左傳·襄公十二年》：“小人伐其技以馮君子。”《論語·公冶長》“願無伐善”，又《雍也》：“孟之反不伐。”《老子》：“不自伐故有功。”第一、二兩義顯然同源；第三義（功也，矜也）是否亦與第一、二兩義同源，未能確考。

【仲】柱鳳切。國音ㄓㄨㄥ。㊀形容詞。兄弟排行第二者，古謂之“仲”。今猶見於人之表字。如某人字“仲實”，則知其爲次子也。㊁形容詞。四季之中，每季之第二月謂之“仲”，如仲春、仲夏、仲秋、仲冬。㊂形容詞，居中爲介之意。如“仲裁”，雙方爭執不下，由第三者從中調解，作公正之裁判也。又如“仲買”，以自己名義代人買賣貨物也。

〔語源學〕“仲”字古音在侵部（孔廣森冬部）。《廣韻》直眾切，送韻。等韻通攝，澄母，合三。《說文》：“仲，中也，從人，從中，中亦聲。”今按“仲”與“中”雖有字族之關係（以其居中，故謂之仲），二者並非同義。金文及甲骨文“仲”作“中”，而“中”作毌，亦迥然有別。故“仲氏”不能作“中氏”，而“泥中”尤不能作“泥仲”也。古人排行，長子爲伯，次子爲仲，三子爲叔，四子爲季。若超過四人，殷禮則有兩個以上之仲，周禮則有兩個以上之叔。第一義上古已有之。《詩·小雅·何人斯》：“伯氏吹壎，仲氏吹篪。”《論語·微子》：“周有八士，伯達、伯适、仲突、仲忽、叔夜、叔夏、季隨、季騧。”第二義上古已有之。《書·堯典》：“以殷仲春。”第一、二兩義顯然相關，皆由居中之義而來。第三義“仲裁、仲買”皆源自日本語。

【伊】乙飢切，音衣。國音丨。㊀發語詞（詞頭）。如“伊誰”，誰也。此義今罕用。㊁人稱代辭。等於今白話“他”字。

〔語源學〕“伊”字古音在脂部。《廣韻》於脂切，脂韻（平水支韻)。等韻止攝，影母，開三。《説文》："伊，殷聖人阿衡，尹治天下者，從人，從尹。"小徐本作"從人尹"，云："俗本有聲字，誤也。"今按有聲字不誤，"尹"在諄部，諄脂可對轉也。"伊"字本係古地名(《禹貢》已有伊洛)，古人未必專爲阿衡製字。"伊"字用爲發聲詞，見於《詩經》。《邶風·雄雉》"我之懷矣，自詒伊阻"，《小雅·正月》"伊誰云憎?"皆是也。《詩·秦風·蒹葭》："所謂伊人，在水一方。"箋："伊當作繄，繄猶是也。"按此"伊"字亦發語詞而略帶指示性者，並非第三人稱代詞。後人用如白話"他"字，乃因今吳語第三人稱代詞有作"夷"音者(如上海)，"夷、伊"音近，遂傅會《詩經》"伊人"之語，此乃謬誤之語源學也。

【份】附問切，音憤。國音ㄈㄣ。(白話)名詞。由全體中分析出之單位也。如言"份子、股份"。

〔語源學〕《説文》："份，文質備也，從人，分聲。《論語》曰:'文質份份。'彬，古文份。"按今《論語》作"彬"，古文也。此"份"字當讀卑因切，如"彬"。"份子、股份"之"份"乃由"分"字變來，與《説文》"份"字無涉。人們基於愛好分別之心理，"分"字讀去聲而又爲口語所常用者多作"份"，故"名分"亦有作"名份"者。

【伙】虎果切，音火。國音ㄏㄨㄛ。㊀(白話)"伙計"，名詞。同伴也。俗稱合資營商者爲"伙計"，其後又稱商店中之雇員爲"伙計"，亦作"夥計"。㊁(白話)"伙食"，名詞。膳食也。如言"包辦伙食"。㊂(白話)"傢伙"，名詞。俗稱器具曰"傢伙"，引申之曰凡物皆可稱爲"傢伙"。《兒女英雄傳》第四回:"你老瞧那傢伙，直有三百斤開外。"

〔語源學〕《説文》無"伙"字，古書中亦無"伙"字。《木蘭詩》:"出門看火伴。"説者謂古之兵制以十人爲火，故稱同火者爲"火伴"。"伙計、伙食"皆由火伴之義而來，故"伙"本當作"火"。"傢伙"來源未詳。

【伉】可浪切，音抗。國音ㄎㄤ。(文言)"伉儷"，名詞。夫婦也。通常係就女婦之賢者或和睦者言之。今白話罕用。

〔語源學〕"伉"字古音在陽部。《廣韻》苦浪切，宕韻（平水漾韻）。等韻宕攝，溪母，開一。《説文》："伉，人名，從人，亢聲，《論語》有陳伉。"《左傳·成公十一年》"己不能庇其伉儷"，杜注："伉，敵也；儷，偶也。"按《玉篇》《廣韻》皆主伉儷義。

【仿】甫罔切，音訪。國音ㄈㄤˇ。㊀形容詞，相似也。今罕用。㊁動詞。依樣造作也。如言"仿古、仿宋字"。俗亦作"倣"。㊂（白話）"仿單"，名詞。貨物之價目單、藥品之説明及書畫篆刻家之潤例，俗皆謂之"仿單"。古無此語。

〔語源學〕"仿"字古音在陽部。《廣韻》妃兩切，養韻。等韻宕攝，敷母，合三。《説文》："仿，相似也，從人，方聲。"《甘泉賦》李注引《説文》云："仿佛，相似，見不諟也。"按此義今多作"仿彿、髣髴"。依樣造作之義，古但作"放"。見"放"字下。"仿佛"之"仿"與"仿傚"之"仿"爲同源，仿效則欲其相似也。

【企】乞義切，又乞倚切。國音ㄑㄧˇ。㊀（文言）動詞。舉踵也。如言"企望、企盼"。今白話罕用。㊁動詞，立也。今粵語猶謂立爲"企"（上聲）。㊂"企業"（enterprise），名詞，以營利爲目的而經營之事業也。

〔語源學〕"企"字古音在支部。《廣韻》丘弭切，紙韻；又去智切，寘韻。等韻止攝，溪母，開三。《説文》："企，舉踵也，從人，止聲。"段注："有聲非也。止部曰止爲足……從人止，取人延竦之意。"按段説是也。舉踵之義亦作"跂"。見"跂"字下。《老子》曰"企者不立"，"企"乃舉踵欲前之意，故王弼注云"物尚進則失安"也。《廣雅·釋詁》曰："㞢（企），立也。"按上古"企"與"立"殊義，舉踵而立始謂之"企"；其後字義變遷，而"企"與"立"無別矣。"企業"係從日譯。

【价】皆械切，音介。國音ㄐㄧㄚˋ。㊀（文言）形容詞，善也。今罕用。㊁（文言）俗稱供使用之人曰价，如"小价、貴价"，惟書札中用之。

〔語源學〕“价”字古音同“介”。《説文》：“价，善也，從人，介聲。”《詩·大雅·板》：“价人維藩。”傳：“价，善也。”箋：“价，甲也，被甲之人，謂卿士掌軍事者。”二者互異，存而不論可也。“价”又通“紹介”之“介”，第二義似係由紹介之義而來，惟起源甚晚，且書札以外不見用。

【伍】吳魯切，音五。國音ㄨˇ。㊀數詞。以五之數爲一單位曰“伍”。軍制五人爲伍。今語“隊伍、落伍”本此。㊁數詞。俗以爲“五”之繁體，以防塗改。

〔語源學〕“伍”字古音與“五”同。《説文》：“伍，相參伍也，從人，從五。”小徐本云：“從人，五聲。”今按許書所説非“伍”之本義也。“伍”之與“五”，猶“什”之與“十”，前者爲整數，後者則普通之基數也。故軍制五人爲伍，保甲五户爲伍。《左傳·桓公五年》“先編後伍”，五人之義也；《襄公三十年》“廬井有伍”，五家之義也。“參、伍”二字連用，則有錯綜以變之意。蓋三五皆奇數，奇所以示變也。《易·繫辭》“參伍以變”，《荀子·成相》“參伍明謹施賞刑”，皆引申之義也。

【伎】極蟻切，音技。國音ㄐㄧ。㊀名詞，通“技”。然今一般人技巧字但作“技”，不作“伎”。㊁名詞，“妓”本字。

〔語源學〕“伎”字古音在支部。《廣韻》渠綺切，紙韻（侶也），又支義切，寘韻（傷害也）。等韻止攝，群母；又照母，開三。《説文》：“伎，與也，從人，支聲。《詩》曰籧人伎忒。”今《詩》作“鞫人忮忒”。按《廣韻》侶義即《説文》與義，與、黨與也，見《説文》段注。《廣韻》傷害義即釋“籧人伎忒”之“伎”。《説文》所説本義不必與其所引經之字義相當。《詩·小雅·小弁》“鹿斯之奔，維足伎伎”，段玉裁云“此伎伎蓋與徥徥意義皆同”（徥，是支切）；朱駿聲云“伎借爲趌”（趌，巨支切）。伎巧之伎通常作“技”，但“伎倆”仍當作“伎”。參看“倆”字下。女伎之“伎”當係由伎巧之“伎”引申而來，女伎以藝爲生，故曰"伎"。第二義起源當在中古。參看"妓"字下。

【仳】品鄙切。國音ㄆㄧˇ。（文言）"仳離"，動詞，別離也。今白話罕用。

〔語源學〕"仳"字古音在脂部。《廣韻》芳比切，旨韻（平水紙韻）。等韻止攝，滂母，開三。《説文》"仳，別也，從人，比聲。《詩》曰有女仳離"（《王風·中谷有蓷》文）。《説文》"隹"下又云："仳隹，醜面也。"《楚辭·九歎·思古》"仳隹倚於彌楹"，注："仳隹，醜女也。"《淮南子·修務訓》："粉白黛黑，弗能爲美者，嫫母仳隹也。"王筠云："仳隹既與嫫母相儷，亦當是古之醜人，失傳耳。"此義今廢。按"仳離、仳隹"皆叠韻連語。"離"在歌部，"隹"在微部，古音歌脂微本相近也。

【伈】思飲切。國音ㄒㄧㄣˇ。（文言）"伈伈"，形容詞，恐懼貌。

〔語源學〕古音缺。《廣韻》斯甚切，寢韻。等韻深攝，心母，開三。《説文》中無"伈"字。此字當起源於中古。韓愈《祭鱷魚文》："伈伈睍睍，爲民吏羞。"

【伋】基揖切，音急。國音ㄐㄧˊ。人名，孔子之孫名伋，字子思。

〔語源學〕"伋"字古音在緝部。《廣韻》居立切，緝韻。等韻深攝，見母，開三。《説文》："伋，人名，從人，及聲。"段注："古人名字相應，孔伋字子思，仲尼弟子燕伋字子思，然則伋字非無義也。"

【伃】欲渠切，音余。國音ㄩˊ。（古語）"倢伃"，名詞，漢女官名。

〔語源學〕"伃"音同"予"（平聲）。《説文》："伃，婦官也，從人，予聲。"按《漢書·外戚傳》："婦官十四等，昭儀位視丞相，比諸侯王；倢伃視上卿，比列侯。"

【伕】福烏切，音夫。國音ㄈㄨ。（白話）交通工具如車轎之類，須用人力爲役者，此種人往往被稱爲"伕"。如"車伕、轎伕、馬伕"。引申之，非關交通亦有稱"伕"者，如舊日軍隊中炊飯者曰"火伕"。此種"伕"字，本皆當作"夫"。

〔語源學〕古音缺。《説文》《廣韻》皆無"伕"字。《篇海》雖有

“伕”字，而注云“女夫婿也”，與此無關。“伕”乃近代俗字，至多不過數百年之歷史耳。

【仵】吳魯切，音五。國音ㄨˇ。“仵作”，名詞，舊時官署檢驗屍體之人，今稱檢驗員。

〔語源學〕“仵”字古音在魚部。《廣韻》疑古切，姥韻（平水麌韻）。等韻遇攝，疑母，合三。《說文》無“仵”字。《玉篇》《廣韻》皆曰：“仵，偶敵也。”《莊子·天下》“以觭偶不仵之辭相應”，釋文：“仵，同也。”“同”與“偶敵”義近。“仵”又假借爲“牾”（音悟，逆也）。《春秋元命苞》“陰陽散仵”，注：“錯也。”“仵作”不知何所取義，亦未詳其所出，惟知其起源甚晚耳。

【你】尼蟻切。國音ㄋㄧˇ。（白話）人稱代詞。第二人稱，單數。《紅樓夢》第四十五回：“你是最疼我的。”複數作“你們”。《紅樓夢》第五十四回：“你們去罷。”

〔語源學〕古音缺。古代字書無“你”字。按“你”字當即“爾”字。“爾”字之中古音值當爲[nie]，其後在口語中變爲[ni][nei][ne]等（隨方音而異），而另生出一種讀書音，例如官話及吳語之[er]，於是歧爲二字，口語之“爾”改作“你”，而讀書音之“爾”仍作“爾”。《廣韻》有“伱”字，云“義與爾同”。蓋“伱”乃“爾”之簡體，其後變形爲“尔”，迨至近代，受“他”字之同化，又加人旁作“你”。加人旁後，乃與“爾”歧爲二字矣。由此觀之，“你”之字義來源甚古，惟字形則大約至宋元之間始產生。《平話三國志》卷上：“又赦你殺太守鞭督郵之罪。”元曲《漢宮秋》：“你避不的驅馳困乏。”

【伯】補赫切，音百。國音ㄅㄛˊ。㊀形容詞。兄弟排行第一者，古謂之“伯”。今猶見於人之表字。如某人字“伯鈞”，則知其爲長子也。㊁名詞，父之兄曰“伯”，亦稱“伯父”。㊂伯爵（Earl or Count）西洋貴族之等級，其次序在侯爵與子爵之間。

〔語源學〕“伯”字古音在魚部。《廣韻》博陌切，陌韻。等韻梗攝，幫母，開一。《說文》：“伯，長也，從人，白聲。”“伯”之本義爲長子,或兄弟居長者,即伯仲叔季之伯。《詩·周頌·載芟》"侯主侯伯",傳:"長子也。"《儀禮·士冠禮》:"伯某甫,仲叔季唯其所當。"引申之,諸侯之長亦曰伯。《左傳·莊公十七年》"齊桓始伯",《僖公十九年》"諸侯無伯";《荀子·仲尼》"羞稱乎五伯"。按"伯"當是"霸"之本字,後人於此義讀如"霸"。父之兄曰"伯父",猶母之兄曰"伯舅"也。上古"伯、父"二字必相連然後可指父之兄。後世乃有單用"伯"字者,如周興嗣《千字文》"諸姑伯叔"是也。現代婦女稱夫之兄亦曰"伯"。《禮記·王制》:"王者之制祿爵,公侯伯子男,凡五等。"今人即借"公、侯、伯、子、男"五字以稱西洋貴族之等級。然西洋貴族但有采地,中國上古之公、侯、伯、子、男則有國土,不盡相同也。

原載《國文月刊》第 43、44 期,1946 年 6 月

漢字的形體及其音讀的類化法

語言學上有所謂類化法（analogy）。凡名詞的變化（declension）、動詞的變化（conjugation）、詞尾（suffix）等，祇要是同類的詞，其形式往往趨於一致。即使從前是不一致的，或原始一致後來變爲不一致，一般人受了心理上的影響，往往不知不覺地仍使它們成爲一致，例如英文 cow 的複數本來應該是 kine，但因 dog、pig 等字的複數都是在後面加 s，所以一般人就把 cow 的複數説成 cows；又如 shrive 的過去式本該是 shrived，但因 drive、strive 等字的過去式是 drove、strove 等等，所以 shrive 的過去式也跟着變成爲 shrove 了。因爲由類推而發生變化，所以叫做類化法；又因爲由於一般人喜歡整齊一致的心理，所以又叫做化零爲整法（integration）。

漢語裏没有名詞的變化、動詞的變化等等，所以類化法非常罕見。至於漢字，却有不少類化的情況。又有一些字，因爲字形對於心理的影響，發生音讀上的變遷，這是由文字的類化引起語言的類化。

先説上下文影響的類化。這是很有趣的一種事實，例如"鳳凰"，本來祇寫作"鳳皇"，直到唐代，下字仍舊寫作"皇"，像杜甫詩裏的"碧梧棲老鳳皇枝"等等。但後來不知是誰開始，大家漸漸寫作"凰"了。若依文字學的眼光看起來，這是很可笑的。"鳳"字是從鳥，凡聲（現在"凡"字寫得大，把"鳥"字蓋住了）；"凡"字中間的一點改成一橫，其實"凡"字中間本來也該是一橫。許多人寫起

“鳳”字來，缺少那一橫，那是錯誤的）。古音“鳳、凡”極相近。“凰”字上面那個蓋子是模仿“鳳”字的，但“凰”並不是從皇，凡聲，所以創造這字的人是鬧笑話。“皇”字在未變“凰”以前，曾有一度寫作“鶭”，這是比較合理的類化，也是類化的通例。

　　從這通例裏，我們可以舉出許多例子，例如“峨嵋”，本作“蛾眉”（據說是因爲兩山相對如蛾眉），其後一般人覺得是山名，所以寫作“峨眉”，“眉”字再受“峨”字的同化，所以就有人寫作“峨嵋”了。又如“驊騮”，本作“華騮”，“華”字受“騮”字的同化，變爲“驊”；“鳲鳩”本作“尸鳩”，“尸”字受“鳩”字的同化，變爲“鳲”；“爽鳩”，也因爲同樣的理由變爲“鷞鳩”；“芭蕉”，本作“巴蕉”，“巴”字受“蕉”字的同化而作“芭”；又如“婚姻”，本作“昏姻”，“昏”字受“姻”字的同化，變爲“婚”；“姻亞”，也因爲同樣的理由變爲“姻婭”；“姑嫜”本作“姑章”，“章”字受“姑”字的同化，變爲“嫜”；“姑公”（即“姑嫜”之意），也因爲同樣的理由變爲“姑妐”。

　　以上說的是名詞；但形容詞也有同樣的情形，例如“丰茸”有人寫作“芊茸”，“屯邅”有人寫作“迍邅”。動詞也有同樣的情形，例如“襄助”有人寫作“勷助”等等。這種類化法，每一個時代都有，譬如“火伴”變爲“伙伴”，就是近代的事。

　　但是，現代正在形成中的類化法，有些尚爲拘謹的文人所未肯接受，有些簡直是極少數人的“杜撰”，還沒有人理會。前者例如“模糊”，現在許多人寫作“糢糊”，“模”字受“糊”字同化了，但是字典裏還沒有寫“糢”字，它還沒有取得正式的“公民權”。又如“家具”，不知何時被人寫成“傢具”，後來“具”字受“傢”字的同化，有人竟寫作“傢俱”，其實“俱”字祇有“皆”的意義。又如“家私”，被人寫成“傢私”之後，又有人寫成“傢俬”，其實字典裏並沒有“俬”字。後者的例子最多，在商人的廣告上隨處可見。現在祇舉出兩三個比較有趣的例子。旗袍，因爲從前是旗人穿的，所以這樣稱呼；現在很少人知道這個來歷，所以有些人把“旗”字改爲“衣”旁，這是被"袍"字同化了。"稀飯"是稀的飯，即不稠（不厚）的飯，但我看見一家粥店竟把"稀"字改爲"食"旁，這是被"飯"字同化了。我又看見一家包子店把"饅頭"稱爲"饅首"，又把"首"字加上"食"旁，這都是同樣的道理。

漢字有一種最普通的構造法，叫做形聲字。每字可分爲兩部分：一部分是形符，又名意符，表示這種事物所屬的品類；另一部分是聲符，表示聲音。這種習慣深入人心，尤其是草、木、鳥、獸、蟲、魚、衣、食之類，一般人覺得非有一個形符不可。像"倉庚"變爲"鶬鶊"，"夫容"變爲"芙蓉"，"武夫"變爲"珷玞"等等，例子不勝枚舉。其中最沒有道理的，如"果"字，本來已經有了"木"字（上面的"田"不是"田"字，它在篆文裏是圓形，象果子的樣子），足够表示意義了，後來却有人再加草頭，寫作"菓"，這在意義上是重複了。又如"岡"字，本來下面已經從"山"，形符已有了，俗人又在上面加"山"，寫成"崗"字；又如"梁"字，本來下面已經從"木"，俗人又在左邊加"木"，寫成"樑"字。這樣叠床架屋，無非要看出一個形符；形符不容易辨認的時候，重複亦所不恤。現代有些極俗的字，也是由於這種心理。"燈心"寫作"燈芯"，因爲"燈心"是草類；"種子"寫作"種籽"，因爲"種子"有些是穀米之類。甚至"包子"寫作"飽子"，不知道字典裏"飽"字祇有"飢飽"的意義。近年看見有人把"燒賣"的"賣"字也加上"食"旁了。這種情形，也許有人認爲不是類化法；但是，因爲多數字有形符而依樣製造，總可以算是近似類化的一種現象。

漢字形體的結構複雜，沒有人統計過共有多少最小的成分；但是，相近似的成分很多，這是留心字形所公認的。因此，甲字因爲受了乙字的同化，本來不相同的成分也會雷同起來。這又是另一種的類化法，例如"稞"字，下面本該從"禾"，但因受了"票"字的同化，所以有人寫作從"示"。"場"字，右邊本該和"湯"字的右邊一樣，但因受了"傷"字的同化，所以有人寫成和"傷"字的右邊一樣。

“面”字，下面有人從“回”，因爲“稟”字和“亶”字的上半、“鄙”字的左下角，却正是從“回”（嚴格説不是從“回”，但形式和“回”字一樣）。“迴”字，有人從“向”，因爲一般人看“冋”不成字，而從“回”又是另一字（“迴”），所以衹好從“向”。“恆”字，右邊本來和“垣”字的右邊不同，但因受“垣、桓”等字的同化，也就寫成一樣了。以上所舉的類化法，雖被文字學家認爲俗字，却是已經通行的俗字。此外還有少數人一時的筆誤，例如“尋”爲“築”所同化，下面誤從“木”；“慧”爲“豐”所同化，中間誤加一竪；“臨”爲“監”所同化，“品”上誤加一點；“厚”爲“原”所同化，“曰”上誤加一撇；“函”爲“亟”所同化，中間誤從“口”從“又”；“奮”爲“舊”所同化，下面誤從“臼”；“即、節、卿”爲“郎、鄉”所同化，右邊誤從“邑”部等等。説到這裏，我想起一個很有趣的故事。有一次，我叫一個録事謄寫一種文件①，叮囑他要寫端楷。於是他把“據”字寫作從“手”從“處”。這因爲平日他把“據”字寫作從“手”從“𧰼”（下半是“匆”，恰好“處”字的行書是“𧰼”），所以他推想“據”字的右邊的正體應該是“處”了。

　　以上説的是字式的類化法；下面我們談一談音讀的類化法。這是聲符的問題。聲符和它所諧的字，其音讀往往相同。因此，讀者就往往照聲符念出那字的聲音來；有些字的聲符本是僻字，但讀者可以依照別的同一聲符的字來類推。最有趣的例子乃是國語裏的“壻、劇”二字。“壻”字，依字典該讀如“細”，現在吳、閩、粤、客家也都還讀如“細”，但國語裏讀如“絮”，這因爲“壻”從“胥”得聲，所以讀近“胥”；又因爲“壻”字本來是去聲字，所以來一個折衷辦法，就讀“胥”去聲。“劇”字，依字典該讀如“屐”，現在還有許多地方是這樣讀的（如蘇州），但國語裏讀如“據”，這因爲“劇、據”聲符相同，所以它們的音讀也類化了。此外，音讀類化的例子還很多，但不像上述

---

① 編者注：録事，《國文月刊》作“書記”。

的兩個字那樣顯明,因爲"壻"讀"絮"、"劇"讀"據"是已經類化成功,國語裏若不這樣讀,倒反被認爲錯誤了。正在類化的途中者,例如"械"字,應該讀如"懈",現在許多人讀如"戒",這是照聲符讀;又如"琛"字,應該讀如"沉"字的陰平,現在許多人讀如"深",這是依照別的同一聲符的字來類推。還有一種情形,是甲字相當偏僻,乙字從甲字得聲,於是一般人就依照乙字的音讀來類推甲字的音讀,例如"聿"字,應該讀如"鬱",現在許多人讀如"律"。這種類化的情形可以顯示文字對於語言的影響。一般人都知道語言對於文字的影響是很大的;文字對於語言的影響却往往被忽略了。

　　文字及其音讀的類化,無論哪一個字,最初的時候,總不免爲文人學士所詬病。結果雖然有些類化失敗了,另一些類化却成功了。甚至像"凰"字、"嵋"字那樣不講理,也終於成功了。現在我們看看"傢俱、飽子"之類的字式,覺得不順眼;聽聽"機戒"之類的讀音,覺得不順耳。但是,再過幾十年後,也許它們能像"凰、嵋"二字那樣順眼,"壻、劇"二字那樣順耳。甚至於"旗袍"的"旗"改爲"衣"旁,"燒賣"的"賣"加"食"旁,我們都不敢説它們永遠不能成功。我説這話,並不是勸國文教師采取放任主義。錯字和錯音都是應該矯正的:有了一般人維持現狀,文字及其音讀纔不至於陷入了無政府狀態。但我們同時應該認識類化的力量;有些類化法是得天獨厚,大勢所趨①,恐怕不是人力所能挽回。自古以來,文字學家都不甘心承認這一個事實;但是,文字祇是文字學家所研究的,而不是他們所創造的,更不是他們所能保持千古不變的。

　　原載《國文月刊》第42期,1946年4月,原名《中國文字及其音讀的類化法》。文中的"漢語、漢字"《國文月刊》作"中國語言、中國文字"

----

① 　編者注:"大勢所趨"前《國文月刊》有"適者生存"四字。

古語的死亡、殘留和轉生

本篇所論的語言事實，是指現代口語中所發現的語言事實而言，即是説，古語（古代的詞語）在現代口語中死亡了，或殘留着，或死而復活（轉生）。我們祇論口語，不論文章，因爲在文章上很難説某一個字是死亡、殘留或轉生。文章的古今界限是很不清楚的：寫文章的人是讀書人，讀過書的人的腦子裏，是古今詞彙混雜着的；唯有一般民衆的口語裏，古今的界限最清楚。就是文人的口語裏，也比他們自己的文章裏的古今界限明顯得多，因爲滿口謅文，就有大家聽不懂的危險。由此看來，如果説某一個字在現代文章裏是死了，這自然是很武斷的説法；如果説它在現代口語裏是死了，這可以由事實來證明：祇要看一般民衆口語裏沒有它，已經可説是死去；若連文人的談話裏也沒有它，更是死亡的鐵證了。

古語的死亡，有死字和死義的分別。死字如："奰，怒也"（《詩·大雅·蕩》"内奰於中國"），現代祇説"生氣"，不説"奰"。又如"慵，懶也"（杜甫詩"觀基向酒慵"），現代祇説"懶"，不説"慵"。死字有些是文人筆下幾乎絕迹的，如"奰"之類；有些是文人還喜歡在文章上應用的，如"慵"之類。此外還有半死的字，例如"怒"字雖然被"生氣"替代了，但口語裏仍可以説"發怒"或"怒氣衝衝"；"懼"字雖然被"怕"字替代了，但"恐、懼"二字連用在口語裏，仍舊是讀過書的人容易聽得懂的。

死義例如："方,併船也"(《詩·邶風》"方之舟之");"刀,小船也"(《詩·衛風》"誰謂河廣?曾不容刀");"孩,小兒笑也"(《孟子·盡心上》"孩提之童");"捉,握也"(《世說新語·容止》"而自捉刀立牀頭")。死字和死義不同之點,就是死字是整個字死了,而死義衹是字的某一種意義死了:"方、刀、孩、捉"四個字在現代口語裏是有的,衹是它們已經失去了併船、小船、小兒笑和握的意義了。

古語的死亡,大約有四種原因:第一是古代事物現代已經不存在了,例如"禊"字的意義是"三月上巳臨水祓除謂之'禊'",現代沒有這種風俗,自然用不着這個字。第二是今字替代了古字,例如"怕"字替代了"懼","褲"替代了"袴"。第三是同義的兩字競爭,結果是甲字戰勝了乙字,例如"狗"戰勝了"犬","豬"戰勝了"豕"("狗"和"犬"、"豬"和"豕",大約起於方言的不同。有人說"豬"是小豕,"狗"是小犬,恐怕是勉強分別的)。第四是由綜合變爲分析,即由一個字變爲幾個字,例如由"漁"變爲"打魚",由"汲"變爲"打水",由"駒"變爲"小馬",由"犢"變爲"小牛"。

以上說的是死亡的字。另有一種字,若説它們是死了,咱們的口語裏却還有它們;若説它們還活着,却又不能按着它們的意義來隨便應用,例如"墅"字本來是"兼有園林的住宅"的意思,所以《晉書·謝安傳》說:"於土山營墅,樓館林竹甚盛。"後人稱平日的住宅之外另營的遊息之地爲"別墅","別"者,"另"也,就是另外的一所住宅的意思。但是後來"墅"字就常常依着"別"字而行,非但在口語裏沒有人說"他造了一個墅",連文章裏也沒有人這樣寫了。又如"鍾"字本來有"聚也"一個意義,所以《國語·周語》說"澤,水之鍾也"(澤是水所聚的地方);《世說新語·傷逝》說"情之所鍾,正在我輩"(情之所聚,正在我們的身上)。但是,後來"聚也"的"鍾"不很能離開"情"字而自由應用,咱們衹能說"情之所鍾"或"鍾情"(文章上還可以說"鍾靈毓秀"),却不大說"海爲水之所鍾",尤其不會説"娟寮賭館,下流之所鍾"之類。以上所舉的例子,似乎太文雅了;一般人不大説"別墅"和"鍾情",但較俗的例子也不是没有,譬如現代口語"不是"替代了"非","這"替代了"此","他的"替代了"其",然而"除非"不能説成"除不是","豈有此理"不能説成"豈有這理","莫名其妙"不能説成"莫名他的妙"。"非、此、其"在這種地方也是古語的殘留。

古語殘留的原因往往是借成語的力量。最佔勢力的成語往往能是"後死者";而某一個已死的字義也似乎托庇於這種後死的成語,得到較長的壽命。但是,咱們若要判斷某一個字義死不死,應該看它的用途普遍不普遍,不該祇看現代口語裏有没有它,因此,咱們可以説"非、此、其"一類的字在現代口語裏確是死了;它們祇在某一些特殊情形之下,還有些殘留的痕迹而已。

此外,還有一類的字,它們在口語裏本來是完全死去了的,但是到了現代却復活了。這種現象,我叫做轉生。轉生的原因,大約有三種:第一是雙音詞的産生,第二是外國詞義的翻譯,第三是新事物的命名。這三種原因的界限並不明顯:新生的雙音詞往往是外國詞義的反映;新事物的命名也有些是根據外國詞義而來的。不過,我們姑且勉强把它們分開,在討論上可以方便些。

第一,雙音詞的大量産生,是最近幾十年的事。雙音詞的構成,往往是在一個口語裏的活字之外,添上一個口語裏已經死去的同義字,例如"皮膚、思想"("皮、想"是現在口語裏原有的,"膚、思"是從古代詞彙中取來的);有時候,兩個字都是曾經死去了的,例如"考慮"("考"是審察,"慮"是打主意)。

第二,外國詞義的翻譯,有時用現代口語裏的字很難譯得適當,於是用古義來譯。並非古義就能適當,祇因爲它們對於一般人是生疏的,所以它們復活之後就很容易承受了外國原字的涵義,例如"絶對"的"絶"字,和"無"的意思相近,"絶對"等於説"無可對待",恰像"絶倫"等於説"無可比擬"。此外如"高原"的"原"、"奇數"的"奇"、"肺炎"的"炎"、"滋養料"的"滋",都是從古語中借來的。kiss 有時雖可譯爲"親嘴",但中國所謂"親嘴"含有猥褻的意思,而 kiss 有時是純潔的,所以衹好另找"接吻"二字去譯它。"吻"字也是在口語裏死了的。

第三,新事物的命名,借用古義,恰像西洋新事物的命名借用希臘拉丁的語根,例如"警報"的"警"字是危急的消息的意思,古人所謂"邊警"就是邊疆的危急消息,"告警"就是來報告危急的消息。由此看來,"警報"就是關於危急消息的報告;這種"警"字,早就在口語中死去了,然而現在非但復活,而且成了人們日常談話中最常用的字眼之一。又如"貸金","貸"者借也,"金"者錢也,"貸金"就是借錢或借的錢,然而咱們不説"借錢"或"借的錢"而説"貸金",因爲"貸金"是一種制度,和普通的借錢不同。由此可見,造新名詞的人之所以運用古義,並不一定是賣弄古董,有時候是要使它們和普通口語的字眼不同,以便産生一種特殊的意義,例如"貸金"不是普通的借錢而是一種制度,"警報"不是普通的危急消息而是專指敵機來襲而言。

説到這裏,大家都明白古語的死亡、殘留和轉生是怎麼一回事了。下面我們將要討論這三種語言事實對於青年作文的影響。

死去的詞語,本來可以和一般青年不發生關係。活的詞語是盡够用的了,犯不着向死的詞語堆裏去求補充。尤其是初學作文的人,應該抱着"知之爲知之,不知爲不知"的態度。咱們對於活生生的語詞的運用,總是比較地有把握的,何必爲好奇心或虛榮心所驅使,運用已死的詞語,以致有用字不當的危險呢? 例如近日報紙的社論裏有一種頗流行的新錯誤,就是把"殊"字當"誰知"講。這種"殊"字的來源是"殊不知",和"完全不知道"的意思差不多,其後有人誤省爲"殊知",近日更索性省爲"殊"字。其實"殊"衹有甚的意思(引申爲完全),怎麼能當"誰知"講呢? 某日某報上有一個新聞標題"伊總理已請德軍援助,並誘致阿拉伯人參戰",這裏的

"誘致"也用錯了，"誘致"是誘之使至的意思。又另一日另一個報上有一個新聞標題"美國軍火生產將首屈世界"，這是不曾徹底瞭解"首屈一指"的意義，所以用錯了。這些都是可以不錯的，譬如乾脆用了"誰知、引誘"和"將居世界第一位"，豈不更妥當些？現在的時代，用死的詞語用得不錯，並不因此就得到一般人的重視；用錯了，卻要被社會輕視了。何苦呢？

古語如果殘留或轉生，咱們運用它們，較有把握，用字不當的毛病大約可以不犯了。然而另有一種易犯的毛病，就是寫別字。衹要本來是古語，無論是死亡、殘留或轉生，都是別字的來源。青年筆下的別字，十分之九是由這三種語言事實產生的。已死的詞語，固然和咱們不熟習，容易弄錯；就是殘留的或轉生的，也並不爲一般人所徹底瞭解。殘留或轉生的某一個字，和另一個字（或兩個）結合之後，就被認爲囫圇的一體，例如"別墅"，大家衹當它一個整體看待，並不理會"墅"是兼有園林的住宅的意思，甚至不理會"別"是另的意思。又如"絕對"，大家也衹當它一個整體看待，並不理會"絕"是無的意思。這種不理會就是產生別字的原因。

古語殘留所產生的別字，例如"別墅"誤作"別署"、"鍾情"誤作"鐘情"或"中情"、"間諜"誤作"間牒"、"興趣"誤作"幸趣"或"性趣"（官話別字）、"摧殘"誤作"推殘"、"成績"誤作"成積"、"煩惱"誤作"煩腦"、"枉然"誤作"往然"、"固然"誤作"果然"（吳語別字）等。古語轉生所產生的別字，例如"絕對"誤作"決對"（官話別字）、"資料"誤作"滋料"、"殘忍"誤作"慘忍"（官話別字）、"驅使"誤作"趨使"（官話別字）、"恐怖"誤作"恐佈"、"警報"誤作"驚報"、"徹底"誤作"切底"（粵話別字）等。

現在一般青年對於每一個字的每一個古義，自然沒有那麼多的工夫去仔細研究。但是，至少應該對於殘留和轉生的古語，求一個徹底瞭解。因爲它們不是死的詞語，而是現代活的詞語的一部分,並且是最難徹底瞭解的一部分。唯其是活的詞語的一部分,所以咱們不能不求瞭解;唯其是最難徹底瞭解的一部分,所以咱們不能不加倍小心。

原載《國文月刊》第 4 期,1941 年 7 月

中國格律詩的傳統和
現代格律詩的問題

一

　　對於什麼是格律詩,大家的見解可能有分歧。我這裏所談的格律詩是廣義的;自由詩的反面就是格律詩。祇要是依照一定的規則寫出來的詩,不管是什麼詩體,都是格律詩。舉例來說,古代的詞和散曲可以認爲是格律詩,因爲既然要按譜填詞或作曲,那就是不自由的,也就是格律詩的一種。韻腳應該認爲是格律詩最基本的東西。有了韻腳,就構成了格律詩;僅有韻腳而沒有其他規則的詩,可以認爲是最簡單的格律詩。在西洋,有人以爲有韻的詩如果不合音步的規則應該看成是自由詩(例如法國象徵派詩人的詩);又有人把那些祇合音步規則但是沒有韻腳的詩叫做素詩(歌劇常有此體)。我覺得在討論中國的格律詩的時候,沒有這樣詳細區別的必要。

　　人們對格律詩容易有一種誤解,以爲格律詩既然是有規則的,"不自由"的,一定是詩人們主觀制定的東西。從這一個推理出發,還可以得出結論說,自由詩是原始的詩體,而格律詩則是後起的,不自然的。但是,詩歌發展的歷史和現代各民族詩歌的事實都證明這種見解是錯誤的。

　　詩是音樂性的語言。可以說遠在文字產生以前,也就產生了詩。勞動人民在休息的時候，吟詩（唱歌）是他們的一種娛樂。節奏是詩的要素；最原始的詩就是具有節奏的。當然，由於時代的不同和民族的不同，詩的節奏是多種多樣的。但是，祇要是節奏，就有一種迴環的美，即旋律的美。詩的藝術形式，首先表現在這種旋律的美上。相傳帝堯的時代有老人擊壤而歌，擊壤也就是在耕地上打拍子。《書經》説："詩言志，歌永言，聲依永，律和聲。"大意是説詩是歌唱的，而這種歌唱又是配合着音樂的，樂譜裏的聲音高低是要依照着歌詞的原音的高低的。既然是依詞定譜，這就要求原詩有整齊勻稱的節奏。當然，我們要詳細知道幾千年以前的詩的節奏是困難的，但是，上古的詩從開始就有了相當整齊的節奏，那是無可懷疑的。

韻脚是詩的另一要素。可以這樣説：從漢代到五四運動以前，中國的詩没有無韻的。《詩經》的國風、小雅、大雅也都有韻，祇有周頌裏面有幾章不用韻，也可以認爲是上古的自由詩吧。正是由於上古自由詩是那樣的少，戰國時代到"五四"時代又没有自由詩，可見格律詩是中國詩的傳統。

韻不一定用在句子的最後一個字上。《詩經》中的"江之廣矣，不可泳思；江之永矣，不可方思"，這四句詩的韻是用在倒數第二個字上的。《詩經》裏這樣的例子很不少。《楚辭》也有相似的情況。到了後代，在詞裏也偶然還有這種押韻法。

中古以後，平仄和四聲的規則成爲中國詩的格律的重要構成部分。平仄和四聲也不是詩人們製造出來的，而是人民的語言裏本來存在着的。古人説沈約"發明"四聲，那是和事實不符的。沈約、周顒等人意識到當時的漢語存在着四種聲調，沈約並且寫了一部《四聲譜》。但是，平仄的格律也並不是沈約一個人所能規定的。直到唐代有了律詩，纔有了嚴格的平仄規則。沈約自己的詩裏面並没有按照律詩的平仄。從第五世紀到第八世紀，經過三百年的詩人們的長期摸索，纔積累了足够的經驗，形成了完備的律詩。從第五世紀中葉到第七世紀初期,大約一百五十年中間,是從古詩到律詩的過渡時期。這個時期的詩叫做齊梁體。齊梁體已經具備了律詩的雛形,但是句子的數目還不一定,平仄也還没有十分固定,特别是上下句的平仄關係(專門術語叫做"對"和"黏")還没有標準。初唐的時候,律詩逐漸形成,但是格律還不太嚴。景龍年間(8世紀初期),律詩纔算成了定式。但是,即使在盛唐時代,各個詩人也還不一致。王維比杜甫早不了許多,但是王維的律詩的格律就比杜甫寬些。這一個歷史事實證明了一個最重要的原理:詩的格律是歷代詩人們藝術經驗的總結。詩律不是任何個人的創造,而是藝術的積累。這樣的格律纔能使社會樂於接受,這樣的格律纔能使詩具有真正的形式的美,即聲調的美。

依照律詩的平仄而且用平韻的絶句是律詩産生以後纔産生的。在此以前,雖然也有五言四句的詩,但是没有依照律詩的平仄。特别是七言絶句,更顯得是律詩以後的産物,因爲鮑照以前的七言詩都是句句押韻的,而絶句則是第三句不押韻,像律詩的第三、五句或第七句。關於絶句的歷史,詩論家們意見很不一致。有人把它分爲古絶、律絶二種。古絶是不依照律詩的平仄的。

律詩以後,平仄的因素在中國詩的格律上佔着非常重要的地位。甚至號稱"古風"的詩有些也是用絶句湊成的,所謂元和體就是這一種。詞用的是長短句,和字數勻稱的律詩大不相同了,但是大多數的五字句和七字句都用的是律句(平仄和律詩的句子一樣),甚至三字句和四字句也往往用的是七言律句的一半。詞學家們認爲詞的平仄比詩更嚴,因爲詩句可以"一三五不論"(第一、三、五字平仄不拘),而詞往往三五不能不論;詩的拗句(例如五言句第三、四字的平仄互換)祇是有時用來代替正句的,而詞則有些規定用拗句的地方不能用正句。有些詞句的平仄是和律句不同的,但也要照填,不能改變。散曲除襯字外,也要和詞一樣講究平仄。仄聲包括上去入三聲,在詩句裏規定仄聲的地方可以任意選用這三聲;至於詞曲的某些場合就不同了,該用去聲的不能用上,該用上聲的不能用去。周德清和萬樹等人都講過這個道理。這也不能説是"作繭自縛";詞曲是爲了給人歌唱的,要使每一個字的聲調高低和曲譜配得上,平仄就不得不嚴。

曲的産生,在中國格律詩的歷史上算是一次革命。語言是發展的:漢語由唐代到宋代(從 7 世紀到 13 世紀)已經五六百年,語言已經發生了很大的變化,律詩所依據的韻類和平仄已經和口語發生分歧了。舉例來説,北方話的"車遮"和"家麻"已經不是同韻的字,入聲已經轉爲平上去聲。部分上聲也已經轉爲去聲,這些都在北曲中得到了反映。但是,這種革命祇是改變了不適應時代的韻脚和平仄,至於中國詩的格律,則還沒有發生大的變化。曲中的雜劇由於構成戲劇的內容,不可能不以口語爲依據。詩詞仍然在士大夫中間流行,仍然運用着不適應時代的韻脚和平仄。

對仗在中國格律詩中也佔着相當重要的地位。律詩規定中間四句用對仗,這是大家都知道的。詞也有規定用對仗的地方,例如《西江月》前後闋頭兩句就必須用對仗。曲雖然比較自由,但是,有些地方照例還是非用對仗不可,例如《越調 鬥鶴鶉》頭四句就是照例要用對仗的。

五四運動帶來了中國詩的空前的巨大變革。原來的格律被徹底推翻了,代替它的不是一種新的格律,而是絕對自由的自由詩。這是中國詩的一種進步,是文學史上的一個重要的轉折點,因爲當時的中國詩不但內容不能反映時代,連形式也是一千多年以前的舊形式。當時作爲詩的正宗的仍然是所謂近體詩,即律詩和絕句,以及所謂古體詩,即古風。上文説過,這些詩所押的韻脚是以一千多年以前所定的韻類爲依據的,這些韻類已經在很大程度上和口語分歧,就律詩和絕句來説,平仄和四聲也和現代語言不相符合。如果説格律詞束縛思想的話,這種舊式格律詩給詩人們雙重枷鎖;它不但本身帶着許多清規戒律(如平仄粘對),而且人們還不能以當代的語音爲標準,差不多每用一個字都要查字典看它是屬於什麼聲調,每押一個韻脚都要查韻書看它是屬於什麼韻類。當然對於老練的秀才、舉人們並不完全是這種情況,但是對於當時的新青年來說,說舊詩的格律是雙重枷鎖,一點兒也不誇大。因此,我們無論提倡或不提倡現代格律詩,都應該肯定"五四"時代推翻舊格律的功績。如果我們現在提倡格律詩,也決不是回到"五四"以前的老路,不是復古,而是追求新的發展。

二

上面敘述了中國格律詩的傳統,目的在於通過歷史的事實來看現代詩的發展前途。我們研究歷史,是爲了向前看,不是爲了向後看。我們要看清楚現代詩是經過什麼樣的道路形成的,同時也就可以根據這個歷史發展過程來推斷中國詩將來大概會變成什麼樣子。如果推斷有錯誤,常常是由於缺乏正確的歷史主義觀點。我自己還沒有足夠的馬列主義修養來保證我的歷史觀點是正確的,因此我所引出的結論就不一定可靠,衹是提出來以供參考。

詩歌起源於勞動人民的創造,這是不容懷疑的事實。《詩經》的國風不管經過文人怎樣的加工,其中總有一部分是以勞動人民的口頭創作作爲基礎的。歷代的詩人,比較有成就的都常常從民間文藝中吸取滋養。有些詩歌的體裁顯然在最初是來自民間的,例如招子庸的《粵謳》、鄭板橋和徐靈胎的《道情》,都是民間先有了這種東西,然後詩人們來加以提煉和提高。

民歌的起源很古。現在流行的七字句的民歌,可能是起源於所謂竹枝詞。據說竹枝詞是配合着簡單的樂器("吹短笛擊鼓"),可以是兩句,也可以是四句。後來也有一種經過詩人加工的民歌。劉禹錫、白居易等人都是竹枝詞的能手。萬樹在《詞律》中注意到"白樂天、劉夢得等作本七言絶句",但又說"平仄可不拘,若唐人拗體絶句者"。其實民歌何嘗是仿照什麼拗體? 勞動人民自己創作的民歌常常不受格律的束縛,他們往往衹要押韻,而不管平仄粘對的規則。這樣,民歌就成爲以絕句形式爲基礎的半自由體的詩。我個人認爲民歌在格律上並沒有特殊的形式,它也是依照中國詩的傳統,衹不過比較自由,比較地不受格律的約束罷了。

我不同意把民歌體和歌謠體區別開來。民歌既然不受拘束,它有很大的靈活性,既不限定於五七言,也不限定於四句(絕句的形式)。這樣,就和歌謠體沒有分別了。

總之,我覺得關於現代格律詩要不要以民歌的格律爲基礎的爭論沒有什麽意義,因爲我認爲民歌沒有特殊的格律。如果説民歌在格律上有什麽特點的話,那麽這個特點就表現在突破格律,而接近於自由詩。

問題在於是否可以由作家來提倡和創造一種新的格律詩。

我想,提倡當然是可以的,特別是在這個“百花齊放、百家爭鳴”的時代。創造呢,那就要看我們怎樣瞭解這個“創造”。如果説,“創造”指的是作家自己獨創的風格,那當然是可以的。如果説,一位作家創造了某種形式,另一些作家也模仿他的形式,那也是很可能的。但是如果説,一位作家創造出一種格律,成爲今後的統治形式或支配形式,那就不大可能。中國格律詩的發展歷史告訴我們,作爲統治形式或支配形式的律詩和絕句以及後來詞曲中的律句,都不是某一位作家創造出來的,而是群衆的創造,並且是幾百年藝術經驗的總結。假使我們希望由一位作家創造出一種形式,而這種形式又能成爲群衆公認的格律,這恐怕衹是一種空想。

外國的情況也是這樣。法國佔着支配地位的格律詩是所謂亞歷山大體(十二音詩)。這種形式來源於 12 世紀的一部敘事詩《亞歷山大的故事》,這是一位行吟詩人的作品,似乎可以説是他創造了這種詩體。但是我們還不能這樣説。這位行吟詩人衹用了整齊的每行十二個音節的格式,這衹是亞歷山大體的雛形,正像齊梁體是律詩的雛形一樣。亞歷山大體在節奏上的許多講究,都是後來許多時代的詩人逐漸改進的。在 16 世紀以前,亞歷山大體並沒有被人們普遍應用,也就是説它還沒有成爲詩人們公認的格律。經過了 16 世紀的大詩人杜貝萊(Du Bellay)和雷尼葉(Régnier)相繼加以補充,然後格律逐漸嚴密起來,而人們也纔普遍應用這種格律。

有些詩人被認爲是創造了新的詩體,實際上往往是不受傳統格律的約束,爭取較大的自由或完全的自由。惠特曼所提倡的自由體,那祇是對格律的否定,而不是創造什麼新的格律。法國象徵派詩人的自由詩没有惠特曼那樣自由,他們主要是對傳統的格律進行了一定程度的破壞,而代之以一些新的技巧。值得注意的是,他們的詩的藝術(包括他們所提倡的技巧)祇能成爲一個派別,他們的自由體並没有代替了法國傳統的格律而成爲統治形式或支配形式。

羅蒙諾索夫被認爲是俄國詩律改革者,但是音節-重音的詩體也還不是他一個人發明的,特烈奇雅科夫斯基在他的前面已經開了先河。而特烈奇雅科夫斯基却又是受了民歌的影響。可見一種新格律的形成不是一蹴而就的。

我覺得有必要把技巧和格律區別開來。詩人可以在語言形式上,特別是在聲音配合上運用種種技巧,而不必告訴讀者他已經用了這種技巧,更不必作爲一種格律來提倡。詩論家們所津津樂道的"摹擬的和諧"的妙用,但是拉辛和雨果自己並没有指出這種技巧,而祇是讓讀者自己去體會它。

上文説過,中國詩自從齊梁體以後,平仄和四聲在格律上佔着非常重要的地位。有人驚歎地指出,杜審言的五言律詩《早春遊望》每一句都是平上去入四聲俱全(其中有兩句不能四聲俱全,祇能具備三聲,那是由於另一規則的限制)。朱彝尊説過:"老杜律詩單句句脚必上去入俱全。"我查過杜甫所有的律詩,雖然不能説每一首都是這樣,但是有許多是這樣。杜甫的《詠懷古迹》五首,其中有三首是合於這種情況的；《秦州雜詩》二十首，其中有十六首是合於這種情況的。這決不會是偶然的。但是，這仍舊不算是格律，因爲詩人們並没有普遍地依照這種形式來寫詩。

　　當然技巧也有可能變爲格律。在齊梁時代，平仄的和諧還衹是一種技巧，到了盛唐，這種和諧成爲固定的格式，也就變了格律。在律詩初起的時候，格律較寬，也許真像後代所傳的口訣那樣“一三五不論”，但是，詩人們實踐的結果，覺得平平仄仄平這種五字句的第一字和仄仄平平仄仄平這一種七字句的第三字是不能不論的，否則平聲字太少了就損害了和諧（有一個專門術語叫做“犯孤平”）；除非在五言的第一字和七言的第三字用了仄聲之後，再在五言的第三字和七言的第五字改用平聲以爲補救（有一個專門術語叫做“拗救”）。還有一種情況：五言的平平平仄仄的第一字和七言的仄仄平平平仄仄的第三字本來是不拘平仄的；但是，這種句式有一個很常見的變體，在五言是平平仄平仄，在七言是仄仄平平仄平仄，在這種變體中，五言的第一字和七言的第三字就不能不拘平仄，而是必須用平聲。這種地方已經成爲一種“不成文法”，凡是“熟讀唐詩三百首”的詩人們都不會弄錯，於是技巧變成了格律，從盛唐到晚清，詩人們都嚴格遵守它了。

　　所以我覺得現代的作家在提倡格律詩的時候，不必忙於規定某一種格律；最好是先作爲一種技巧，把它應用在自己的作品裏。衹要這種技巧合於聲律的要求，自然會成爲風氣，經過人民群衆的批准而變成爲新的格律。也許新的格律詩的形成並不是直綫進行的，而是經過迂迴曲折的道路，也就是說，集合了幾輩子的詩人的智慧，經過了幾番修改和補充，然後新的、完美的格律詩纔最後形成了。

三

　　現在似乎並没有人反對建立現代格律詩。張光年同志贊成何其芳同志這樣一個意見(《人民日報》1959 年 1 月 29 日)："詩的内容既然總是飽和着強烈的或者深厚的感情,這就要求着它的形式便利於表現出一種反覆迴旋、一唱三歎的抒情氣氛。有一定格律是有助於造成這種氣氛的。"

新的格律詩將來是怎樣形成的呢? 這就有分歧的意見了。馮至同志説(《文藝報》1950 年 3 月 10 日)："目前的詩歌有兩種不同的詩體在並行發展:自由體和歌謠體……這兩種的不同的詩體或許會漸漸接近,互相影響,有産生一種新形式的可能。"何其芳同志説(《文學評論》1959 年第 1 期)："我的意見不大相同。我認爲民歌和新詩的完全混合是不大好想象的。如果是吸收新詩的某些長處,但仍然保存着民歌體的特點,仍然是以三個字收尾,那它就還是民歌體。如果連民歌體的特點都消失了,那它就是新詩體。如果是民歌體的句法和調子和新詩體的句法和調子相間雜,這樣的詩倒是過去和現在都有的,但那是一種不和諧不成熟的雜亂的形式,嚴格講來,不成其爲一種詩歌的形式。"我不大明白何其芳同志的意思。馮至同志的話是很靈活的,"接近"和"影響"可以有種種不同的方式。何其芳同志所説的那些不和諧不成熟的雜亂的形式,似乎祇能説目前兩種詩體還没有"接近",不能因此就斷定將來也不可能。但是,馮至同志的話也給人一種印象:仿佛現在有兩種不同的詩體,將來新形式産生了之後,就不再有民歌體和自由體了。關於這一點,我同意何其芳同志的意見(同上)："民歌體是會在今後相當長的時期内還要存在的;新詩是一定會走向格律化,但不一定都是民歌體的格律,還會有一種新的格律;格律體的新詩以外,自由體的新詩也還會長期存在。"

何其芳同志説(《文學評論》1959 年第二期)："要解決新詩的形式和我國古典詩歌脱節的問題,關鍵就在於建立格律詩。"這句話正確地指出了新格律詩的方向。既然新格律可以解決新詩的形式和我國古典詩歌脱節的問題,似乎也就是使新詩的形式和民歌的形式接近,從而産生新的形式,也就是張光年同志所説的"舊形式、舊格律可以推陳出新成爲新形式、新格律"。但是,將來的格律詩不管是什麼樣的格律,它一定不同於自由體,因爲自由體是作爲格律詩的對立物而存在的。能不能從此就消滅了自由體呢?我看不可能,也不應該。自由體在形式上没有格律詩的優美(這是就一般情況而説的),但是它的優點是便於抒發感情,没有任何形式的束縛。如果同一作家既寫格律詩又寫自由詩,正如唐代詩人既寫律詩又寫古風一樣,是没有什麼奇怪的。能不能消滅民歌體呢?我看也不可能。上文已經説過,民歌本來就是既采用絶句形式而又不受平仄拘束的半自由體,將來無論采用什麼新的格律,民歌總會要求更多的自由,更多地保存中國詩的傳統。現代歐洲既有嚴密的格律詩,也有自由詩和民歌,將來中國詩的情況,我想也會是一樣的。

四

怎樣建立現代格律詩,這是一個非常複雜的問題。我是一個不會寫詩的人,我就隨便發表一點意見吧。

首先我覺得,詩的格律是有客觀標準的。它應該具有民族特點和時代特點。每一條規則都不是哪一位詩人主觀想象出來的,而是詩人們根據藝術上的需要建立起來的。例如上文所説的唐詩的平仄規則,似乎很繁瑣,但是目的祇有一個,就是要求聲調的平衡。詩人們遵守這個規則,不是服從哪一位權威,而是公認這是合於藝術要求,使詩句增加形式的美。現在我們如果要建立新格律,這就是一個最重要的原則。

其次,新的格律詩應該具有高度的音樂的美,也就是要求在韻律上和節奏上有高度的和諧。從格律的角度看,詩就是聲音的迴環。節奏最和諧的散文,也不能和優美的格律詩相比,因爲格律詩的節奏和韻律的手段是那麼多樣化,必然使它從形式上區別於散文。音響的巨大作用構成了格律詩的美學的因素。古今中外的大詩人一般都具有極敏鋭的音樂耳朵；反過來説，最豐富的想象如果没有豐富多彩的音響之美伴隨着，也不能不認爲是美中不足。這又是一個最重要的原則。

這兩個原則不是平行的，而是互相包涵的。藝術的客觀要求正是要求這個音響之美。大家對於這兩個原則，大概不會有不同的意見。但是，當詩人們把這兩個原則具體化了的時候，分歧的意見就會產生了。我對於格律詩怎樣具體化，没有什麽成熟的意見，談不上主張什麽，反對什麽。我衹是願意提出一些問題，促使詩人們注意並考慮。

要建立現代格律詩，民族特點是必須重視的。我們可以先從韻脚的問題談起。什麽地方押韻，什麽地方不押，哪一句跟哪一句押，都和民族的傳統有關，例如越南詩的六八體，單句六個字，雙句八個字，但是雙句第六字和單句第六字押韻。越南著名的敘事詩（韻語小説）《金雲翹》就是這樣押韻的。在我們看來是那樣奇特的格律，在越南詩人看來是那樣和諧，這就是民族傳統在起着作用。“五四”以後，有些新詩是押韻的，但是它們的押韻方法往往是模仿西洋的。最突出的情況是用抱韻（第一句和第四句押韻，第二句和第三句押韻，十四行詩的頭兩段就是這樣）。中國詩可以説是没有這種押韻的傳統（詞中有抱韻，那是極其個别的）①。這樣勉强移植過來的押韻規則是不會爲人民群衆所接受的。其他像隨韻（每兩句一轉韻）和交韻（第一句和第三句押韻，第二句和第四句押韻），雖然和我們的民族形式比較地接近，也還不見得完全合適。《詩經》裏有隨韻也有交韻，但是離開現在已經二千多年了。現在如果

————————————

① 孔廣森《詩聲分例》有首尾韻例，也就是抱韻。但是他所舉的《詩經》兩個例子都是靠不住的，至少是不够典型的。第一個例子是《小雅·車攻》叶“伙調同柴”，“調”與“同”叶是可疑的；第二個例子是《大雅·抑》叶“政酒紹刑”，江有誥以爲“政”字非韻，而“王”與“刑”通韻。

兩句一轉韻,中國人會覺得轉得太快了,不够韻味,至於單句和單句押一個韻,雙句和雙句押另一個韻(交韻),在中國人看來也不自然。依照中國詩的傳統,一般總是雙句押韻,單句不押韻(第一句可押可不押),而且往往是一韻到底,如果要換韻也是《長恨歌》式的,以四句一換韻爲主,而摻雜着其他方式,如兩句一換韻,六句一換韻,八句一換韻等。

這並不是説新格律就祇應該依照上述的押韻方式,而不可以有所改變。譬如説,句句押韻,這也是中國詩的傳統。齊梁以前的七言詩是句句押韻的(所謂柏梁體,其實在齊梁以前,七言祇有此體)。曹丕、曹植、曹叡的七言詩都是這樣。曹植甚至有兩首六言詩《妾薄命行》也是句句押韻的。宋詞和元曲,句句押韻的也很不少。如果我們同意突破五七言的舊形式,廣泛地運用十一字句或十二字句(下文還要談到),那麼,句句押韻更是適合藝術的要求,因爲每句的音節多了,隔句押韻就顯得韻太疏了。隔句押韻的五言詩,如果不從意義觀點看,單從格律觀點看,應該算是十言詩。隔句押韻的七言詩也應該算是十四言詩。現在如果我們運用十個字以上造成詩句,不是應該句句押韻嗎? 這樣纔是更合理地繼承了中國詩的傳統,如果字數增加了一倍,而押韻的情況不變,那麼,傳統的繼承祇是表面的。

韻脚是格律詩的第一要素,没有韻脚不能算是格律詩。

格律詩的第二要素是節奏。節奏的問題比韻脚的問題還要複雜得多。平常我們對於節奏往往祇有一個模糊的概念。假定詩句中每兩個字一頓,既然每頓的字數均匀,就被認爲有了節奏。有時候,每頓的字數並不均匀,有三字一頓的,有兩字一頓的,但是,每行的頓數相等,也被認爲有節奏。有時候,不但每頓的字數不相等,連每行的字數也不相等,祇要有了一些頓,也被認爲有節奏。其實頓祇表示語音的停頓,它本身不表示節奏;頓的均匀祇表示形式的整齊,也不表示節奏。

節奏,從格律詩來説,這是可以較量的語言單位在一定時隙中的有規律的重複。這是最抽象的定義。由於各種語言都有語音體系上的特點,所以詩的節奏在不同的語言中各有它的不同的具體內容。音步就是節奏在各種語言中的具體表現,因此各種語言的詩律學中所謂音步也就具有不同的涵義。在希臘和拉丁的詩律學裏,長短音相間構成音步,因爲這兩種語言的每一個元音都分爲長短兩類;在德語和英語的詩律學裏,輕重音相間構成音步,因爲這兩種語言的音節都有重音和非重音的分別;在法語裏,音步的定義和前面所述的兩種音步大不相同,音步指的是詩行的一個音節,因爲法語既不像希臘、拉丁那樣有長短元音的配對,又不像德語和英語那樣具有鮮明突出的重音。俄語的詩律學在 17 世紀到 18 世紀初期用的是音節體系,也就是法國式;後來特烈奇雅科夫斯基和羅蒙諾索夫等詩人發現法國式的格律並不完全適合俄語的語音特點,法國的重音固定在一個詞的最後音節,俄語的重音沒有固定的位置,因此改爲音節-重音體系,這個體系不但使每一詩行的音節相等,同時也使每行重音的數目相等,位置相當。這一切都説明了上文所強調的一個原理:詩的格律不是詩人任意創造出來的,而是根據語言的語音體系的特點,加以規範。

語音有四大要素:(1)音色;(2)音長;(3)音強;(4)音高。除音色和節奏無關以外,其他三要素都可能和節奏發生關係。而且也祇有這三種要素可以構成節奏,其他沒有什麼可以構成節奏的了。法國詩雖然用的是音節體系,也不能不講究重音的位置,例如十二音詩中到第六音節必須是一個重音。17 世紀俄國的音節體系也有同樣的要求。總之,節奏必須是由長短音相間、強弱音相間或者高低音相間來構成。所謂重音和非重音,可能是強音和弱音,可能是高音和低音,又可能是兼而有之。

就中國詩的傳統來説,律絕的格律可能是音節-重音體系,不過和俄語詩律學上的音節-重音體系不同,因爲古代漢語的重音和非重音是高低音,而俄語的重音和非重音是強弱音。還有一種可能(我比較地相信這種可能),那就是音節-音長體系。古代平聲大約是長音,仄聲大約是短音,長短相間構成了中國詩的節奏。但是,中國的律句又不同於希臘、拉丁的詩行:希臘、拉丁是一長一短相間或者一長兩短相間,而中國的五言律句則是兩短兩長相間,後面再帶一個短音(仄仄平平仄),或者是中間再插進一個短音(仄仄仄平平),又或者是兩長兩短相間,中間插進一個長音(平平平仄仄),或者是後面再帶一個長音(平平仄仄平)。而且,對句的平仄不是與出句相同的,而是相反的。這是一種很特別的節奏。

　　現代漢語的聲調系統和各調的實際音高雖然和古代不同了,但是仍然有着聲調的存在。如果説詩的格律應該反映語言的語音體系的特點的話,聲調(平仄四聲)正是漢語語音體系的最大特點,似乎現代格律詩不能不有所反映。齊梁時代沈約等人發現漢語這個特點,逐步建立了新的格律詩(中國的比較嚴密的格律詩應該認爲從盛唐開始),盛唐以後,不但近體詩有了固定的平仄,連古風的平仄也有一定的講究(見趙執信《聲調譜》)。這樣從語言特點的基礎上建立起來的嚴密的格律應該認爲一種進步,大詩人杜甫等也都運用這種格律來寫詩。我們之所以喜歡古典詩歌的聲調鏗鏘,也就是喜歡這種平仄的格律。我們在考慮繼承優良的文學遺產的時候,對於這個一千多年來產生巨大影響的平仄格律也許還應該同時考慮一下。當然我們不能再用古代的平仄,而應該用現代的平仄。人們對平仄之所以存着神祕觀念,主要是由於律詩所用的平仄和現代漢語裏的聲調系統不符。如果拿現代的平仄作爲標準,人人都可以很快地學會。特別是漢語拼音方案在全國推行以後,將來小學生也能懂得現代漢語的聲調系統,平仄的概念再也不是神祕的東西了。問題還不在於學習的難易,而在於合理不合理;新的格律必須以現代活生生的口語作爲根據,而不能再以死去了的語言作爲根據。

　　假定聲調的交替被考慮作爲新格律詩的節奏的話（我祇能假定，因爲在詩人們没有試驗以前，不能説任何肯定的話），那就要考慮現代漢語各個聲調的實際調值，因爲節奏中所謂高低相間或長短相間（漢語的聲調主要是高低關係，但也有長短關係），必須以口語爲標準。以現代漢語而論，我們能不能仍然把聲調分爲平仄兩類，即以平聲和非平聲對立起來呢？能不能另分兩類，例如陽平和上聲作一類，陰平和去聲作一類呢？能不能四聲各自獨立成類，互相作和諧的配合呢？這都須要進行深入細緻的科學研究工作，然後可以得出一個結論。最後一個問題（四聲互相配合問題）實際上是一個旋律問題，已經超出了節奏問題之外，但仍然是值得研究的。

　　我有一個很不成熟的意見。我以爲仍然可以把聲調分爲平仄兩類，陰平和陽平算是平聲，上聲和去聲算是仄聲（入聲在普通話裏已經轉到別的聲調去了）。從普通話的實際調值來看，陰平和陽平都是高調和長調，上聲和去聲都是低調和短調（去聲可長可短，短的時候較多，上聲全調雖頗長，但多數祇念半調）。這樣可以做到高低相間，長短相間。所謂長短相間，不一定是平平仄仄，仄仄平平，也可以考慮兩字一節奏，三字一節奏。形式可以多樣化，但是要求平衡、和諧。因爲我的意見太不成熟，所以不打算多談了。

　　除了聲調作爲節奏以外，還可以想象強弱相間作爲節奏，類似俄語詩律學裏所謂音節－重音體系。普通話裏有所謂輕音，容易令人向這一方面着想。詩人們似乎不妨作一些嘗試。但是我們對這一方面的困難要有足夠的估計。現代漢語裏祇有輕音是分明的，並無所謂重音，許多複音詞既不帶輕音（如"帝國主義、無産階級、共産黨、拖拉機"），也就很難構成強弱相間的節奏。

　　這並不是説，我們可以不考慮輕重音的問題。相反地，也許輕重音的節奏比高低音的節奏更有前途，因爲輕重音在現代漢語的口語裏本來就具有抑揚頓挫的美，在詩歌中，輕重音如果配合得平衡、和諧,必然會形成優美的韻律。剛纔我説漢語裏無所謂重音,但是在朗誦詩歌的時候,盡可以結合邏輯的要求,對某些字音加以強調,使它成爲重音。不過我仍然認爲漢語的輕音與非輕音的區別,和俄語的重音與非重音的區別很不相同。我們恐怕不能要求每一頓都有輕重音相間。我們所應該參考的是:儘可能使各個詩行的位置相對應,至少不要讓輕音和非輕音相對應(特別是在半行的語音停頓上),這樣也就能形成音節的和諧。

是不是可以建議詩人們把這兩種節奏——高低音的節奏和輕重音的節奏——都考慮一下,分頭作一些嘗試? 將來哪一種好,就采用哪一種。如果實踐的結果兩種都好,自然可以並存。也許兩種節奏可以結合起來,而不一定是互相排斥的。

方言問題增加了現代格律詩問題的複雜性。詩是給全國人民朗誦的。但是,由於全國各地的漢語方言很複雜,甲地吟詠起來非常和諧的一首詩,到了乙地,也許在形式上完全不能引起人們的美感,或者令人覺得還有缺點。有些詩的韻脚,詩人用自己的口語念起來非常和諧,另一些詩人念起來並不十分和諧,這就是方言作祟的緣故。聲調也有同樣的問題。但是,最困難的還是輕音問題。關於韻脚和平仄,各地方言雖有分歧,畢竟還有許多共同點。至於作爲語音體系的輕音和非輕音的分別,在許多方言裏根本沒有這種東西,這些方言區域的人不但不會運用輕重律,而且也不會欣賞輕重律。這些困難的解決有待於普通話的推廣。

總之,格律詩離開了聲音的配合是不可以想象的。聲音的配合是有很具體的内容的,空洞地談和諧和節奏是不能建立起來新的格律詩的。談到聲音的配合,問題很多,其中包括語言不統一的問題。因此,我主張由詩人們從各方面作種種的嘗試,百花齊放,作爲技巧來互相競賽,而不忙建立新的格律詩。

五

要建立現代格律詩,時代特點也是必須重視的。何其芳同志注意到現代漢語裏的雙音詞很多,從而建議在這一個時代特點上考慮一種新的格律,他這個觀點是完全正確的。對於何其芳同志的看法,有兩種不同的意見:一種意見以爲現代的單音詞仍然很多,另一種意見以爲古代的雙音詞也很多。多少當然祇是相對的説法;古今比較,今多於古就應該算是多。的確,現代單音詞還是不少的,特別是存在着大量的單音動詞,但是五四運動以後,雙音詞大量增加是事實,這種情況還將繼續下去。至於古代,自然不能説沒有雙音詞,但是畢竟比現代少得多。唐弢同志引《文心雕龍·麗辭篇》來證明古代也有許多雙音詞,那是一種誤會。《文心雕龍》所謂"麗辭"祇是指駢偶來説的,也就是指駢體文中雙句平行的情況;不是指的雙音詞。

何其芳同志説(《關於現代格律詩》):"文言中一個字的詞最多……現在的口語却是兩個字以上的詞最多。要用兩個字、三個字以至四個字的詞來寫五七言詩,並且每句收尾又要以一字爲一頓,那必然會寫起來很別扭,而且一行詩所能表現的内容也極其有限了。"他這一段話有兩個意思:第一是現代詩應該突破五七言的字數限制;第二是現代詩應該改爲基本上以兩字頓收尾(這是參看他的下文得出來的)。何其芳同志似乎比較着重在説明第二個意思,我在這裏想補充他的第一個意思。

一個很簡單的算術。假定一個詞代表一個概念(當然複雜概念不祇是一個詞,而虛詞又不表示一般的概念),那麽,古代七個字能代表七個概念,現代七個字祇能代表四個概念(假定其中有一個單音詞);古代五個字能代表五個概念,現代五個字就祇能代表三個概念。何其芳同志所謂"一行詩所能表現的内容也極其有限了",我想就是指的這個意思。中國古代的詞就有八字句、九字句、十字句和十一字句。詩中的古風也有超過七字的句子,現在我們突破五七言,也不算違反了中國詩的傳統。不過也要注意一件事實:在古代詩詞中,奇數音節的句子是佔優勢的。律詩中祇有五七言,這是大家所知道的(偶然有所謂六言律,衹是聊備一格)。詞中所謂八字句往往衹是上三下五("更那堪——冷落清秋節")或上一下七("況——蘭堂逢著壽筵開"),而十字句則是非常少見的。根據現代雙音詞大量産生的特點,這種情況會大大改變。將來佔優勢的詩句可能不再是奇數音節句,而是偶數音節句,即八字句、十字句和十二字句,至少可以説,偶數音節句和奇數音節句可以並駕齊驅。

　　何其芳同志注意到三字尾是五七言詩句的特點,這也是事實。本來,最常見的五言詩句是上二下三,最常見的七言詩句是上四下三,所以三字尾是奇數音節的自然結果。如果突破奇數音節,同時也就很容易突破三字尾的限制。何其芳同志説"每行的收尾應該基本上是兩個字的詞",這個意思不容易懂,因爲三字尾也可能以兩個字的詞或詞組收尾(如杜甫的"江上小樓巢翡翠,苑邊高冢臥麒麟")。我想,如果在字數上突破了五七言,雙字尾和四字尾自然會大量增加;但是,三字尾和一字頓收尾似乎也不必着意避免。何其芳同志説了一個"基本上",會不會令人瞭解爲儘可能做到的意思呢?

　　由於現代詩以口語爲主,詞尾的大量應用也突出了時代的特點。詞尾("了、着、的"等)一般是念輕音的;它們進入句子以後,不但容易使詩句的字數增加,而且詩人還要考慮它們對節奏的影響。如果詩句中没有輕音字,每行字數的匀稱可以增加整齊的美。豆腐乾式並不都是可笑的;七言律詩如果分行寫,不也是豆腐乾式嗎? 如果輕重相間是有節奏的,詩行和詩行之間運用同一的格律,例如俄語的音節-重音體系,那麽,每行音節相等正是應該的。不過因爲俄文是拼音文字,每行音節數目雖然相同,寫起來字母數目並不相同,所以不顯得是豆腐乾式。漢語方塊字每一個方塊代表一個音節,所以造成豆腐乾。將來漢語改用拼音文字,也就不會再是豆腐乾了。但是,有一種豆腐乾式的新詩的確是可笑的,因爲作者祇知道湊足字數,輕音字和非輕音字一視同仁,例如第一句十個字當中沒有一個輕音字,第二句十個字當中有三個或四個輕音字,這樣在表面上雖然是勻稱的,實際上是最不勻稱的。輕音字不但念得輕,而且念得短,怎能和重讀的字等量齊觀呢?總之,現代格律詩和現代語法的關係是非常密切的。當我們研究現代格律詩的時候,應該注意到現代語法的一些特點。詞尾、雙音詞的第二成分(如果是輕音)以及語氣詞等,都是應該給予特殊待遇的。

我的總的意見是:要建立現代格律詩,必須從歷史發展看問題。重視中國詩的傳統也就是重視格律詩的民族特點,這是歷史發展問題的一方面。但是,我們不能墨守成規;語言發展了,現代格律詩也不能不跟着發展,所以我們要重視格律詩的時代特點,這是歷史發展問題的另一方面。可以肯定地説,現代格律詩應該是從中國的傳統的基礎上,結合時代特點建立起來的。至於怎樣實現這一個原則,這就要求更深入的研究和討論了。

原載《文學評論》1959 年第 3 期

詩律餘論

　　最近我寫了兩本關於詩詞格律的小書。由於寫的是通俗的小冊子,我完全用自己的話來講述詩詞格律。其實我所講述的東西,大部分是吸收了前人研究的成果。現在我寫這一篇餘論,就是想把前人的話扼要地加以敘述和評論。一方面表示我不敢掠美,另一方面也可以讓它跟我那兩本小書互相補充。當年我寫《漢語詩律學》的時候,祇參考了董文渙的《聲調四譜圖說》,近來逐漸參考了其他的書。董文渙的書大致是根據趙執信的《聲調譜》寫的。現在董文渙的書不在手邊,我就不去談它,而專談近來看到的書了。

　　本文所談到的書大致有下列幾種:

　　(1)趙執信:《聲調譜》(前譜、後譜)

　　(2)王士禎:《律詩定體》①

　　(3)王士禎:《五代詩話》

　　(4)何世璂:《然鐙記聞》②

---

① 《律詩定體》在《天壤閣叢書·聲調三譜》內,據說是"先文簡公手定。新城家塾傳本"。

② 原題漁洋夫子口授,新城何世璂述。亦在《天壤閣叢書·聲調三譜》內。

（5）嚴　羽：《滄浪詩話》

（6）謝　榛：《四溟詩話》

（7）王夫之：《薑齋詩話》

限於篇幅，這裏祇談談關於近體詩的問題。第一是關於平仄的問題；第二是關於押韻的問題；第三是關於對仗的問題。

一、關於平仄的問題

我在我的關於詩詞格律的著作裏批評了“一三五不論，二四六分明”這一個口訣的片面性。這個口訣大約起於明代。釋真空的《貫珠集》載有這樣一段話：

> 平對仄，仄對平，反切要分明。有無虛與實，死活重兼輕。上去入音爲仄韻，東西南字是平聲。一三五不論，二四六分明。

這種分析並不完全合於律詩的實際情況，所以王夫之在他的《薑齋詩話》裏批評説：

> 一三五不論，二四六分明之説，不可恃爲典要。“昔聞洞庭水”，“聞、庭”二字俱平，正爾振起。若“今上岳陽樓”易第三字爲平聲，云“今上巴陵樓”，則語塞而戾於聽矣。“八月湖水平”，“月、水”二字皆仄，自可；若“涵虛混太清”易作“混虛涵太清”，爲泥磬土鼓而已。又如“太清上初日”，音律自可；若云“太清初上日”，以求合於粘（力按：合於粘在這裏指合於平仄），則情文索然，不復能成佳句。又如楊用修警句云：“誰起東山謝安石，爲君談笑淨烽烟？”若謂“安”字失粘（力按：失粘在這裏指不合平仄），更云“誰起東山謝太傅”，拖沓便不成響。足見凡言法者，皆非法也。

王夫之這一段話有許多缺點：第一，“昔聞洞庭水”“八月湖水平”恰好是不合常規的句子，不足以破“一三五不論”的規則。第二，“混虚涵太清”按平仄説正是律詩所容許的（這是所謂孤平拗救），不能視爲泥磬土鼓。第三，“太清上初日”與“太清初上日”，“誰起東山謝安石”與“誰起東山謝太傅”，在平仄上同樣是合於詩律的，祇是語法或詞彙上有所不同罷了。第四，王夫之看見了“一三五不論，二四六分明”這一個口訣的片面性，因此就得出結論説：“足見凡言法者，皆非法也。”從根本上否定了詩律，這更是不妥的。但是，他否定這個口訣則是對的。

同樣是批評“一三五不論，二四六分明”，趙執信却比王夫之高明多了。趙氏在《聲調前譜》説：

平平仄仄仄，下句仄仄仄平平，律詩常用；若仄平仄仄仄，則爲落調矣。蓋下有三仄，上必二平也。

律詩平平仄仄平，第二句之正格①。若仄平平仄平，則變而仍律者也（即是拗句）；仄平仄仄平，則古詩句矣。此格人多不知者，由“一三五不論”二語誤之也。

平平平仄仄（這是五言平起的正格）可以改爲平平仄仄仄，似乎可以證明“一三五不論”；但是，第三字改仄後，第一字不能再改仄，否則變爲仄平仄仄仄，就落調了②。可見“一三五不論”的口訣仍舊是不全面的。

仄平仄仄平，就是我的書中所謂犯孤平。孤平是古體詩所允許的，所以趙氏説是古詩句。仄平平仄平，就是我的書中所謂孤平拗救，救後仍舊合律，所以趙氏説是“變而仍律者也”。王夫之所説的“混虚涵太清”，正是變而仍律的例子。

孤平是詩家的大忌，所以趙執信和王士禎都反覆叮囑，叫人不

---

① 指李商隱《落花》的第二句。參看下文。當然這個平仄格式也可以用於第四、六、八句。
② 關於這一點，我在《漢語詩律學》《詩詞格律》《詩詞格律十講》裏都没有交待清楚，以後當考慮補充。再者，這種落調的句子，盛唐時也有，如杜甫《送遠》：“別離已昨日。”但趙氏注云：“拗句，中唐後無。”作爲常規來看，趙氏還是對的。

要犯孤平。趙執信於杜牧詩句"繭蠶初引絲"注云："第一字仄，第三字必平。"又於王維詩句"應門莫上關"，特別注明"應"字讀平聲①，怕人誤會以爲王維犯孤平。王士禎在《律詩定體》中説：

　　　　五律凡雙句二四應平仄者（力按：即對句第二字應平、第四字應仄者），第一字必用平，斷不可雜以仄聲。以平平止有二字相連，不可令單也。②

他在"懷古仍登海岳樓"的"仍"字下、"玉帶山門訴舊遊"的"山"字下、"待旦金門漏未稀"的"金"字下、"劍佩森嚴彩仗飛"的"森"字下，都注云"此字關係"，在"萬國風雲護紫微"的"風"字下注云"關係"，可見這些地方都不能改用仄聲字。看來在清初的時代，已經有不少人爲"一三五不論"的口訣所誤，初學做詩時沒有注意避免孤平，所以王士禎纔這樣反覆叮囑的。

我在《詩詞格律》提到的一種特定的平仄格式，趙執信和王士禎也都提到了。這種格式在五言是平平仄平仄，在七言是仄仄平平仄平仄。趙執信在杜牧詩句"行人碧溪渡"下面注得很詳細："碧"字"宜平而仄"、"溪"字"宜仄而平"，這是拗句；"第四字拗平，第三字斷斷用仄，今人不論者非"。趙氏於杜甫詩句"遙憐小兒女"和"何時倚虛幌"也都注明拗句，表示這是律詩所允許的特定格式。王士禎在"好風天上至"一句下面注云："如'上'字拗用平，則第三字必用仄救之。"又在"我醉吟詩最高頂"一句下面注云："二字本宜用平仄，而'最高'二字係仄平，此謂單句（力按：即出句）第六字拗用平，則第五字必用仄以救之，與五言三四一例（力按：等於説：跟五言第三四兩字是一樣的）。"

────────────

① 我在《詩詞格律》的附注裏，也注明杜甫詩句"應門幸有兒""應門試小童"的"應"字讀平聲。"應門幸有兒"，仇兆鰲説"應"字"蔡云於陵切"。
② 依王説，孤平也可以叫做單平。單平指的是相連兩個平聲缺了一個，跟我的解釋也稍有不同（我對孤平的解釋是：除了韻脚之外，祇剩一個平聲字了）。但是，所指的事實是一樣的。

　　我在《詩詞格律》講到了三種拗救:第一種是本句自救,講的是孤平拗救,上文已經講過了。我所謂的特定格式,其實也是一種本句自救,所以王士禎指出,在第四字拗用平的時候,"則第三字必用仄救之"。但是,由於這種格式非常常見,所以我把它特別提出來作爲專項敘述,使它顯得更爲突出。

　　第二種是嚴格規定的對句相救:在該用仄仄平平仄的地方,第四字用了仄聲(或三、四兩字都用了仄聲),就在對句的第三字改用平聲以爲補償。趙執信在他的《聲調前譜》裏引了杜牧的詩句"莘莘迹始去,悠悠心所期"。他在出句"莘莘迹始去"下面注云:"五字俱仄。中有入聲字,妙。"在"心"字下注云:"此字必平,救上句。"又在全句下面注云:"此必不可不救,因上句第三、第四字皆當平而反仄,必以此第三字平聲救之,否則落調矣。上句仄仄平仄仄亦同。"他又在《聲調後譜》引杜甫《送遠》的"草木歲月晚,關河霜雪清",在"草木"句注云:"五仄字。'木、月'二字入聲妙。五仄無一入聲字在內,依然無調也。"又在"霜"字下注云:"此字必平。"他又引了李商隱的《落花》:

> 高閣客竟去,小園花亂飛。
> 參差連曲陌,迢遞送斜暉。
> 腸斷未忍掃,眼穿仍欲歸。
> 芳心向春盡,所得是沾衣。

他在"高閣"句下注云:"拗句起。"又在"腸斷"句下注云:"同起句。"在"花"字下注云:"此字拗救。"在"眼穿"句下注云"同次句",按:即同"小園"句。"小園"句和"眼穿"句都跟上述杜牧的"悠悠"句稍有不同:"悠悠"句衹是第三字用平,第一字並沒有用仄;"小園"句和"眼穿"句則不但第三字用平,而且第一字還用了仄聲,造成了孤平拗救。孤平拗救和拗起句恰相配合,所以趙氏在"眼"字下注云:"此字用仄妙。"我在《詩詞格律十講》説:"這樣,倒數第三字所用的平聲非常吃重,它一方面用於孤平拗救,另一方面還被用來補償出句所缺乏的平聲。"

　　第三種是不嚴格規定的拗救,我所謂"可救可不救"。這跟《律詩定體》《聲調譜》稍有出入。《律詩定體》在詩句"粉署依丹禁,城虛爽氣多"下面注云:如單句"依"字拗用仄,則雙句"爽"字必拗用平①。《聲調前譜》說:起句仄仄仄平仄,或平仄仄平仄。唐人亦有此調,但下句必須用三平或四平(如仄平平仄平、平平平仄平是也)。《聲調後譜》引了杜甫《春宿左省》的"花隱掖垣暮,啾啾棲鳥過","掖"字下注云"拗字","棲"字下面注一個"平"字。又引杜甫《送遠》的"帶甲滿天地,胡爲君遠行","帶甲"句下注云"拗句","君"字下面也注一個"平"字。王、趙都說"必"或"必須",似乎是嚴格的拗救,而不是可救可不救,但是,我考慮到唐詩中的確也有不救的,如李白的《送友人》在尾聯"揮手自茲去,蕭蕭班馬鳴"雖然救了,但在頷聯"此地一爲別,孤蓬萬里征"却是拗而不救。不如說得靈活一些,以免絕對化了,反而不便初學。趙執信在杜牧詩句"野店正紛泊,繭蠶初引絲"下面也說:"第三字救上句——亦可不救。"可見我說"可救可不救"還是有根據的。

　　第三種和第二種的性質很相近,所以對句相救的辦法完全相同。孤平拗救同樣是第三種拗救的重要手段,倒數第三字的平聲字也非常吃重,它一方面用於孤平拗救,另一方面還被用來補償出句所缺乏的平聲。所以趙執信的《聲調後譜》在分析杜甫《所思》"九江落日醒何處,一柱觀頭眠幾回"的時候說:"'觀'字仄,'眠'字必平,此字救上句,亦救本句。"這也是一身兼兩職的意思②。

　　用孤平拗救來進行本句自救和對句相救,中晚唐以後成爲一種風尚。李商隱用得很多。如上文所引的《落花》,在一首詩中連

---

① 《律詩定體》所引的律詩都未列作者姓氏。這裏的兩句和上文所引的"好風天上至"出在同一首詩裏,已經查出是明金幼孜的詩。其餘上文所引的詩句未能查明作者是誰。

② 可惜舉的例子不很妥當。"醒"字有平去兩讀,不能確定杜甫把它讀去聲還是平聲。

用兩次,顯然是有意造成的。其他如《蟬》裏的"薄宦梗猶汎,故園蕪已平"。例子不勝枚舉。用四平的句子來進行拗救(倒數第三字必平),也同樣是常見的,如李商隱的《二月二日》:"花鬚柳眼各無賴,紫蝶黃蜂俱有情。"又《對雪》:"梅花大庾嶺頭發,柳絮章臺街裏飛。"

我們在研究詩的平仄格式的時候,首先要知道字的音讀。上文所説"應門"的"應"該讀平聲,就是一個例子。李商隱《隋宮》絶句:"春風舉國裁宮錦,半作障泥半作帆。"按《廣韻》"障"字有平去兩讀,這裏應讀平聲,如果讀去聲,就犯孤平了。李商隱《雨中長樂水館送趙十五滂不及》末句"夫君太騁錦障泥",正足以證明"障"字讀平聲,不讀去聲。李商隱《漫成》:"此時誰最賞,沈范兩尚書。"薛逢《重送徐州李從事商隱》:"蓮府望高秦御史,柳營官重漢尚書。"按《廣韻》陽韻有"尚"字,音與"常"同,注云:"尚書,官名。"字典不收此音,這樣就容易令人疑爲落調了。

由上所論,可見"一三五不論"的口訣確是不全面的。王士禎也反對這個口訣。何世璂《然鐙記聞》據説是王士禎所口授,其中也有一段説:

> 律詩祇要辨一三五。俗云"一三五不論",怪誕之極! 決其終身必無通理!

平心而論,"一三五不論,二四六分明"這個口訣對初學詩的人也有一點好處;但是要告訴他,仄平腳的七字句第三字不能不論,仄平腳的五字句第一字不能不論等等,也就能照顧全面了。

這些書很少講到粘對的問題,祇有《聲調後譜》引了杜甫的《所思》:

> 苦憶荆州醉司馬,謫官樽俎定常開。
> 九江日落醒何處? 一柱觀頭眠幾回?
> 可憐懷抱向人盡,欲問平安無使來。

故憑錦水將雙淚,好過瞿塘灩澦堆。

注云:"第七句本是正粘,因第五句不粘,此句亦不粘矣。"由此可見:(1)盛唐尚有一些不粘的詩;(2)後來詩律漸密,大家注意粘的規則,所以有所謂正粘了。

我在《詩詞格律十講》説:"至於失對,則是更大的毛病,從唐宋直到近代人的詩集中,是找不到失對的例子的。"在《漢語詩律學》和《詩詞格律》裏也有類似的話。這話未免説得太絶對了。最近讀了温庭筠的《春日》:

> 柳岸杏花稀,梅梁乳燕飛。
> 美人鸞鏡笑,嘶馬雁門歸。
> 楚宫雲影薄,台城心賞違。
> 從來千里恨,邊色滿戎衣。

不但"楚宫"句失粘,而且"台城"句也失對。在這種地方,可能是詩人一時失檢,也可能是有意突破形式。如果我們説失對的情況非常罕見,也還是可以説的,但不能説絶對没有。有些詩人有意模仿齊梁體,如李商隱《齊梁晴雲》不但失粘,而且失對。失對的兩聯是"緩逐烟波起,如妬柳緜飄""更奈天南位,牛渚宿殘宵"。按:拗粘、拗對正是齊梁體的特點,是又當別論的。

二、關於押韻的問題

《廣韻》共有二〇六韻,但是我們研究詩律並不須要掌握這二〇六韻。據封演《聞見記》,唐初許敬宗等人已經嫌《切韻》的韻窄①,"奏合而用之"。後代通行的平水韻實際上可以適用於唐詩,它成書雖晚,但是它基本上反映了"合而用之"的事實。除了並證於徑(後來張天錫、王文郁又並拯於迥)是不合理的以外,衹有並欣

---

① 《切韻》是《廣韻》的前身(中間又經過《唐韻》的階段)。據《切韻》殘卷看,《切韻》衹有 193 韻。

於文不合於唐詩的情況。顧炎武在《音論》中已經指出：唐時欣韻通真而不通文，舉杜甫《崔氏東山草堂》、獨孤及《送韋明府》和《答李滁州》爲例。戴震在《聲韻考》中又舉李白《寄韋六》、孫逖《登會稽山》、杜甫《贈鄭十八賁》，證明隱韻祇通準，而不通吻。直到晚唐還是這種情況。我注意到李商隱的《五松驛》：“獨下長亭念過秦，五松不見見輿薪。祇應既斬斯高後，尋被樵人用斧斤。”“斤”字是欣韻字，但是它跟真韻的“秦、薪”押韻。平水韻把“斤”歸入文韻，就跟唐詩不合了。不過，這是僅有的例外，一般地說，平水韻是可以作爲衡量唐詩用韻的標準的。

　　古體詩可以通韻，近體詩原則上不可以通韻。謝榛的《四溟詩話》云：“九佳韻窄而險，雖五言造句亦難，況七言近體？”可見近體即使用窄而險的韻，也是不容易出韻的。元稹《遣悲懷》三首，第一首全用佳韻字，第二首全用灰韻字，分用甚明。李商隱用韻，比起盛唐詩人們來，算是比較自由的了，但是他在近體詩中，對於險韻如江韻，仍舊讓它獨用，例如《水齋》押“邦、江、窗、缸、雙”，《因書》押“江、窗、缸、釭”，《巴江柳》押“江、窗”。

　　謝榛《四溟詩話》説：“七言絶律，起句借韻，謂之‘孤雁出群’，宋人多有之。”這裏謝氏發現了一件很重要的事實。可惜講得不够全面。先説，起句借韻不但七言詩有，五言詩也有。再説，不但宋人多有之，晚唐已經成爲風尚，初唐與盛唐也有少數起句借韻的律絶。試看沈德潛的《唐詩別裁》，其中就有大量的起句借韻的例子：五律，李白《訪戴天山道士不遇》押“中、濃、鐘、峰、松”，許渾《遊維山新興寺》押“村、曛、聞、雲、軍”；五絶，金昌緒《春怨》押“兒、啼、西”，李賀《馬詩》押“江、風、雄”；七律，李頎《送李回》押“農、雄、宮、中、東”，李商隱《井絡》押“中、峰、松、龍、踪”，李咸用《題王處士山居》押“寒、年、船、煙、仙”，章碣《春別》押“山、殘、看、漫、寒”，鄭谷《少華甘露寺》押“鄰、聞、雲、分、群”，韓偓《安貧》押“書、圖、盧、須、竽”，韋莊《柳谷道中作却寄》押“紛、魂、村、門、孫”，沈彬

《入塞曲》押"痕、文、君、雲、曛";七絶,張籍《秋思》押"風、重、封",白居易《白雲泉》押"泉、閑、間",杜秋娘《金縷曲》押"衣、時、枝",武昌妓《續韋蟾句》押"離、歸、飛"。《四溟詩話》引張説《送蕭都督》,詩中押"江、宗、逢、冬、重",以爲"此律詩用古韻也"。其實也是起句借韻,因爲江韻與冬韻正是鄰韻,可以相借。起句借韻的情況並不能説明古人用韻很寬;相反地,它正足以説明古人用韻很嚴,因爲祇有起句可以借韻,而且祇限於借用鄰韻。起句爲什麽可以借韻呢?這因爲起句本來可以不用韻。王勃《滕王閣序》説:"一言均賦,四韻俱成。"他的《滕王閣詩》共用了六個韻脚而説是四韻,就是因爲没有把起句的韻算在裏邊。總之,起句借韻不能算是通韻。

這並不是説,通韻的情況就絶對没有了。已經有人注意到,李商隱往往以東、冬通用,蕭、肴通用。前者如《少年》押"功、封、中、叢、蓬"("封"是冬韻字);《無題》押"重、縫、通、紅、風"("重、縫"是冬韻字);後者如《茂陵》押"梢、郊、翹、嬌、蕭"("梢、郊"是肴韻字)。馮浩《玉溪生詩詳注》在《茂陵》一詩中引《戊籤》云"首二句誤出韻",而自加按語云:"按唐人不拘。"其實兩種説法都是不正確的。李商隱有意識地押通韻,我們不能説他是誤出韻;唐人近體詩一般都不通韻,李商隱自己也是儘可能不通韻,我們不能籠統地説唐人不拘。

嚴羽《滄浪詩話》説:"有轆轤韻者,雙出雙入;有進退韻者,一進一退。"王世禎《五代詩話》第八卷引《湘素雜記》説:"鄭谷與僧齊己、黃損等,共定今體詩格云:'凡詩用韻有數格:一曰葫蘆,一曰轆轤,一曰進退。葫蘆韻者,先二後四;轆轤韻者,雙出雙入;進退韻者,一進一退,失此則謬矣。'余按《倦遊雜録》載唐介爲台官,廷疏宰相之失。仁廟怒,謫英州別駕。朝中士大夫以詩送行者頗衆,獨李師中待制一篇爲人傳誦。詩曰:'孤忠自許衆不與,獨立敢言人所難[1]。去國一身輕似葉,高名千古重於山。並游英俊顔何厚?

---

[1]　"衆、不"二字俱仄,下句"人"字用平聲,既是孤平拗救,又是對句相救。參看上文。

未死奸諛骨已寒！天爲吾君扶社稷，肯教夫子不生還？'此正所謂
進退韻格也。按《韻略》'難'字第二十五，'山'字第二十七，'寒'
字又在第二十五，而'還'又在第二十七，一進一退，誠合體格，豈率
爾爲之哉？近閱《冷齋夜話》，載當時唐李對答，乃以此詩爲落韻
詩。蓋渠不知鄭谷所定詩格有進退之説，而妄爲云云也。"吴喬《圍
爐詩話》卷一説："平水韻視唐韻雖似寬，而葫蘆等諸法俱廢，則實
狹矣。"按：葫蘆韻指排律而言，排律共用六個韻，前兩個韻脚用甲
韻，後四個用乙韻。轆轤韻與進退韻皆指律詩言，雙出雙入指的是
前兩個韻脚用甲韻，後兩個用乙韻；一進一退指甲乙兩韻交互相
押。上述李師中的詩就是寒删兩韻交互相押的例子。但是，這些
理論是荒謬的。鄭谷幾個人不可能定出一種今體詩格來。試看鄭
谷自己就沒有實踐，以致《湘素雜記》的作者衹好另找李師中的詩
爲例。所謂葫蘆格、轆轤格、進退格，衹是巧立名目，讓詩人們押韻
時有較多的自由。但是，他又作繭自縛，加上一句"失此則謬矣"。
依照這種説法，起句借韻的詩以及像上述李商隱的通韻詩反而是
"謬"的，真是荒唐之至！即使鄭谷有此主張，也不堪奉爲典要。詩
人們不宗高岑李杜，而崇拜一個鄭鷓鴣，那也未免太陋了。

　　《五代詩話》（鄭方坤補）引毛奇齡《韻學要指》説："八庚之清，與
九青不分，故清部中偏旁多從青、從令，而今'屏、熒、聲'諸字，則清青
二部均有之。宋韻以删重之令，删青部'聲'字，而唐詩往往多見，此
斷宜增入者。今但舉唐詩聲韻，如李白短律：'胡人吹玉笛，一半是
秦聲。五月南風起，梅花落敬亭。'杜甫《客舊館》五律：'重來梨葉
赤，依舊竹林青。風幔何時捲？寒砧昨夜聲。'李建勛《留題愛敬
寺》五律：'空爲百官首，但愛千峰青。斜陽惜歸去，萬壑鳥啼聲。'
喻鳧《酬王擅見寄》五律：'夜月照巫峽，秋風吹洞庭。竟晚蒼山詠，
喬枝有鶴聲。'裴硎《題石室》七律：'文翁石室有儀刑，庠序千秋播
德聲。古柏尚留今日翠，高山猶靄舊時青。'類可驗。"這實際上也
是通韻，而"聲"是審母三等字，依語音系統是不可能入青韻的。

三、關於對仗的問題

《滄浪詩話》卷五説:"有律詩徹首尾對者,少陵多此體,不可概舉。有律詩徹首尾不對者,盛唐諸公有此體。如孟浩然《舟中曉望》:'掛席東南望,青山水國遥。軸轤爭利涉,來往接風潮。問我今何適? 天台訪石橋。坐看霞色晚,疑是赤城標。' 又 '水國無邊際'之篇。又太白'牛渚西江夜'之篇。皆文從字順,音韻鏗鏘,八句皆無對偶。"嚴羽在這裏講的是特殊情况,因爲就一般情况説,中兩聯對仗最爲常見,其次是前三聯對仗(這樣,則首句往往不入韻);徹首尾全對是相當少見的,至於徹首尾不對,則更爲罕見了①。

真正徹首尾對的律絶是不多見的。平常總是保留尾聯不用對仗,這樣纔便於結束。《四溟詩話》説:"排律結句不宜對偶。若杜子美'江湖多白鳥,天地有青蠅',似無歸宿。"依我看來,豈但排律? 即以一般律絶而論,結句用對偶,也令人有似無歸宿之感。杜甫《絶句》:"兩個黃鸝鳴翠柳,一行白鷺上青天。窗含西嶺千秋雪,門泊東吳萬里船。"有點兒像話還没有説完。絶句本來就是斷句,還容許有這種做法;至於律詩,就更不合適了。杜甫的律詩,尾聯用對仗的雖然較多,但是往往用流水對,語意已完,也就收得住了,例如《聞官軍收河南河北》尾聯:"即從巴峽穿巫峽,便下襄陽向洛陽。"又如《垂白》尾聯:"甘從千日醉,未許七哀詩。"都是《滄浪詩話》所謂十四字對和十字對(按:即流水對),這樣決不嫌没有歸宿。另有一種情况是半對半不對,收起來更覺自然。胡鑒在《滄浪詩話》"有律詩徹首尾對者,少陵多此體,不可概舉"下面注云:杜少陵《登高》一首是也。詩曰:"風急天高猿嘯哀,渚清沙白鳥飛迴。無邊落木蕭蕭下,不盡長江滾滾來。萬里悲秋常作客,百年多病獨登

---

① 杜甫《寄劉峽州伯華使君四十韻》。

臺。艱難苦恨繁霜鬢,潦倒新停濁酒杯。"①依我看來,尾聯正是半
對半不對。"艱難"對"潦倒"可以算是對仗;但其餘的就不好說是
對仗。"繁霜鬢"應以"霜鬢"連讀,不應以"繁霜"連讀。《佩文韻
府》在"繁霜"條下不收杜句,而在"霜鬢"條收杜句,那是很有道理
的。杜甫《送何侍御歸朝》有"春日垂霜鬢",《宴王使君宅》有"汎
愛容霜鬢",可見"霜鬢"是杜甫詩中的熟語。"苦恨繁霜鬢"祇是
"苦恨霜鬢已繁",而不是"苦恨繁霜之鬢",因此不能認爲是以"繁
霜"與"濁酒"爲對仗。這種半對半不對的句子正是適宜於作結句
的,更不能算是真正徹首尾對的例子。嚴羽所説"少陵多此體,不
可概舉"的話也是誇大了的。

　　至於徹首尾不對,那祇是律詩尚未成爲定型的時候一種特殊
情況。趙執信《聲調後譜》説:"開元天寶之間,鉅公大手頗尚不循
沈宋之格。至中唐以後,詩賦試帖日嚴,古近體遂判不相入。"這話
雖説的是平仄,但是關於對仗也可以這樣説。楊慎《升庵詩話》卷
二説:"五言律八句不對,太白浩然集有之,乃是平仄穩貼古詩也。"
楊氏的話是對的,平仄穩貼是律,但徹首尾不對則還不完全符合律
詩的規格。

　　《四溟詩話》卷四説:"江淹《貽袁常侍》曰:'昔我別秋水,秋月
麗秋天。今君客吳坂,春日媚春泉。'子美《哭蘇少監》詩曰:'得罪
台州去,時違棄碩儒。侈官蓬閣後,穀貴歿潛夫。'此皆隔句對,亦
謂之扇對格。"我在《漢語詩律學》也講到扇面對,舉了一些例子。
至於《詩詞格律》和《詩詞格律十論》,則因扇面對不是常見的情況,
所以沒有講。

　　借對,則是比較常見的,我認爲值得提一提。《滄浪詩話》説:
"有借對。孟浩然'廚人具雞黍,稚子摘楊梅',太白'水舂雲母碓,

---

① 　胡鑒又引宗叔敖詩:"玉樓銀榜枕嚴城,翠蓋紅旂列禁營。日映層巖圖畫色,風搖雜
　　樹管弦聲。水邊重閣含飛動,雲裏孤峰類削成。幸覩八龍游閬苑,無勞萬里訪蓬
　　瀛。"其實尾聯也是流水對。

風掃石楠花’,少陵‘竹葉於人既無分,菊花從此不須開’是也。”按:借“楊”爲“羊”來對“雞”,借“楠”爲“男”來對“母”,這是借音;“竹葉”是酒名,借“葉”來對“花”,這是借意。沈括《夢溪筆談》卷十五又引了“當時物議朱雲小,後代聲名白日長”[1],以“朱雲”對“白日”也是借對。《四溟詩話》卷四引瀋王西屛道人詩句“九關甲士圖功日,三輔丁男習戰秋”,以爲“後聯假對干支,妙”。我們並不提倡借對,但是必須承認古代詩人有借對的事實。像劉長卿《長沙過賈誼宅》:“漢文有道恩猶薄,湘水無情弔豈知?”借漢水的“漢”來對“湘”字,決不是偶合的。特別是顏色的借對更爲常見。李商隱《錦瑟》:“滄海月明珠有淚,藍田日暖玉生煙。”借“滄”爲“蒼”以對“藍”。杜甫《赴青城縣出成都》:“東郭滄江合,西山白雪高。”以“滄”對“白”,也是這個道理。甚至《秋興》第五首“一臥滄江驚歲晚,幾回青瑣點朝班”,尾聯前半句也用對仗,以“滄”對“青”。

＊　　　＊　　　＊

講詩律必須分別三種不同的情況:第一是正格,也就是近體詩的一般作法。正格很重要,特別是對初學的人來說,若不講求正格也就無從掌握詩律。第二是變格,變格衹是變通一下,仍然合律,這是趙執信所謂“拗律”和“變而仍律”。趙氏雖然講的是平仄,但是對於押韻和對仗,也可以由這個原則類推。第三是例外,不構成格律。具體說來是這樣:

(1)正格　就平仄說,五言平仄脚、仄仄脚、平平脚的句子第一字不論,仄平脚的句子每字都論;七言平仄脚、仄仄脚、平平脚的句子一三不論,仄平脚的句子第一字不論。就押韻說,必須嚴格地依照平水韻。就對仗說,律詩中兩聯用對仗。

(2)變格　就平仄說,可用各種拗救;又仄仄脚可以連用三仄收尾,如果倒數第五字用平聲的話。就押韻說,可以起句借韻。就

對仗説,可以在頷聯和頸聯當中祇用一個對仗,又可以共用三個對仗(祇有尾聯不對)。

（3）例外　　就平仄説,用古體詩的平仄,如“昔聞洞庭水”（“昔”字仄聲）,“八月湖水平”（仄平脚的律句倒數第四字不能用仄聲）,等等。就押韻説,用了通韻（實際上是出韻,又叫落韻）。就對仗説,徹首尾用對仗。

講詩律必須區別一般和特殊、正格和變格。如果過於强調特殊,以例外亂正規,那就簡直無詩律可言。如果祇講正格,不講變格,那又不够全面,會引起讀者許多疑問。因此,我認爲必須把正格和變格同時講透;例外可以少講,對初學者來説,甚至可以不講,以免重點不突出,妨礙掌握格律。

原載《光明日報·東風》,1962 年 8 月 6 日

中國古典文論中談到的語言形式美

中國古典文論中談到的語言形式美，主要是兩件事：第一是對偶，第二是聲律。關於這兩件事，《文心雕龍》都有專篇討論。《文心雕龍》第三十三篇講聲律，第三十五篇講麗辭。所謂麗辭，就是對偶。

這兩件事都跟漢語的特點有關。惟有以單音節爲主（即使是雙音詞，而詞素也是單音節）的語言，纔能形成整齊的對偶。在西洋語言中，即使有意地排成平行的句子，也很難做到音節相同。那樣祇是排比，不是對偶。關於聲律，我們的語言也有特點。漢語是元音佔優勢的語言，而又有聲調的區別，這樣就使它特別富於音樂性。

文論中對於文章的對偶特別是詩的對偶是有許多講究的。人們容易把對偶看得很簡單，以爲祇是字數相等，名詞對名詞，形容詞對形容詞，動詞對動詞，副詞對副詞就是了。實際上遠不止此。《文心雕龍》提出了著名的對偶原則："故麗辭之體，凡有四對。言對爲易，事對爲難；反對爲優，正對爲劣。言對者，對比空辭者也；事對者，並舉人驗者也；反對者，理殊趣合者也；正對者，事異義同者也。"拿今天的話來説，言對就是不用典故，事對就是用典故，反對就是反義詞或意義不相同的詞相對，正對就是同義詞或意義相近的詞相對。

劉勰輕視言對，提倡事對，這是跟駢體文的體裁有關的。從藝術觀點説，這個作用不大。杜甫、王維等許多大詩人許多著名的對句如“感時花濺淚，恨別鳥驚心”“明月松間照，清泉石上流”，也都是言對，不是事對。這個可以撇開不提。

反對爲優，正對爲劣。這倒是一條很寶貴的藝術經驗。《文心雕龍》所舉反對的例子是王粲《登樓賦》：“鍾儀幽而楚奏，莊舃顯而越吟。”“幽”和“顯”是反義詞。正對的例子是張載《七哀詩》：“漢祖想枌榆，光武思白水。”“想”和“思”是同義詞。二者的優劣是顯而易見的。在這個問題上，劉勰的理論是高的：他把反對認爲是“理殊趣合”，這是用不同的道理來達到同一的意趣，表面上是相反，實際上是相成。這樣的對偶是内容豐富的對偶。他又把正對認爲是“事異義同”，因爲兩個句子從字面上看來雖然不同，實際上祇表示了同一的意思，這樣的對偶是内容貧乏的對偶。

正因爲這個意見是對的，所以後人常常拿它來衡量詩的優劣。王籍《入若耶溪》：“蟬噪林逾靜，鳥鳴山更幽。”這是被人傳誦的名句。但是蔡寬夫《詩話》説：“晉宋間詩人造語雖秀拔，然大抵上下句多出一意。”他舉了王籍這兩句詩批評説：“非不工也，終不免此病。”

正對走到了極端，自然是詩家之所大忌。所以詩論家有合掌的戒律。所謂合掌，也就是同義詞相對。

因此，關於對偶，我們不要單看見古人求同的方面（字數相等是同，詞性相等也是同），同時還要看見古人求異的方面。後者比前者更加重要。古人在對偶中特別强調相反，强調對立，强調不同。這個原理同樣地適用於聲律方面。

《文心雕龍·聲律篇》中有很重要的兩句話：“異音相從謂之和，同聲相應謂之韻。”“同聲相應謂之韻”這一句話好懂：韻就是韻脚，是在同一位置上同一元音的重複，這就形成聲音的迴環，産生音樂美。但是劉勰所强調的不是這一句，而是前一句：“異音相從謂之和。”所以他跟着就説：“韻氣一定，故餘聲易遣；和體抑揚，故

遺響難契。屬筆易巧,選和至難;綴文難精,而作韻甚易。"這就是
說,同聲相應是容易做到的,異音相從是難做到的。這和《麗辭篇》
所論"反對爲優,正對爲劣"的道理是相通的。依一般的見解,異音
相從應該是不和,現在說異音相從正是爲了和,這也和《麗辭篇》所
說的"理殊趣合"是同一個道理。音樂上的旋律既有同聲相應,也
有異音相從。假如祇有同聲相應,沒有異音相從,那就變爲單
調了。

　　什麽是"異音相從謂之和"呢? 范文瀾同志認爲是"指句內雙
聲叠韻及平仄之和調"(《文心雕龍注》第 559 頁)。這是對的。所
謂"八病",雖然舊說紛紜,莫衷一是,實際上就是避同求異,如雙聲
的字不能同在一句(聯綿字不在此例),句中的字不能跟韻脚的字
叠韻,五言詩第五字不得與第十五字同一聲調,等等。沈約《宋
書·謝靈運傳論》說:"夫五音相宜,八音協暢,由乎玄黃律吕,各適
物宜。欲使宫羽相變,低昂互節,若前有浮聲,則後須切響。一簡
之內,音韻盡殊;兩句之中,輕重悉異。妙達此旨,始可言文。"沈約
在這裏也是特别強調了"殊異"的作用。

　　律詩的平仄格式是逐漸形成的,而平仄的講究主要還是求其
"異音相從"。一句之中,平仄交替成爲節奏,這是異;一聯之中,出
句的平仄和對句的平仄相反,這又是異。後聯和前聯相粘(第三句
與第二句平仄相同,等等),似乎是爲了求同,實際上還是爲了求
異,因爲失粘的結果是前後兩聯的平仄雷同。

　　嚴羽《滄浪詩話》批評了八病的戒律。他說:"作詩正不必拘
此,弊法不足據也。"凡事一到了"拘",就出毛病。形式美與形式主
義的區别,就在於詩人駕馭形式還是形式束縛詩人。八病的避免,
如果作爲形式美來爭取,而不是作爲格律來要求,還是未可厚非
的。董文涣《聲調四譜圖說》引杜審言的《早春遊望》作爲示範。杜
審言原詩是:"獨有宦遊人,偏驚物候新。雲霞出海曙,梅柳渡江
春。淑氣催黄鳥,晴光轉緑蘋。忽聞歌古調,歸思欲沾巾。"這首詩

有四句是平上去入四聲俱全的,其餘也都具備三聲(其中有兩句按詩律也祇能具備三聲)。這樣,在聲調上就具有錯綜變化之妙。

有人説,杜甫的律詩出句末字上去入三聲俱全;如果首句入韻,那就是平上去入四聲俱全。我曾經就《唐詩三百首》所選的杜詩作一個小小的統計:五律十首,合於上述情況者八首;七律十三首,合於上述情況者十首。這可以説明:一方面杜甫的確有意識地追求這種形式美;另一方面,杜甫決不會犧牲了内容去遷就形式。

相連的兩個出句聲調相同,叫做鶴膝,也有人認爲就是上尾。杜甫的律詩,特別注意避免上尾。但偶然也有不拘的,例如《客至》詩第三句末字是"掃"字,這個字有上去兩讀,若讀上聲則跟第一句末字"水"字犯上尾;若讀去聲則跟第五句末字"味"字犯上尾。這些地方都可以説明杜甫既講究形式美而又不拘泥形式。兩個出句末字聲調相同還不足爲病,至於三個出句末字聲調相同,那就算是缺點了。謝榛《四溟詩話》批評杜牧的《開元寺水閣》詩:"六朝文物草連空,天淡雲閑今古同。鳥去鳥來山色裏,人歌人哭水聲中。深秋簾幕千家雨,落日樓臺一笛風。惆悵無因見范蠡,參差煙樹五湖東。"又批評王維《送楊少府貶郴州》詩:"明到衡山與洞庭,若爲秋月聽猿聲。愁看北渚三湘遠,惡説南風五兩輕。青草瘴時過夏口,白頭浪裏出湓城。長沙不久留才子,賈誼何須弔屈平?"他説:"此上三句落脚字,皆自吞其聲,韻短調促,而無抑揚之妙。"其實他在這裏指出的就是上尾的毛病,因爲這兩首詩三個出句末字都用了上聲。謝榛最後説:"然子美七言,近體最多,凡上三句轉折抑揚之妙,無可議者。其工於聲調,盛唐以來,李杜二公而已!"他的話是頗有根據的。李白的律詩較少,我沒有分析過;至於杜甫,我相信他在聲調美的方面是有很深的研究的。

總起來説,古典文論中談到的語言形式美,不管是在對偶方面,或者是在聲律方面,都是從多樣中求整齊,從不同中求協調,讓矛盾統一,形成了和諧的形式美。

　　我們不可能也不應該照搬古人的藝術經驗，特別是現代的詩即使講究格律，也不一定要拘泥平仄（寫舊體詩不在此例）。但是古典文論中談到的語言形式美，從原理上説，還有許多可以借鑒的地方。文學語言的形式美，應該是隨着民族而不同的，隨着時代而不同的。希望有人在這方面進行研究，對文學的發展將有很大的意義。這篇短文，不過是拋磚引玉罷了。

原載《文藝報》1962 年第 2 期

略論語言形式美

語言的形式之所以能是美的，因爲它有整齊的美、抑揚的美、迴環的美。這些美都是音樂所具備的，所以語言的形式美也可以說是語言的音樂美。在音樂理論中，有所謂音樂的語言；在語言形式美的理論中，也應該有所謂語言的音樂。音樂和語言不是一回事，但是二者之間有一個共同點：音樂和語言都是靠聲音來表現的，聲音和諧了就美，不和諧就不美。整齊、抑揚、迴環，都是爲了達到和諧的美。在這一點上，語言和音樂是有着密切的關係的。

語言形式的美不限於詩的語言；散文裏同樣可以有整齊的美、抑揚的美和迴環的美。從前有人説，詩是從聲律最優美的散文中洗煉出來的；也有人意識到，具有語言形式美的散文却又正是從詩脱胎出來的。其實在這個問題上討論先有雞還是先有蛋是沒有意義的；祇要是語言，就可能有語言形式美存在，而詩不過是語言形式美的集中表現罷了。

一、整齊的美

在音樂上，兩個樂句構成一個樂段。最整齊勻稱的樂段是由長短相等的兩個樂句配合而成的，當樂段成爲平行結構的時候，兩個樂句的旋律基本上相同，祇是以不同的終止來結束。這樣就形成了整齊的美。同樣的道理應用在語言上，就形成了語言的對偶和排比。對偶是平行的、長短相等的兩句話；排比則是平行的、但是長短不相等的兩句話，或者是兩句以上的、平行的、長短相等的或不相等的話。

遠在第二世紀，希臘著名歷史學家普魯塔克就以善用排比的語句爲人們所稱道。直到現在，語言的排比仍然被認爲修辭學的重要手段之一。但是，排比作爲修辭手段雖然是人類所共有的，對偶作爲修辭手段却是漢語的特點所決定的[①]。古代漢語以單音詞爲主。現代漢語雖然雙音詞頗多，但是這些雙音詞大多數都是以古代單音詞作爲詞素的，各個詞素仍舊有它的獨立性。這樣就很適宜於構成音節數量相等的對偶。對偶在文藝中的具體表現就是駢體文和詩歌中的偶句。

駢偶的來源很古。《易・乾卦・文言》説：“同聲相應，同氣相求。”《左傳・僖公三十三年》説：“武夫力而拘諸原，婦人暫而免諸國。”《詩・召南・草蟲》説：“喓喓草蟲，趯趯阜螽。”《邶風・柏舟》説：“覯閔既多，受侮不少。”《小雅・采薇》説：“昔我往矣，楊柳依依；今我來思，雨雪霏霏。”這種例子可以舉得很多。

六朝的駢體文並不是突然産生的，也不是由誰規定的，而是歷代文人的藝術經驗的積累。秦漢以後，文章逐漸向駢儷的方向發展，例如曹丕《與朝歌令吳質書》説：“高談娛心，哀箏順耳。馳騁北場，旅食南館。浮甘瓜於清泉，沈朱李於寒水。”又説：“節同時異，物是人非。”這是正向着駢體文過渡的一個證據。從駢散兼行到全部駢儷，就變成了正式的駢體文。

對偶既然是藝術經驗的積累，爲什麼駢體文又受韓愈等人排斥呢？駢體文自從變成一種文體以後，就成爲一種僵化的形式，缺乏靈活性，從而損害了語言的自然。駢體文的致命傷還在於缺乏

---

① 當然，和漢語同一類型的語言也能有同樣的修辭手段。

内容,言之無物。作者祇知道堆砌陳詞濫調,立論時既沒有精闢的見解,抒情時也沒有真實的感情。韓愈所反對的也祇是這些,而不是對偶和排比。他在《答李翊書》裏説:"惟陳言之務去。"又在《南陽樊紹述墓志銘》裏説:"惟古於詞必己出,降而不能乃剽賊。"他並沒有反對語言中的整齊的美。沒有人比他更善於用排比了:他能從錯綜中求整齊,從變化中求勻稱。他在《原道》裏説:"博愛之謂仁,行而宜之之謂義,由是而之焉之謂道,足乎己無待於外之謂德。"又説:"是故君者出令者也,臣者行君之令者也,民者出粟米麻絲、作器皿、通貨財,以事其上者也。"這樣錯綜變化,就能使文氣更暢。儘管是這樣,他也還不肯放棄對偶這一個重要的修辭手段。他的對偶之美,比之庾信、徐陵,簡直是有過之無不及。試看他在《送李愿歸盤谷序》所寫的"坐茂樹以終日,濯清泉以自潔";在《進學解》所寫的"紀事者必提其要,纂言者必鈎其玄";在《答李翊書》所寫的"養其根而竢其實,加其膏而希其光。根之茂者其實遂,膏之沃者其光曄"。哪一處不是文質彬彬、情采兼備的呢?

　　總之,如果我們能夠做到整齊而不雷同,勻稱而不呆板,語言中的對偶和排比,的確可以構成形式的美。在對偶這個修辭手段上,漢語可以説是"得天獨厚",這一藝術經驗是值得我們繼承的。

二、抑揚的美

　　在音樂中,節奏是強音和弱音的周期性的交替,而拍子則是衡量節奏的手段。譬如你跳狐步舞,那是四拍子,第一拍是強拍,第三拍是次強拍,第二、四兩拍都是弱拍;又譬如你跳華爾滋舞,那是三拍子,第一拍是強拍,第二、三兩拍都是弱拍。

　　節奏不但音樂裏有,語言裏也有。對於可以衡量的語音單位,我們也可以有意識地讓它們在一定時隙中成爲有規律的重複,這樣就構成了語言中的節奏。詩人常常運用語言中的節奏來造成詩中的抑揚的美。西洋的詩論家常常拿詩的節奏和音樂的節奏相比,來説明詩的音樂性。在這一點上説,詩和音樂簡直是孿生兄弟了。

　　由於語言具有民族特點,詩的節奏也具有民族特點。音樂的節奏衹是強弱的交替,而語言的節奏却不一定是強弱的交替;除了強弱的交替之外,還可以有長短的交替和高低的交替①。譬如説,在希臘語和拉丁語中,長短音的區別很重要,希臘詩和拉丁詩的節奏就用的是長短律;在英語和俄語中,輕重音的區別很重要,英國詩和俄國詩的節奏就用的是輕重律。因此,希臘、羅馬詩人的抑揚概念跟英、俄詩人的抑揚概念不同。儘管用的是同樣的名稱,希臘、羅馬詩人所謂抑揚格指的是一短一長,英、俄詩人指的是一輕一重;希臘、羅馬詩人所謂揚抑格指的是一長一短,英、俄詩人指的是一重一輕;希臘、羅馬詩人所謂抑抑揚格指的是兩短一長,英、俄詩人指的是兩輕一重;希臘、羅馬詩人所謂揚抑抑格指的是一長兩短,英、俄詩人指的是一重兩輕②。

　　漢語和西洋語言更不相同了。西洋語言的複音詞很多,每一個複音詞都是長短音相間或者是輕重音相間的,便於構成長短律或輕重律;漢語的特點不容許有跟西洋語言一樣的節奏。那麽,漢語的詩是否也有節奏呢③?

　　從傳統的漢語詩律學上説,平仄的格式就是漢語詩的節奏。

---

① 上文所説的都是可衡量的語音單位,因音的長度、強度、高度都是可以衡量的。

② 抑揚格原文是 iambus,揚抑格原文是 trochee,抑抑揚格原文是 anapaest,揚抑抑格原文是 dactyl。

③ 由於西洋詩論家講節奏,中國詩論家有時候也跟着講節奏,但是其中有些是講錯了的。我在《中國格律詩的傳統和現代格律詩的問題》中説:"平常我們對於節奏往往衹有一個模糊的概念。假定詩句中每兩個字一頓,既然每頓的字數均勻,就被認爲有了節奏。有時候,每頓的字數並不均勻,有三字一頓的,有兩字一頓的,但是,每行的頓數相等,也被認爲有節奏。有時候,不但每頓的字數不相等,連每行的字數也不相等,衹要有了一些頓,也被認爲有節奏。其實頓衹表示語音的停頓,它本身不表示節奏;頓的均勻衹表示形式的整齊,也不表示節奏。"

這種節奏，不但應用在詩上，而且還應用在後期的駢體文上，甚至某些散文作家在他們的作品中也靈活地用上了它。

平仄格式到底是高低律呢，還是長短律呢？我傾向於承認它是一種長短律。漢語的聲調和語音的高低、長短都有關係，而古人把四聲分爲平仄兩類，區別平仄的標準似乎是長短，而不是高低。但也可能既是長短的關係，又是高低的關係。由於古代漢語中的單音詞佔優勢，漢語詩的長短律不可能跟希臘詩、拉丁詩一樣。它有它自己的形式。這是中國詩人們長期摸索出來的一條寶貴的經驗。

漢語詩的節奏的基本形式是平平仄仄，仄仄平平。這是四言詩的兩句。上句是兩揚兩抑格，下句是兩抑兩揚格。平聲長，所以是揚；仄聲短，所以是抑。上下兩句抑揚相反，纔能曲盡變化之妙。《詩·周南·關雎》詩中的"參差荇菜，左右流之"，就是合乎這種節奏的。每兩個字構成一個單位，而以下字爲重點，所以第一字和第三字的平仄可以不拘。《詩·衛風·伯兮》詩中的"豈無膏沐？誰適爲容！"同樣是合乎這種節奏的。在《詩經》時代，詩人用這種節奏，可以說是偶合的，不自覺的，但是後來就漸漸變爲自覺的了。曹操《短歌行》的"譬如朝露，去日苦多""周公吐哺，天下歸心"；《土不同》的"心常歎怨，戚戚多悲"；《龜雖壽》的"神龜雖壽，猶有竟時""養怡之福，可得永年"，這些就不能說是偶合的了。這兩個平仄格式的次序可以顛倒過來，而抑揚的美還是一樣的。曹操的《土不同》的"水竭不流，冰堅可蹈"；《龜雖壽》的"烈士暮年，壯心不已"，就是這種情況①。

有了平仄的節奏，這就是格律詩的萌芽。這種句子可以稱爲律句。五言律句是四言律句的擴展；七言律句是五言律句的擴展。

---

① 盛唐以後，詩的節奏又有改進。平收的四字句，其中的第三字儘可能不用仄聲。平收的七字句，前四字是由仄仄平平組成，其中的第三字也儘可能不用仄聲，直到宋詞都是如此。

由此類推,六字句、八字句、九字句、十一字句,没有不是以四字句的節奏爲基礎的。

五字句比四字句多一個字,也就是多一個音節。這一個音節可以加在原來四字句的後面,叫做加尾;也可以插入原來四字句的中間,叫做插腰。加尾要和前一個字的平仄相反,所以平平仄仄加尾成爲平平仄仄平,仄仄平平加尾成爲仄仄平平仄;插腰要和前一個字的平仄相同,所以平平仄仄插腰成爲平平平仄仄,仄仄平平插腰成爲仄仄仄平平。

五言律詩經過了一個很長的逐漸形成的過程。曹植的《箜篌引》有"謙謙君子德,磬折欲何求?"《白馬篇》有"邊城多警急,胡虜數遷移"。《贈白馬王彪》有"孤魂翔故域,靈柩寄京師"。《情詩》有"游魚潛綠水,翔鳥薄天飛"。這些已經是很完美的五言律句了,但是這種上下平仄相反的格式還没有定型化,曹植還寫了一些平仄相同(後人叫做失對)的句子,例如《美女篇》的"明珠交玉體,珊瑚間木難"。沈約在《宋書・謝靈運傳論》裏説:"欲使宫羽相變,低昂互節。"又説:"若前有浮聲,則後須切響。一簡之内,音韻盡殊;兩句之中,輕重悉異。"到了這個時候,詩的平仄逐漸有了定格。但是齊梁的詩仍有不對、不粘的律句。沈約自己的詩《直學省秋臥》:"秋風吹廣陌,蕭瑟入南闈。愁人掩軒臥,高窗時動扉。虛館清陰滿,神宇暖微微。網蟲垂户織,夕鳥傍檐飛。纓珮空爲忝,江海事多違。山中有桂樹,歲暮可言歸。"分開來看,句句都是律句①;合起來看,却未能做到多樣化的妙處,因爲不粘、不對的地方還很多②。到了盛唐,律詩的整個格式纔算定型化了。

從五言律詩到七言律詩,問題很簡單:祗消在每句前面加上平仄相反的兩個字就成了。從此以後,由唐詩到宋詞,由宋詞到元

---

① "愁人"句是律句的變格。參看拙著《詩詞格律》。
② 後人模仿這種詩體,叫做齊梁體。

曲,萬變不離其宗,總不外是平仄交替這個調調兒①。七減四成爲
三字句,二加四成爲六字句,三加五成爲八字句,四加五或二加七
成爲九字句,如此等等,可以變出許多花樣來。甚至語言發展了,
聲調的種類起了變化,而平仄格式仍舊不變。試看馬致遠的《秋
思》:"利名竭,是非絕。紅塵不向門前惹,綠樹偏宜屋角遮,青山正
補墻頭缺。更那堪竹籬茅舍!"這個曲調是《撥不斷》,頭兩句都要
求收音於平聲,第五句要求收音於仄聲,按《中原音韻》,"竭"和
"絕"在當時正是讀平聲,"缺"字在當時正是讀仄聲(去聲)。當時
的入聲字已經歸到平上去三聲去了,但是按照當代的讀音仍舊可
以譜曲。

直到今天,不少的民歌,不少的地方戲曲,仍舊保存着這一個
具有民族特點的、具有抑揚的美的詩歌節奏。漢語的聲調是客觀
存在的,利用聲調的平衡交替來造成語言中的抑揚的美,這也是很
自然的。

有人把意義的停頓和語言的節奏混爲一談,那當然是不對的。
但是,它們二者之間却又是有密切關係的。

先説意義的停頓和語言的節奏的分別。任何一句話都有意義
的停頓,但並不是每一句話都有節奏;正如任何人亂敲鋼琴都可以
敲出許多不同的聲音並造成許多停頓,但是我們不能説亂敲也能
敲出節奏來。再説,意義的停頓和語言的節奏也有不一致的時候,
例如杜甫《宿府》的"永夜角聲悲自語,中天月色好誰看",意義的停
頓是"角聲悲"和"月色好",語言的節奏是"悲自語"和"好誰看"②。

再説意義的停頓和語言的節奏的關係。這是更重要的一方面。
這對於我們理解駢體文和詞曲的節奏是有着極其重要的意義的。

在駢體文的初期,文學家們祇知道講求整齊的美,還來不及講

_____

① 關於詩詞的格律,參看拙著《詩詞格律》和《詩詞格律十講》,這裏不再敘述。
② 有些詩論家把這種情況叫做"折腰"。

求抑揚的美。但是，像上文所舉的曹丕《與朝歌令吳質書》那樣，以
“心”對“耳”，以“場”對“館”，以“泉”對“水”，恰好都是以平對仄，
節奏的傾向是相當明顯的。至於下文的“節同時異，物是人非”，那
簡直是聲偶俱工了。到了南北朝的駢體文，越來越向節奏和諧方
面發展，像上文所舉沈約《謝靈運傳論》“若前有浮聲，則後須切
響……”，已經和後期的駢體文相差無幾。從庾信、徐陵開始，已經
轉入駢體文的後期，他們把整齊的美和抑揚的美結合起來，形成了
語言上的雙美。但是，我們必須從意義的停頓去看駢體文的節奏，
然後能夠欣賞它。像曹丕所説的“浮甘瓜於清泉，沈朱李於寒水”，
決不能割裂成爲“浮甘 | 瓜於 | 清泉，沈朱 | 李於 | 寒水”，而必須按照
意義停頓，分成“浮甘瓜 | （於）| 清泉，沈朱李 | （於）寒水”，以“瓜、
李”爲重點，然後以平對仄的節奏纔能顯露出來。

　　在駢體文中，虛詞往往是不算在節奏之內的。自從節奏成爲
駢體文的要素之後，對偶就變成了對仗。對仗的特點是上句和下
句的平仄要相反，兩句在同一個位置上的字不能雷同（像“同聲相
應，同氣相求”就纔算對偶，不算對仗）。律詩在這一點上受了駢體
文的影響，因爲律詩的中兩聯一般是用對仗的。駢體文的對仗和
律詩的對仗稍有不同；駢體文在對仗的兩句中，虛詞是可以雷同
的。字的雷同意味着平仄的雷同。由於虛詞不算在駢體文的節奏
之內，所以這種雷同是可以容許的。駱賓王《爲徐敬業討武氏檄》
最後兩句不應該分成“請看 | 今日 | 之域 | 中，竟是 | 誰家 | 之天 | 下”，
而應該分成“請看 | 今日 | 域中，竟是 | 誰家 | 天下”，它的平仄格式
是㊊平㊋仄㊊平，㊋仄㊊平㊋仄（“看”字讀平聲），正是節奏
和諧的句子。王勃《滕王閣序》“窮睇眄於中天，極娛游於暇日”，應
該分成“窮 | 睇眄 | 中天，極 | 娛遊 | 暇日”，蒲松齡《聊齋自志》“披蘿
帶荔，三閭氏感而爲騷；牛鬼蛇神，長爪郎吟而成癖”，應該分成“披
蘿 | 帶荔，三閭氏 | 感 | 爲騷；牛鬼 | 蛇神，長爪郎 | 吟 | 成癖”，也是這
個道理。有時候，上下句的虛詞並不相同，祇要是虛詞對虛詞，也

應該用同樣的分析法,例如王勃《滕王閣序》"酌貪泉而覺爽,處涸轍以猶歡",也應該分成"酌┃貪泉┃覺爽,處┃涸轍┃猶歡"。又如"落霞與孤鶩齊飛,秋水共長天一色",也應該分成"落霞┃孤鶩┃齊飛,秋水┃長天┃一色"。

在詞曲中,同樣地必須憑意義的停頓去分析節奏。柳永《雨霖鈴》的"更那堪冷落清秋節",必須吟成上三下五,然後顯得後面是五言律句的平仄。馬致遠《壽陽曲》的"斷橋頭賣魚人散",必須吟成上三下四,然後顯得後面是仄平平仄的四字句,而這種平仄正是詞曲所特有的。

曲中有襯字。襯字也是不算節奏的,而且比駢體文中的虛詞更自由,例如關漢卿《竇娥冤》第三折《耍孩兒》的後半段:"〔我不要〕半星熱血紅塵灑,〔都祇在〕八尺旗槍素練懸。〔等他四下裏〕皆瞧見,〔這就是咱〕萇弘化碧,望帝啼鵑。"方括弧內的字都是不入節奏的。

新詩的節奏不是和舊體詩詞的節奏完全絕緣的。特別是駢體文和詞曲的節奏,可以供我們借鑒的地方很多。已經有些詩人在新詩中成功地運用了平仄的節奏。現在試舉出賀敬之同志《桂林山水歌》開端的四個詩行來看:

> 雲中的神啊,霧中的仙,
> 神姿仙態桂林的山!
>
> 情一樣深啊,夢一樣美,
> 如情似夢漓江的水!

這四個詩行同時具備了整齊的美、抑揚的美、迴環的美。整齊的美很容易看出來,不必討論了;迴環的美下文還要講到,現在單講抑揚的美。除了襯字("的"字)不算,"神姿仙態桂林山"和"如情似夢漓江水"十足地是兩個七言律句。我們並不說每一首新詩都要這樣做;但是,當一位詩人在不妨礙意境的情況下能夠錦上添花地照顧到語言形式美,總是值得頌揚的。

不但詩賦駢體文能有抑揚的美,散文也能有抑揚的美,不過作家們在散文中把平仄的交替運用得稍爲靈活一些罷了。我從前曾經分析過王安石的《讀孟嘗君傳》,認爲其中的腔調抑揚頓挫,極盡聲音之美,例如"孟嘗君|特|雞鳴|狗盜|之雄(耳),豈足|以言|得士"?這兩句話的平仄交替是那樣均衡,決不是偶合的。前輩誦讀古文,搖頭擺腦,一唱三歎,逐漸領略到文章抑揚頓挫的妙處,自己寫起文章來不知不覺也就學會了古文的腔調。我們今天自然應該多作一些科學分析,但是如果能夠背誦一些現代典範白話文,涵泳其中,抑揚頓挫的筆調,也會是不召自來的。

三、迴環的美

迴環,大致説來就是重複或再現。在音樂上,再現是很重要的作曲手段。再現可以是重複,也可以是模進。重複是把一個音群原封不動地重複一次,模進則是把一個音群移高或移低若干度然後再現。不管是重複或者是模進,所得的效果都是迴環的美。

詩歌中的韻,和音樂中的再現頗有幾分相像。同一個音(一般是元音,或者是元音後面再帶輔音)在同一個位置上(一般是句尾)的重複,叫做韻。韻在詩歌中的效果,也是一種迴環的美。當我們聽人家演奏舒伯特或托賽利的小夜曲的時候,翻來覆去總是那麼幾個音群,我們不但不覺得討厭,反而覺得很有韻味;當我們聽人家朗誦一首有韻的詩的時候,每句或每行的末尾總是同樣的元音(有時是每隔一句或一行),我們不但不覺得單調,反而覺得非常和諧。

依西洋的傳統説法,韻腳是和節奏有密切關係的。有人説,韻腳的功用在於顯示詩行所造成的節奏已經完成了一個階段[1]。這是從另一個角度來看問題。這種看法是以西洋詩爲根據的,對漢

---

[1]　參看 A.Dorchain《詩的藝術》第 102 頁。

語詩來説不盡適合，因爲漢語詩不都是有節奏的，也不一定每行、每句都押韻。但是，從詩的音樂性來看韻脚，這一個大原則是和我們的見解没有矛盾的。

散文能不能有韻？有人把詩歌稱爲韻文，與散文相對立，這樣，散文似乎就一定不能有韻語了。實際上並不如此。在西洋，已經有人注意到盧梭在他的《新愛洛伊絲》裏運用了韻語①。在中國，例子更是不勝枚舉。《易經》和《老子》大部分是韻語，《莊子》等書也有一些韻語。古醫書《黄帝内經》(《素問》《靈樞》) 充滿了韻語。在先秦時代，韻語大約是爲了便於記憶，而不是爲了藝術的目的。到了漢代以後，那就顯然是爲了藝術的目的了。如果駢體文中間夾雜着散文叫做"駢散兼行"的話，散文中間夾雜着韻語也可以叫做"散韻兼行"。讀者如果祇看不誦，就很容易忽略過去；如果多朗誦幾遍，韻味就出來了，例如枚乘《上書諫吳王》一開頭"臣聞得全者昌，失全者亡"②，就是韻語。下文："係絶於天，不可復結；隊入深淵，難以復出。其出不出，間不容髮。能聽忠臣之言，百舉必脱。必若所欲爲，危於累卵，難於上天；變所欲爲，易於反掌，安於泰山。今欲極天命之壽……不出反掌之易，以居泰山之安，而欲乘累卵之危，走上天之難。""結、出、髮、脱"四字押韻，"天、山、安、難"四字押韻。又："欲人勿聞，莫若勿言；欲人勿知，莫若勿爲。""聞、言"押韻，"知、爲"押韻。又："福生有基，禍生有胎。納其基，絶其胎，禍何自來？""基、胎、來"押韻。又："夫銖銖而稱之，至石必差；寸寸而度之，至丈必過。""差、過"押韻。又："夫十圍之木，始生而蘖，足可搔而絶，手可擢而拔；據其未生，先其未形也。""蘖、絶、拔"押韻，"生、形"押韻。又如柳宗元《愚溪詩序》："以愚辭歌愚溪，則茫然而不違，昏然而同歸。超鴻蒙，混希夷，寂寥而莫我知也。"這裏是"違"和"歸"押韻，"夷"和"知"押韻 (也可以認爲四字一起押韻，算

---

① 參看 A.Dorchain《詩的藝術》27 頁。
② 《漢書》作"得全者全昌，失全者全亡"。今依李兆洛《駢體文鈔》。

是支微通押）。又如柳宗元《永州韋使君新堂記》：“始命芟其蕪，行其塗。積之丘如，蠲之瀏如。既焚既釀，奇勢迭出，清濁辨質，美惡異位。視其植則清秀敷舒，視其蓄則溶漾紆徐。怪石森然，周於四隅。或列或跪，或立或仆，竅穴逶邃，堆阜突怒。”這裏是“蕪”和“塗”押韻，“丘”和“瀏”押韻（虛字前韻），“出”和“位”押韻（出，尺類切，讀 chuì），“舒、徐”和“隅”押韻，“仆”和“怒”押韻。又如大家所熟悉的范仲淹的《岳陽樓記》：“若夫霪雨霏霏，連月不開。陰風怒號，濁浪排空；日星隱曜，山岳潛形。商旅不行，檣傾楫摧；薄暮冥冥，虎嘯猿啼。登斯樓也，則有去國懷鄉，憂讒畏譏，滿目蕭然，感極而悲者矣。至若春和景明，波瀾不驚。上下天光，一碧萬頃。沙鷗翔集，錦鱗游泳。岸芷汀蘭，鬱鬱青青。而或長煙一空，皓月千里。浮光躍金，靜影沉璧。漁歌互答，此樂何極！登斯樓也，則有心曠神怡，寵辱皆忘，把酒臨風，其喜洋洋者矣。”這裏“霏”和“開”押韻（不完全韻），“空”和“形”押韻（不完全韻），“摧”和“啼”押韻（不完全韻），“譏”和“悲”押韻，“明、驚”和“頃、泳、青”押韻（平仄通押），“璧”和“極”押韻，“忘”和“洋”押韻。作者並不聲明要押韻，他的押韻在有意無意之間，不受任何格律的約束，所以可以用不完全韻，可以平仄通押，可以不遵守韻書的規定（如“譏”和“悲”押，“明、驚”和“青”押，“璧”和“極”押）。這一條藝術經驗似乎是很少有人注意的。

賦纔是真正的韻文。我們主張把漢語的文學體裁分爲三大類：第一類是散文，第二類是韻文，第三類是詩歌。韻文指的就是賦；有人把賦歸入散文，那是錯誤的①。單從全部押韻這一點説，它應該屬於詩的一類。但是有許多賦並沒有詩的意境，所以衹好自成一類，它是名副其實的韻文。賦在最初的時候，還不十分注意對偶，更無所謂節奏；到了南北朝，賦受駢體文的影響，不但有了對

① 陳鐘凡先生的《中國韻文通論》把詩賦都歸韻文，那比把賦歸入散文好得多。

偶，而且逐漸有了節奏，例如庾信的《哀江南賦》，等於後期的駢體文加韻腳，兼具了整齊的美、節奏的美、迴環的美。這簡直就是一篇史詩。蘇軾的前後《赤壁賦》則又別開生面，多用"也、矣、焉、哉、乎"，少用對偶和節奏，使它略帶散文氣息，而韻腳放在"也、矣、焉、哉、乎"的前面，令人有一種輕鬆的感覺。這是遙遠地繼承了《詩經》的優點而又加以發展的一種長篇抒情詩。我常常設想：我們是否也可以拿"呢、嗎、的、了"來代替"也、矣、焉、哉、乎"來嘗試一種新的賦體呢？成功的希望不是没有的。

韻腳的疏密和是否轉韻，也有許多講究。《詩經》的韻腳是很密的：常常是句句用韻，或者是隔句用韻。即以句句用韻來説，韻的距離也不過像西洋的八音詩。五言詩隔句用韻，等於西洋的十音詩。早期的七言詩事實上比五言詩的詩行更短，因爲它句句押韻（所謂柏梁體），事實上祇等於西洋的七音詩。從鮑照起，纔有了隔句用韻的七言詩，韻的距離就比較遠了。我想這和配不配音樂頗有關係。詞的小令最初也配音樂，所以韻也很密。曲韻原則上也是很密的，祇有襯字太多的時候，韻纔顯得疏些。直到今天的京劇和地方戲，還保持着密韻的傳統，就是句句用韻。在傳唱較久的京劇或某些地方戲曲中，還注意到單句押仄韻，雙句押平韻（如京劇《四郎探母》和《捉放曹》等），這大約也和配音樂有關。一韻到底是最佔勢力的傳統韻律。兩句一換韻比較少見，必須四句以上換韻纔够韻味，而一韻到底則最合人民群衆的胃口。打開鄭振鐸的一部《中國俗文學史》來看，可以説其中的詩歌全部是一韻到底的。我們知道，元曲規定每折必須祇用一個韻部，例如關漢卿《竇娥冤》第一折押尤侯韻，第二折押齊微韻，第三折押先天韻，第四折押皆來韻。直到現代的京劇和地方戲，一般也都是一韻到底的，例如京劇《四郎探母·坐宮》押言前轍，《捉放曹·宿店》押發花轍。在西洋，一韻到底的詩是相當少的。可見一韻到底也表現了漢語詩歌的民族風格。

雙聲、叠韻也是一種迴環的美。這種形式美在對仗中纔能顯

示出來。有時候是雙聲對雙聲，如白居易《自河南經亂……》“田園
零落干戈後，骨肉流離道路中”，以“零落”對“流離”，又如李商隱
《落花》“參差連曲陌，迢遞送斜暉”，以“參差”對“迢遞”；有時候是
疊韻對疊韻，如杜甫《秋日荆南述懷》“蒼茫步兵哭，展轉仲宣哀”，
以“蒼茫”對“展轉”，又如李商隱《春雨》“遠路應悲春晼晚，殘宵猶
得夢依稀”，以“晼晚”對“依稀”；又有以雙聲對疊韻的，如杜甫《詠
懷古迹》第一首“支離東北風塵際，漂泊西南天地間”，以“支離”對
“漂泊”①，又如李商隱《過陳琳墓》“石麟埋没藏春草，銅雀荒涼對
暮雲”，以“埋没”對“荒涼”。雙聲、疊韻的運用並不限於聯綿字，
非聯綿字也可以同樣地構成對仗。杜甫是最精於此道的。現在隨
手舉出一些例子。《野人送朱櫻》“數回細寫愁仍破，萬顆匀圓訝許
同”，以“細寫”對“匀圓”；《吹笛》“風飄律吕相和切，月傍關山幾處
明”，以“律吕”對“關山”；《詠懷古迹》第二首“悵望千秋一灑淚，蕭
條異代不同時”，以“悵望”對“蕭條”（“蕭條”是聯綿字，但“悵望”
不是聯綿字），第三首“一去紫臺連朔漠，獨留青冢向黄昏”，以“朔
漠”對“黄昏”②；第四首“翠華想象空山裏，玉殿虚無野寺中”，以
“想象”對“虚無”③。這都不是偶然的。

　我們應該把迴環的美和同音相犯區别開來。迴環是好的，同
音相犯是不好的。六朝人所謂八病，前四病是同聲調相犯④，後四

────────

① 漂，滂母字；泊，並母字，這是旁紐雙聲。
② 朔，覺韻字；漠，鐸韻字，唐時兩韻讀音已經相近或相同。黄，匣母字；昏，曉母字，這
　是旁紐雙聲。林逋《山園小梅》“疏影橫斜水清淺，暗香浮動月黄昏”，以雙聲的“清
　淺”對疊韻的“黄昏”，正是從老杜學來的。
③ 虚，魚韻字；無，虞韻字，這是鄰韻疊韻。
④ 八病的解釋根據《文鏡秘府論》。前四病是平頭、上尾、蜂腰、鶴膝。平頭指五言詩
　第一字不得與第六字同聲，第二字不得與第七字同聲，其實就是避免平仄失對。上
　尾指第五字不得與第十字同聲，也是平仄失對的問題。蜂腰指第二字不得與第五字
　同聲，但是唐人的律詩並不遵守這條。鶴膝指第五字不得與第十五字同聲，杜甫在
　律詩中很注意避免此病。參看拙著《中國古典文論中談到的語言形式美》。

病是雙聲相犯和叠韻相犯。

關於雙聲相犯，有旁紐、正紐二病（第七病和第八病）。旁紐指同句五字中不得用雙聲字（聯綿字不在此例），正紐指同句五字中不得用同音不同調的字。這裏當然不能十分拘泥，但是總的原則還是對的。王融、庾信、姚合、蘇軾等人雖也寫過雙聲詩[①]，但那衹是文人的遊戲，不能認爲有任何藝術價值。否則拗口令也都可以叫做詩了。

關於叠韻相犯，有大韻、小韻二病。大韻指五言詩的韻脚和同聯的其餘九字任何一字同韻（聯綿字不在此例），小韻指十字中任何兩個字同韻（聯綿字不在此例）。這也未免太拘，也不容易遵守。衹有一點是重要的，就是在關節的地方不能和韻脚同韻。具體説來，凡有韻脚的句子，如果是五言，第二字不能和第五字同韻；如果是七言，第二字或第四字不能和第七字同韻。唐人很講究這個，宋人就不大講究了。像周弼《野望》“白草吳京甸，黃桑楚戰場”，“黃”與“桑”同韻不要緊，“桑”與“場”同韻就是對語言形式欠講究了。聲音相近或相同的字，最好不要讓它們同在一聯之內。像梅堯臣《送少卿張學士知洪州》“朱旗畫舸一百尺，五月長江水拍天”，彭汝礪《城上》“雲際靜浮濱漢水，林端清送上方鐘”，“百”和“拍”相近，“靜”和“清”相近，在形式上也是不够講究的。當然有特殊原因的不在此例，如李商隱《天涯》“春日在天涯，天涯日又斜”，第二句第二字“涯”和韻脚“斜”同韻，這是因爲詩人要重複上句末二字，而上句又是有韻脚的，不能不如此。至於同一個字兩次出現在同一句裏，如杜甫《聞官軍收河南河北》“即從巴峽穿巫峽，便下襄陽向洛陽”，就更不足爲病了。

上面所説的語言形式的三種美——整齊的美、抑揚的美、迴環的美——總起來説就是聲音的美，音樂性的美。由此可見，有聲語

---

① 參看郭紹虞《滄浪詩話校釋》第80—81頁，注五四。

言纔能表現這種美,紙上的文字並不能表現這種美。文字對人類文化貢獻很大,但是我們不要忘記它始終是語言的代用品,我們要欣賞語言形式美,必須回到有聲語言來欣賞它。不但詩歌如此,連散文也是如此。葉聖陶先生給我的信裏説:"台從將爲文論詩歌聲音之美,我意宜兼及於文,不第言古文,尤須多及今文。今文若何爲美,若何爲不美,若何則適於口而順於耳,若何則僅供目治,違於口耳,倘能舉例而申明之,歸納爲若干條,誠如流行語所稱大有現實意義。蓋今人爲文,大多數説出算數,完篇以後,憚於諷誦一二遍,聲音之美,初不存想,故無聲調節奏之可言。試播之於電臺,或誦之於會場,其別扭立見。台從懇切言之,語人以此非細事,聲入心通,操觚者必須講求,則功德無量矣。"葉先生的話説得對極了,可惜我擔不起這個重任,希望有人從這一方面進行科學研究,完成這個"功德無量"的任務。

朱自清先生曾經説過這樣的一段話:"過去一般讀者大概都會吟誦,他們吟誦詩文,從那吟誦的聲調或吟誦的音樂得到趣味或快感,意義的關係很少……民間流行的小調以音樂爲主,而不注重詞句,欣賞也偏重在音樂上,跟吟誦詩文也正相同。感覺的享受似乎是直接的、本能的,即使是字面兒的影響所引起的感覺,也還多少有這種情形,至於小調和吟誦,更顯然直接訴諸聽覺,難怪容易喚起普遍的趣味和快感。至於意義的欣賞,得靠綜合諸感覺的想像力,這個得有長期的修養纔成①。"我看利用語言形式美來引起普遍的趣味和快感,這是非常重要的一件事。不注重詞句自然是不對的,但重視語言的音樂性也是非常應該的。我們應該把内容和形式很好地統一起來,讓讀者既能欣賞詩文的内容,又能欣賞詩文的形式。

---

① 朱自清《論百讀不厭》,見於他所著的《論雅俗共賞》第 10 頁。

四、詩的語言

上面所談的都是包括詩和散文以及辭賦各方面的。現在我想專就詩一方面來談一談,因爲詩是語言形式美的集中表現。在律詩和詞曲中,對仗就是整齊的美,平仄就是抑揚的美,韻脚就是迴環的美。這樣説來,古體詩和現代的新詩都不美了嗎? 那又不能這樣説。詩之所以美,主要決定於意境的美,即内容的美。而且題材對詩的形式也有影響:某種題材須要在形式上多加雕琢和裝飾,另一種題材則須要在形式上比較自由。大致説來,抒情詩屬於前者,史詩屬於後者。假如我們讓杜甫把他的《月夜》寫成古體詩,或把他的《石壕吏》寫成律詩,都是不合理的。杜甫等人,寫古體詩的時候,把對仗變爲自由的對偶,把平仄變爲拗句,而且用韻很寬。這樣給人另一種感覺,就是樸素和古拙。樸素和古拙也是另一種美,但不能再拿音樂性來衡量它。現代的新詩比古體詩有更大的自由。我們把祇有詩的意境而完全不拘形式的詩叫做自由體,把祇講究用韻、不管節奏的詩叫做半自由體。現在雖然有人提倡新格律詩,但是還沒有定型化。即使有了新格律詩,自由體和半自由體仍然是一條路。我們應該讓百花齊放,而不能定於一尊。自由體雖然完全不拘形式,不講究詩的音樂性,但是許多詩人在詞藻方面還是很講究的。至於半自由體,既然有了韻脚,也就有了迴環的美,如果再能講究一下整齊的美,如字句的勻稱等等,那就差不多了。

講究語言形式美,會不會妨礙詩的意境呢? 這要看作者對語言形式美的態度如何和語言修養水平如何而定。我們首先要把技巧(藝術手段)和格律區別開來。技巧祇是爭取的,不是必須做到的。在技巧方面,每一個作者都有自己獨特的風格,例如八病中的大韻、小韻,正紐、旁紐,這些都屬於技巧的範圍,能避免這些病最好,不能避免也不算犯規。而且作家也可以不同意這些技巧,而另外創造一些技巧。因此,在技巧方面完全不會産生妨礙詩的意境的問題。至於格律則是規定要遵守的,這纔産生妨礙詩的意境的問題。

在西洋古代也爭論過這一類的問題,有人説韻脚是一種障礙,有人説韻脚不但不是障礙,而且還是一種幫助,當靈感來時,韻脚就自然涌現了[①]。雙方的看法都不免片面,他們都不能辯證地看問題。當你成爲格律的奴隷的時候,格律簡直是枷鎖,豈但障礙而已! 當你成爲格律的主人的時候,你就能駕馭格律,如魚得水,格律的確就是一種幫助了。

詩的語言形式美始終應該服從於詩的意境。世界上的確有一些詩具備了很好的内容然而形式上尚有缺欠的;但是我們不能反過來説有一種詩雖然内容不好然而具備了很美的形式。在意境和格律發生矛盾的時候,詩人應該突破格律來成全意境;至於意境和技巧發生矛盾的時候,就更應該讓前者自由翺翔,絶不受後者的拖累。

按照這個原則辦事,是不是詩人必須經常突破格律和擺脱技巧呢? 不是的。凡是成就比較大的詩人都能從一致性中創造多樣性,從紀律中取得自由。他們自己往往是語言巨匠,有極其豐富的詞彙供他們驅使,有極其多樣的語法手段供他們運用。當意境和格律發生矛盾的時候,他們不是犧牲意境來遷就格律,也不是犧牲格律來遷就意境,而是用等價的另一句話來做到一舉兩得;或者雖非等價,但是它和主題不相矛盾,在意境上也能算是異曲同工。所謂"吟成一個字,捻斷數莖鬚",正足以説明詩人們慘淡經營的過程。

詩人們這樣做法,常常有一種意外的收穫,那就是創造了詩的語言。所謂詩的語言,可以從兩方面看:從内容上看,有些散文的

---

① 　參看 A.Dorchain《詩的藝術》第 169—172 頁。

語句充滿了詩意，可以説是詩的語言；從形式上看，有些詩句就祗能是詩句，如果放到散文中去，不但不調和，而且不成爲句子。這裏講的詩的語言，是指後者説的。

葉聖陶先生給我的另一封信裏説：“詩之句型，大別爲二：一爲平常的句型，與散文及口頭語言大致不異。一爲特殊句型，散文決不能如是寫，口頭亦絶無此説法，可謂純出於人工。我以爲凡特殊句型，必對仗而後成立，如‘名豈文章著，官應老病休’是也①。若云‘名豈文章著，老衰官合休’，則上一語爲不易理解，作者決不肯如是寫。今爲對仗，則令讀者兩相比勘，得以揣摩，知爲名豈以文章而著，官應以老病而休之意。律詩中間兩聯，屬於平常句型者固不少。而欲以詩意構成純出人工之語言，自非使之對仗，納入中間兩聯不可。此所以特殊句型必爲對句也。易言之，因有對仗之法，乃令作者各逞其能，創爲各種特殊句型，句型雖特殊，而作者克達其意，讀者能會其旨。推而言之，駢文之所以能成立，亦復如是。至於詞，則以其有固定格律，亦容許創爲特殊句型。如‘千古江山，英雄無覓孫仲謀處’②，此在散文爲絶對不通之語。而按格律諷誦‘英雄無覓孫仲謀處’八字，自能理會其爲英雄如孫仲謀者更無覓處之意。我久懷此意，未嘗語人，今見台從暢論詩詞格律，用敢書告，請觀有道着處否。”這是非常精闢的見解。葉先生所謂特殊句型也就是我所謂詩的語言的一種。本來，古人在散文中就用對偶的手段來使語言既精煉而又免於費解，例如賈誼《過秦論》“於是從散約解，爭割地而賂秦”，假如祗説“從散”而不説“約解”，就變爲難懂的了③。有的駢體文很有詩意，作者在文中利用對仗來製造詩的語言，像王勃《滕王閣序》“漁舟唱晚，響窮彭蠡之濱；雁陣驚寒，聲斷衡陽之浦”，單憑它的特殊句型（“唱”以“晚”爲補語，“驚”以“寒”

---

① 語見杜甫《旅夜書懷》。
② 語見辛棄疾《永遇樂·京口北固亭懷古》。
③ 參看拙著《中國文法學初探》。

爲補語等等），也就令人感覺到詩意盎然了。在律詩中，像葉先生所舉的"名豈文章著，官應老病休"的例子還有許多，例如王維《山居秋暝》的"竹喧歸浣女，蓮動下漁舟"，《終南山》的"白雲迴望合，青靄入看無"，《輞川閒居贈裴秀才迪》的"渡頭餘落日，墟里上孤煙"；杜甫《不見》的"敏捷詩千首，飄零酒一杯"，《野望》的"海內風塵諸弟隔，天涯涕淚一身遙"等，真是舉不勝舉。詩詞有了固定的格律，可以容許特殊句型，試以毛主席的詩詞爲例"一唱雄雞天下白""六億神州盡舜堯"等句，就都是詩的語言。

不善於押韻的人，往往爲韻所困，有時不免湊韻（趁韻）。善於押韻的人正相反，他能出奇制勝，不但用韻用得很自然，而且因利乘便，就借這個韻腳來顯示立意的清新。韓愈做詩愛用險韻，這是他有意逞才，不足爲訓。但是其中也有一些清新可喜的句子，例如《酬司馬盧四兄雲夫院長望秋作》押的是咸韻，真夠險了，但是讓他碰上了一個"鹹"字，得了一句"嗜好與俗殊酸鹹"，就成爲傳誦的名句。李商隱在他的《錦瑟》詩中用了藍田種玉的典故，如果直說種玉，句子該是多麼平庸啊！由於詩是押先韻的，他忽然悟出一個"玉生煙"來，不但韻腳的問題解決了，不平凡的詩句也造成了①。毛主席的七律《贈柳亞子先生》押的是陽韻，其中"風物長宜放眼量"一句，令人感覺到"量"字並不單純是作爲韻腳而存在的，實際上在別的韻部中也找不出比"量"字更響亮、更清新、更合適的字眼來。假如換成一個"放眼看"，那就味同嚼蠟了。講到這裏，我們可以懂得韻腳不是一種障礙，而是一種幫助。對於語言修養很高的詩人來說，這種説法是完全合理的。

散文的詞句最忌生造。在詩中，生造詞句當然也不好，但是詩

---

① 這袛是一種懸想。有時候，詩人先成一聯，然後湊成一首，如魯迅先得"橫眉冷對千夫指，俯首甘爲孺子牛"兩句，然後湊成一首七律。假定李商隱先得"滄海月明珠有淚，藍田日暖玉生煙"一聯，就會是另一種情況。但是，例子雖不一定恰當，而詩人押韻必有這種經驗，則是不容懷疑的。

人可以創造一些，要做到新而不生。其間的分寸要由詩人自己掌握，例如李商隱《無題》："隔座送鈎春酒暖，分曹射覆蠟燈紅。"蠟燈，一般祇說"蠟燭"，如韓翃《寒食》"日暮漢宮傳蠟燭"，杜牧《遣懷》"蠟燭有心還惜別"。這裏説成"蠟燈"是爲了適合平仄，讀者並不覺得他是生造。詩句要求精煉，要求形象，詞與詞的搭配不一定要跟散文一樣，例如李商隱的另一首《無題》："春心莫共花爭發，一寸相思一寸灰。""一寸"和"相思"、"一寸"和"灰"，在散文中都搭配不上，但是他在詩中用上了，讀者祇覺得這句話很精煉、很形象，而並不覺得有任何不自然的地方。

　　詩的語言是美的語言，詩人們不斷地創造詩的語言，不斷地豐富祖國語言的詞彙。詩的語言雖不能原封不動地搬到散文裏，但是詩中的整齊的美、抑揚的美、迴環的美，往往爲散文所吸收，所借鑒。因爲除了音樂性的美之外，語言形式差不多没有什麽其他能引起人們美感的東西了。

原載《光明日報》，1962 年 10 月 9—11 日